轨道交通前沿理论与技术应用丛书

基金项目：中国铁路南宁局集团有限公司科研计划项目（建 24-6）：
铁路线路计算新理论研究及自动计算程序开发

铁路线路计算新理论研究与应用

廖显军 ◎ 编著

西南交通大学出版社
·成 都·

图书在版编目（CIP）数据

铁路线路计算新理论研究与应用 / 廖显军编著.
成都：西南交通大学出版社，2025. 6. -- ISBN 978-7
-5774-0480-6

Ⅰ．U211

中国国家版本馆 CIP 数据核字第 2025HL5479 号

Tielu Xianlu Jisuan Xinlilun Yanjiu yu Yingyong
铁路线路计算新理论研究与应用

廖显军 / 编著

策划编辑 / 黄淑文
责任编辑 / 王同晓
封面设计 / 原谋书装

西南交通大学出版社出版发行
（四川省成都市金牛区二环路北一段 111 号西南交通大学创新大厦 21 楼　610031）
营销部电话：028-87600564　　028-87600533
网址：https://www.xnjdcbs.com
印刷：成都勤德印务有限公司

成品尺寸　185 mm×260 mm
印张　16.75　　字数　418 千
版次　2025 年 6 月第 1 版　　印次　2025 年 6 月第 1 次

书号　ISBN 978-7-5774-0480-6
定价　98.00 元

图书如有印装质量问题　本社负责退换
版权所有　盗版必究　举报电话：028-87600562

前 言

中国工程建设标准化协会发布的《卫星惯导组合铁路轨道几何状态测量仪》（T/CECS 10417—2024）于 2025 年 4 月 1 日实施，这标志着惯导技术在铁路轨道精密测量领域应用取得了重大的进展。而随着 1 个月后（2025 年 5 月 1 日），国家铁路局发布的《铁路工程卫星定位测量规范》（TB 10054—2025）的实施，北斗卫星导航系统将全面应用于铁路工程卫星定位测量。同时，也意味着新兴的轨道控制网控制系统结合"GNSS＋惯导""固定桩控制网＋惯导"的轨道绝对三维测量将被广泛应用；无人机三维激光雷达扫描技术应用于铁路建筑限界等测量，测量技术发展方兴未艾。

中国国家铁路集团有限公司工电部于 2021 年发布的《运营普速铁路轨道精测精捣指导意见》（工电线路函〔2021〕4 号）和《运营普速铁路控制网建设管理的意见》（工电函〔2021〕62 号），对铁路线路维修养护工作提出了更高要求，工、车、机、电、辆共享线路数据成为铁路设备维修的发展趋势。随着线路测量新技术的发展，部分传统的线路计算理论和测量数据处理模式面临严峻的考验，或将被逐步淘汰并走进历史。

为适应铁路线路测量技术的发展和测量数据处理新的要求，作者在这方面进行了探索、研究，提出了若干个铁路线路计算新理论和新方法，并将相关计算进行了全面电算化；以求提高铁路线路计算系统化、标准化、规范化、精准化水平，为铁路运营企业降低线路维修成本、提高线路质量和保障铁路运营安全提供新的技术支撑。

本书主要内容包括铁路线路计算常用数学公式、铁路线路单曲线方程、连续曲线线路中心线坐标方程、铁路复曲线坐标方程、坐标法计算曲线计划正矢、坐标法整正曲线、实测正矢换算坐标法整正曲线、偏角换算坐标整正曲线、简易法和流水拨道法整正曲线改进、道岔连接曲和导曲线整正计算新方法、绝对坐标系下连续曲线拨量和线间距计算、边桩坐标计算线路曲线伸缩量及配轨、坐标系法计算道床横断面面积、桥梁工作线交点坐标计算新方法、既有线桥梁偏心距测量及其计算方法、线路纵断面高程计算新方法、铁路限界计算新方法等。

本书可作为铁路工务维修、铁路工程建设技术管理参考之用，也可供在校师生和职业技术业务培训学习使用。

本书依托基金项目：中国铁路南宁局集团有限公司科研计划项目（建 24-6）：铁路线路计算新理论研究及自动计算程序开发。

本书受益于大量教材、著作、论文及专业报刊文章，在此感谢原创作者，限于本人水平，书中疏漏之处在所难免，恳请广大读者批评指正。

作　者
2024 年 12 月

目 录

上篇　铁路线路计算新理论的研究

第1章　铁路线路计算常用数学公式······002
1.1　平面两点间距公式······002
1.2　直线方程的几种类型······002
1.3　不同直线方程转化为标准直线方程······003
1.4　圆心坐标及半径计算公式······004
1.5　已知圆上三边长求圆半径······008
1.6　点和直线的几何关系······009
1.7　直线间的几何关系······014
本章参考文献······028

第2章　铁路线路计算新理论的研究······029
2.1　铁路线路单曲线方程推导······029
2.2　相对坐标系下连续曲线线路中心线坐标方程······045
2.3　绝对坐标系下连续曲线线路中心线坐标方程······058
2.4　复曲线方程的推导和计算······073
本章参考文献······101

下篇　铁路线路计算新理论的应用

第3章　铁路曲线计划正矢计算方法的改进······104
3.1　坐标法计算曲线计划正矢和矢距······104
3.2　计划正矢布桩的几种方法······106
本章参考文献······114

第4章　铁路单曲线整正新计算方法的研究······115
4.1　目标函数的讨论······115
4.2　坐标法整正单曲线新方法的研究······116
4.3　绳正法整正曲线计算方法的改进······136
4.4　偏角法转化坐标法整正曲线的研究······149
4.5　简易拨道法和流水拨道法计算的改进······156
4.6　道岔连接曲线整正计算新方法······167
4.7　道岔导曲线方程······176
4.8　直线型尖轨导曲线支距计算程序界面······184
本章参考文献······184

第 5 章 绝对坐标系下连续整正曲线计算 ························ 186
- 5.1 确定切线方向控制桩 ··· 186
- 5.2 铁路线路平面整正计算方法 ··· 187
- 5.3 不等测点间距拨量修正计算方法 ···································· 191
- 本章参考文献 ··· 192

第 6 章 线间距计算 ··· 193
- 6.1 根据两曲线始终切线位置关系计算线间距 ······················ 193
- 6.2 绝对坐标系的线间距计算方法 ······································ 196
- 本章参考文献 ··· 201

第 7 章 曲线缩短量计算 ·· 202
- 7.1 利用边桩坐标原理计算曲线缩短量的方法 ······················ 202
- 7.2 长轨条配轨曲线缩短量计算新方法 ································· 208
- 本章参考文献 ··· 215

第 8 章 道床断面积计算理论 ·· 216
- 8.1 单线路基双层无缝线路道床断面积计算 ························· 216
- 8.2 双线路基道床双层道床断面积计算 ································· 221
- 本章参考文献 ··· 224

第 9 章 新建桥梁偏心距及工作线交点坐标计算新方法 ·············· 225
- 9.1 传统桥梁偏心距公式 ··· 225
- 9.2 桥梁上任意一处的理论偏距计算 ·································· 226
- 9.3 绝对坐标系下桥梁墩台支座中心坐标计算方法 ················ 231
- 本章参考文献 ··· 235

第 10 章 既有线桥梁偏心距测量及其计算方法 ························· 236
- 10.1 既有桥梁工作线交点坐标的测量和计算方法 ················· 236
- 10.2 实测线桥偏心距计算方法 ·· 237
- 本章参考文献 ··· 238

第 11 章 线路纵断面高程计算新方法 ···································· 239
- 11.1 铁路线路纵断面高程方程 ·· 239
- 11.2 铁路线路纵断面优化计算 ·· 242
- 本章参考文献 ··· 248

第 12 章 铁路建筑限界计算新方法 ······································· 249
- 12.1 利用 CAD 图形法检算铁路建筑限界新方法 ··················· 249
- 12.2 《技规》有缓和曲线地段建筑限界加宽计算方法 ············ 252
- 本章参考文献 ··· 255

附 录 本书配套计算程序界面 ··· 256

上篇

铁路线路计算新理论的研究

为研究铁路线路新计算理论及其应用,本书分上下篇进行阐述。上篇主要介绍铁路线路计算常用数学公式和铁路线路计算新理论的研究。

特别说明:由于铁路线路计算新理论公式中变量和函数使用的字母较多,为避免误解,部分数学公式中的乘号"×"保留,同时,为便于理解和引用,对新理论公式的变量字母符号进行了规范统一。

第 1 章　铁路线路计算常用数学公式

为深入研究铁路线路计算新理论，现将常用的数学公式归纳如下，便于在后续章节直接引用。

1.1　平面两点间距公式

1. 两点间距公式

已知 $A(x_1, y_1)$，$B(x_2, y_2)$ 点坐标，求 AB 线段的距离。

AB 线段的距离计算公式为

$$AB = \sqrt{(x_2 - x_1)^2 + (y_2 - y_1)^2} \tag{1-1}$$

2. 直线段中点坐标公式

已知经过两点 $P_1(x_1, y_1)$，$P_2(x_2, y_2)$ 的线段 P_1P_2，求线段 P_1P_2 中点的坐标。

中点的坐标计算公式为

$$\left(\frac{x_1 + x_2}{2}, \frac{y_1 + y_2}{2} \right) \tag{1-2}$$

1.2　直线方程的几种类型

1. 点斜式方程

已知直线斜率 k，且过一点 (x_0, y_0)，则方程

$$y = k(x - x_0) + y_0 \tag{1-3}$$

注意：当直线的斜率为 0°时，$k = 0$，直线的方程是 $y = y_0$；当直线的斜率为 90°时，直线的斜率不存在，它的方程不能用点斜式表示，但因直线 l 上每一点的横坐标都等于 x_0，故它的方程是 $x = x_0$。

2. 斜截式方程

设直线斜率为 k，直线在 y 轴上的截距为 b，则

$$y = kx + b \tag{1-4}$$

3. 两点式方程

已知直线上两点 (x_1, y_1)，(x_2, y_2)，则 $\dfrac{y - y_1}{y_2 - y_1} = \dfrac{x - x_1}{x_2 - x_1}$（$x_1 \neq x_2, y_1 \neq y_2$），方程为

$$y = \dfrac{x - x_1}{x_2 - x_1} \times (y_2 - y_1) + y_1 \tag{1-5}$$

4. 截距式方程

已知直线 l 与 x 轴交于点 $(a, 0)$，与 y 轴交于点 $(0, b)$，即 l 与 x 轴、y 轴的截距分别 a, b，则 $\dfrac{x}{a} + \dfrac{y}{b} = 1$，方程为

$$y = \left(1 - \dfrac{x}{a}\right) b \tag{1-6}$$

5. 标准直线方程

$$Ax + By + C = 0 \tag{1-7}$$

1.3 不同直线方程转化为标准直线方程

1. 斜截式直线方程

已知斜截式直线方程 $y = kx + b$，因而有 $kx - y + b = 0$，转换成标准直线方程为

$$Ax + By + C = 0，$$

其中

$$A = k, \quad B = -1, \quad C = b \tag{1-8}$$

2. 点斜直线方程

已知点斜直线方程 $k = \dfrac{y - y_0}{x - x_0}$，因而有 $k(x - x_0) = y - y_0 \Rightarrow kx - k \times x_0 = y - y_0$，$kx - y + (-kx_0) + y_0 = 0 \Rightarrow kx - y + (-kx_0 + y_0) = 0$，转换成标准直线方程为

$$Ax + By + C = 0，$$

式中

$$A = k, \quad B = -1, \quad C = -kx_0 + y_0 \tag{1-9}$$

3. 两点式直线方程

已知直线上两点坐标 $(x_1, y_1), (x_2, y_2)$，$\dfrac{y - y_1}{y_2 - y_1} = \dfrac{x - x_1}{x_2 - x_1}$（$x_1 \neq x_2, y_1 \neq y_2$），则得任意一点的坐标公式为

$$y = \frac{x-x_1}{x_2-x_1}(y_2-y_1)+y_1 \Rightarrow (x_2-x_1)y = x(y_2-y_1)-x_1(y_2-y_1)+(x_2-x_1)y_1$$

$$x(y_2-y_1)-(x_2-x_1)y-x_1(y_2-y_1)+(x_2-x_1)y_1 = 0$$

转换成标准直线方程为

$$Ax+By+C=0,$$

其中

$$A=(y_2-y_1),\ B=-(x_2-x_1),\ C=-x_1(y_2-y_1)+(x_2-x_1)y_1 \qquad (1\text{-}10)$$

4. 截距式直线方程

已知 $\dfrac{x}{a}+\dfrac{y}{b}=1$，$bx+ay-ab=0$，转换成标准直线方程为

$$Ax+By+C=0,$$

其中

$$A=b,\ B=a,\ C=-ab \qquad (1\text{-}11)$$

1.4　圆心坐标及半径计算公式

如图 1-1 所示，已知圆上三点 $A(x_1,y_1)$，$B(x_2,y_2)$，$C(x_3,y_3)$，求圆心坐标 x、y 及半径 R。

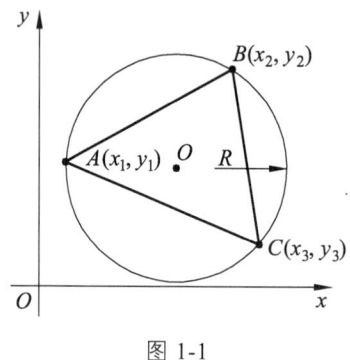

图 1-1

1. 计算方法一

直线 AB 的斜率是 $k_1 = -\dfrac{(y_2-y_1)}{(x_2-x_1)}$；其中点 P 的坐标是 $x_P = \dfrac{x_1+x_2}{2}$、$y_P = \dfrac{y_1+y_2}{2}$，因此 AB 的中垂线斜率为 $k_1 = -\dfrac{(x_2-x_1)}{(y_2-y_1)}$，直线 AB 的方程为

$$y-y_P = k_1 \times (x-x_P)$$

同理直线 BC 的方程为 $y-y_Q = k_2(x-x_Q)$，其中 Q 为 BC 的中点，坐标为 $x_Q = \dfrac{(x_2+x_3)}{2}$，

$y_Q = \dfrac{(y_2 + y_3)}{2}$，$k_2$ 是 BC 的斜率，$k_2 = -\dfrac{y_3 - y_2}{x_3 - x_2}$，直线 BC 的方程为

$$y - y_q = k_2 \times (x - x_q)$$

两条直线垂直则斜率 $k_1 \times k_2 = -1$（k_1，k_2 都不为零）将直线方程写成一般形式

$$k_1 \times x - y = k_1 \times x_P - y_P, \quad k_2 \times x - y = k_2 \times x_Q - y_Q, \quad k_1 \times k_2 = -1$$

解这个二元一次方程组得

$$\left. \begin{aligned} x &= -\dfrac{y_Q + k_1 \times x_P - k_2 \times x_Q - y_P}{k_2 - k_1} \\ y &= -\dfrac{k_1 \times k_2 \times x_Q + k_2 \times y_P - k_1 \times y_Q - k_1 \times k_2 \times x_P}{k_2 - k_1} \end{aligned} \right\} \quad (1\text{-}12)$$

式（1-12）就是圆心 O 的坐标公式，根据两点间距离公式（1-1）得，代入圆心坐标 $O(x, y)$ 即可得半径计算公式

$$R = \sqrt{(x_1 - x)^2 + (y_1 - y)^2} \quad (1\text{-}13)$$

【例 1-1】

已知：圆上三点 $A(x_1, y_1)$，$B(x_2, y_2)$，$C(x_3, y_3)$ 坐标，如表 1-1 所示。

求：圆心坐标 x、y 及半径 R。

表 1-1　三个点坐标

x_1	y_1	x_2	y_2	x_3	y_3
99864.89536	3509.92093	148944.3426	12885.78248	158597.3598	15497.15358

【解】

AB 中点坐标：$x_P = \dfrac{x_1 + x_2}{2} = 124404.619$；$y_P = \dfrac{y_1 + y_2}{2} = 8197.851705$

BC 中点坐标：$x_Q = \dfrac{x_2 + x_3}{2} = 153770.8512$；$y_Q = \dfrac{y_2 + y_3}{2} = 14191.46803$

AB 的斜率 $k_1 = -\dfrac{(y_2 - y_1)}{(x_2 - x_1)} = -0.191034375$；$BC$ 的斜率 $k_2 = -\dfrac{(y_3 - y_2)}{(x_3 - x_2)} = -0.270523822$

（1）圆心坐标 x、y 根据公式（1-12）得

$$\left. \begin{aligned} x &= -\dfrac{y_Q + k_1 \times x_P - k_2 \times x_Q - y_P}{k_2 - k_1} = 49933.02232 \\ y &= -\dfrac{k_1 \times k_2 \times x_Q + k_2 \times y_P - k_1 \times y_Q - k_1 \times k_2 \times x_P}{k_2 - k_1} = 398031.3391 \end{aligned} \right\}$$

（2）半径 R 根据公式（1-13）得：

$$R = \sqrt{(x - x_1)^2 - (y - y_1)^2} = 397668.6326$$

2. 计算方法二

已知：圆上三点及坐标 $A(x_1,x_1)$，$B(x_2,x_2)$，$C(x_3,x_3)$，其中设 $a=-\sqrt{2\times(x_2-x_1)}$，$b=2\times(y_2-y_1)$，$c=x_2^2+y_2^2-x_1^2-y_1^2$，$d=2\times(x_3-x_2)$，$e=2\times(y_3-y_2)$，$f=x_3^2+y_3^2-x_2^2-y_2^2$，则圆心横、纵坐标为

$$\left.\begin{aligned}x&=\frac{b\times f-e\times c}{b\times d-e\times a}\\y&=\frac{d\times c-a\times f}{b\times d-e\times a}\end{aligned}\right\} \tag{1-14}$$

曲线半径 R 为

$$R=\sqrt{(x_1-x)^2+(y_1-y)^2} \tag{1-15}$$

【例 1-2】

已知：$A(x_1,y_1)$，$B(x_2,y_2)$，$C(x_3,y_3)$，坐标如表 1-2 所示。

求：圆心坐标 x、y 及半径 R。

表 1-2　三个点坐标

x_1	y_1	x_2	y_2	x_3	y_3
99864.89536	3509.92093	148944.3426	12885.78248	158597.3598	15497.15358

【解】

根据公式（1-14）、公式（1-15）得

$$a=-\sqrt{2\times(x_2-x_1)}=98158.89457，\quad b=2\times(y_2-y_1)=18751.72309$$

$$c=x_2^2+y_2^2-x_1^2-y_1^2=12365143726，\quad d=2\times(x_3-x_2)=19306.03439$$

$$e=2\times(y_3-y_2)=5222.742208，\quad f=x_3^2+y_3^2-x_2^2-y_2^2=3042823721$$

（1）圆心坐标 x、y 根据公式（1-14）得

$$\left.\begin{aligned}x&=\frac{b\times f-e\times c}{b\times d-e\times a}=49933.02232\\y&=\frac{d\times c-a\times f}{b\times d-e\times a}=398031.3391\end{aligned}\right\}$$

（2）半径 R 根据公式（1-15）得

$$R=\sqrt{(x_1-x)^2+(y_1-y)^2}=397668.6326$$

3. 计算方法三

已知：圆上三点 $A(x_1,y_1)$，$B(x_2,y_2)$，$C(x_3,y_3)$。

求：圆心 O 坐标 x、y 及半径 R。

根据两点间距离公式（1-1），得

线段 $OA = OB$：$(x_1 - x)^2 + (y_1 - y)^2 = (x_2 - x)^2 + (y_2 - y)^2$

线段 $OA = OC$：$(x_1 - x)^2 + (y_1 - y)^2 = (x_3 - x)^2 + (y_3 - y)^2$

展开后得

$$(x_1 - x)^2 + (y_1 - y)^2 = x_1^2 - 2x_1 x + x^2 + y_1^2 - 2y_1 y + y^2$$

$$(x_2 - x)^2 + (y_2 - y)^2 = x_2^2 - 2x_2 x + x^2 + y_2^2 - 2y_2 y + y^2$$

$$(x_3 - x)^2 + (y_3 - y)^2 = x_3^2 - 2x_3 x + x^2 + y_3^2 - 2y_3 y + y^2$$

整理后方程组为

因为

$$x_2^2 - 2x_2 x + x^2 + y_2^2 - 2y_2 y + y^2 = x_1^2 - 2x_1 x + x^2 + y_1^2 - 2y_1 y + y^2$$

所以

$$y = \frac{x_1^2 - x_2^2 + (2x_2 - 2x_1)x - y_2^2 + y_1^2}{(2y_1 - 2y_2)}$$

因为

$$x_2^2 - 2x_2 x + x^2 + y_2^2 - 2y_2 y + y^2 = x_3^2 - 2x_3 x + x^2 + y_3^2 - 2y_3 y + y^2$$

所以

$$y = \frac{x_3^2 - x_2^2 + (2x_2 - 2x_3)x - y_2^2 + y_3^2}{(2y_3 - 2y_2)}$$

$$\left. \begin{aligned} y &= \frac{x_3^2 - x_2^2 + (2x_2 - 2x_3)x - y_2^2 + y_3^2}{(2y_3 - 2y_2)} \\ y &= \frac{x_1^2 - x_2^2 + (2x_2 - 2x_1)x - y_2^2 + y_1^2}{(2y_1 - 2y_2)} \\ \Rightarrow \frac{x_1^2 - x_2^2 + (2x_2 - 2x_1)x - y_2^2 + y_1^2}{(2y_1 - 2y_2)} &= \frac{x_3^2 - x_2^2 + (2x_2 - 2x_3)x - y_2^2 + y_3^2}{(2y_3 - 2y_2)} \end{aligned} \right\}$$

又因为

$$[x_1^2 - x_2^2 + (2x_2 - 2x_1)x - y_2^2 + y_1^2](2y_3 - 2y_2)$$
$$= (2y_1 - 2y_2)[x_3^2 - x_2^2 + (2x_2 - 2x_3)x - y_2^2 + y_3^2]$$

所以

$$(x_1^2 - x_2^2 - y_2^2 + y_1^2)(2y_3 - 2y_2) + (2y_3 - 2y_2)(2x_2 - 2x_1)x$$
$$= (2y_1 - 2y_2)(x_3^2 - x_2^2 - y_2^2 + y_3^2) + (2y_1 - 2y_2)(2x_2 - 2x_3)x$$

经整理后得圆心坐标公式：

$$\left. \begin{aligned} x &= \frac{(x_1^2 - x_2^2 - y_2^2 + y_1^2)(2y_3 - 2y_2) - (2y_1 - 2y_2)(x_3^2 - x_2^2 - y_2^2 + y_3^2)}{[(2y_1 - 2y_2)(2x_2 - 2x_3) - (2y_3 - 2y_2)(2x_2 - 2x_1)]} \\ y &= \frac{x_3^2 - x_2^2 + (2x_2 - 2x_3)\dfrac{(x_1^2 - x_2^2 - y_2^2 + y_1^2)(2y_3 - 2y_2) - (2y_1 - 2y_2)(x_3^2 - x_2^2 - y_2^2 + y_3^2)}{(2y_1 - 2y_2)(2x_2 - 2x_3) - (2y_3 - 2y_2)(2x_2 - 2x_1)} - y_2^2 + y_3^2}{(2y_3 - 2y_2)} \end{aligned} \right\}$$

(1-16)

【例 1-3】

已知：$A(x_1,y_1)$，$B(x_2,y_2)$，$C(x_3,y_3)$ 坐标值如表 1-3 所示。

求：圆心坐标 x、y 及半径 R。

表 1-3 三个点坐标

x_1	y_1	x_2	y_2	x_3	y_3
99864.89536	3509.92093	148944.3426	12885.78248	158597.3598	15497.15358

【解】

根据圆心坐标计算公式（1-16）得：

（1）圆心坐标 x、y 为

$$x = \frac{(x_1^2 - x_2^2 - y_2^2 + y_1^2)(2y_3 - 2y_2) - (2y_1 - 2y_2)(x_3^2 - x_2^2 - y_2^2 + y_3^2)}{[(2y_1 - 2y_2)(2x_2 - 2x_3) - (2y_3 - 2y_2)(2x_2 - 2x_1)]} = 49933.0223$$

$$y = \frac{x_3^2 - x_2^2 + (2x_2 - 2x_3)\dfrac{(x_1^2 - x_2^2 - y_2^2 + y_1^2)(2y_3 - 2y_2) - (2y_1 - 2y_2)(x_3^2 - x_2^2 - y_2^2 + y_3^2)}{(2y_1 - 2y_2)(2x_2 - 2x_3) - (2y_3 - 2y_2)(2x_2 - 2x_1)} - y_2^2 + y_3^2}{(2y_3 - 2y_2)}$$

$= 398031.339$

（2）半径 R，根据半径计算公式（1-13）得

$$R = \sqrt{(x_1 - x)^2 + (y_1 - y)^2} = 397668.6326$$

1.5　已知圆上三边长求圆半径

已知圆曲线上三点构成的三角形，三条边长分别为 a、b、c，令 $d = \dfrac{a+b+c}{2}$，根据库仑公式有三角形面积 $S = \sqrt{d \times (d-a) \times (d-b) \times (d-c)}$，又有公式 $S = \dfrac{\frac{1}{2}abc}{2R} = \dfrac{abc}{4R}$，于是得

$$R = \frac{a \times b \times c}{4 \times S} = \frac{a \times b \times c}{4 \times \sqrt{d \times (d-a) \times (d-b) \times (d-c)}} \tag{1-17}$$

【例 1-4】

已知：圆曲线上三点构成的三角形三条边长如表 1-4 所示（和例 1-2、例 1-3 数据一致，通过两点间距公式计算三角形三边长）。

求：圆半径 R。

表 1-4 圆上三条边长

a	b	c
49966.97835	10000	59943.27427

【解】

根据已知条件得

$$d = \frac{a+b+c}{2} = 59955.12631$$

$$S = \sqrt{d \times (d-a) \times (d-b) \times (d-c)} = 18829648.87$$

再根据公式（1-17）得

$$R = \frac{a \times b \times c}{4 \times S} = \frac{a \times b \times c}{4 \times \sqrt{d \times (d-a) \times (d-b) \times (d-c)}} = 397668.6326$$

可见，半径计算结果和例 1-2、例 1-3 计算结果一致。

1.6 点和直线的几何关系

1. 坐标法计算点到直线的距离

已知：AC 直线方程 $y = kx + b$，直线外点 $B(x_0, y_0)$ 坐标，如图 1-2 所示。

求：B 至直线 AC 的距离。

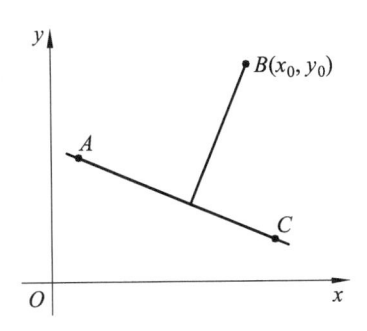

图 1-2 点至直线距离

直线方程 $y = kx + b$ 中，$Ax + By + C = 0$，$b = y_1 - kx_1$；标准直线方程 $Ax + By + C = 0$ 中，$kx - y + (y_1 - kx_1) = 0, A = k, B = -1, C = y_1 - kx_1$，于是得 B 至 AC 的距离 d 为

$$d = \frac{k \times x_0 - y_0 + y_1 - k \times x_1}{\sqrt{k^2 + 1}} \tag{1-18}$$

【例 1-5】

已知：AC 直线方程为 $y = kx + b$，直线外一点 $B(x_0, y_0)$ 坐标如表 1-5 所示。

求：B 至直线 AC 的距离 d。

表 1-5 直线方程参数

x_0	y_0	k	b
50	50	1	20

【解】

根据公式（1-18）得：

$$d = \frac{k \times x_0 - y_0 + y_1 - k \times x_1}{\sqrt{k^2+1}} = 14.14213562$$

得到正数说明点是在直线的在上方。

已知：三点坐标 $A(x_1, y_1)$，$B(x_2, y_2)$，$C(x_3, y_3)$，如图 1-3 所示。

求：B 点至 AC 直线距离 d 的计算公式。

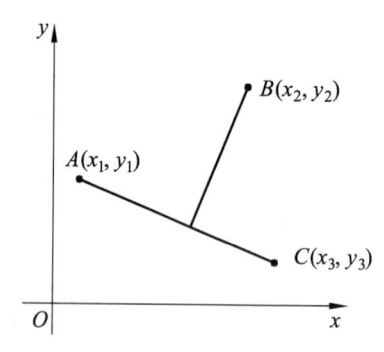

图 1-3 点至直线距离

$$d = \frac{\frac{(y_3-y_1)}{(x_3-x_1)}x_2 - y_2 + y_1 - x_1 \frac{(y_3-y_1)}{(x_3-x_1)}}{\sqrt{\frac{(y_3-y_1)^2}{(x_3-x_1)^2}+1}} \tag{1-19}$$

【例 1-6】

已知：A、B、C 点的坐标如表 1-6 所示。

求：B 点至直线 AC 的距离 d。

表 1-6 平面上三点坐标

A		B		C	
x_1	y_1	x_2	y_2	x_3	y_3
10000.000	0.0000	49933.022	398031.339	20000.000	0.0000

【解】

根据公式（1-19）得 B 点至直线 AC 的距离 d 为

$$d = \frac{\frac{(y_3-y_1)}{(x_3-x_1)}x_2 - y_2 + y_1 - x_1 \frac{(y_3-y_1)}{(x_3-x_1)}}{\sqrt{\frac{(y_3-y_1)^2}{(x_3-x_1)^2}+1}} = -398031.338$$

得到负数说明点是在直线的下方。

2. 流动坐标系法计算点到直线距离

已知：直线 AB 方位角 β 及其起点 $A(x_A, y_A)$ 的坐标。

求：AB 外一点 $C(x_C, y_C)$ 至直线的距离。

流动坐标法解题的思路是先根据截距式直线方程 $y = kx + b$，$b = y_A - kx_A$，斜率 $k = \tan\beta$，故

$$y = \tan\beta \times x + (y_A - \tan\beta \times x_A)$$

（1）建立新坐标系。

以直线 AB 为坐标横轴，坐标系原点沿直线 AB 方向移动建立流动坐标系 $x'O'y'$，如图 1-4 所示。

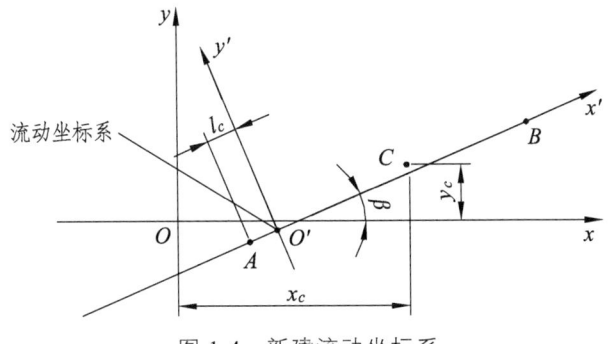

图 1-4　新建流动坐标系

（2）计算 C 点在流动坐标系 $x'O'y'$ 中的坐标。

新坐标系 $x'O'y'$ 沿着 AB 移动，以直线 AB 上任意固定点 A 为起点，以 O' 至该固定点长度 l_C 为自变量平移，计算步骤如下：

① 先平移：流动坐标系原点移动轨迹如图 1-5 所示。

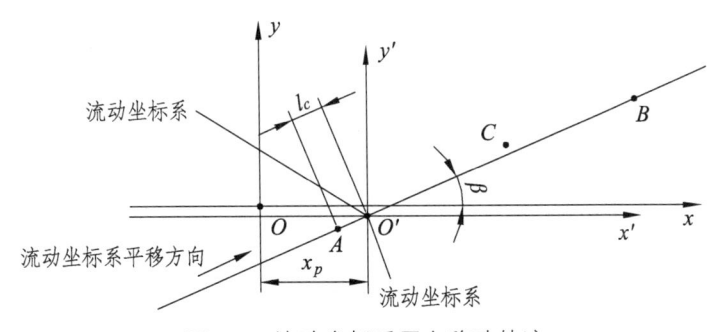

图 1-5　流动坐标系原点移动轨迹

直线 AB 上任意一点的坐标为

$$x_P = x_A + l_C \times \cos\beta, \quad y_P = y_A + l_C \times \sin\beta$$

根据坐标平移公式得直线 AB 上 C 点计算公式

$$\left. \begin{array}{l} x'_C = x_C - x_P \\ y'_C = y_C - y_P \end{array} \right\}$$

公式中的平移量 x_P 和 y_P 第一次 l_C 为任意值，是根据流动坐标系 $x'O'y'$ 原点移动计算而得，其计算公式为直线 AB 方程上的任意点 $y_P = \tan\beta \times x_P + (y_A - \tan\beta \times x_A)$。

② 后旋转。

在平移旋转坐标系 $x''O''y''$ 中，C 点坐标：

$$\left.\begin{array}{l}x_C'' = x_C' \times \cos\beta + y_C' \times \sin\beta \\ y_C'' = y_C' \times \cos\beta - x_C' \times \sin\beta\end{array}\right\}$$

整理后得 C 点坐标计算公式：

$$\left.\begin{array}{l}x_C'' = x_C' \times \cos\beta + y_C' \times \sin\beta = (x_C - x_P) \times \cos\beta + (y_C - y_P) \times \sin\beta \\ y_C'' = y_C' \times \cos\beta + x_C' \times \sin\beta = (y_C - y_P) \times \cos\beta - (x_C - x_P) \times \sin\beta\end{array}\right\}$$

$$\Rightarrow \left.\begin{array}{l}x_C'' = (x_C - x_P) \times \cos\beta + (y_C - y_P) \times \sin\beta \\ y_C'' = (y_C - y_P) \times \cos\beta - (x_C - x_P) \times \sin\beta\end{array}\right\} \quad (1\text{-}20)$$

如图 1-6、图 1-7 所示，不管 l_C 取什么值，纵坐标值 y_C'' 总是不变的，y_C'' 就是 C 点至直线 AB 的距离。如果 y_C'' 为正值说明其位于直线 AB 的左侧；反之，为右侧。

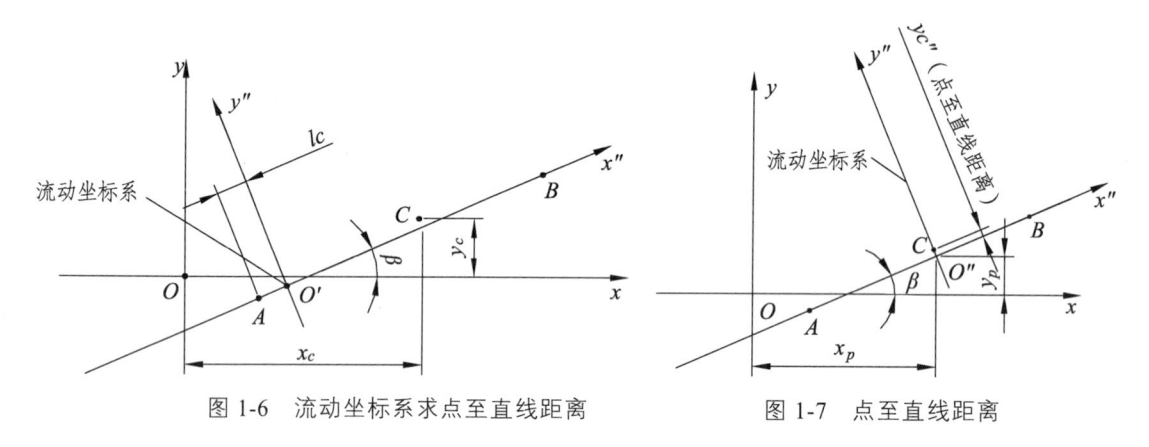

图 1-6 流动坐标系求点至直线距离

图 1-7 点至直线距离

【例 1-7】

已知：直线 AB 上一点 $A(x_A, y_A)$ 的坐标以及直线方程斜率 k，如表 1-7 所示。

求：AB 外一点 $C(x_C, y_C)$ 至直线的距离。

表 1-7 直线方程斜率和第三点 C 的坐标

x_A	y_A	k	x_C	y_C
100.0000	201.0000	0.2814	489.4000	300.0000

【解】

由直线方程斜率 k 求得直线的方位角

$$\beta = \arctan 0.2814 = 0.27430645$$

再根据公式（1-20）$l_C = 0$，则

$$x_P = y_A + l_C \times \cos\beta = 100$$

$$y_P = x_A + l_C \times \sin\beta = 201$$

$$x''_C = (x_C - x_P) \times \cos\beta + (y_C - y_P) \times \sin\beta = 37109.32019$$
$$y''_C = (y_C - y_P) \times \cos\beta - (x_C - x_P) \times \sin\beta = 401.6586768$$

$$y''_C = 401.6586768$$

C 点至直线 AB 的距离为 401.6586768，正值说明其位于直线 AB 的左侧。

3. 平移旋转坐标法计算点到直线距离

已知：直线 A、B 点及其坐标 (x_A, y_A)，(x_B, y_B)。

求：直线 AB 外一点 $C(x_C, y_C)$ 至 AB 的距离。

首先，求直线 AB 方位角 β。

根据 AB 坐标，求初始方位角

$$\alpha = \arctan\left(\left|\frac{y_B - y_A}{x_B - x_A}\right|\right)$$

假如 $y_B > y_A$，$x_B > x_A$，直线位于第一象限，则方位角 $\beta = \alpha$；
假如 $y_B > y_A$，$x_B < x_A$，直线位于第二象限，则方位角 $\beta = \pi - \alpha$；
假如 $y_B < y_A$，$x_B < x_A$，直线位于第三象限，则方位角 $\beta = \pi + \alpha$；
假如 $y_B < y_A$，$x_B > x_A$，直线位于第四象限，则方位角 $\beta = 2\pi - \alpha$。

其次，建立新坐标系求 C 点至直线 AB 的距离。

以 A 点为原点，以直线 AB 为横轴建立新的坐标系 $x'O'y'$，如图 1-8 所示。通过坐标先平移后旋转计算公式，求得 C 点至直线 AB 的距离为 C 点在坐标系 $x'O'y'$ 中的纵坐标 y'_C 值。$y'_C > 0$ 在 AB 上方；反之，在下方。

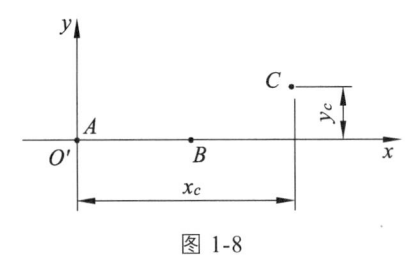

图 1-8

$$\left.\begin{array}{l}x'_C = (x_C - x_A) \times \cos\beta + (y_C - y_A) \times \sin\beta \\ y'_C = (y_C - y_A) \times \cos\beta - (x_C - x_A) \times \sin\beta\end{array}\right\} \quad (1\text{-}21)$$

这就是平移旋转坐标法计算点至直线距离公式，y'_C 为点至直线距离。

【例 1-8】

已知：A、B、C 三点的坐标如表 1-8 所示。

求：C 点至直线 AB 的距离。

表 1-8　平面三点坐标

x_A	y_A	x_C	y_C	x_B	y_B
10000.000	622.000	49933.022	398031.339	20000.000	3210.0000

【解】

直线 AB 的方位角：

$$\beta = \arctan\left(\left|\frac{y_B - y_A}{x_B - x_A}\right|\right) = 0.253243714$$

再根据公式（1-20）得：

$$\left.\begin{aligned}x''_C &= (x_C - x_A) \times \cos\beta + (y_C - y_A) \times \sin\beta \\ y''_C &= (y_C - y_A) \times \cos\beta - (x_C - x_A) \times \sin\beta\end{aligned}\right\}$$

将坐标及方位角代入计算得：

$$\left.\begin{aligned}x''_C &= 138228.4833 \\ y''_C &= 374728.8558\end{aligned}\right\}$$

可得 C 点至直线 AB 的距离为 374728.8558。

4. 点到曲线距离的计算

与点到直线距离计算方法同理，首先要求出曲线上某点的切线方向，以切线代替曲线，以直线的形式参与计算，根据式（1-20）的计算而得，这里不再介绍。

1.7 直线间的几何关系

1.7.1 已知两直线标准方程求交点的坐标

已知：两直线相关系如图 1-9 所示。

求：两直线交点坐标。

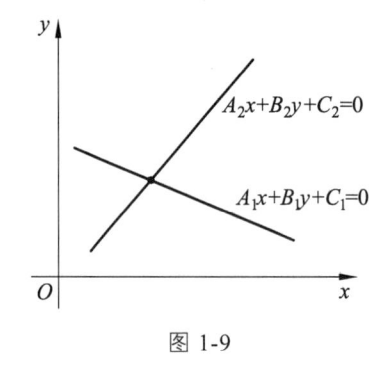

图 1-9

先由第一直线标准方程：$A_1 x + B_1 y + C_1 = 0$ 得

$$y = \frac{-A_1 x - C_1}{B_1}$$

再由第二直线标准方程：$A_2 x + B_2 y + C_2 = 0$ 得

$$A_2 x + B_2 \times \left(\frac{-A_1 x - C_1}{B_1} \right) + C_2 = 0$$

$$\Rightarrow A_2 \times B_1 \times x + B_2 \times (-A_1 x - C_1) + B_2 \times C_2 = 0$$

$$\Rightarrow x = -\frac{-B_2 \times C_1 + B_2 \times C_2}{(A_2 \times B_1 - A_1 \times B_2)}$$

因此交点的坐标为

$$\left. \begin{array}{l} x = -\dfrac{-B_2 \times C_1 + B_2 \times C_2}{(A_2 \times B_1 - A_1 \times B_2)} \\ y = \dfrac{-A_1 X - C_1}{B_1} = \dfrac{A_1 \times \left(\dfrac{-B_2 \times C_1 + B_2 \times C_2}{(A_2 \times B_1 - A_1 \times B_2)} \right) - C_1}{B_1} \end{array} \right\} \qquad (1\text{-}22)$$

这就是两直线交点坐标公式。

【例 1-9】

已知：两直线标准直线方程的参数如表 1-9 所示，$A_1 x + B_1 y + C_1 = 0$，$A_2 x + B_2 y + C_2 = 0$。

求：交点坐标。

表 1-9 两直线方程系数

两直线直线方程	A_1	B_1	C_1	A_2	B_2	C_2
	5.0000	100.0000	30	7.0000	200.0000	-25

【解】

根据两直线交点坐标公式（1-22）得

$$\left. \begin{array}{l} x = -\dfrac{-B_2 \times C_1 + B_2 \times C_2}{A_2 \times B_1 - A_1 \times B_2} = -36.66666667 \\ y = \dfrac{-A_1 x - C_1}{B_1} = \dfrac{A_1 \times \left(\dfrac{-B_2 \times C_1 + B_2 \times C_2}{A_2 \times B_1 - A_1 \times B_2} \right) - C_1}{B_1} = 1.533333333 \end{array} \right\}$$

1.7.2 已知两直线上各两点坐标求交点的坐标

已知：两直线 AB 与 CD 上各点坐标 (x_A, y_A)，(x_B, y_B)，(x_C, y_C)，(x_D, y_D)。

求：两直线交点坐标。

1. 方法 1——先求出两直线的斜率，然后再求两直线的交点坐标

由已知数据分别求出两直线的斜率

$$k_1 = \frac{y_B - y_A}{x_B - x_A}, \quad k_2 = \frac{y_D - y_C}{x_D - x_C}$$

由此可得

$$b_1 = y_A - k_1 x_A, \quad b_2 = y_C - k_2 x_C$$

因此两直线的交点坐标为

$$\left.\begin{aligned} x_{JD} &= \frac{1}{k_1 - k_2}(b_2 - b_1) \\ y_{JD} &= \frac{k_1}{k_1 - k_2}(b_2 - b_1) + b_1 \end{aligned}\right\} \quad (1\text{-}23)$$

【例 1-10】

已知：两直线 AB 与 CD 上各两点坐标 (x_A, y_A)，(x_B, y_B)，(x_C, y_C)，(x_D, y_D) 如表 1-10 所示。

求：两直线交点坐标。

表 1-10　两直线上各 2 点坐标直线方程

x_A	y_A	x_B	y_B	x_C	y_C	x_D	y_D
100.0000	200.0000	300.0000	300.0000	500.0000	100.0000	1652.0000	3621.0000

【解】

由已知数据求出两直线斜率 k_1、k_2 分别为

$$k_1 = \frac{y_B - y_A}{x_B - x_A} = 0.5, \quad k_2 = \frac{y_D - y_C}{x_D - x_C} = 3.056423611$$

由此可得

$$b_1 = y_A - k_1 x_A = 150, \quad b_2 = y_C - k_2 x_C = -1428.211806$$

根据两直线的交点坐标公式（1-23），得

$$\left.\begin{aligned} x_{JD} &= \frac{b_2 - b_1}{k_1 - k_2} = 617.3514431 \\ y_{JD} &= \frac{b_2 - b_1}{k_1 - k_2} \times k_1 + b_1 = -1119.536084 \end{aligned}\right\}$$

也可通过绘制 CAD 图进行验证。

2. 方法 2——先求出两条直线的方位角，然后计算两直线的交点坐标

（1）由已知数据求第一条直线 AB 的方位角 β_1。

$$初始 \alpha_1 = \arctan\left(\left|\frac{y_B - y_A}{x_B - x_A}\right|\right)$$

在原坐标系中，直线 AB 方位角 β_1 如下：

假如 $y_B > y_A$，$x_B > x_A$，直线位于第一象限，则方位角 $\beta_1 = \alpha_1$；

假如 $y_B > y_A$，$x_B < x_A$，直线位于第二象限，则方位角 $\beta_1 = \pi - \alpha_1$；

假如 $y_B < y_A$，$x_B < x_A$，直线位于第三象限，则方位角 $\beta_1 = \pi + \alpha_1$；

假如 $y_B < y_A$，$x_B > x_A$，直线位于第四象限，则方位角 $\beta_1 = 2\pi - \alpha_1$。

则 $B_1 = y_B - \tan\beta_1 \cdot x_B$，$B_2 = y_C - \tan\beta_2 \cdot x_C$。

（2）求原坐标系中第二条直线 CD 的方位角 β_2。

$$\text{初始 } \alpha_2 = \arctan\left(\left|\frac{y_D - y_C}{x_D - x_C}\right|\right)$$

假如 $y_D > y_C$，$x_D > x_C$，直线位于第一象限，则方位角 $\beta_2 = \alpha_2$；
假如 $y_D > y_C$，$x_D < x_C$，直线位于第二象限，则方位角 $\beta_2 = \pi - \alpha_2$；
假如 $y_D < y_C$，$x_D < x_C$，直线位于第三象限，则方位角 $\beta_2 = \pi + \alpha_2$；
假如 $y_D < y_C$，$x_D > x_C$，直线位于第四象限，则方位角 $\beta_2 = 2\pi - \alpha_2$。

（3）求两直线交点 JD 坐标如下：

$$\left.\begin{array}{l} x_{JD} = \dfrac{1}{\tan\beta_1 - \tan\beta_2}(b_1 - b_2) \\ y_{JD} = \dfrac{\tan\beta_1}{\tan\beta_1 - \tan\beta_2}(b_1 - b_2) + b_2 \end{array}\right\} \quad (1\text{-}24)$$

公式中的变量意义与公式（1-23）一致。

【例 1-11】
已知：两直线 AB 与 CD 上各两点坐标 (x_A, y_A)，(x_B, y_B)，(x_C, y_C)，(x_D, y_D) 如表 1-11 所示。

求：两直线交点坐标。

表 1-11　两直线上各 2 点坐标直线方程

x_A	y_A	x_B	y_B	x_C	y_C	x_D	y_D
100.0000	200.0000	300.0000	300.0000	500.0000	100.0000	1652.0000	3621.0000

【解】
（1）计算 AB 方位角 β_1。

$$AB \text{ 方位角 } \alpha_{AB} = \arctan\left(\left|\frac{y_B - y_A}{x_B - x_A}\right|\right) = 0.463647609$$

由于 $y_B > y_A$，$x_B > x_A$，直线位于第一象限，故方位角 $\beta_1 = \alpha_{AB}$。

（2）计算 CD 方位角 β_2。

$$CD \text{ 方位角 } \alpha_{CD} = \arctan\left(\left|\frac{y_D - y_C}{x_D - x_C}\right|\right) = 1.254594158$$

由于 $y_D > y_C$，$x_D > x_C$，直线位于第一象限，故方位角 $\beta_2 = \alpha_{CD}$。

（3）求两直线交点 JD 坐标。
由标准方程 $Ax + By + C = 0$ 得

$$b_1 = y_B - \tan\beta_1 \times x_B = 150.0000$$

$$b_2 = y_C - \tan\beta_2 \times x_C = -1428.2118$$

根据公式（1-24），得两直线交点坐标为

$$\left.\begin{array}{l} x_{JD} = \dfrac{1}{\tan\beta_1 - \tan\beta_2}(b_2 - b_1) = 617.3514431 \\ y_{JD} = \dfrac{\tan\beta_1}{\tan\beta_1 - \tan\beta_2}(b_2 - b_1) + b_2 = -1119.536084 \end{array}\right\}$$

1.7.3 已知两直线斜截式方程，求两直线相交点的坐标

已知：两直线 AB 和 CM 的方程为 $y = k_1 x + b_1$ 和 $y = k_2 x + b_2$，AB 和 CM 的位置如图 1-10 所示。

求：两直线相交点 D 的坐标。

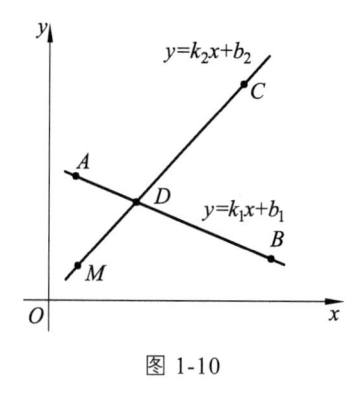

图 1-10

由于 D 点既在直线 AB 上，又在直线 CM 上，由此可得

$$y_D = k_1 x_D + b_1, \quad y_D = k_2 x_D + b_2$$
$$\Rightarrow k_1 x_D + b_1 = k_2 x_D + b_2$$
$$\Rightarrow x_D = \dfrac{b_2 - b_1}{k_1 - k_2}$$

将 $x_D = \dfrac{b_2 - b_1}{k_1 - k_2}$ 代入直线方程 $y_D = k_1 x_D + b_1$，得

$$y_D = k_1 \left(\dfrac{b_2 - b_1}{k_1 - k_2} \right) + b_1$$

所以交点 D 的坐标为

$$\left.\begin{array}{l} x_D = \dfrac{b_2 - b_1}{k_1 - k_2} \\ y_D = k_1 \left(\dfrac{b_2 - b_1}{k_1 - k_2} \right) + b_1 \end{array}\right\} \qquad (1\text{-}25)$$

【例 1-12】

已知：AB 和 CM 的直线方程 $y = k_1 x + b_1$ 和 $y = k_2 x + b_2$，参数分别如表 1-12 所示。

求：两直线相交点 D 的坐标。

表1-12 两标准直线方程系数

k_1	b_1	k_2	b_2
5.0000	100.0000	30	7.0000

【解】

根据两直线相交点坐标公式（1-25），得两直线相交点 D 的坐标如下：

$$\left. \begin{array}{l} x_D = \dfrac{b_2 - b_1}{k_1 - k_2} = 3.72 \\ y_D = k_1\left(\dfrac{b_2 - b_1}{k_1 - k_2}\right) + b_1 = 118.6 \end{array} \right\}$$

1.7.4 已知两直线上任意一点坐标和方位角，相交点的坐标

已知：直线1上 A 点坐标为 x_1、y_1，A 点方位角为 β_1；直线2上 B 点坐标为 (x_2, y_2)，B 点方位角为 β_2。

求：两直线交点坐标 x_D、y_D。

根据公式（1-4）点斜截式直线方程 $y = k_1 x + b_1$ 和 $y = k_2 x + b_2$ 得：

两直线的斜率为　　　$k_1 = \tan\beta_1$，$k_2 = \tan\beta_2$

则直线1的截距为　　$b_1 = y_1 - k_1 x_1$

直线2的截距为　　　$b_2 = y_2 - k_2 x_2$

根据"已知两直线斜截式方程，求两直线相交点的坐标"的公式（1-25），可以得到直线1和直线2的交点 D 的坐标为

$$\left. \begin{array}{l} x_D = \dfrac{b_2 - b_1}{k_1 - k_2} = \dfrac{(y_2 - \tan\beta_2 \times x_2) - (y_1 - \tan\beta_1 \times x_1)}{\tan\beta_1 - \tan\beta_2} \\ y_D = k_1\left(\dfrac{b_2 - b_1}{k_1 - k_2}\right) + b_1 = \dfrac{\tan\beta_1}{\tan\beta_1 - \tan\beta_2}[(y_2 - \tan\beta_2 \times x_2) - (y_1 - \tan\beta_1 \times x_1)] + (y_1 - k_1 \times x_1) \end{array} \right\} \quad (1\text{-}26)$$

【例1-13】

已知：β_1 为直线1方位角，直线1上 A 点坐标 (x_A, y_A)，如表1-13所示，直线上点 B 和方位角 β_2 如表1-14所示。

求：直线1与直线2交点 D 的坐标。

表1-13 直线1直线方位角，直线上 A 点坐标

x_A	y_A	β_1
100.0000	300	0.1254456896

表 1-14　直线 2 两点坐标 B 坐标

x_B	y_B	β_2
5.0000	100.0000	0.565414583

【解】

根据公式（1-26）得，直线 1 与直线 2 交点 D 的坐标

$$\left.\begin{aligned} x_D &= \frac{(y_B - \tan\beta_2 \times x_B) - (y_A - k_1 x_A)}{\tan\beta_1 - \tan\beta_2} \\ y_D &= \frac{\tan\beta_1}{\tan\beta_1 - \tan\beta_2}[(y_B - \tan\beta_2 \times x_B) - (y_A - \tan\beta_1 \times x_A)] + (y_A - k_1 x_A) \end{aligned}\right\}$$

$$\left.\begin{aligned} x_D &= -374.8189371 \\ y_D &= 240.1215864 \end{aligned}\right\}$$

1.7.5　已知直线斜截式方程，求直线与坐标轴相交点的坐标

已知：直线 AB 上 A 点坐标 x_A、y_A，β 为直线方位角。

求：直线 AB 与坐标轴相交点的坐标。

根据已知条件，直线斜率 $k = \tan\beta$，在斜截式方程 $y = kx + b$ 中，$b = y_A - kx_A$。

（1）求直线 AB 与 x 坐标轴相交点的坐标。

由于直线 AB 与 x 坐标轴相交的交点纵坐标为 0，即在公式 $y = kx + b$ 中 $y = 0$，亦即 $kx + b = 0$，由此可求得 $x = -\frac{b}{k}$。将 $b = y_A - kx_A$ 代入 $x = -\frac{b}{k}$，得直线 AB 与 x 坐标轴相交点的横坐标公式为

$$x_J = -\frac{b}{k} = -\frac{y_A - kx_A}{k} = \frac{kx_A - y_A}{k} \quad (1-27)$$

（2）求直线 AB 与 y 坐标轴相交点的坐标。

由于直线 AB 与 y 坐标轴相交的交点横坐标为 0，即在公式 $y = kx + b$ 中 $x = 0$，由此可得 $y = b$。将 $b = y_A - kx_A$ 代入 $y = b$，得直线 AB 与 y 坐标轴相交点的纵坐标为

$$y_J = y_A - kx_A \quad (1-28)$$

【例 1-14】

已知：β 为直线方位角，直线 AB 上 A 点坐标 x_A、y_A 如表 1-15 所示。

求：直线 AB 与坐标 x、y 轴相交点的坐标。

表 1-15　直线方位角，直线上 A 点坐标

β	x_A	y_A
0.1254456896	100.0000	300

【解】

直线 AB 与坐标 x、y 轴相交点的坐标如下：

$$k = \tan(0.1254456896) = 0.126107889$$

再根据公式（1-27）和（1-28）得

$$x_J = \frac{kx_A - y_A}{k} = -2278.915413$$

$$y_J = y_A - kx_A = 287.3892111$$

1.7.6 三角形的边角换算

已知三角形的三边 a,b,c，如图 1-11 所示，求三角形的角度 $\angle A$、$\angle B$、$\angle C$。

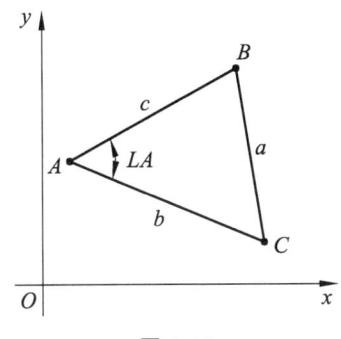

图 1-11

三角形三个角与边长的计算公式为

$$\left.\begin{array}{l} \angle A = \arctan\sqrt{\left(\dfrac{2\times c\times b}{c^2+b^2-a^2}\right)-1} \\ \angle B = \arctan\sqrt{\left(\dfrac{2\times a\times c}{a^2+c^2-b^2}\right)-1} \\ \angle C = \arctan\sqrt{\left(\dfrac{2\times a\times b}{a^2+b^2-c^2}\right)-1} \end{array}\right\} \quad (1\text{-}29)$$

对边与对角之间关系计算公式为

$$\frac{a}{\sin A} = \frac{b}{\sin B} = \frac{c}{\sin C} \quad (1\text{-}30)$$

以上公式，用于偏角法和绳正法换算相对坐标的计算。

1.7.7 根据库仑公式求三角形面积

已知：三角形 $\triangle ABC$ 的三条边长分别为 $AB=a$、$AC=b$、$BC=c$，设 $d=\dfrac{1}{2}(a+b+c)$。

求：三角形面积。

根据库仑公式，三角形面积计算公式为

$$S_{\triangle ABC} = \sqrt{d \times (d-a) \times (d-b) \times (d-c)} \tag{1-31}$$

1.7.8 直线方位角

方位角定义：以直角坐标系横轴为起始边，沿逆时针旋转，终边与起始边的夹角为方位角。

已知直线上两点 $A(x_1, y_1)$，$B(x_2, y_2)$，求直线 AB 方位角。

通过平移，以 $A(x_1, y_1)$ 为坐标原点，根据 B 点的坐标和所处象限进行判断直线 AB 的方位角。

初始方位角计算公式：$\alpha = \arctan\left(\left|\dfrac{y_2 - y_1}{x_2 - x_1}\right|\right)$。

假如 $y_2 > y_1$、$x_2 > x_1$，B 位于第一象限，则方位角 $\beta = \alpha$，如图 1-12 所示。
假如 $y_2 > y_1$、$x_2 < x_1$，B 位于第二象限，则方位角 $\beta = \pi - \alpha$，如图 1-13 所示。
假如 $y_2 < y_1$、$x_2 < x_1$，B 位于第三象限，则方位角 $\beta = \pi + \alpha$，如图 1-14 所示。
假如 $y_2 < y_1$、$x_2 > x_1$，B 位于第四象限，则方位角 $\beta = 2\pi - \alpha$，如图 1-15 所示。

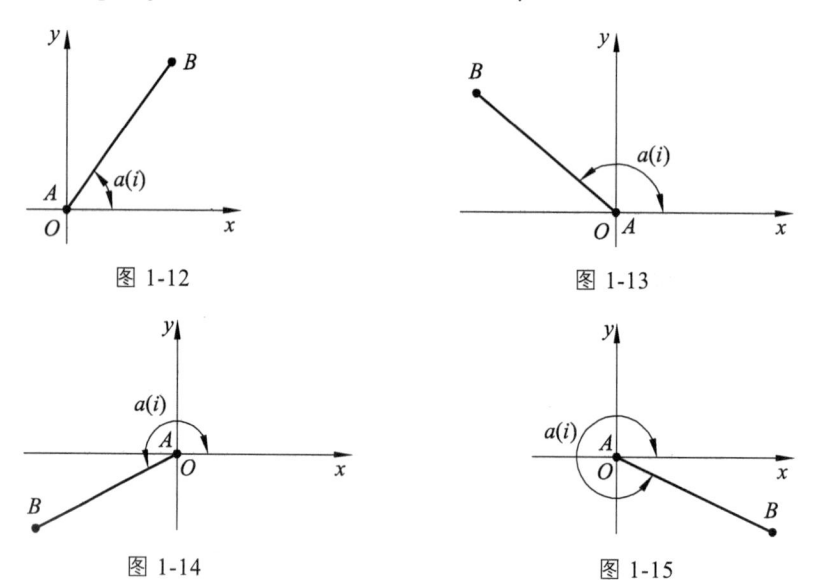

图 1-12

图 1-13

图 1-14

图 1-15

【例 1-15】

已知：直线上两点 $A(x_1, y_1)$，$B(x_2, y_2)$，如表 1-16 所示。
求：直线 AB 方位角。

表 1-16 直线上两坐标

x_1	y_1	x_2	y_2
100.0000	200.0000	−300.0000	300.0000

【解】

通过平移，以 $A(x_1, y_1)$ 为坐标原点，根据 B 点的坐标和所处象限进行判断直线 AB 的方位角。

先平移：$x_B = x_2 - x_1 = -400$，$y_B = y_2 - y_1 = 100$

$$\beta = \arctan\left(\left|\frac{y_2 - y_1}{x_2 - x_1}\right|\right) = 0.244978663$$

可见 $x_B < 0$，$y_B > 0$，B 点位于第二象限，则直线 AB 方位角为 $\pi + \beta = 3.386571316$。

1.7.9 坐标平移旋转换算数学计算公式

坐标平移旋转，根据铁路线路计算需要，共有两类型：一种是先平移后旋转，另一种是先旋转后平移。

1. 先平移后旋转

在坐标系 xOy 中，通过平移、旋转为新坐标系 $x'O'y'$、$x''O''y''$，某点的坐标为 x_i、y_i，平移坐标 x_p、y_p，旋转角度为 α，则平移旋转后坐标为：

（1）坐标平移。

坐标系 xOy 和新坐标系 $x'O'y'$ 平移关系如图 1-16 所示，平移坐标 x_p、y_p，在新坐标系下的坐标为

$$\left.\begin{array}{l}x_i' = x_i + x_p \\ y_i' = y_i + y_p\end{array}\right\} \quad (1\text{-}32)$$

（2）坐标平移后旋转。

坐标系 xOy 和新坐标系 $x''O''y''$ 平移后旋转关系如图 1-17 所示，平移旋转后坐标公式：

$$\begin{array}{l}x_i'' = x_i' \times \cos\alpha + y_i' \times \sin\alpha \\ y_i'' = y_i' \times \cos\alpha - x_i' \times \sin\alpha\end{array}\Bigg\}$$

$$\Rightarrow \left.\begin{array}{l}x_i'' = x_i' \times \cos\alpha + y_i' \times \sin\alpha = (x_i + x_p) \times \cos\alpha + (y_i + y_p) \times \sin\alpha \\ y_i'' = y_i' \times \cos\alpha + x_i' \times \sin\alpha = (y_i + y_p) \times \cos\alpha - (x_i + x_p) \times \sin\alpha\end{array}\right\} \quad (1\text{-}33)$$

$$\Rightarrow \left.\begin{array}{l}x_i'' = (x_i + x_p) \times \cos\alpha + (y_i + y_p) \times \sin\alpha \\ y_i'' = (y_i + y_p) \times \cos\alpha - (x_i + x_p) \times \sin\alpha\end{array}\right\}$$

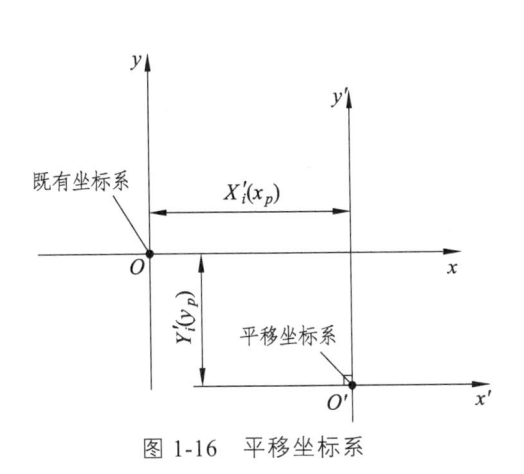

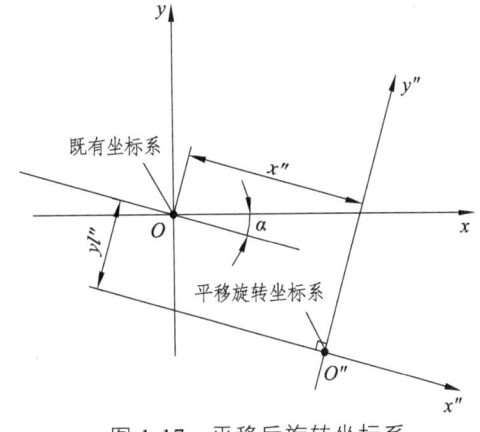

图 1-16 平移坐标系

图 1-17 平移后旋转坐标系

【例 1-16】

已知：某点的坐标为 x_i、y_i，平移坐标 x_p、y_p，旋转角度为 α 如表 1-17 所示。

求：先平移后旋转坐标计算。

表 1-17 平移旋转参数和点坐标

坐标旋转角 α				坐标平移 x_p、y_p		点坐标 x、y	
转换为弧度 $\alpha=$	度	分	秒	x_p	y_p	x	y
0.401425728	23	0	0	12.22	10	102.874	84.256

【解】

根据式（1-33）得平移旋转后坐标

$$\left.\begin{array}{l} x_i'' = (x_i + x_p) \times \cos\alpha + (y_i + y_p) \times \sin\alpha = 142.7733389 \\ y_i'' = (y_i + y_p) \times \cos\alpha - (x_i + x_p) \times \sin\alpha = 41.79229696 \end{array}\right\}$$

2. 先旋转后平移[1]

（1）先旋转。

坐标系 xOy 和新坐标系 $x'O'y'$ 旋转关系如图 1-18 所示，A 点旋转后的坐标计算如式（1-34）所示。

$$\left.\begin{array}{l} x_i' = x_i \times \cos\alpha + y_i \times \sin\alpha \\ y_i' = y_i \times \cos\alpha - x_i \times \sin\alpha \end{array}\right\} \qquad (1-34)$$

（2）先旋转后平移。

坐标系 xOy 和新坐标系 $x''O''y''$ 旋转平移关系如图 1-19 所示，A 点先旋转后平移的坐标计算如式（1-35）所示。

$$x_i'' = x_p + x_i' = x_p + x_i \times \cos\alpha + y_i \times \sin\alpha$$
$$y_i'' = y_p + y_i' = y_p + y_i \times \cos\alpha - x_i \times \sin\alpha$$

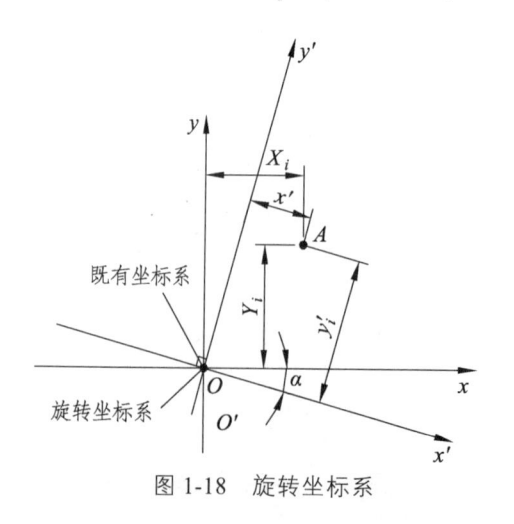

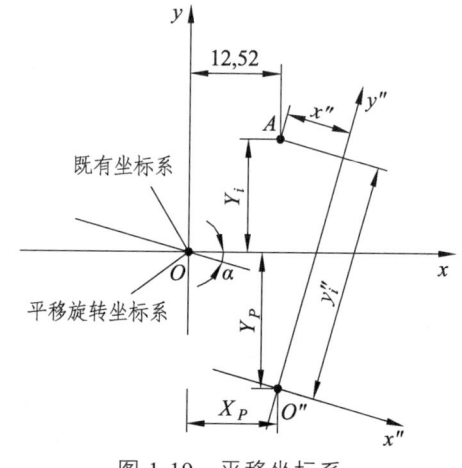

$$\left.\begin{array}{l} x_i'' = x_p + x_i \times \cos\alpha + y_i \times \sin\alpha \\ y_i'' = y_p + y_i \times \cos\alpha - x_i \times \sin\alpha \end{array}\right\} \qquad (1-35)$$

图 1-18 旋转坐标系

图 1-19 平移坐标系

【例 1-17】

已知：某点的坐标为 x_i、y_i，平移坐标 x_p、y_p，旋转角度为 α，如表 1-18 所示。

求：先旋转后平移后坐标。

表 1-18　平移旋转参数和点坐标

坐标旋转角 α				坐标平移 x_p、y_p		计算点原坐标 x、y	
转换为弧度 $\alpha=$	度	分	秒	x_p	y_p	x	y
0.401425728	23	0	0	12.22	10	102.874	84.256

【解】

根据式（1-35）得平移旋转后坐标为

$$\left.\begin{array}{l} x_i'' = x_p + x_i \times \cos\alpha + y_i \times \sin\alpha = 139.8374583 \\ y_i'' = y_p + y_i \times \cos\alpha - x_i \times \sin\alpha = 47.36198282 \end{array}\right\}$$

1.7.10　利用三角函数计算直线边桩坐标

如图 1-20 所示，已知直线上两点 $A(x_1, y_1)$，$B(x_2, y_2)$ 坐标，求直线 AB 上任意点 $C(x_C, y_C)$ 沿 AB 法线方向距离为 d 的 D 点坐标 (x_D, y_D)。

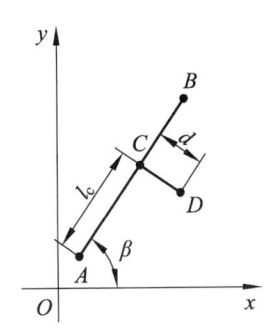

图 1-20　直线边桩坐标计算示意图

（1）求直线 AB 方位角 β。

初始方位角 $\alpha = \arctan\left(\left|\dfrac{y_2 - y_1}{x_2 - x_1}\right|\right)$。

假如 $y_2 > y_1$、$x_2 > x_1$，直线位于第一象限，则方位角 $\beta = \alpha$；

假如 $y_2 > y_1$、$x_2 < x_1$，直线位于第二象限，则方位角 $\beta = \pi - \alpha$；

假如 $y_2 < y_1$、$x_2 < x_1$，直线位于第三象限，则方位角 $\beta = \pi + \alpha$；

假如 $y_2 < y_1$、$x_2 > x_1$，直线位于第四象限，则方位角 $\beta = 2\pi - \alpha$。

（2）求直线 AB 上距 A 任意距离 l_C 点 C 的坐标。

$$\left.\begin{array}{l} x_C = x_1 + l_C \times \cos\beta \\ y_C = y_1 + l_C \times \sin\beta \end{array}\right\} \qquad (1\text{-}36)$$

（3）求通过 $C(x_C, y_C)$ 点沿 AB 法线方向距 C 点 d 的 D 点坐标。

如图 1-21 所示，若 D 点位于直线 AB 的左侧，有

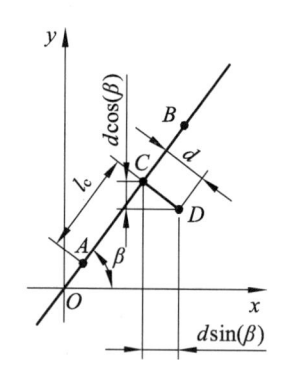

$$\left. \begin{array}{l} x_D = x_C - d \times \sin\beta \\ y_D = y_C + d \times \cos\beta \end{array} \right\} \quad (1\text{-}37a)$$

图 1-21 边桩计算示意图

若 D 点位于直线 AB 的右侧，有

$$\left. \begin{array}{l} x_D = x_C + d \times \sin\beta \\ y_D = y_C - d \times \cos\beta \end{array} \right\} \quad (1\text{-}37b)$$

【例 1-18】

已知：直线上两点 $A(x_1, y_1)$，$B(x_2, y_2)$ 坐标，如表 1-19 所示。

求：直线 AB 上任意点 $C(x_C, y_C)$ 沿 AB 法线方向距离为 d 的 D 点坐标 x_D，y_D。

表 1-19 直线两点坐标和边桩坐标各边桩距

x_A	y_A	x_B	y_B	x_C	y_C	d
100.0000	200.0000	−300.0000	300.0000	100.0000	100.0000	2.0000

【解】

求直线 AB 方位角：

$$\beta = \arctan\left(\left| \frac{y_B - y_A}{x_B - x_A} \right| \right)$$

根据公式（1-37a）、公式（1-37b）得：

若 D 点位于直线 AB 的左侧，有

$$\left. \begin{array}{l} x_D = x_C - d \times \sin\beta = 99.51492875 \\ y_D = y_C + d \times \cos\beta = 98.059715 \end{array} \right\}$$

若 D 点位于直线 AB 的右侧，有

$$\left. \begin{array}{l} x_D = x_C + d \times \sin\beta = 100.4850713 \\ y_D = y_C - d \times \cos\beta = 101.940285 \end{array} \right\}$$

如果不是法线方向的，与法线相交角度为 α，直线 AB 方位角为 $\beta+\alpha$，设逆时针为正值，则有

D 点位于直线 AB 左侧时，计算公式为

$$\left.\begin{aligned}x_D &= x_C - d \times \sin(\beta+\alpha) \\ y_D &= y_C + d \times \cos(\beta+\alpha)\end{aligned}\right\} \quad (1\text{-}37\text{c})$$

D 点位于直线 AB 右侧时，计算公式为

$$\left.\begin{aligned}x_D &= x_C + d \times \sin(\beta+\alpha) \\ y_D &= y_C - d \times \cos(\beta+\alpha)\end{aligned}\right\} \quad (1\text{-}37\text{d})$$

公式（1-37a）、（1-37b）在桥梁支座中心坐标常用到，公式（1-37c）、（1-37d）在线路放线时经常用到。

1.7.11 点与直线上某点在横坐标相等条件下纵坐标差的计算

已知：直线上两点坐标 $A(x_1, y_1)$，$B(x_2, y_2)$。

求：直线 AB 外一点 C（x_C，y_C）在横坐标相等的情况下，对应的 AB 上某点 D 纵坐标 y_D 之差 h。

（1）求直线 AB 方位角。

方位角 $\beta = \arctan\left(\left|\dfrac{y_2 - y_1}{x_2 - x_1}\right|\right)$ 计算值与第"1.7.4"节计算相同，这里不再介绍。

（2）求直线 AB 对应外点 C 在等横坐标的纵坐标。

首先在 AB 上任意取一点 D，以 A 至 D 距离为 l_{AD} 作为自变量，D 点坐标为

$$\left.\begin{aligned}x_D &= x_1 + l_{AD} \times \sin\beta \\ y_D &= y_1 + l_{AD} \times \cos\beta\end{aligned}\right\} \quad (1\text{-}38)$$

（3）修正 l_{AD} 长度，使 D 点的横坐标 x_D 与 C 点的横坐标 x_C 理论上相等。

如图 1-22 所示，通过对 l_{AD} 长度自变量进行迭代修正，即移动 D 点沿 AB 方向移动，使 D 点的横坐标 x_D 与 C 点的横坐标 x_C 理论上相等，求得 D 点纵坐标 y_D，C、D 点纵坐标差为 $h = y_D - y_C$。

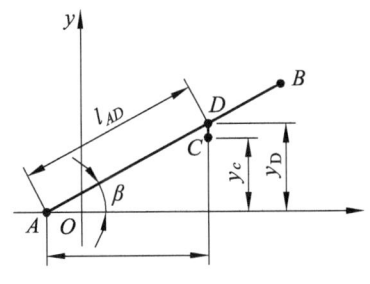

图 1-22 纵坐标差计算

（4）修正 l_{AD} 长度迭代计算公式。

$$\left.\begin{aligned} x'_D &= x_1 + l_{AD} \times \sin\beta \\ y'_D &= y_1 + l_{AD} \times \cos\beta \end{aligned}\right\} \qquad (1-39)$$

直到 $x'_D \approx x_C$，C、D 点纵坐标差为 $h = y_D - y_C$。

在计算线路抬道量中经常用到此公式。

【例 1-19】

已知：直线上两点坐标 $A(x_1, y_1)$，$B(x_2, y_2)$ 如表 1-20 所示。

求：直线 AB 外一点 $C(x_C, y_C)$ 在 AB 上某点 D 点横坐标相等的情况下，对应的纵坐标 y_D 之差 h。

表 1-20　直线两点坐标和边桩坐标各边桩距

x_1	y_1	x_2	y_2	x_C	y_C
100.0000	200.0000	−300.0000	300.0000	500.0000	300.0000

【解】

求直线 AB 方位角：

$$\beta = \arctan\left(\left|\frac{y_2 - y_1}{x_2 - x_1}\right|\right) = 0.244978663$$

根据公式（1-39）经过迭代计算得横坐标相等的情况下，对应的 AB 上某点 D 的纵坐标 y_D 之差 h。

迭代修正后 $l_{AD} = 1649.2425$，$x_D = 500.0000484 \approx 500.0000$。

$$\left.\begin{aligned} x_D &= x_1 + l_{AD} \times \sin\beta = 100.0000 + 1649.2425 \times \sin 0.244978663 \\ y_D &= y_1 + l_{AD} \times \cos\beta = 200.0000 + 1649.2425 \times \cos 0.244978663 \end{aligned}\right\}$$

$$\left.\begin{aligned} x_D &= 500.0000484 \\ y_D &= 1800.000194 \end{aligned}\right\}$$

则 C、D 点纵坐标差为 $h = y_D - y_C = 1800.000194 - 300.0000 = 1500.0002$。

本章参考文献

[1]　陈家驹,李鼎波,黄华.铁路曲线弦绳法定位[M].成都：西南交通大学出版社,2012：408-416.

第 2 章　铁路线路计算新理论的研究

本章将根据第 1 章介绍的常用数学公式，推导出铁路线路计算新理论公式，主要包括有缓和曲线的线路曲线方程推导、无缓和曲线的线路曲线方程推导、连续曲线相对坐标系线路中心线方程、绝对坐标系下连续曲线线路中心线方程、复曲线方程的推导和计算。

2.1 铁路线路单曲线方程推导

2.1.1 始切线方程

以 ZH(ZY) 为坐标原点，以始切线为横轴建立单曲线独立坐标系[1]，如图 2-1 所示。

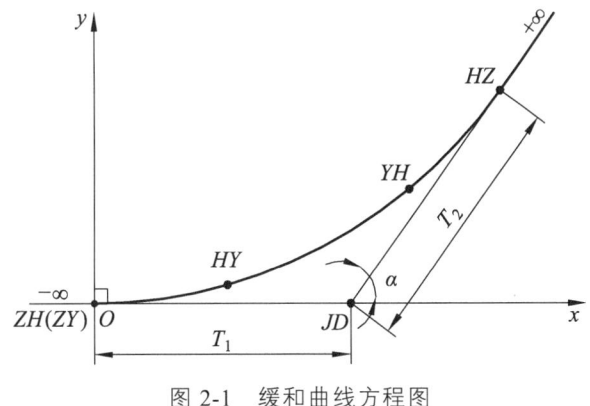

图 2-1　缓和曲线方程图

2.1.2 始缓和曲线方程

目前我国缓和曲线的通用公式有关资料[2]，如图 2-2 所示，过 P 点的切线与 X 轴的夹角 β，由数学微积分原理得知，在缓和曲线中取一线路弧长增量 dl_P，则有坐标增量 dx、dy 和缓和曲线中心角增量 $d\beta$，计算公式推导如下。

$$d\beta = \frac{dl_P}{R_P} = \frac{l_P}{Rl_0} \cdot dl_P, \quad \beta = \int_0^{l_P} \frac{l_P}{Rl_0} dl_P,$$

$$dx = \cos\beta dl, \quad dy = \sin\beta dl$$

$$dx = \left(1 - \frac{1}{2!}\beta^2 + \frac{1}{4!}\beta^4\right) dl_P = \left(1 - \frac{1}{8R^2 l_0^2} l_P^4 + \frac{1}{384 R^4 l_0^4} l_P^8\right) dl_P$$

$$\mathrm{d}y = \left(\beta - \frac{1}{3!}\beta^3 + \frac{1}{5!}\beta^5\right)\mathrm{d}l_P = \left(\frac{1}{2Rl_0}l_P^2 - \frac{1}{48R^3l_0^3}l_P^6\right)\mathrm{d}l_P$$

式中： l_0 ——缓和曲线长；

R ——圆半径。

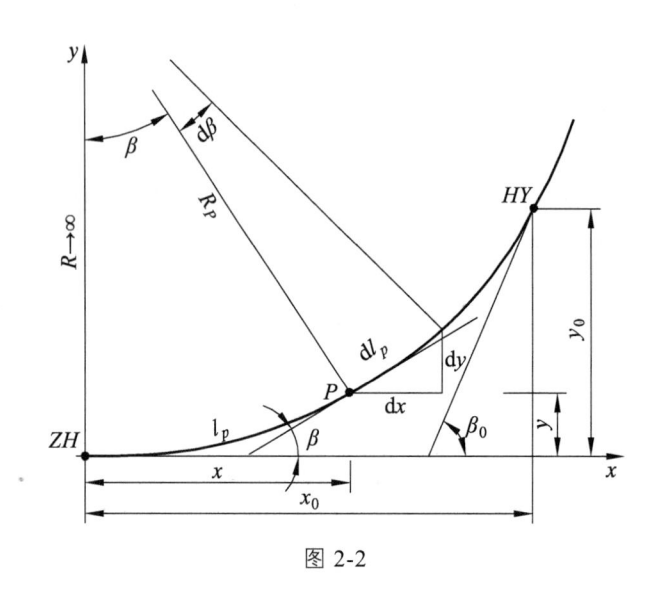

图 2-2

按级数展开：积分得到缓和曲线参数方程和缓和曲线中心角。

$$\left.\begin{aligned}x &= \int_0^l \mathrm{d}x = l_0 - \frac{l^5}{40R^2l_0^2} + \frac{l^9}{3456R^4l_0^4} \\ y &= \int_0^{l_P} \mathrm{d}y = \frac{l^3}{6Rl_0} - \frac{l^7}{336R^3l_0^3} + \frac{l^{11}}{42240R^5l_0^5} \\ \beta &= \int_0^{l_P} \frac{l}{Rl_0}\mathrm{d}l_P = \frac{l^2}{2Rl_0}\end{aligned}\right\}$$

考虑到级数收敛很快，对于铁路规范要求的线路计算精度，经计算机程序计算证明，上述公式普速铁路方程横纵坐标需要取第一、二项即可，而高速铁路取至三项。则得铁路第一缓和曲线的方程为：

$$\left.\begin{aligned}x &= l_{01} - \frac{l^5}{40R^2l_0^2} + \frac{l^9}{3456R^4l_0^4} \\ y &= \frac{l^3}{6Rl_{01}} - \frac{l^7}{336R^3l_{01}^3} + \frac{l^{11}}{42240R^5l_0^5} \\ \beta &= \frac{l^2}{2Rl_{01}}\end{aligned}\right\}$$

其中，l 为 ZH 点至计算点的线路中心线长度，β 为缓和曲线中心角，当 $l = l_0$ 时，缓和曲线 HY 点的坐标和缓和曲线中心角为

$$\left.\begin{array}{l} x_0 = l_{01} - \dfrac{l_{01}^{\,3}}{40R^2} + \dfrac{l_{01}^{\,5}}{3456R^4} \\[2mm] y_0 = \dfrac{l_{01}^{\,2}}{6R} - \dfrac{l_{01}^{\,4}}{336R^3} + \dfrac{l_{01}^{\,6}}{42240R^5} \\[2mm] \beta_0 = \dfrac{l_{01}}{2R} \end{array}\right\}$$

2.1.3 圆曲线参数方程

根据文献[3]，有缓和曲线的曲线平面如图 2-3 所示，圆曲线坐标方程为

$$\left.\begin{array}{l} x = R \times \sin(\beta) + m_1 \\ y = R \times (1 - \cos(\beta)) + P_1 \end{array}\right\}$$

其中，圆曲线上切线方位角 $\beta = \dfrac{l_{01}^{\,2}}{2 \times l_{01} \times R} + \dfrac{(S - l_{01})}{R}$，$S$ 为 ZH 点至圆曲线计算点的线路中心线长度。

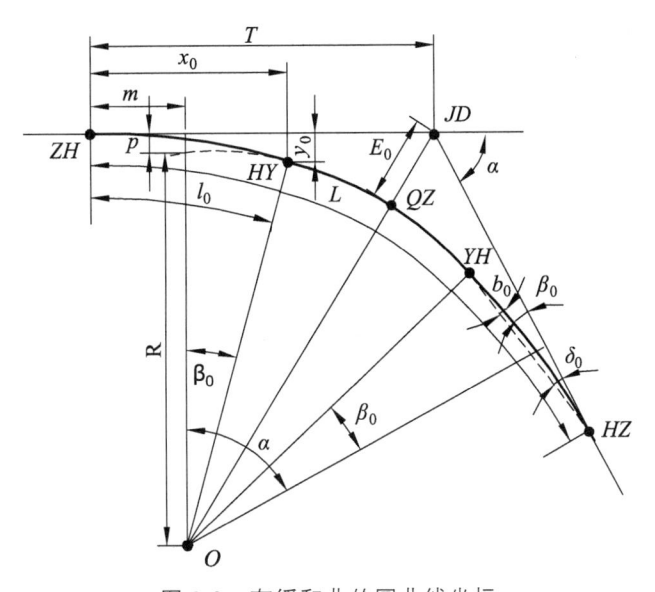

图 2-3 有缓和曲的圆曲线坐标

圆曲线的内移距：

$$P_1 = \dfrac{l_{01}^{\,2}}{24 \times R} - \dfrac{l_{01}^{\,4}}{2688 \times R^3}, \quad P_2 = \dfrac{l_{02}^{\,2}}{24 \times R} - \dfrac{l_{02}^{\,4}}{2688 \times R^3}$$

圆曲线起点后退距离（切垂距）：

$$m_1 = \dfrac{l_{01}}{2} - \dfrac{l_{01}^{\,3}}{240 \times R^2} + \dfrac{l_{01}^{\,5}}{34560 \times R^4}$$

$$m_2 = \dfrac{l_{02}}{2} - \dfrac{l_{02}^{\,3}}{240 \times R^2} + \dfrac{l_{02}^{\,5}}{34560 \times R^4}$$

曲线切线长度：

$$T_1 = \frac{R+P_2}{\sin(a)} - \frac{R+P_1}{\tan(a)} + m_1$$

$$T_2 = \frac{R+P_1}{\sin(a)} - \frac{R+P_2}{\tan(a)} + m_2$$

曲线偏角 $\alpha \geqslant 180°$ 时，根据相关文献[4]切线计算公式为

$$T_1 = (R+P_1) \times \tan\left(\frac{2\pi-a}{2}\right) - \frac{P_1}{\sin(2\pi-a)} + \frac{P_2}{\sin(2\pi-a)} - m_1$$

$$T_2 = (R+P_1) \times \tan\left(\frac{2\pi-a}{2}\right) + \frac{P_1}{\tan(2\pi-a)} - \frac{P_2}{\tan(2\pi-a)} - m_2$$

2.1.4 第二缓和曲线参数方程

1. 第二缓和曲线在单曲线独立铁路坐标系下的坐标方程推导方法一

第二缓和曲线位于线路的另一端，初始公式与第一缓和曲线一致，如图 2-4 所示，经过平移旋转后，移动至线路另一端。

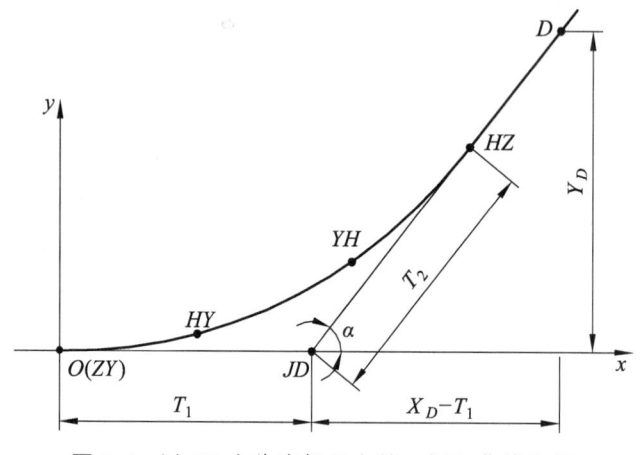

图 2-4 以 ZH 点为坐标原点第一缓和曲线坐标

以 HZ 点为坐标原点，水平线为横轴建立坐标系 $x'Oy'$，如图 2-5 所示，则第二缓和曲线上任意点 i 坐标为

$$\left. \begin{array}{l} x_i = -\left(l_{02} - \dfrac{l_i^5}{40R^2 l_{02}^2} + \dfrac{l_i^9}{3456R^4 l_{02}^4} \right) \\ y_i = \dfrac{l_i^3}{6R l_{02}} - \dfrac{l_i^7}{336R^3 l_{02}^3} + \dfrac{l_i^{11}}{42240R^5 l_{02}^5} \end{array} \right\}$$

横坐标为负值，纵坐标与第一缓和曲线公式一致。

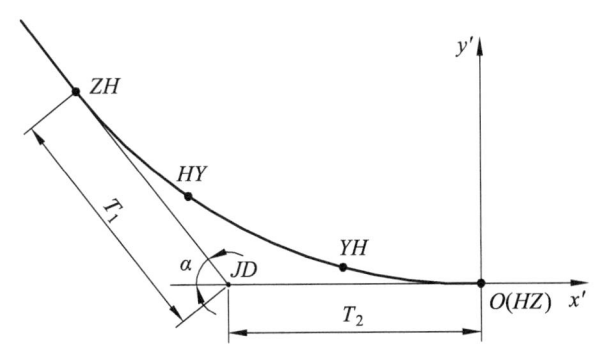

图 2-5 以 HZ 点为坐标原点第二缓和曲线坐标图

在图 2-4 所示的 xOy 坐标系中，将第二缓和曲线的坐标系 $x'Oy'$ 通过坐标平移旋转，如图 2-6、图 2-7 所示，先旋转角度为曲线偏角 α，后平移 $x_p = T_1 + T_2 \times \cos(\alpha)$、$y_p = T_2 \times \sin(\alpha)$，实际上就是 HZ 点的坐标。

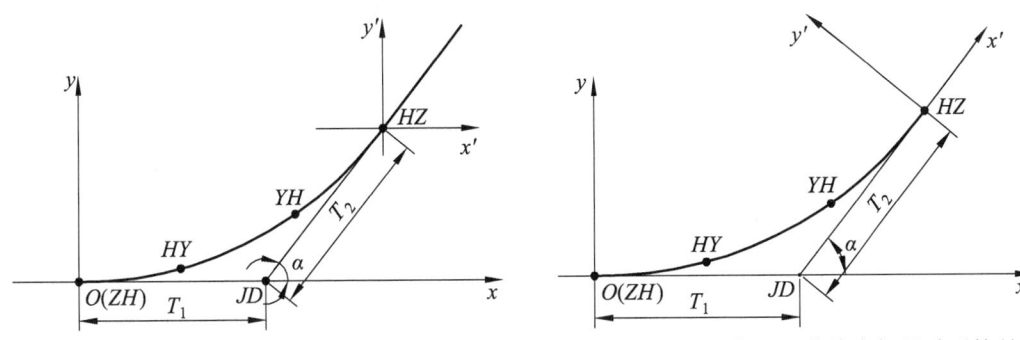

图 2-6 有缓和曲的圆曲线坐标平移　　　图 2-7 有缓和曲的圆曲线坐标平移后旋转

根据旋转平移坐标公式（1-34）、公式（1-35）得，直角坐标系中点 $A(x_a, y_a)$ 与平移旋转后的坐标 x、y 间的相互换算（其中 $-\alpha$ 为旋转的角度，逆时针方向为正），先旋转后平移坐标公式为

$$x = x_p + x_a \times \cos(-\alpha) + y_a \times \sin(-\alpha)$$
$$y = y_p + y_a \times \cos(-\alpha) - x_a \times \sin(-\alpha)$$

公式中，

$$x_a = x' = -\left(l_{02} - \frac{l_i^5}{40R^2 l_{02}^2} + \frac{l_i^9}{3456 R^4 l_{02}^4} \right)$$

$$y_a = y' = \frac{l_i^3}{6R l_{02}} - \frac{l_i^7}{336 R^3 l_{02}^3} + \frac{l_i^{11}}{42240 R^5 l_{02}^5}$$

其中，l_i 在坐标系中，统一里程为 $L - l_i$，L 为曲线全长。

若 $x_p = T_1 + \cos\alpha \times T_2$ 和 $y_p = \sin\alpha \times T_2$，则得

$$x = T_1 + \cos\alpha \times T_2 + \left[\frac{(L-l_i)^3}{6 \times R \times l_{02}} - \frac{(L-l_i)^7}{336 \times R^3 \times l_{02}^3} + \frac{(L-l_i)^{11}}{42240 R^5 l_{02}^5} \right] \times \sin(-\alpha) -$$
$$\left[(L-l_i) - \frac{(L-l_i)^5}{40 \times (l_{02} \times R)^2} + \frac{(L-l_i)^9}{3456 R^4 l_{02}^4} \right] \times \cos(-\alpha)$$

$$y = T_2 \times \sin\alpha - \left\{-\left[(L-l_i) - \frac{(L-l_i)^5}{40\times(l_{02}\times R)^2} + \frac{(L-l_i)^9}{3456R^4 l_{02}^4}\right]\right\} \times \sin(-\alpha) +$$

$$\left[\frac{(L-l_i)^3}{6\times R\times l_{02}} - \frac{(L-l_i)^7}{336\times R^3 \times l_{02}^3} + \frac{(L-l_i)^{11}}{42240R^5 l_{02}^5}\right] \times \cos(-\alpha)$$

整理后得

$$x = T_1 + \cos\alpha \times T_2 - \left[\frac{(L-l_i)^3}{6\times R\times l_{02}} - \frac{(L-l_i)^7}{336\times R^3 \times l_{02}^3} + \frac{(L-l_i)^{11}}{42240R^5 l_{02}^5}\right] \times \sin(\alpha) -$$

$$\left[(L-l_i) - \frac{(L-l_i)^5}{40\times(l_{02}\times R)^2} + \frac{(L-l_i)^9}{3456R^4 l_{02}^4}\right] \times \cos(\alpha)$$

$$y = T_2 \times \sin\alpha - \left[(L-l_i) - \frac{(L-l_i)^5}{40\times(l_{02}\times R)^2} + \frac{(L-l_i)^9}{3456R^4 l_{02}^4}\right] \times \sin(\alpha) +$$

$$\left[\frac{(L-l_i)^3}{6\times R\times l_{02}} - \frac{(L-l_i)^7}{336\times R^3 \times l_{02}^3} + \frac{(L-l_i)^{11}}{42240R^5 l_{02}^5}\right] \times \cos(\alpha)$$

一个完整的左转曲线如图 2-8 所示。

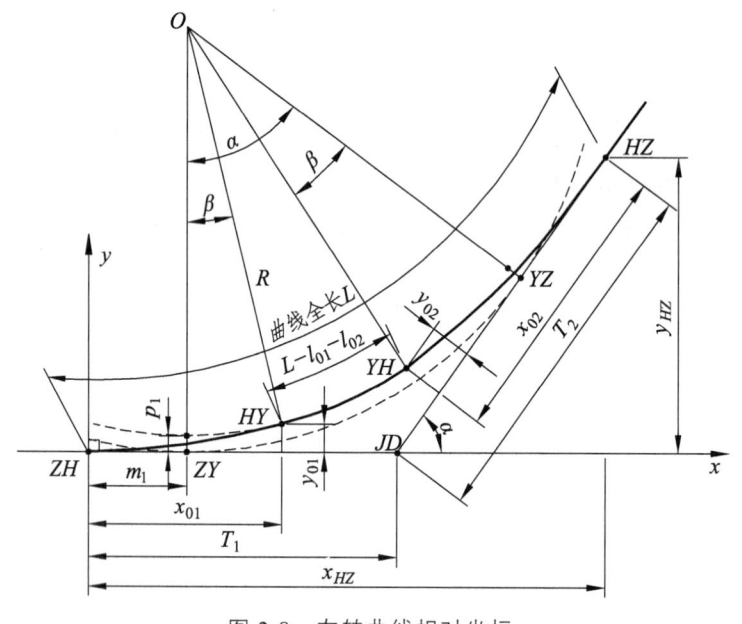

图 2-8 左转曲线相对坐标

2. 第二缓和曲线在单曲线独立铁路坐标系下的坐标方程推导方法二

在单曲线独立坐标系 xOy 中，HZ 点的坐标如下：

$$x_{HZ} = T_1 + T_2 \times \cos\alpha, \quad y_{HZ} = T_2 \times \sin\alpha$$

平移 x_{HZ}, y_{HZ}，旋转角为 $-\alpha$，如图 2-9 所示。

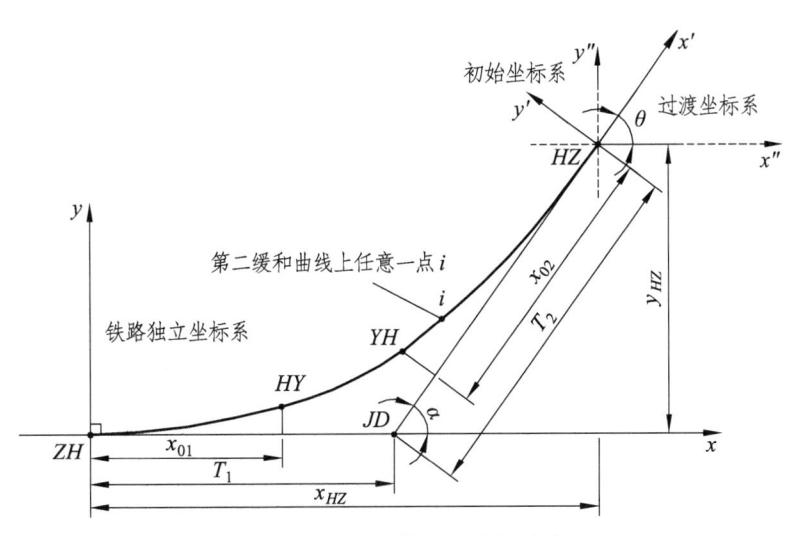

图 2-9 第二缓和曲线平移旋转坐标

根据数学旋转后平移坐标公式(2-35),则第二缓和曲线任意一点 i 在初始坐标系 $x'O'y'$ 先旋转后平移到独立铁路坐标系 xOy 中的坐标计算公式为

$$x'_i = x_{HZ} + x_i \times \cos(-\alpha) - y_i \times \sin(-\alpha)$$

$$y'_i = y_{HZ} + y_i \times \cos(-\alpha) + x_i \times \sin(-\alpha)$$

由于 $\cos(-\alpha)$ 和 $\sin(-\alpha)$ 函数的奇偶性,故公式简化为

$$\left.\begin{array}{l} x'_i = x_{HZ} + x_i \times \cos(-\alpha) + y_i \times \sin(-\alpha) \\ y'_i = y_{HZ} + y_i \times \cos(-\alpha) - x_i \times \sin(-\alpha) \\ x_{HZ} = T_1 + T_2 \times \cos\alpha \\ y_{HZ} = T_2 \times \sin\alpha \end{array}\right\}$$

$$\Rightarrow \left.\begin{array}{l} x'_i = T_1 + T_2 \times \cos(\alpha) + x_i \times \cos(-\alpha) + y_i \times \sin(-\alpha)) \\ y'_i = T_2 \times \sin\alpha + y_i \times \cos(-\alpha) - x_i \times \sin(-\alpha) \\ x_i = l_{02} - \dfrac{l_i^5}{40R^2 l_{02}^2} + \dfrac{l_i^9}{3456R^4 l_{02}^4}, \; y_i = \dfrac{l_i^3}{6Rl_{02}} - \dfrac{l_i^7}{336R^3 l_{02}^3} + \dfrac{l_i^{11}}{42240R^5 l_{02}^5} \end{array}\right\}$$

整理后得

$$\left.\begin{array}{l} x'_i = T_1 + T_2 \times \cos\alpha - \left[(L-l_i) - \dfrac{(L-l_i)^5}{40R^2 l_{02}^2} + \dfrac{(L-l_i)^9}{3456R^4 l_{02}^4}\right] \times \cos\alpha - \\ \qquad \left[\dfrac{(L-l_i)^3}{6Rl_{02}} - \dfrac{(L-l_i)^7}{336R^3 l_{02}^3} + \dfrac{(L-l_i)^{11}}{42240R^5 l_{02}^5}\right] \times \sin\alpha \\ y'_i = T_2 \times \sin\alpha + \left[\dfrac{(L-l_i)^3}{6Rl_{02}} - \dfrac{(L-l_i)^7}{336R^3 l_{02}^3} + \dfrac{(L-l_i)^{11}}{42240R^5 l_{02}^5}\right] \times \cos\alpha - \\ \qquad \left[(L-l_i) - \dfrac{(L-l_i)^5}{40R^2 l_{02}^2} + \dfrac{(L-l_i)^9}{3456R^4 l_{02}^4}\right] \times \sin\alpha \end{array}\right\}$$

$\alpha \geqslant 180°$ 时，JD 横坐标 $x_{JD}=-T_1$，HZ 点坐标为 $x_{HZ}=-T_1+T_2\times\cos(\alpha-\pi)$，$y_{HZ}=T_2\times\sin(\alpha-\pi)$，则坐标方程为

$$\left.\begin{aligned}x'_i &= -T_1+T_2\times\cos(\alpha-\pi)-\left[(L-l_i)-\frac{(L-l_i)^5}{40R^2l_{02}^2}\right]\times\cos(\alpha)-\\&\quad\left[\frac{(L-l_i)^3}{6Rl_{02}}-\frac{(L-l_i)^7}{336R^3l_{02}^3}+\frac{(L-l_i)^{11}}{42240R^5l_{02}^5}\right]\times\sin(\alpha)\\ y'_i &= T_2\times\sin(\alpha-\pi)+\left[\frac{(L-l_i)^3}{6Rl_{02}}-\frac{(L-l_i)^7}{336R^3l_{02}^3}+\frac{(L-l_i)^{11}}{42240R^5l_{02}^5}\right]\times\cos(\alpha)-\\&\quad\left[(L-l_i)-\frac{(L-l_i)^5}{40R^2l_{02}^2}\right]\times\sin(\alpha)\end{aligned}\right\}$$

2.1.5 终切线坐标参数方程

终切线里程范围 $HZ \sim +\infty$，直线方位角为曲线偏角 α，经过 HZ 点的，l_i 为线路中心线某点 i 的里程，则方程为

$$x_i = x_{HZ}+(l_i-L)\times\cos\alpha,\quad y_i = y_{HZ}+(l_i-L)\times\sin\alpha$$

$$x_{HZ} = T_1+T_2\times\cos\alpha,\quad y_{HZ} = T_2\times\sin\alpha$$

$$\left.\begin{aligned}x_i &= x_{HZ}+(l_i-L)\times\cos\alpha\\ y_i &= y_{HZ}+(l_i-L)\times\sin\alpha\\ x_{HZ} &= T_1+T_2\times\cos\alpha\\ y_{HZ} &= T_2\times\sin\alpha\end{aligned}\right\}\Rightarrow\left.\begin{aligned}x_i &= T_1+T_2\times\cos\alpha+(l_i-L)\times\cos\alpha\\ y_i &= T_2\times\sin\alpha+(l_i-L)\times\sin\alpha\end{aligned}\right\}$$

$\alpha \geqslant 180°$ 时，根据几何关系，JD 横坐标 $x_{JD}=-T_1$，HZ 点坐标为

$$x_{HZ} = -T_1+T_2\times\cos(\alpha-\pi),\quad y_{HZ} = T_2\times\sin(\alpha-\pi)$$

$$\left.\begin{aligned}x_i &= x_{HZ}-(l_i-L)\times\cos(\alpha-\pi)\\ y_i &= y_{HZ}-(l_i-L)\times\sin(\alpha-\pi)\\ x_{HZ} &= -T_1+T_2\times\cos(\alpha-\pi)\\ y_{HZ} &= T_2\times\sin(\alpha-\pi)\end{aligned}\right\}\Rightarrow\left.\begin{aligned}x_i &= -T_1+[T_2-(l_i-L)]\times\cos(\alpha-\pi)\\ y_i &= [T_2-(l_i-L)]\times\sin(\alpha-\pi)\end{aligned}\right\}$$

如图 2-10。

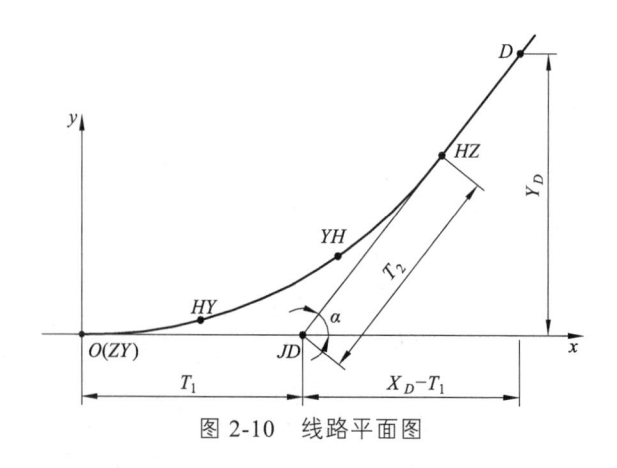

图 2-10 线路平面图

2.1.6 铁路曲线方程公式总结

在单曲线独立坐标系下，常用铁路曲线由两端的切线、缓和曲线及中间的圆曲线等 5 段线元组成，如图 2-11。现建立以线路中心线 ZH(HZ)点为坐标原点，始（终）切线为 x 轴的坐标系线路单曲线独立坐标系方程式，以相对里程 S 为自变量，S 在 ZH(HZ)处里程取值为 0，则 HY 点为 l_{01}，YH 点为 $L-l_{02}$，HZ 为曲线全长 L，根据前面推导的公式，总结出单曲线独立坐标方程式为：

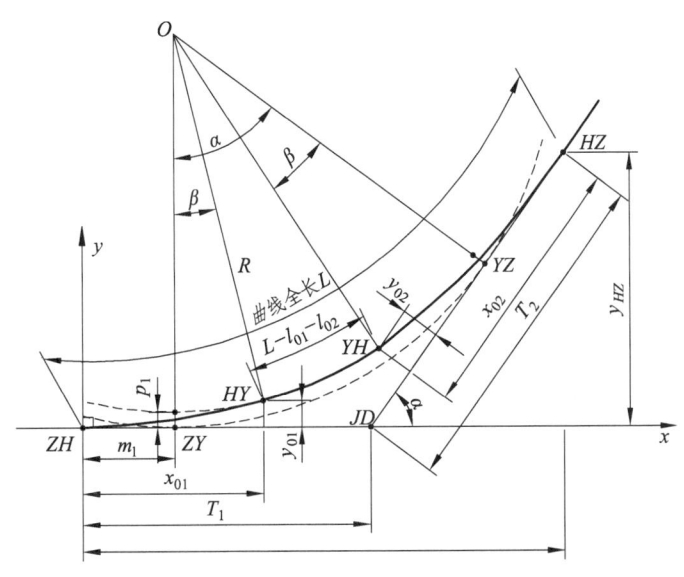

图 2-11 等长缓和曲线线路平面图

第一段方程：$-\infty \sim ZH$（第一切线，S 取值范围：$-\infty \sim 0$）。

$$\left.\begin{array}{l} x = S \\ y = 0 \end{array}\right\} \tag{2-1a}$$

$$\beta = 0$$

第二段方程：$ZH \sim HY$（第一缓和曲线）。

$$\left.\begin{array}{l} x = S - \dfrac{S^5}{40 \times R \times l_{01}^2} + \dfrac{S^9}{3456 R^4 l_{01}^4} \\ y = \dfrac{S^3}{6 \times R \times l_{01}} - \dfrac{S^7}{336 \times R^3 \times l_{01}^3} + \dfrac{S^{11}}{42240 R^5 l_{01}^5} \end{array}\right\} \tag{2-1b}$$

$$\beta = \dfrac{S^2}{2 \times R \times l_{01}}$$

第三段方程：$HY \sim YH$（圆曲线）。

任意点的切线方向，直接求导数，得

$$\left.\begin{array}{l}x = R \times \sin\beta + m_1 \\ y = R \times (1-\cos\beta) + P_1\end{array}\right\} \quad (2\text{-}1\text{c})$$

$$\beta = \frac{l_{01}^{\ 2}}{2 \times l_{01} \times R} + \frac{(S-l_{01})^2}{R}$$

第四段方程：YH～HZ（第二缓和曲线）。

$$\left.\begin{array}{l}x = T_1 + T_2 \times \cos\alpha - \left[\dfrac{(L-S)^3}{6 \times R \times l_{02}} - \dfrac{(L-S)^7}{336 \times R^3 \times l_{02}^{\ 3}} + \dfrac{(L-S)^{11}}{42240 R^5 l_{02}^{\ 5}}\right] \times \sin\alpha - \\ \quad \left[(L-S) - \dfrac{(L-S)^5}{40 \times R \times l_{02}^{\ 2}} + \dfrac{(L-S)^9}{3456 R^4 l_{02}^{\ 4}}\right] \times \cos\alpha \\ y = T_2 \times \sin\alpha - \left[(L-S) - \dfrac{(L-S)^5}{40 \times R \times l_{02}^{\ 2}} + \dfrac{(L-S)^9}{3456 R^4 l_{02}^{\ 4}}\right] \times \sin\alpha + \\ \quad \left[\dfrac{(L-S)^3}{6 \times R \times l_{02}} - \dfrac{(L-S)^7}{336 \times R^3 \times l_{02}^{\ 3}} + \dfrac{(L-S)^{11}}{42240 R^5 l_{02}^{\ 5}}\right] \times \cos\alpha\end{array}\right\} \quad (2\text{-}1\text{d})$$

$$\beta = a - \frac{(L-S)^2}{2 \times l_{02} \times R}$$

当 $\alpha \geqslant 180°$ 时，则坐标方程为

$$\begin{array}{l}x = -T_1 + T_2 \times \cos(\alpha-\pi) - \left[(L-S) - \dfrac{(L-S)^5}{40 R^2 l_{02}^{\ 2}} + \dfrac{(L-S)^9}{3456 R^4 l_{02}^{\ 4}}\right] \times \cos\alpha - \\ \quad \left[\dfrac{(L-S)^3}{6 R l_{02}} - \dfrac{(L-S)^7}{336 R^3 l_{02}^{\ 3}} + \dfrac{(L-S)^{11}}{42240 R^5 l_{02}^{\ 5}}\right] \times \sin\alpha \\ y = T_2 \times \sin(\alpha-\pi) + \left[\dfrac{(L-S)^3}{6 R l_{02}} - \dfrac{(L-S)^7}{336 R^3 l_{02}^{\ 3}} + \dfrac{(L-S)^{11}}{42240 R^5 l_{02}^{\ 5}}\right] \times \cos\alpha - \\ \quad \left[(L-S) - \dfrac{(L-S)^5}{40 R^2 l_{02}^{\ 2}} + \dfrac{(L-S)^9}{3456 R^4 l_{02}^{\ 4}}\right] \times \sin\alpha\end{array}$$

第五段方程：HZ～+∞（第二切线）。

$$\left.\begin{array}{l}x = T_1 + T_2 \times \cos\alpha + (S-L) \times \cos\alpha \\ y = T_2 \times \sin\alpha + (S-L) \times \sin\alpha\end{array}\right\} \quad (2\text{-}1\text{e})$$

$$\beta = a = \frac{l_{01} + l_{02}}{2 \times R} + \frac{L - l_{01} - l_{02}}{R}$$

$$L = \alpha \times R + \frac{l_{01}}{2} + \frac{l_{02}}{2}$$

当 $\alpha \geqslant 180°$ 时，

$$\left.\begin{array}{l}x = -T_1 + [T_2 - (S-L)] \times \cos(\alpha-\pi) \\ y = [T_2 - (S-L)] \times \sin(\alpha-\pi)\end{array}\right\}$$

式中：a——曲线偏角；

L——曲线全长；

S——$ZH(HZ)$点至计算点间的长度；

l_{01}，l_{02}——第一、二缓和曲线长；

R——圆曲线半径。

曲线总转角：

$$a = \frac{l_{01}+l_{02}}{2\times R} + \frac{L-l_{01}-l_{02}}{R}$$

测点切线方位角：

$$\beta(\text{rad})$$

缓和曲线中心角：

$$\beta_o = \frac{l_o}{2R}$$

外矢距：

$$E_o = (R+p)\times \sec\frac{\alpha}{2} - R$$

缓和曲线内移距：

$$P_1 = \frac{l_{01}^2}{24\times R} - \frac{l_{01}^4}{2688\times R^3}, \quad P_2 = \frac{l_{02}^2}{24\times R} - \frac{l_{02}^4}{2688\times R^3}$$

缓和曲线切垂距：

$$m_1 = \frac{l_{01}}{2} - \frac{l_{01}^3}{240\times R^2} + \frac{l_{01}^5}{34560\times R^4}, \quad m_2 = \frac{l_{02}}{2} - \frac{l_{02}^3}{240\times R^2} + \frac{l_{02}^5}{34560\times R^4}$$

曲线切线长度：

$$T_1 = \frac{R+P_2}{\sin\alpha} - \frac{R+P_1}{\tan\alpha} + m_1, \quad T_2 = \frac{R+P_1}{\sin\alpha} - \frac{R+P_2}{\tan\alpha} + m_2$$

如果曲线偏角 α 大于180°时，切线公式为（证明从略）：

$$T_1 = (R+P_1)\times \tan\left(\frac{2\pi-a}{2}\right) - \frac{P_1}{\sin(2\pi-a)} + \frac{P_2}{\sin(2\pi-a)} - m_1$$

$$T_2 = (R+P_1)\times \tan\left(\frac{2\pi-\alpha}{2}\right) - \frac{P_1}{\tan(2\pi-\alpha)} + \frac{P_1}{\tan(2\pi-\alpha)} - m_2$$

如为曲线向右转，则纵坐标 $y = -y$，测点切线方位角：$-\beta(\text{rad})$，其他与左转曲线一致。

【例 2-1】

已知：曲线要素如表2-1、表2-3所示。

求：计算线路中心线坐标。

【解】

根据公式（2-1a）~公式（2-1e），得出线路中心线坐标如表 2-2、表 2-4 第 3、4 列所示。

表 2-1 等长缓和曲线的曲线要素表

序号	始缓长 l_{01}/m	终缓长 l_{02}/m	半径 R/m	曲全长 L/m	终切长 T_2/m	曲线偏角 α（左）
1	50	50	600	186.236	93.431	13°0′34.5″
测点间距	ZH 至缓曲内第 1 测点距离/m	曲线超高/mm	曲线加宽/mm	ZH 相对里程/m	YH 相对里程/m	HZ 相对里程/m
10	0	20	0	0	136.236	186.236

表 2-2 等长缓和曲线线路中心线坐标及计划正矢计算表

桩号	正矢/mm	X 坐标	Y 坐标	超高/mm	相对里程/m	线形
−2	0	−30	0	0	−30	始直
−1	0	−20	0	0	−20	始直
0	0	−10	0	0	−10	始直
1	2.8	0	0	0	0	始直
2	16.7	10.000	0.006	4	10	始缓
3	33.3	20.000	0.044	8	20	始缓
4	50	29.999	0.150	12	30	始缓
5	66.7	39.997	0.356	16	40	始缓
6	80.6	49.991	0.694	20	50	始缓
7	83.3	59.979	1.194	20	60	圆曲
8	83.3	69.956	1.860	20	70	圆曲
13	83.3	119.602	7.679	20	120	圆曲
14	83.2	129.463	9.338	20	130	圆曲
15	76.4	139.296	11.160	18.5	140	终缓
16	60.4	149.099	13.133	14.5	150	终缓
17	43.7	158.878	15.224	10.5	160	终缓
18	27.1	168.638	17.401	6.5	170	终缓
19	10.5	178.387	19.630	2.5	180	终缓
20	0.7	188.130	21.880	0	190	终直
21	0	197.874	24.131	0	200	终直
22	0	207.617	26.382	0	210	终直
23	0	217.360	28.633	0	220	终直

表 2-3　不等长缓和曲线的曲线要素表[5]

序号	始缓长 l_{01}/m	终缓长 l_{02}/m	半径 R/m	曲全长 L/m	始切长 T_1/m	终切长 T_2/m	曲线偏角 α（左）
1	110	130	700	3145.269	991.616	981.432	247°37′17.892″

表 2-4　不等长缓和曲线线路中心线坐标及切线方位角计算表

桩号	里程	横坐标	纵坐标	切线方位角	线型	弦长
0	−100	−100	0	0°0′0″	始切	
1	−50	−50	0	0°0′0″	始切	50
2	0	0	0	0°0′0″	始缓	50
3	50	49.999	0.271	0°55′48.45″	始缓	50.000
4	100	99.958	2.164	3°43′13.82″	始缓	49.995
5	150	149.697	7.157	7°46′33.08″	圆	49.989
6	200	198.954	15.684	11°52′6.28″	圆	49.990
7	250	247.476	27.706	15°57′39.48″	圆	49.989
8	300	295.017	43.159	20°3′12.68″	圆	49.989
9	350	341.334	61.966	24°8′45.88″	圆	49.990
10	2300	9.136	1399.217	183°45′20.7″	圆	49.990
11	2350	−40.597	1394.163	187°50′53.9″	圆	49.989
12	2400	−89.843	1385.573	191°56′27.1″	圆	49.990
13	2450	−138.35	1373.491	196°2′.3″	圆	49.989
14	2500	−185.871	1357.977	200°7′33.5″	圆	49.989
15	2950	−531.808	1082.388	236°57′32.31″	圆	49.990
16	3000	−557.55	1039.536	241°3′5.51″	圆	49.989
17	3050	−580.238	994.99	244°45′51.64″	终缓	49.991
18	3100	−600.572	949.315	246°58′35.39″	终缓	49.997
19	3150	−619.765	903.146	247°37′17.89″	终缓	49.999
20	3200	−638.801	856.911	247°37′17.89″	终切	50.000
21	3250	−657.837	810.677	247°37′17.89″	终切	50.000

2.1.7　线路圆曲线方程推导

以 ZY 点为原点，始切线为横轴，建立单曲线独立坐标系，左转圆曲线如图 2-12 所示。以里程 l_i 为自变量，假设 ZY 点里程为 0，则圆曲线及两端切线方程计算步骤如下：

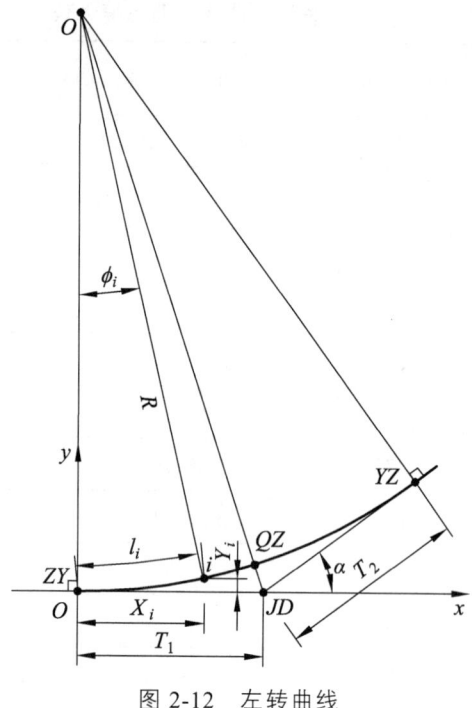

图 2-12 左转曲线

（1）始切线坐标：$-\infty \sim YZ$（第一切线）。

$$\left.\begin{aligned}x_i &= l_i \\ y_i &= 0\end{aligned}\right\} \quad (2\text{-}2\text{a})$$

（2）圆曲线上任意一点 i 的坐标方程为：$ZY \sim YZ$（圆曲线）。

$$\left.\begin{aligned}x_i &= R \times \sin\varphi_i \\ y_i &= R - R \times \cos\varphi_i \\ \varphi_i &= \frac{l_i}{R} \times \frac{180°}{\pi}\end{aligned}\right\} \quad (2\text{-}2\text{b})$$

（3）终切线坐标：$YZ \sim +\infty$（第二切线）。

$$\left.\begin{aligned}x_i &= T_1 + (T_2 + l_i - L) \times R \times \cos\alpha \\ y_i &= (T_2 + l_i - L) \times R \times \sin\alpha\end{aligned}\right\} \quad (2\text{-}2\text{c})$$

以上公式中 φ_i 为弧长 l_i 对应的圆心角，α 为曲线的转角，$L = R \times \alpha$ 为曲线全长，$T_1 = R \times \tan\alpha$、$T_2 = R \times \tan\alpha$ 为曲线切线长，这就是普通圆曲线坐标方程（公式证明从略）。

如为曲线向右转，则纵坐标 $y_i = -y_i$，切线方位角 $-\varphi_i$，其他与左转曲线一致。

无缓和曲线图形如图 2-13 所示。

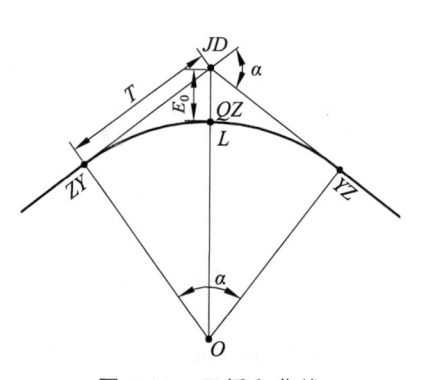

图 2-13 无缓和曲线

【例 2-2】
已知：曲线要素如表 2-5 所示，无缓和曲线。
求：计算线路中心线坐标。
【解】
根据公式（2-2a）~式（2-2c）计算，得出线路中心线坐标如表 2-6 第 4、5 列所示。

表 2-5 圆曲线要素表

序号	始缓长 l_{01}/m	终缓长 l_{02}/m	半径 R/m	曲全长 L/m	始切长 T/m
1	0	0	600	66.236	33.152
测点间距	ZH 至缓曲内第 1 测点距离/m	ZH 相对里程/m	HY 相对里程/m	HZ 相对里程/m	曲线偏角 α（左转）
10	0	0	0	66.236	6°19′30.26″

表 2-6 圆曲线线路中心线坐标及计划正矢计算表

桩号	正矢/mm	线形	x 坐标/m	y 坐标/m	上股相对里程/m
−2	0	始直	−30	0	−30
−1	0	始直	−20	0	−20
0	0	始直	−10	0	−10
1	41.7	始直	0	0	0
2	83.3	圆曲	10.000	0.083	10
3	83.3	圆曲	19.996	0.333	20
6	83.3	圆曲	49.942	2.082	50
7	77.4	圆曲	59.900	2.998	60
8	16.2	终直	69.843	4.067	70
9	0	终直	79.782	5.169	80
10	0	终直	89.721	6.270	90

2.1.8 点至单曲线线路中心线距离计算公式

点至线路中心线的距离定义：在直线地段，则该点至直线的垂直距离，如在曲线地段则为该点至曲线上某点切线的距离（该点位于曲线上某点切线的法线上）。

已知：在线路中心线坐标系外一点 C 坐标。
求：线路外一点 C 至线路中心线的距离。

如图 2-14 在坐标系 xOy 中，以坐标原点沿着线路中心线轨迹流动，线路中心线上任意点 i 的切线为横轴建立流动坐标系 $x''O''y''$，如图 2-15，则线路中心线外任意一点 C 至线路中心线距离为：当线路心线坐标系外一点 C 在流动坐标系 $x''_C \approx 0$ 时，纵坐标 y''_C 值为 C 至线路中心线距离，正值位于线路左侧，负值位于线路右侧。

图 2-14

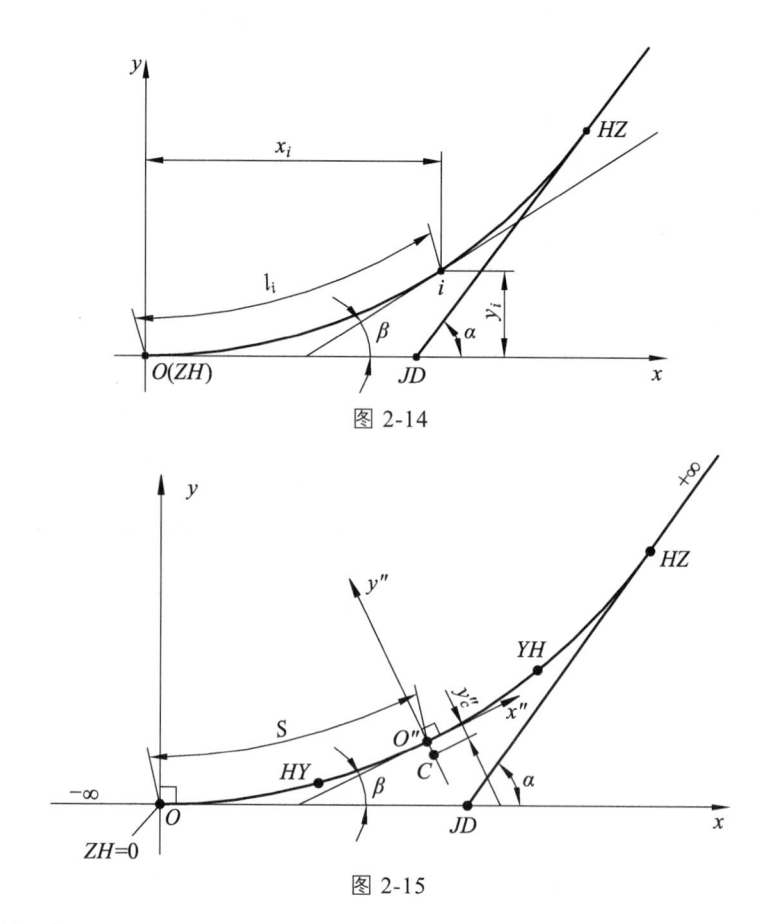

图 2-15

计算过程如下：

i 点在流动坐标系 $x''O''y''$ 的坐标为 x_p、y_p。

C 点通过坐标 x_C、y_C 先平移 x_p、y_p 后旋转 β，根据公式（1-33）得 C 点在 $x''O''y''$ 坐标系中的坐标公式为

$$\left.\begin{array}{l}x_C'' = (x_C - x_p) \times \cos\beta + (y_C - y_p) \times \sin\beta \\ y_C'' = (y_C - y_p) \times \cos\beta - (x_C - x_p) \times \sin\beta\end{array}\right\} \quad (2\text{-}3)$$

如设计中心线外一点 C，通过计算机迭代计算得里程 S，直到 $x_C'' \approx 0$ 时，y_C 为点至线路中心线的距离。

【例 2-3】

已知：设计曲线要素和 JD 坐标如表 2-7 所示，实测既有测点坐标如表 2-7 所示。

求：实测既有测点至线路中心线的距离。

表 2-7 已知曲线要素和 JD 坐标[6]

序号	JD 横坐标 /m	JD 纵坐标 /m	始缓长 l_{01}/m	终缓长 l_{02}/m	半径 R/m	曲线全长 L/m	实测点 横坐标/m	实测点 纵坐标/m
1	2759110.259	502061.1038	140	130	600	1001.414	2758860.161	501805.9599
2	2758709.39	501535.1716					2758877.167	501816.4976
3	2758145.552	501861.3774					2758860.161	501805.9599

【解】

根据点至线路中心线的距离公式（2-3），经过计算程序里程迭代运算，实测既有测点至线路中心线的距离及其坐标、切线方位角如表2-8、表2-9所示。

表2-8　流动坐标系 y 轴落在既有测点上的设计线路中心线相对里程、坐标和切线方位角

桩号	设计相对里程/m	切线方位角β/rad	设计横坐标/m	设计纵坐标/m	线形
1	40.020	4.061121057	2759085.999	502029.275	直线
2	160.024	4.003845052	2759011.784	501934.995	始缓
3	220.020	3.914304065	2758970.879	501891.133	圆曲

表2-9　既有测点到设计线路中心线的距离及其坐标

桩号	设计相对里程/m	距离/mm	实测横坐标/m	实测纵坐标/m	设计横坐标/m	设计纵坐标/m	线形
1	40.020	-5.2	2759085.995	502029.278	2759085.999	502029.275	直线
2	160.024	-43.4	2759011.751	501935.023	2759011.784	501934.995	始缓
3	220.020	22.9	2758970.895	501891.116	2758970.879	501891.133	圆曲

注：ZH点相对里程为0。

2.2　相对坐标系下连续曲线线路中心线坐标方程

铁路线路方向是通过导线交点的坐标来确定，导线与导线之间的线路由曲线连接，构成铁路线路平面。现推导出线元法计算线路中心线的坐标公式。

计算过程为：根据线元法线路要素，计算每根导线的方位角、导线长度和交点坐标，然后根据曲线要素进行线路中心坐标计算，计算方法介绍如下。

2.2.1　导线方位角及导线长度计算

已知：线路上设计有 n 个曲线，各曲线起点里程 $LZH_{(i)}$、缓和曲线长 $l_1H_{(i)}$、$l_2H_{(i)}$、半径 $R_{(i)}$、曲线全长 $L_{(i)}$。

求：曲线偏角 $\alpha_{(i)}$、曲线始切线方位角 $AFJ_{(i)}$、终点里程 $LHZ_{(i)}$、导线长度 $LD_{(i)}$、导线 JD 的坐标 $XJD_{(i)}$、$YJD_{(i)}$ 等，其中有 $n+1$ 根线路导线，$n+2$ 个 JD 点。

如果一条线路上有多个曲线，以第一个曲线的 $ZH_{(1)}$ 点为坐标原点，以始切线为横轴建立线路相对坐标系，如图2-16所示。

（1）求各曲线偏角 $\alpha_{(i)}$。

根据曲线要素缓和曲线长 $l_1H_{(i)}$、$l_2H_{(i)}$、半径 $R_{(i)}$、曲线全长 $L_{(i)}$，求曲线偏角 $\alpha_{(i)}$。

$$\alpha_{(i)} = \frac{l_1H_{(i)} + l_2H_{(i)}}{2 \times R_{(i)}} + \frac{L_{(i)} - l_1H_{(i)} - l_2H_{(i)}}{R_{(i)}},$$

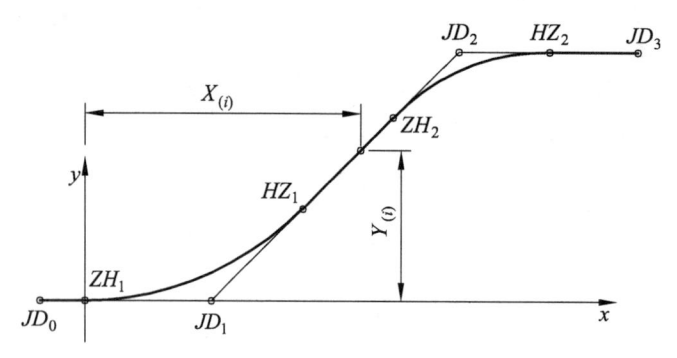

图 2-16 线路平面相对坐标系

如曲线向右则转角为

$$\alpha_{(i)} = -\left(\frac{l_1H_{(i)} + l_2H_{(i)}}{2 \times R_{(i)}} + \frac{L_{(i)} - l_1H_{(i)} - l_2H_{(i)}}{R_{(i)}}\right)$$

（2）求各曲线始切线方位角 $AFJ_{(i)}$。

每个曲线始切线的方位角等于前各曲线偏角的累计：$AFJ_{(i+1)} = \sum_{i=0}^{n}\alpha_{(i)}$。其中第一个曲线始切线方位角 $AFJ_{(1)} = 0$。

（3）求单曲线切线长度。

根据曲线要素缓和曲线长 $l_1H_{(i)}$、$l_2H_{(i)}$、半径 $R_{(i)}$、曲线全长 $L_{(i)}$，求曲线偏角 $\alpha_{(i)}$，计算曲线切线长度 T_1、T_2。

缓和曲线内移距：

$$P_1 = \frac{l_{01}^2}{24 \times R} - \frac{l_{01}^4}{2688 \times R^3}, \quad P_2 = \frac{l_{02}^2}{24 \times R} - \frac{l_{02}^4}{2688 \times R^3}$$

缓和曲线切垂距：

$$m_1 = \frac{l_{01}}{2} - \frac{l_{01}^3}{240 \times R^2} + \frac{l_{01}^5}{34560 \times R^4}, \quad m_2 = \frac{l_{02}}{2} - \frac{l_{02}^3}{240 \times R^2} + \frac{l_{02}^5}{34560 \times R^4}$$

曲线切线长度：

$$T_1 = \frac{R + P_2}{\sin(\alpha)} - \frac{R + P_1}{\tan(\alpha)} + m_1, \quad T_2 = \frac{R + P_1}{\sin(\alpha)} - \frac{R + P_2}{\tan(\alpha)} + m_2$$

如果曲线偏角 α 大于 180°时，切线长度为

$$T_1 = (R + P_1) \times \tan\left(\frac{2\pi - \alpha}{2}\right) - \frac{P_1}{\sin(2\pi - \alpha)} + \frac{P_2}{\sin(2\pi - \alpha)} - m_1$$

$$T_2 = (R + P_1) \times \tan\left(\frac{2\pi - \alpha}{2}\right) - \frac{P_1}{\tan(2\pi - \alpha)} + \frac{P_1}{\tan(2\pi - \alpha)} - m_2$$

（4）导线长度和夹直线长度计算。

如图 2-17，第 $i+1$ 曲线 ZH 点至第 i 曲线 HZ 的夹直线长度 $L_{j(i)}$。

各夹直线长度：

$$L_{J(i)} = LZH_{(i+1)} - LHZ_{(i)}$$

各导线长度：

$$L_{JD(i)} = T_2T_{(i)} + L_{J(i)} + T_1T_{(i+1)}$$

其中设最后一个曲线终端的夹直线为：$L_{J(n+1)} = 500\text{ m}$，即最后一个曲线终点里程 $LHZ_{(n)}$ 加上 500 m 为计算终点，或者取任意值。

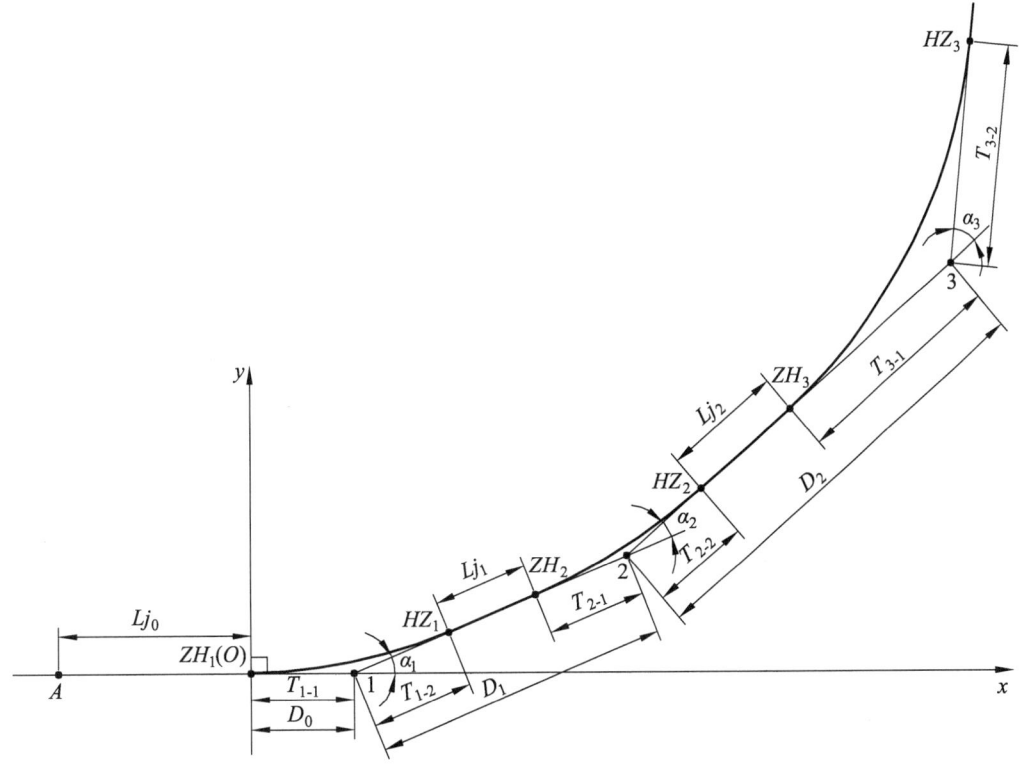

图 2-17 相对坐标系下的连续曲线示意图

2.2.2 线路导线交点和曲线起终点的坐标计算

（1）导线交点 JD 的坐标 $x_{JD(i)}$、$y_{JD(i)}$ 计算。

如图 2-18，根据曲线始切线方位角公式知道，每个单曲线始切线的方位角为 $AFJ_{(i+1)} = \sum_{i=0}^{n} \alpha_{(i)}$，第一个曲线始切线方位角 $AFJ_{(1)} = 0$，则第一曲线的交点 JD 坐标为

$$\left.\begin{array}{l} x_{JD(1)} = T_1T_{(1)} \\ Y_{JD(1)} = 0 \end{array}\right\}$$

第二曲线及以后曲线，交点 JD 坐标计算公式为

$$\left.\begin{array}{l}x_{JD(i)} = x_{JD(i-1)} + L_{JD(i)} \times \cos(AFJ_{(i)}) \\ y_{JD(i)} = y_{JD(i-1)} + L_{JD(i)} \times \sin(AFJ_{(i)})\end{array}\right\} \quad (2\text{-}4)$$

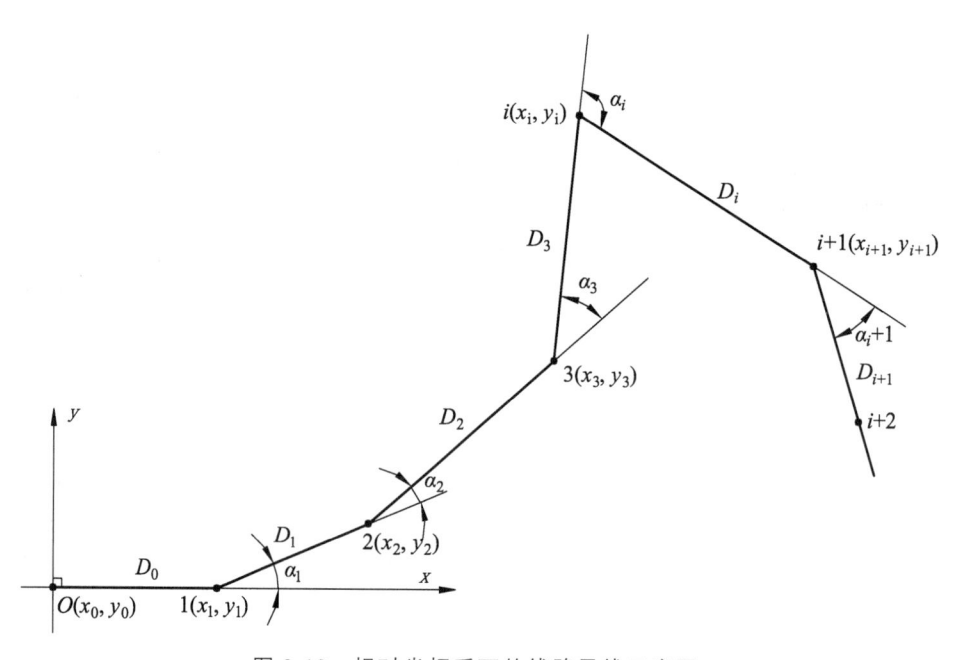

图 2-18 相对坐标系下的线路导线示意图

（2）求各曲线的 ZH(ZY) 点坐标。

第一个曲线的 $ZH_{(1)}$ 的坐标 $x_{ZH(1)} = 0$，$y_{ZH(1)} = 0$，也是导线起点，$x_{JD(0)} = 0$，$y_{JD(0)} = 0$，$AFJ_{(0)} = 0$，设计有 n 个曲线，$n+1$ 根导线，$n+2$ 个导线交点。

从第二个曲线开始，按下列公式计算，第 i 个曲线 $ZH_{(i)}$ 的坐标计算公式如下：

$$\left.\begin{array}{l}x_{ZH(i)} = x_{JD(i-1)} + (L_{JD(i)} - T_1T_{(i)}) \times \cos(AFJ_{(i)}) \\ y_{ZH(i)} = y_{JD(i-1)} + (L_{JD(i)} - T_1T_{(i)}) \times \sin(AFJ_{(i)})\end{array}\right\} \quad (2\text{-}5)$$

【例 2-4】

已知：曲线要素、ZH 点里程及曲线转向如表 2-10 所示。

求：线路导线长度、交点坐标、导线方位角、ZH 点坐标、ZH 点里程、HZ 点里程。

表 2-10 曲线要素、ZH 点里程及曲线转向

曲线编号	始缓长/m	终缓长/m	半径/m	曲线全长/m	ZH 点里程/km	曲线转向
1	150	150	516	794.699	2.335747	右
2	50	50	4995.8	225.225	3.815956	右
3	50	50	5004.2	243.438	4.210159	左

【解】

根据交点坐标公式（2-4）和 ZH 点坐标计算公式（2-5）求得线路导线长度、交点坐标、导线方位角、ZH 点坐标、ZH 点里程、HZ 点里程，如表 2-11 所示。

表 2-11　线路导线长度、交点坐标、导线方位角、ZH 点坐标、ZH 点里程、HZ 点里程

导线号	导线长度/m	交点横坐标/m	交点纵坐标/m	ZH 横坐标/m	ZH 纵坐标/m	转向	ZH 里程/km	HZ 里程/km	导线方位角/rad
0	448.313	0	0	0	0		0	0	0
1	1246.445	448.313	0.000	806.461	−1075.772	右	2.335747	3.130446	−1.24942
2	403.331	842.035	−1182.628	921.562	−1452.765	右	3.815956	4.041181	−1.28449
3	50000.025	955.940	−1569.541	16880.642	−48837.374	左	4.210159	4.453597	−1.24584

2.2.3　各单元曲线线路中心线坐标里程计算范围

（1）在坐标系内将线路中心线坐标计算划分曲线单元。

前面第 2.1.6 节已经推导出单曲线独立坐标系曲线方程，以相对坐标系线路里程 $LS_{(j)}$ 为自变量，现在将各单元曲线里程统一为线路里程，计算线路中心线的坐标，方法如下：

（2）单元曲线方程里程划分范围。

根据单曲线独立坐标系曲线方程式[式（2-1a）~式（2-1e）]，多曲线的情况下，各单元曲线线路里程 S 计算范围为：第一曲线单元从坐标原点（$LZH_{(1)}$）里程至第二曲线 $LZH_{(2)}$ 里程，依此类推，第 i 曲线单元从 $LZH_{(i)}$ 点里程至 $LZH_{(i+1)}$ 里程，如图 2-19 所示。

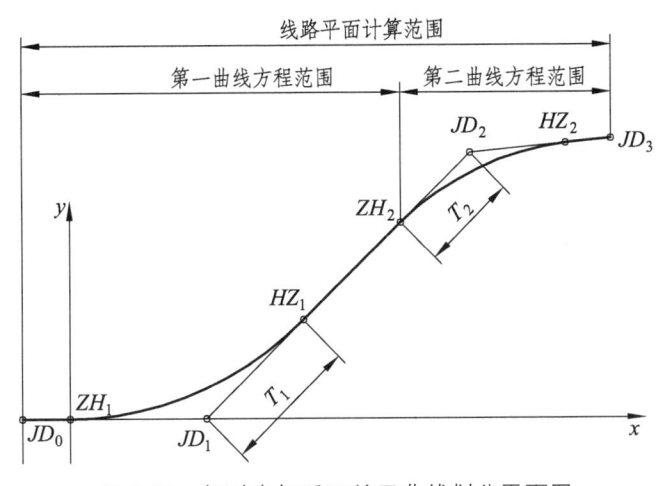

图 2-19　相对坐标系下单元曲线划分平面图

最后一个曲线计算终点里程为：$LZH_{(n+1)} = LHZ_{(i)} + T1T_{(n+1)}$，其中 $LZH_{(n+1)}$ 和 $T_1T_{(n+1)}$ 并不存在，因为设计只有曲线 n 个，令 $T_1T_{(n+1)} = 500$ m，则设定 $LZH_{(n+1)} = LHZ_{(n)} + 500$，即最后一个曲线的计算范围为：曲线点里程 $LHZ_{(n)}$ 再增加 500 m。

在统一坐标系和里程系统下，线路上某点 j，里程为 $LS_{(j)}$，计算曲线上各测点的对应的坐标 $x_{(j)}$，$y_{(j)}$，如图 2-20。

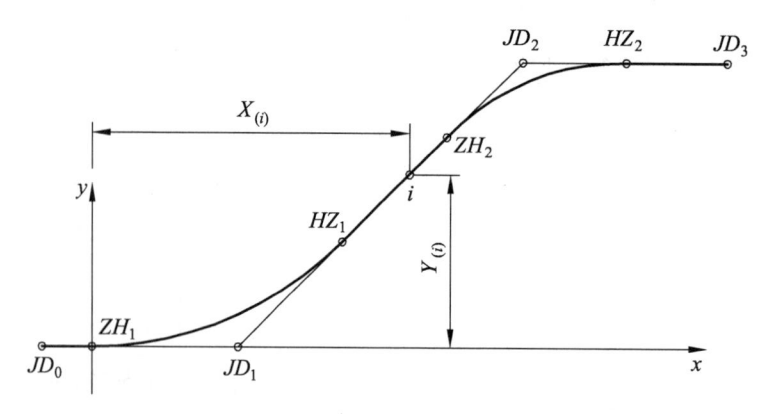

图 2-20 线路平面上某点在相对坐标系下的坐标图

第 1 个曲线里程 $LS_{(j)}$ 计算范围：$-\infty \sim LZH_{(2)}$。

第 2 个曲线里程 $LS_{(j)}$ 计算范围：$LZH_{(2)} \sim LZH_{(3)}$。

……

第 i 个曲线里程 $LS_{(j)}$ 计算范围：$LZH_{(i)} \sim LZH_{(i+1)}$。

第 n 个曲线里程 $LS_{(j)}$ 计算范围：$LZH_{(n)} \sim LHZ_{(n)} + 500$。

以 $LZH_{(i)}$ 点为原点，始切线为横轴，建立单曲线独立直角坐标系，左转曲线如图 2-21 所示。

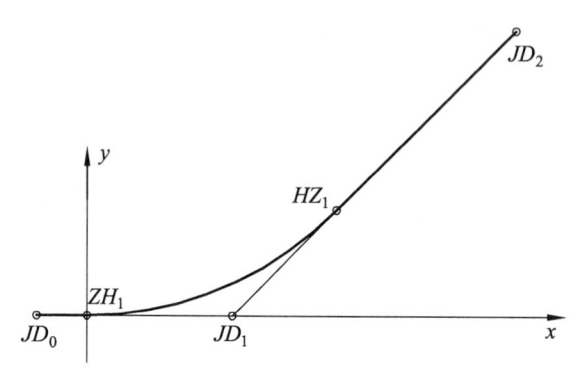

图 2-21 左转单元曲线坐标方程图

2.2.4 建立连续曲线坐标方程式

在相对坐标系下，以第一曲线 $ZH(ZY)$ 为原点，始切线为 x 轴，建立线路中心线方程，线路上某点 j 里程为 $LS_{(j)}$，如要计算其坐标，首先计算单元曲线独立坐标方程的坐标，再通过坐标旋转、平移换算成相对坐标系下的坐标，方法如下：

1. 曲线相对坐标方程的坐标计算

根据 $LS_{(j)}$ 值，判断该点 j 落在哪个曲线单元范围，根据图 2-22 判断，第 i 个曲线里程 $LS_{(j)}$ 计算范围：$LZH_{(i)} \sim LZH_{(i+1)}$。

根据该曲线偏角 $\alpha_{(i)} = AFJ_{(i+1)} - AFJ_{(i)}$，判定左转还是右转曲线，将 $LS_{(j)}$ 换算为单曲线独立坐标系里程 $S = LS_{(j)} - LZH_{(i)}$，通过单曲线独立坐标公式（2-1a）~ 公式（2-1e）计算坐标。在相对坐标系下，求得每个单曲线独立坐标系下的坐标 $x_{(j)}$、$y_{(j)}$。

2. 相对坐标系方程下的线路坐标计算

第 i 个曲线平移横、纵坐标为：$x_{ZH(i)}$、$y_{ZH(i)}$，旋转角度为曲线始切的方位角 $AFJ_{(i)}$，线路中心线上某点 i 的平移旋转坐标换算为统一坐标系下坐标，根据先旋转后平移坐标公式（1-35）得公式如下：

$$\left.\begin{array}{l} x_{A(j)} = x_{ZH(i)} + x_{(j)} \times \cos(AFJ_{(i)}) + y_{(j)} \times \sin(AFJ_{(i)}) \\ y_{A(j)} = y_{ZH(i)} + y_{(j)} \times \cos(AFJ_{(i)}) - x_{(j)} \times \sin(AFJ_{(i)}) \end{array}\right\} \quad (2\text{-}6)$$

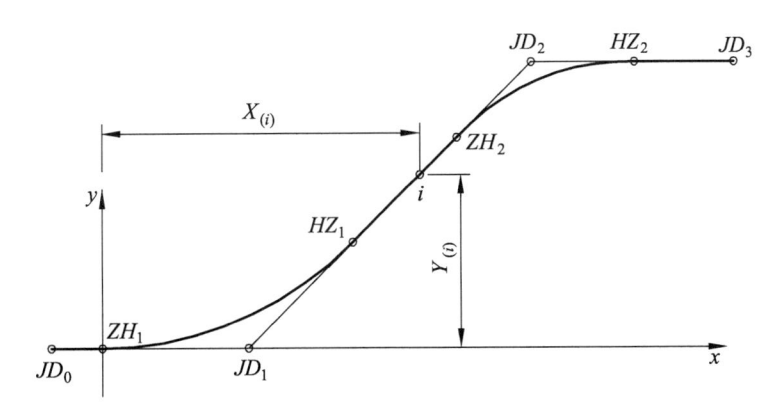

式中，$AFJ_{(i)}$ 为曲线始切的方位角。

图 2-22 线路坐标方程图

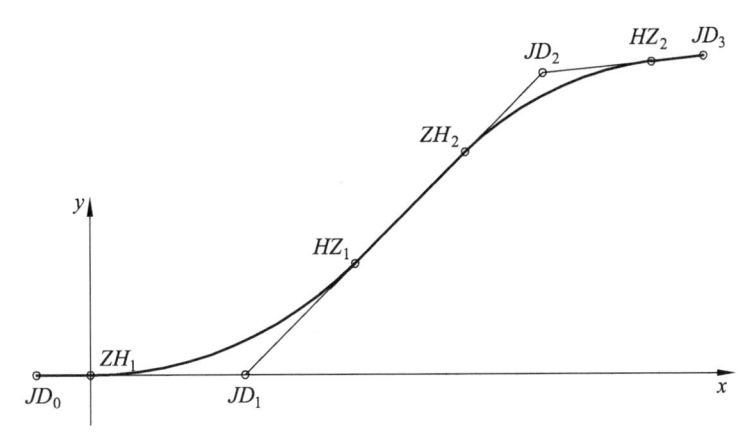

图 2-23 相对坐标系下线路中心线平面图

【例 2-5】

已知：线路资料如表 2-12 所示。

求：线路导线交点坐标及长度、线路中心线相对坐标。

表 2-12　曲线要素

ZH 里程/km	HZ 里程/km	半径 R/m	第一缓长 l_{01}/m	第二缓长 l_{02}/m	曲线全长 L/m	曲线转向
17.60260707	18.15382299	796.8	50	50	551.2159192	右
19.70123588	19.74925914	200000	0	0	48.02325808	右
22.10923412	22.15877658	200000	0	0	49.54246075	左
22.9971569	23.1559151	190000	0	0	158.7582027	左

【解】

根据公式（2-4）、公式（2-5），计算线路导线交点 JD 坐标、ZH 点坐标、导线长度、夹直线长度，如表 2-13 所示。

表 2-13　线路导线交点坐标及长度

序号	JD 横坐标/m	JD 纵坐标/m	导线长度/m	夹直线长度/m	ZH 里程/km	HZ 里程/km
1	284.2537937	0	1855.678317	1547.412894	17.60260707	18.15382299
2	1784.746082	−1091.817251	2408.757843	2359.974983	19.70123588	19.74925914
3	3732.115377	−2509.515094	942.5306501	838.3803135	22.10923412	22.15877658
4	4494.245201	−3064.061898	500.0000093	341.2417973	22.9971569	23.1559151
5	4898.790631	−3357.903699				

根据公式（2-6），计算线路中心线相对系坐标如表 2-14 所示。

表 2-14　线路中心线坐标

桩号	线路设计里程/m	线路中心 x 坐标/m	线路中心 y 坐标/m	线元类型	切线方位角/rad
1	17582.60707	−20	0	直线	0
2	17592.60707	−10	0	直线	0
3	17602.60707	0	0	始缓 1	−0.00125502
4	17612.60707	9.999998425	−0.0041834	始缓 1	−0.00502008
5	17622.60707	19.9999496	−0.033467142	始缓 1	−0.011295181
6	17632.60707	29.99961726	−0.112950778	始缓 1	−0.020080321
7	17642.60707	39.99838712	−0.267729906	始缓 1	−0.031375502
8	17652.60707	49.99507789	−0.522888264	圆曲 1	−0.043925703
9	17662.60707	59.98792553	−0.899302871	圆曲 1	−0.056475904
10	17672.60707	69.97526203	−1.401096783	圆曲 1	−0.069026104
11	17682.60707	79.95551455	−2.028190965	圆曲 1	−0.081576305
…	…	…	…	…	…

续表

桩号	线路设计里程/m	线路中心 x 坐标/m	线路中心 y 坐标/m	线元类型	切线方位角/rad
52	18092.60707	464.0507797	−132.0067216	圆曲 1	−0.596134538
53	18102.60707	472.3609139	−137.5691273	圆曲 1	−0.607716365
54	18112.60707	480.6022004	−143.2330549	终缓 1	−0.616806706
55	18122.60707	488.7844735	−148.9819433	终缓 1	−0.623387007
56	18132.60707	496.9214648	−154.7947748	终缓 1	−0.627457268
57	18142.60707	505.027395	−160.6508619	终缓 1	−0.629017488
58	18152.60707	513.1168115	−166.5297495	终缓 1	−0.629036043
59	18162.60707	521.2027664	−172.4133992	直线	−0.629036043
60	18172.60707	529.2887168	−178.297055	直线	−0.629036043
...	...	...	...	...	...
211	19682.60707	1750.267232	−1066.729082	直线	−0.629036043
212	19692.60707	1758.353182	−1072.612738	直线	−0.629042899
213	19702.60707	1766.43913	−1078.496397	圆曲 2	−0.629092899
214	19712.60707	1774.524893	−1084.380311	圆曲 2	−0.629142899
215	19722.60707	1782.610361	−1090.264628	圆曲 2	−0.629192899
216	19732.60707	1790.695536	−1096.14935	圆曲 2	−0.629242899
217	19742.60707	1798.780416	−1102.034477	圆曲 2	−0.62927616
218	19752.60707	1806.865019	−1107.919984	直线	−0.62927616
219	19762.60707	1814.949556	−1113.805582	直线	−0.62927616
220	19772.60707	1823.034094	−1119.691179	直线	−0.62927616
...	...	...	...	...	...
222	19792.60707	1839.203169	−1131.462373	直线	−0.62927616
452	22092.60707	3698.646779	−2485.149731	直线	−0.62927616
453	22102.60707	3706.731316	−2491.035328	直线	−0.629259295
454	22112.60707	3714.81587	−2496.920902	圆曲 3	−0.629209295
455	22122.60707	3722.900654	−2502.806161	圆曲 3	−0.629159295
456	22132.60707	3730.985732	−2508.691015	圆曲 3	−0.629109295
457	22142.60707	3739.071104	−2514.575466	圆曲 3	−0.629059295
458	22152.60707	3747.156771	−2520.459512	圆曲 3	−0.629028447
459	22162.60707	3755.24271	−2526.343183	直线	−0.629028447
460	22172.60707	3763.328705	−2532.226777	直线	−0.629028447
...	...	...	...	...	...

续表

桩号	线路设计里程/m	线路中心 x 坐标/m	线路中心 y 坐标/m	线元类型	切线方位角/rad
462	22192.60707	3779.500696	−2543.993966	直线	−0.629028447
541	22982.60707	4418.29431	−3008.797923	直线	−0.629028447
542	22992.60707	4426.380305	−3014.681517	直线	−0.628999762
543	23002.60707	4434.466346	−3020.565048	圆曲 4	−0.628947131
544	23012.60707	4442.552665	−3026.448198	圆曲 4	−0.628894499
545	23022.60707	4450.639293	−3032.330922	圆曲 4	−0.628841867
546	23032.60707	4458.726231	−3038.21322	圆曲 4	−0.628789236
…	…	…	…	…	…
548	23052.60707	4474.901036	−3049.97654	圆曲 4	−0.628683973
558	23152.60707	4555.793628	−3108.767597	圆曲 4	−0.628192878
559	23162.60707	4563.884519	−3114.644456	直线	−0.628192878
560	23172.60707	4571.975428	−3120.521292	直线	−0.628192878
…	…	…	…	…	…
562	23192.60707	4588.157245	−3132.274964	直线	−0.628192878
591	23482.60707	4822.79359	−3302.703206	直线	−0.628192878

计算流程如图 2-24 所示。

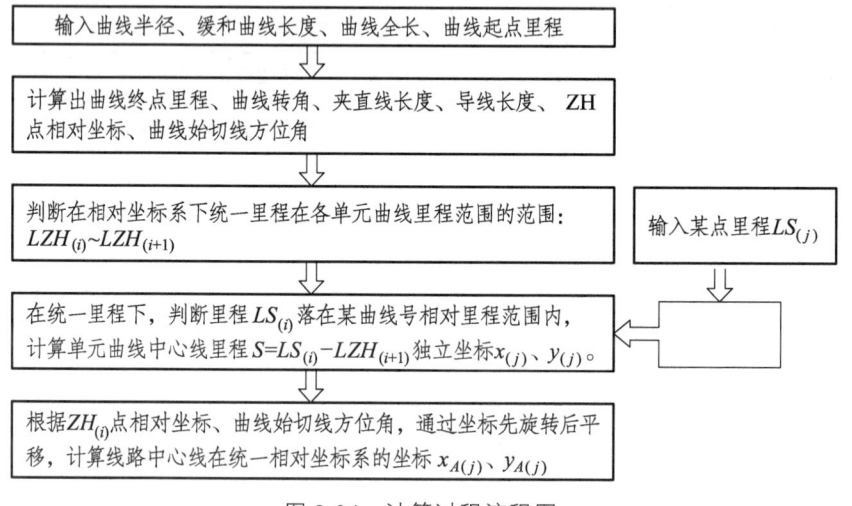

图 2-24 计算过程流程图

2.2.5 连续曲线左右边桩坐标计算

所谓边桩坐标，是指线路中心线上某点沿其切线的法线方向移动至某点，该点的坐标就是边桩的坐标，连续曲线线路中心线图如图 2-25，计算方法如下：

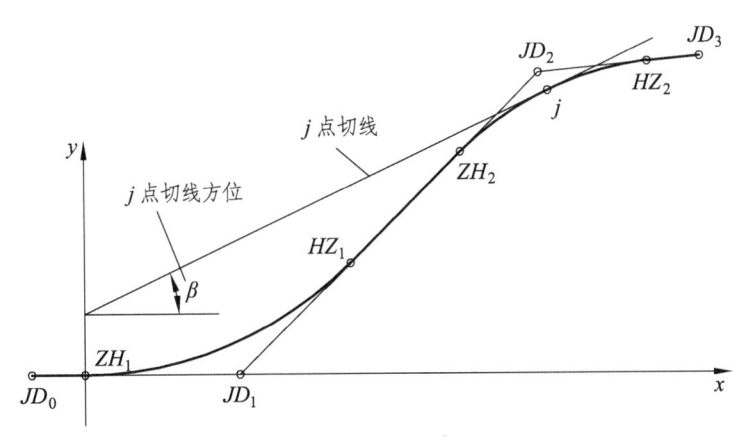

图 2-25 相对坐标系下 j 点切线及其方位角

（1）线路中心线的坐标公式：
根据公式（2-6），得线路中心线坐标方程

$$\left.\begin{array}{l} x_{A(j)} = x_{ZH(i)} + x_{(j)} \times \cos(AFJ_{(i-1)}) + y_{(j)} \times \sin(AFJ_{(i-1)}) \\ y_{A(j)} = y_{ZH(i)} + y_{(j)} \times \cos(AFJ_{(i-1)}) - x_{(j)} \times \sin(AFJ_{(i-1)}) \end{array}\right\}$$

（2）左右边桩坐标公式。

已知：左侧边桩距离为 y_{DZ}，右侧为 y_{DY}，始切线方位角 $AFJ_{(i-1)}$、j 点单曲线独立坐标系下的切线方位角 $\beta_{(j)}$ 和线路中心线某点 j 的坐标。

求：j 点左右边桩坐标。

根据边桩计算公式（1-37a）~公式（1-37d），可得左边桩坐标为

$$\left.\begin{array}{l} x_{ZA(j)} = x_{A(j)} - y_{DZ} \times \sin(AFJ_{(i-1)} + \beta_{(j)}) \\ y_{ZA(j)} = y_{A(j)} + y_{DZ} \times \cos(AFJ_{(i-1)} + \beta_{(j)}) \end{array}\right\} \quad (2\text{-}7a)$$

j 点右边桩坐标为

$$\left.\begin{array}{l} x_{YA(j)} = x_{A(j)} + y_{DY} \times \sin(AFJ_{(i-1)} + \beta_{(j)}) \\ y_{YA(j)} = y_{A(j)} - y_{DY} \times \cos(AFJ_{(i-1)} + \beta_{(j)}) \end{array}\right\} \quad (2\text{-}7b)$$

【例 2-6】
已知：曲线要素、ZH 点里程和曲线转向如表 2-15 所示。
求：（1）线路导线长度、交点坐标、导线方位角、ZH 点坐标；（2）点间距为 5.0 m，边桩距等于 0.75 m，计算连续曲线左右边桩坐标。

表 2-15 曲线要素

曲线编号	始缓长/m	终缓长/m	半径/m	曲线全长/m	ZH 点里程/km	曲线转向
1	150	150	516	794.699	2.335747	右
2	50	50	4995.8	225.225	3.815956	右
3	50	50	5004.2	243.438	4.210159	左

【解】

（1）根据公式（2-4）、公式（2-5），计算线路导线长度、交点坐标、导线方位角、ZH点坐标，如表2-16所示。

表2-16 导线交点里程、坐标和方位角

导线号	导线交点里程/m	导线长度/m	交点横坐标/m	交点纵坐标/m	ZH横坐标/m	ZH纵坐标/m	导线方位角/rad
0	0	448.313	0	0	0	0	0
1	448.313	1246.445	448.313	0.000	806.461	-1075.772	-1.24942
2	1694.759	403.331	842.035	-1182.628	921.562	-1452.765	-1.28449
3	2098.090	50000.025	955.940	-1569.541	16880.642	-48837.374	-1.24584
			16919.508	-48952.734			

（2）根据公式（2-6）、公式（2-7a）、公式（2-7b），通过计算机程序计算线路连续曲线中心线和左右边桩坐标，如表2-17所示。

表2-17 连续曲线左右边桩坐标计算表

导线号	线路中心线里程/km	左边桩横坐标/m	左边桩纵坐标/m	中线桩横坐标/m	中线桩纵坐标/m	右边桩横坐标/m	右边桩纵坐标/m	线元类型
1	2.335747	0	0.75	0	0	0	-0.75	圆曲1
2	2.340747	5.00012111	0.74973083	4.99999999	-0.0002692	4.99987886	-0.7502692	圆曲1
157	3.115747	585.986561	-411.17571	585.275292	-411.41361	584.564023	-411.65151	圆曲1
158	3.120747	587.570751	-415.92027	586.859295	-416.15761	586.147838	-416.39494	圆曲1
159	3.125747	589.151893	-420.6646	588.440326	-420.90161	587.72876	-421.13862	圆曲1
160	3.130747	590.731518	-425.4087	590.019917	-425.64561	589.308317	-425.88252	直线
161	3.135747	592.310897	-430.15271	591.599297	-430.38961	590.887697	-430.62652	直线
294	3.800747	802.36836	-1061.1051	801.656759	-1061.342	800.945159	-1061.5789	直线
295	3.805747	803.947739	-1065.8491	803.236139	-1066.086	802.524538	-1066.3229	直线
296	3.810747	805.527118	-1070.5931	804.815518	-1070.83	804.103918	-1071.0669	直线
297	3.815747	807.106498	-1075.3371	806.394897	-1075.574	805.683297	-1075.8109	直线
298	3.815956	807.172516	-1075.5354	806.460915	-1075.7723	805.749315	-1076.0092	圆曲2
299	3.820956	808.751828	-1080.2794	808.040216	-1080.5163	807.328603	-1080.7532	圆曲2
342	4.035956	873.084805	-1285.4412	872.365346	-1285.653	871.645887	-1285.8649	圆曲2
343	4.040956	874.496866	-1290.2377	873.777396	-1290.4495	873.057925	-1290.6613	圆曲2
344	4.045956	875.908915	-1295.0342	875.189445	-1295.246	874.469974	-1295.4578	直线
373	4.190956	916.85833	-1434.1318	916.13886	-1434.3436	915.419389	-1434.5554	直线
374	4.195956	918.270379	-1438.9282	917.550909	-1439.1401	916.831438	-1439.3519	直线
375	4.200956	919.682428	-1443.7247	918.962957	-1443.9365	918.243487	-1444.1483	直线
376	4.205956	921.094477	-1448.5212	920.375006	-1448.733	919.655536	-1448.9448	直线

续表

导线号	线路中心线里程/km	左边桩横坐标/m	左边桩纵坐标/m	中线桩横坐标/m	中线桩纵坐标/m	右边桩横坐标/m	右边桩纵坐标/m	线元类型
377	4.210159	922.281445	−1452.5531	921.561974	−1452.7649	920.842504	−1452.9767	圆曲3
424	4.445159	992.822222	−1676.6658	992.11144	−1676.9051	991.400658	−1677.1445	圆曲3
425	4.450159	994.418553	−1681.404	993.7078	−1681.6435	992.997047	−1681.8829	圆曲3
426	4.455159	996.014904	−1686.1423	995.304156	−1686.3818	994.593409	−1686.6212	直线
427	4.460159	997.61126	−1690.8806	996.900512	−1691.1201	996.189765	−1691.3596	直线

2.2.6 点至线路中心线的距离

已知：线路有曲线 n 个曲线，起点里程 $LZH_{(i)}$、缓和曲线长 $l_{1H(i)}$、$l_{2H(i)}$、半径 $R_{(i)}$、曲线全长 $L_{(i)}$，线路中心线外点 C 坐标 x_C、y_C。

求：线路中心线外点 C 到线路中心线的距离 $d_{(j)}$。

（1）根据公式（2-6）计算线路中心线任意一点 j 的坐标。

$$\left. \begin{array}{l} x_{A(j)} = x_{ZH(i)} + x_{(j)} \times \cos(AFJ_{(i-1)}) - y_{(j)} \times \sin(AFJ_{(i-1)}) \\ y_{A(j)} = y_{ZH(i)} + y_{(j)} \times \cos(AFJ_{(i-1)}) + x_{(j)} \times \sin(AFJ_{(i-1)}) \end{array} \right\}$$

（2）建立流动坐标系。

以线路中心线上任意点 j 为坐标系原点，以 j 点的切线为横轴建立流动坐标系 $x''O''y''$，如图 2-26。

（3）计算 C 点在流动坐标系中的坐标。

根据先平移后旋转公式（1-33），得点 C 至线路中心线距离公式。

$$\left. \begin{array}{l} x'_C = (x_C - x_{A(j)}) \times \cos\beta + (y_C - y_{A(j)}) \times \sin\beta \\ y'_C = (y_C - y_{A(j)}) \times \cos\beta - (x_C - x_{A(j)}) \times \sin\beta \end{array} \right\} \quad (2-8)$$

式中，x_C、y_C 为 C 点在相对坐标系下的坐标，x''_C、y''_C 为 C 点在流动坐标系 $x''O''y''$ 的坐标，通过计算机程序迭代计算线路里程 $LS_{(j)}$，j 点切线方位角 β 当 $x''_C \approx 0$ 时，y''_C 为 C 点至线路中心线的距离。

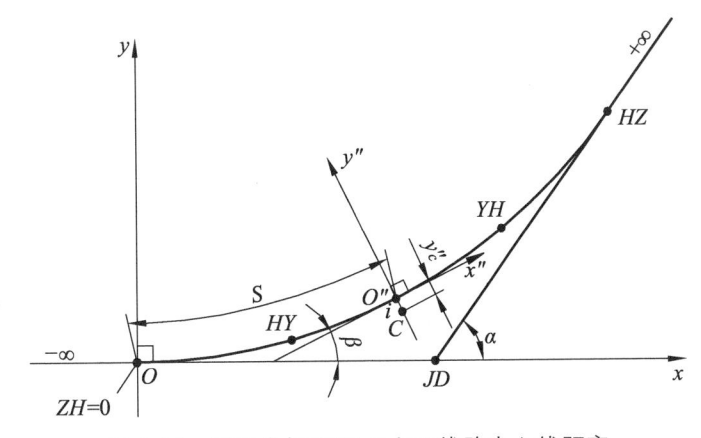

图 2-26 相对坐标系下 C 点至线路中心线距离

2.3 绝对坐标系下连续曲线线路中心线坐标方程

在工程建设中，经常需要进行绝对坐标系下计算线路中心线的坐标，在已知导线交点坐标和曲线要素条件下，以统一里程 $LS_{(j)}$ 为自变量，计算线路中心线各点的坐标，其计算方法如下。

2.3.1 单曲线导线方位角与曲线偏角的换算关系

已知：单曲线 3 个导线交点及其坐标 $A(x_i, y_i)$，$B(x_{i+1}, y_{i+1})$，$C(x_{i+2}, y_{i+2})$，如图 2-27 所示，其中 $B(x_{i+1}, y_{i+1})$ 为曲线交点 JD。

求：曲线偏角 α 和曲线左右转向。

（1）求导线 AB 的方位角：初始方位角 $\alpha_{(i)} = \arctan\left(\left|\dfrac{y_{(i+1)} - y_{(i)}}{x_{(i+1)} - x_{(i)}}\right|\right)$，$AB$ 方位角值如下：

假如 $y_{(i+1)} > y_{(i)}$，$x_{(i+1)} > x_{(i)}$，直线位于第一象限，则方位角 $\beta = \alpha_{(i)}$；

假如 $y_{(i+1)} > y_{(i)}$，$x_{(i+1)} < x_{(i)}$，直线位于第二象限，则方位角 $\beta = \pi - \alpha_{(i)}$；

假如 $y_{(i+1)} < y_{(i)}$，$x_{(i+1)} < x_{(i)}$，直线位于第三象限，则方位角 $\beta = \pi + \alpha_{(i)}$；

假如 $y_{(i+1)} < y_{(i)}$，$x_{(i+1)} > x_{(i)}$，直线位于第四象限，则方位角 $\beta = 2\pi - \alpha_{(i)}$。

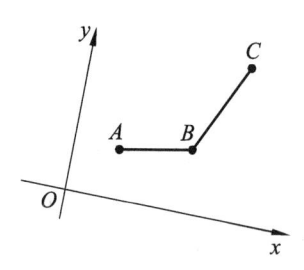

图 2-27　线路导线图

（2）以交点 $B(x_{i+1}, y_{i+1})$ 作为坐标原点，将导线进行平移，如图 2-28 则导线各交点坐标为：

$$\left.\begin{array}{l} x_{PJD(i)} = x_{(i)} - x_{(i+1)} \\ y_{PJD(i)} = y_{(i)} - y_{(i+1)} \end{array}\right\}$$

$$\left.\begin{array}{l} x_{PJD(i+1)} = x_{(i+1)} - x_{(i+1)} \\ y_{PJD(i+1)} = y_{(i+1)} - y_{(i+1)} \end{array}\right\}$$

$$\left.\begin{array}{l} x_{PJD(i+2)} = x_{(i+2)} - x_{(i+1)} \\ y_{PJD(i+2)} = y_{(i+2)} - y_{(i+1)} \end{array}\right\}$$

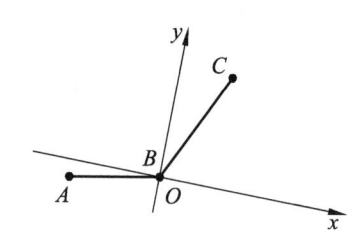

图 2-28　线路导线平移图

（3）以始切线 AB 为横轴建立坐标系，B 点为坐标原点建立坐标系，如图 2-29 所示。坐标系通过旋转 $-\beta$ 角度（导线 AB 的方位角），使得 AB 与横坐标轴重合，如图 2-29，求 A，B，C 点在新坐标系的坐标公式：

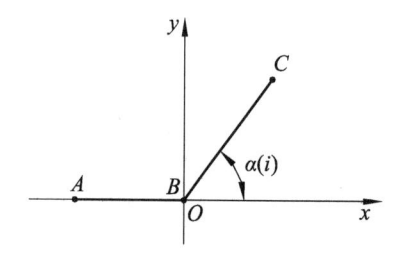

图 2-29　线路导线平移旋转图

A 点坐标：

$$\left.\begin{array}{l}x_{JD(i)} = x_{PJD(i)} \times \cos(\beta) + y_{PJD(i)} \times \sin(\beta) \\ y_{JD(i)} = y_{PJD(i)} \times \cos(\beta) - x_{PJD(i)} \times \sin(\beta)\end{array}\right\}$$ （2-9a）

B 点坐标：

$$\left.\begin{array}{l}x_{JD(i+1)} = x_{PJD(i+1)} \times \cos(\beta) + y_{PJD(i+1)} \times \sin(\beta) \\ y_{JD(i+1)} = y_{PJD(i+1)} \times \cos(\beta) - x_{PJD(i+1)} \times \sin(\beta)\end{array}\right\}$$ （2-9b）

C 点坐标：

$$\left.\begin{array}{l}x_{JD(i+2)} = x_{PJD(i+2)} \times \cos(\beta) + y_{PJD(i+2)} \times \sin(\beta) \\ y_{JD(i+2)} = y_{PJD(i+2)} \times \cos(\beta) - x_{PJD(i+2)} \times \sin(\beta)\end{array}\right\}$$ （2-9c）

（4）以终切线 BC 的方位角判定每个曲线偏角值和转向。

在新坐标系中，始切线为横轴，B 为坐标原点，按偏角小于 180°，则终切线 BC 方位角即为曲线偏角 $\alpha_{(i)}$，得出曲线转向。

$$\alpha_{(i)} = \arctan\left(\left|\frac{y_{JD(i+2)} - y_{JD(i+1)}}{x_{JD(i+2)} - x_{JD(i+1)}}\right|\right)$$

如果 $y_{JD(i+2)} > 0$ 和 $x_{JD(i+2)} > 0$，位于第一象限，左转，转角为 $\alpha_{(i)}$；
如果 $y_{JD(i+2)} > 0$ 和 $x_{JD(i+2)} < 0$，位于第二象限，左转，转角为 $\pi - \alpha_{(i)}$；
如果 $y_{JD(i+2)} < 0$ 和 $x_{JD(i+2)} < 0$，位于第三象限，右转，转角为 $\pi - \alpha_{(i)}$；
如果 $y_{JD(i+2)} < 0$ 和 $x_{JD(i+2)} > 0$，位于第四象限，右转，转角为 $\alpha_{(i)}$。

已知：曲线两切线上各两控制点 $A(x_i, y_i)$，$B(x_{i+1}, y_{i+1})$，$C(x_{i+2}, y_{i+2})$，$D(x_{i+3}, y_{i+3})$，如图 2-30。
求：以 AB、CD 为切线的曲线偏角 $\alpha_{(i)}$ 及转向。

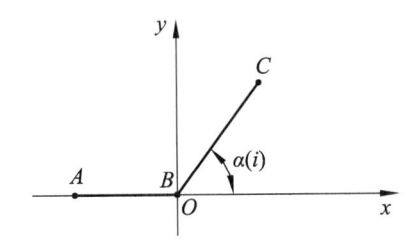

图 2-30 切线控制桩示意图

始切 AB 线方位角，$\beta = \arctan\left(\left|\frac{y_{i+1} - y_i}{x_{i+1} - x_i}\right|\right)$。

以下为各种情况下的方位角值：
假如 $y_{i+1} > y_i$，$x_{i+1} > x_i$，直线位于第一象限，则 AB 方位角 $\alpha_{(i)} = \beta$；
假如 $y_{i+1} > y_i$，$x_{i+1} < x_i$，直线位于第二象限，则 AB 方位角 $\alpha_{(i)} = \pi - \beta$；

假如 $y_{i+1} < y_i$，$x_{i+1} < x_i$，直线位于第三象限，则 AB 方位角 $\alpha_{(i)} = \pi + \beta$；

假如 $y_{i+1} < y_i$，$x_{i+1} > x_i$，直线位于第四象限，则 AB 方位角 $\alpha_{(i)} = \pi \times 2 - \beta$。

通过旋转，求得直线 A、B、C、D 坐标值。

首先，将始切线平移，将 $A(x_i, y_i)$ 作为坐标原点：

$$\left.\begin{array}{l} x_{PJD(i)} = x_{(i)} - x_{(i)} \\ y_{PJD(i)} = y_{(i)} - y_{(i)} \end{array}\right\}$$

$$\left.\begin{array}{l} x_{PJD(i+1)} = x_{(i+1)} - x_{(i)} \\ y_{PJD(i+1)} = y_{(i+1)} - y_{(i)} \end{array}\right\}$$

$$\left.\begin{array}{l} x_{PJD(i+2)} = x_{(i+2)} - x_{(i)} \\ y_{PJD(i+2)} = y_{(i+2)} - y_{(i)} \end{array}\right\}$$

$$\left.\begin{array}{l} x_{PJD(i+3)} = x_{(i+3)} - x_{(i)} \\ y_{PJD(i+3)} = y_{(i+3)} - y_{(i)} \end{array}\right\}$$

然后，以始切线控制点 $A(x_i, y_i)$ 的为坐标原点，以始切 AB 线为横轴建立坐标系，通过坐标旋转得，A、B、C、D 点坐标，如图 2-31。

$$\left.\begin{array}{l} XJD_{(i)} = x_{PJD(i)} \times \cos\alpha_{(i)} + y_{PJD(i)} \times \sin\alpha_{(i)} \\ YJD_{(i)} = y_{PJD(i)} \times \cos\alpha_{(i)} - x_{PJD(i)} \times \sin\alpha_{(i)} \end{array}\right\} \quad (2\text{-}10\text{a})$$

$$\left.\begin{array}{l} XJD_{(i+1)} = x_{PJD(i+1)} \times \cos\alpha_{(i)} + y_{PJD(i+1)} \times \sin\alpha_{(i)} \\ YJD_{(i+1)} = y_{PJD(i+1)} \times \cos\alpha_{(i)} - x_{PJD(i+1)} \times \sin\alpha_{(i)} \end{array}\right\} \quad (2\text{-}10\text{b})$$

$$\left.\begin{array}{l} XJD_{(i+2)} = x_{PJD(i+2)} \times \cos\alpha_{(i)} + y_{PJD(i+2)} \times \sin\alpha_{(i)} \\ YJD_{(i+2)} = y_{PJD(i+2)} \times \cos\alpha_{(i)} - x_{PJD(i+2)} \times \sin\alpha_{(i)} \end{array}\right\} \quad (2\text{-}10\text{c})$$

$$\left.\begin{array}{l} XJD_{(i+3)} = x_{PJD(i+3)} \times \cos\alpha_{(i)} + y_{PJD(i+3)} \times \sin\alpha_{(i)} \\ YJD_{(i+3)} = y_{PJD(i+3)} \times \cos\alpha_{(i)} - x_{PJD(i+3)} \times \sin\alpha_{(i)} \end{array}\right\} \quad (2\text{-}10\text{d})$$

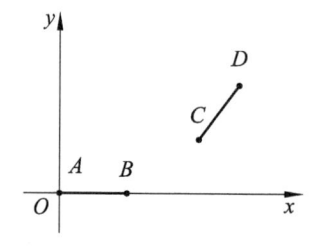

图 2-31　导线控制桩平移后示意图

切线 CD 的方位角就是曲线偏角 $\alpha_{(i)}$，其计算过程与已知导线交点坐标求曲线偏角 α 和曲线左右转向一致，这里不再介绍。

2.3.2 单曲线偏角与转向判断总结

1. 曲线偏角小于 180°

（1）计算曲线偏角 $\alpha_{(i)}$。

曲线偏角主要通过相对坐标系终切线两点的坐标进行计算，CD 的方位角为 $\beta = \arctan\left(\left|\dfrac{YJD_{(i+3)} - YJD_{(i+2)}}{XJD_{(i+3)} - XJD_{(i+2)}}\right|\right)$，由于始切线与坐标横轴重叠，$CD$ 的方位角 β 等于曲线偏角 $\alpha_{(i)}$。

（2）左、右转曲线的判别方法。

假如 $YJD_{(i+3)} > YJD_{(i+2)}$，$XJD_{(i+3)} > XJD_{(i+2)}$ 直线位于第一象限，左转，则转角 β；

假如 $YJD_{(i+3)} > YJD_{(i+2)}$，$XJD_{(i+3)} < XJD_{(i+2)}$ 直线位于第二象限，左转，则转角 $\pi - \beta$；

假如 $YJD_{(i+3)} < YJD_{(i+2)}$，$XJD_{(i+3)} < XJD_{(i+2)}$ 直线位于第三象限，右转，则方位角 $\pi - \beta$；

假如 $YJD_{(i+3)} < YJD_{(i+2)}$，$XJD_{(i+3)} > XJD_{(i+2)}$ 直线位于第四象限，右转，则方位角 β。

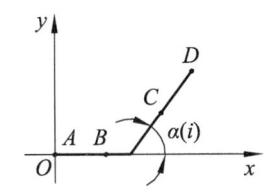

图 2-32 曲线交角及转向示意图

2. 曲线偏角大于 180°

已知：终切线最终两个桩的坐标分别为：$J1XX = JXX_{(NA-1)}$，$J1YY = JYY_{(NA-1)}$，$J2XX = JXX_{(NA)}$，$J2YY = JYY_{(NA)}$，三个导线交点的绝对坐标：$XXJD_{(1)}$、$YYJD_{(1)}$、$XXJD_{(2)}$、$YYJD_{(2)}$、$XXJD_{(3)}$、$YYJD_{(3)}$；始切线方位角：$AFJ_{(1)}$；曲线上某点坐标 $JX1X$、$JY1Y$。

求：曲线偏角与左右转向。

（1）以第一交点 $JD_{(1)}$ 坐标原点，三个交点平移后的坐标：

$$XJD_{(1)} = XXJD_{(1)} - XXJD_{(1)}, \quad YJD_{(1)} = yyJD_{(1)} - yyJD_{(1)}$$

$$XJD_{(2)} = XXJD_{(2)} - XXJD_{(1)}, \quad YJD_{(2)} = yyJD_{(2)} - yyJD_{(1)}$$

$$XJD_{(3)} = XXJD_{(3)} - XXJD_{(1)}, \quad YJD_{(3)} = yyJD_{(3)} - yyJD_{(1)}$$

（2）曲线上某点平移后的坐标：

$$JX1X - XXJD_{(1)}, \quad JY1Y - yyJD_{(1)}$$

终切线最终两个桩平移后的坐标：

$$J1XX - XXJD_{(1)}, \quad J1YY - yyJD_{(1)}$$

$$J2XX - XXJD_{(1)}, \quad J2YY - yyJD_{(1)}$$

（3）以曲线 $JD_{(2)}$ 的为坐标原点，以始切线（方位角 $AFJ_{(1)}$）为横轴建立坐标系，三个交点 $JD_{(1)}$、$JD_{(2)}$、$JD_{(3)}$ 坐标旋转坐标：

$$JX_{(1)} = XJD_{(1)} \times \cos(AFJ_{(1)}) + YJD_{(1)} \times \sin(AFJ_{(1)})$$

$$JY_{(1)} = YJD_{(1)} \times \cos(AFJ_{(1)}) - XJD_{(1)} \times \sin(AFJ_{(1)})$$

$$JX_{(2)} = XJD_{(2)} \times \cos(AFJ_{(1)}) + YJD_{(2)} \times \sin(AFJ_{(1)})$$

$$JY_{(2)} = YJD_{(2)} \times \cos(AFJ_{(1)}) - XJD_{(2)} \times \sin(AFJ_{(1)})$$

$$JX_{(3)} = XJD_{(3)} \times \cos(AFJ_{(1)}) + YJD_{(3)} \times \sin(AFJ_{(1)})$$

$$JY_{(3)} = YJD_{(3)} \times \cos(AFJ_{(1)}) - XJD_{(3)} \times \sin(AFJ_{(1)})$$

（4）平移旋转坐标后对应曲线某点坐标：

$$J11XX = JX1X \times \cos(AFJ_{(1)}) + JY1Y \times \sin(AFJ_{(1)})$$

$$J11YY = JY1Y \times \cos(AFJ_{(1)}) - JX1X \times \sin(AFJ_{(1)})$$

（5）平移旋转坐标后终切线最终两个桩的坐标：

$$J1X1X = J1XX \times \cos(AFJ_{(1)}) + J1YY \times \sin(AFJ_{(1)})$$

$$J1Y1Y = J1YY \times \cos(AFJ_{(1)}) - J1XX \times \sin(AFJ_{(1)})$$

$$J2X2X = J2XX \times \cos(AFJ_{(1)}) + J2YY \times \sin(AFJ_{(1)})$$

$$J2Y2Y = J2YY \times \cos(AFJ_{(1)}) - J2XX \times \sin(AFJ_{(1)})$$

（6）曲线偏角及其转向判断。

经过坐标平移旋转后，终切线方位角 AAp（曲线偏角）为

$$AAp = \arctan\left(\left|\frac{JY_{(3)} - JY_{(2)}}{JX_{(3)} - JX_{(2)}}\right|\right)$$

如果 $J2Y2Y > J1Y1Y$、$J2X2X > J1X1X$ 和 $J11YY > 0$，那么曲线偏角：$AYY = AAp$，转角转向：$QXZJ = $ "左转"。

如果 $J2Y2Y > J1Y1Y$、$J2X2X < J1X1X$ 和 $J11YY > 0$，那么曲线偏角：$AYY = \pi - AAp$，$QXZJ = $ "左转"。

如果 $J2Y2Y < J1Y1Y$、$J2X2X < J1X1X$ 和 $J11YY < 0$，那么曲线偏角：$AYY = \pi - AAp$，转角转向：$QXZJ = $ "右转"。

如果 $J2Y2Y < J1Y1Y$、$J2X2X > J1X1X$ 和 $J11YY < 0$，那么曲线偏角：$AYY = AAp$，转角转向：$QXZJ = $ "右转"。

如果 $J2Y2Y < J1Y1Y$、$J2X2X < J1X1X$ 和 $J11YY > 0$，那么曲线偏角：$AYY = AAp + \pi$，转角转向：$QXZJ = $ "左转"。

如果 $J2Y2Y < J1Y1Y$、$J2X2X > J1X1X$ 和 $J11YY > 0$，那么曲线偏角：$AYY = \pi \times 2 - AAp$，转角转向：$QXZJ = $ "左转"。

如果 $J2Y2Y > J1Y1Y$、$J2X2X < J1X1X$ 和 $J11YY < 0$，那么曲线偏角：$AYY = \pi + AAp$，转角转向：$QXZJ = $ "右转"。

如果 $J2Y2Y > J1Y1Y$、$J2X2X > J1X1X$ 和 $J11YY < 0$，那么曲线偏角：$AYY = \pi \times 2 - AAp$，转角转向：$QXZJ = $ "右转"。

3. 导线长度和导线方位角计算方法

已知：n 个导线交点坐标 $x_{XJD(i)}$、$y_{YJD(i)}$ 和 $n-2$ 个曲线要素缓和曲线长 $l_1H_{(i)}$、$l_2H_{(i)}$、半径 $R_{(i)}$、曲线全长 $L_{(i)}$ 于，如图 2-33 所示。

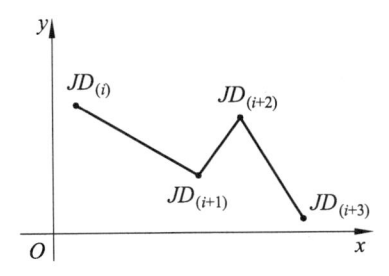

图 2-33 线路连续曲线导线图

求：导线长度和导线方位角计算。

通过平移坐标使第 i 个 JD 坐标为：$XJD_{(i)} = x_{XJD(i)} - x_{XJD(1)}$，$YJD_{(i)} = y_{YJD(i)} - y_{YJD(1)}$，求各导线的方位角 $AFJ_{(i)}$，如图 2-34。

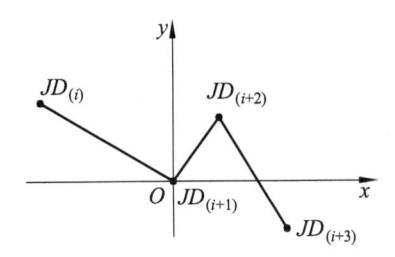

图 2-34 线路连续曲线导线平移示意图

以每个曲线交点 JD_2 的为坐标原点，以始切线为横轴建立坐标系，三个交点 JD_1、JD_2、JD_3 坐标平移，如图 2-35。

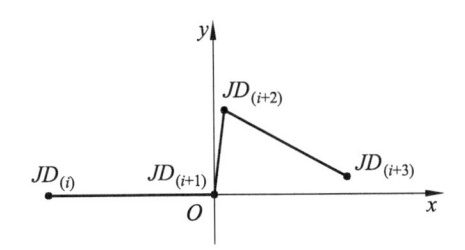

图 2-35 线路连续曲线导线平移旋转后示意图

导线长度

$$LJD_{(i)} = \sqrt{(XJD_{(i+1)} - XJD_{(i)})^2 + (YJD_{(i+1)} - YJD_{(i)})^2}$$

在原坐标系中，每根切线的方位角

$$AFJ_{(i)} = \arctan \left| \frac{YJD_{(i+1)} - YJD_{(i)}}{XJD_{(i+1)} - XJD_{(i)}} \right|$$

如果 $YJD_{(i+1)} > YJD_{(i)}$ 和 $XJD_{(i+1)} > XJD_{(i)}$，即在第一象限范围，则切线方位角为 $AFJ_{(i)}$；

如果 $YJD_{(i+1)} > YJD_{(i)}$ 和 $XJD_{(i+1)} < XJD_{(i)}$，即在第二象限范围，则切线方位角为 $\pi - AFJ_{(i)}$；

如果 $YJD_{(i+1)} < YJD_{(i)}$ 和 $XJD_{(i+1)} < XJD_{(i)}$，即在第三象限范围，则切线方位角为 $\pi + AFJ_{(i)}$；

如果 $YJD_{(i+1)} < YJD_{(i)}$ 和 $XJD_{(i+1)} > XJD_{(i)}$，即在第四象限范围，则切线方位角为 $2 \times \pi - AFJ_{(i)}$。

2.3.3 连续导线方位角与曲线偏角的换算关系

（1）以曲线每三个导线交点 JD 为一组，通过平移，以中间第 $i+1$ 个 JD 点为原点，进行平移。

如图 2-36，设第 i、$i+1$、$i+2$ 导点通过平移后的坐标分别为

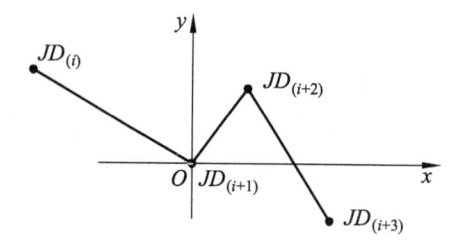

图 2-36 曲线导线平移示意图

$$XTYCC_{(i)} = XJD_{(i)} - XJD_{(i+1)}$$

$$YTYCC_{(i)} = YJD_{(i)} - YJD_{(i+1)}$$

$$XTYCC_{(i+1)} = XJD_{(i+1)} - XJD_{(i+1)}$$

$$YTYCC_{(i+1)} = YJD_{(i+1)} - YJD_{(i+1)}$$

$$XTYCC_{(i+2)} = XJD_{(i+2)} - XJD_{(i+1)}$$

$$YTYCC_{(i+2)} = YJD_{(i+2)} - YJD_{(i+1)}$$

（2）如图 2-37，以每个曲线 JD_2 的为坐标原点，以始切线为横轴建立坐标系，三个交点 JD_1、JD_2、JD_3 坐标旋转坐标。

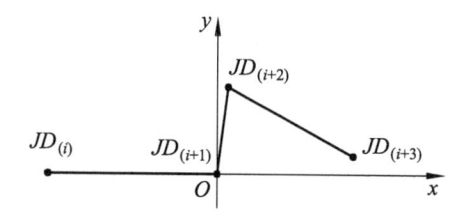

图 2-37 导线平移旋转后曲线偏角示意图

$$XTYL_{(i)} = XTYCC_{(i)} \times \cos(AFJ_{(i)}) + YTYCC_{(i)} \times \sin(AFJ_{(i)})$$

$$YTYL_{(i)} = YTYCC_{(i)} \times \cos(AFJ_{(i)}) - XTYCC_{(i)} \times \sin(AFJ_{(i)})$$

$$XTYL_{(i+1)} = XTYCC_{(i+1)} \times \cos(AFJ_{(i)}) + YTYCC_{(i+1)} \times \sin(AFJ_{(i)})$$

$$YTYL_{(i+1)} = YTYCC_{(i+1)} \times \cos(AFJ_{(i)}) - XTYCC_{(i+1)} \times \sin(AFJ_{(i)})$$

$$XTYL_{(i+2)} = XTYCC_{(i+2)} \times \cos(AFJ_{(i)}) + YTYCC_{(i+2)} \times \sin(AFJ_{(i)})$$

$$YTYL_{(i+2)} = YTYCC_{(i+2)} \times \cos(AFJ_{(i)}) - XTYCC_{(i+2)} \times \sin(AFJ_{(i)})$$

（3）以终切线的切线方位角判定每个曲线的转向和偏角（偏角小于180°）。

$\alpha_{(i)} = \arctan\left(\left|\dfrac{YTYL_{(i+2)} - YTYL_{(i+1)}}{XTYL_{(i+2)} - XTYL_{(i+1)}}\right|\right)$ 曲线偏角 $\alpha_{(i)} = AFJ_{(i+1)} - AFJ_{(i)}$，如果 $\alpha_{(i)} < 0$ 说明曲线向右，反之向左。

取曲线导线的三个点作为一个单元，计算曲线偏角及左、右转判断：

如果 $YTYL_{(i+2)} > 0$ 和 $XTYL_{(i+2)} > 0$，即在第一象限范围，则切线方位角为 $\alpha_{(i)}$，曲线左转；

如果 $YTYL_{(i+2)} > 0$ 和 $XTYL_{(i+2)} < 0$，即在第二象限范围，则切线方位角为 $\pi - \alpha_{(i)}$，曲线左转；

如果 $YTYL_{(i+2)} < 0$ 和 $XTYL_{(i+2)} < 0$，即在第三象限范围，则切线方位角为 $\pi - \alpha_{(i)}$，曲线右转；

如果 $YTYL_{(i+2)} < 0$ 和 $XTYL_{(i+2)} > 0$，即在第四象限范围，则切线方位角为 $\alpha_{(i)}$，曲线右转。

由此可得各曲线要素：

缓和曲线内移距：

$$m_1 m_{(i)} = \frac{l_1 H_{(i)}}{2} - \frac{l_1 H_{(i)}^3}{240 \times R_{(i)}^2} + \frac{l_1 H_{(i)}^5}{34560 \times R_{(i)}^4}$$

$$m_2 m_{(i)} = \frac{l_2 H_{(i)}}{2} - \frac{l_2 H_{(i)}^3}{240 \times R_{(i)}^2} + \frac{l_2 H_{(i)}^5}{34560 \times R_{(i)}^4}$$

缓和曲线切垂距：

$$P_1 m_{(i)} = l_1 H_{(i)}^2 / (24 \times R_{(i)}) - l_1 H_{(i)}^4 / (2688 \times R_{(i)}^3)$$

$$P_2 m_{(i)} = \frac{l_2 H_{(i)}^2}{24 \times R_{(i)}} - \frac{l_2 H_{(i)}^4}{2688 \times R_{(i)}^3}$$

切线长度：

$$T_1 T_{(i)} = \frac{R_{(i)} + P_2 m_{(i)}}{\sin(a_{(i)})} - \frac{R_{(i)} + P_1 m_{(i)}}{\tan(a_{(i)})} + m_1 m_{(i)}$$

$$T_2 T_{(i)} = \frac{R_{(i)} + P_1 m_{(i)}}{\sin(a_{(i)})} - \frac{R_{(i)} + P_2 m_{(i)}}{\tan(a_{(i)})} + m_2 m_{(i)}$$

曲线全长：

$$L_{(i)} = a_{(i)} \times R_{(i)} + \frac{l_1 H_{(i)}}{2} + \frac{l_2 H_{(i)}}{2}$$

每个曲线的 ZH、HZ 点坐标根据公式（2-5）得：

$$XZH_{(i)} = XXJD_{(i)} + (LJD_{(i)} - T_1 T_{(i)}) \times \cos(AFJ_{(i)})$$

$$YZH_{(i)} = YYJD_{(i)} + (LJD_{(i)} - T_1 T_{(i)}) \times \sin(AFJ_{(i)})$$

$$XHZ_{(i)} = XXJD_{(i)} + T_2 T_{(i)} \times \cos(AFJ_{(i+1)})$$

$$YHZ_{(i)} = YYJD_{(i)} + T_2 T_{(i)} \times \sin(AFJ_{(i+1)})$$

夹直线长度：

$$LJ_{(i)} = LJD_{(i)} - T_2 T_{(i-1)} - T_1 T_{(i)}$$

曲线起点里程：

$$QDLS_{(i)} = ZDLS_{(i-1)} + LJ_{(i)}$$

曲线终点里程：

$$ZDLS_{(i)} = QDLS_{(i)} + L_{(i)}$$

式中：$l_1 H_{(i)}$ ——第一缓和曲线；

$l_2 H_{(i)}$ ——第二缓和曲线。

【例 2-7】

已知：JD 坐标、缓长 l_0、半径 R，如表 2-18 所示。

求：曲线要素和 ZH、HZ 坐标和导线长度。

【解】

根据点间距公式（1-1），曲线 ZH 坐标公式（2-5）公式计算而得，如表 2-19 所示曲线要素，表 2-20 所示 ZH、HZ 坐标和导线长度。

表 2-18 JD 坐标、缓长 l_0、半径 R

序号	JD 横坐标/m	JD 纵坐标/m	第一缓长 l_{01}/m	第二缓长 l_{02}/m	半径 R/m
1	2759110.259	502061.1038	140	130	600
2	2758709.39	501535.1716			
3	2758145.552	501861.3774			

表 2-19 曲线要素

ZH 里程/km	HZ 里程/km	曲线全长 L/m	始切线 T_1/m	终切线 T_2/m	曲线偏角（右）
0.061929881	1.063343744	1001.413862	599.3573414	594.576391	82°44′11.15″

表 2-20 ZH、HZ 坐标和导线长度

ZH 横坐标/m	ZH 纵坐标/m	HZ 横坐标/m	HZ 纵坐标/m	导线长度/m
2759072.717	502011.85	2758194.738	501832.921	661.287
2758145.552	501861.3774	2758145.552	501861.3774	651.401

2.3.4 线路中心线的坐标公式

已知：各曲线始切线的方位角 $AFJ_{(i)}$ 和 ZH 点的绝对坐标 $x_{ZH(i)}$、$y_{ZH(i)}$。

求：线路中心线任意一点 j 的绝对坐标。

计算过程如下：

以 JD_1 为相对里程 0，根据公式（2-1a）~ 公式（2-1e），首先求得以点 j 统一里程 $S_{(j)}$ 换算为单曲线相对里程在独立坐标系下的坐标 $x_{(j)}$ 和 $y_{(j)}$，单曲线里程范围为 $L_{ZH(i)}$ ~ $L_{ZH(i+1)}$（本曲线 ZH 点里程至下曲线 ZH 点里程）。

根据该曲线偏角 $\alpha_{(i)} = AFJ_{(i+1)} - AFJ_{(i)}$，判定左转还是右转曲线，将 $LS_{(j)}$ 换算为单曲线独立坐标系里程 $S = LS_{(j)} - LZH_{(i)}$（单曲线里程范围为 $L_{ZH(i)}$ ~ $L_{ZH(i+1)}$），通过单曲线独立坐标公式（2-1a）~ 公式（2-1e）计算坐标。

通过坐标平移 $x_{ZH(i)}$、$y_{ZH(i)}$ 和旋转 $AFJ_{(i-1)}$，根据线路中心线坐标公式（2-6）得

$$\left.\begin{array}{l} x_{A(j)} = x_{ZH(i)} + x_{(j)} \times \cos(AFJ_{(i-1)}) - y_{(j)} \times \sin(AFJ_{(i-1)}) \\ y_{A(j)} = y_{ZH(i)} + y_{(j)} \times \cos(AFJ_{(i-1)}) + x_{(j)} \times \sin(AFJ_{(i-1)}) \end{array}\right\} \quad (2\text{-}11)$$

【例 2-8】

已知：JD 点坐标、始切线方位角及曲线要素如表 2-21 所示。

求：线路中心线上各点的里程。

表 2-21 JD 点坐标、切线方位角及曲线要素

JD 号	JD 横坐标/m	JD 纵坐标/m	切线方位角/rad	切线方位角（DMS）	ZH 横坐标/m	ZH 纵坐标/m
1	2759110.259	502061.1038	4.061121057	232°41′16.35″	2759072.717	502011.85
2	2758709.39	501535.1716	2.617097953	149°56′55.2″	2758145.552	501861.3774
3	2758145.552	501861.3774				

注：JD_1 的相对里程为 0。

【解】

根据线路中心线坐标公式（2-11）得，线路中心线上各点的里程如表 2-22 所示。

表 2-22 线路中心线上各点的里程

桩号	设计相对里程/m	设计横坐标/m	设计纵坐标/m	线形	切线方位角/rad
1	0	2759110.259	502061.1038	直线	4.061121057
2	60.01987519	2759073.875	502013.369	直线	4.061121057
3	79.53711773	2759062.035	501997.8532	始缓 1	4.059275731

续表

桩号	设计相对里程/m	设计横坐标/m	设计纵坐标/m	线形	切线方位角/rad
4	100.0296867	2759049.534	501981.6154	始缓1	4.052480609
5	180.0205783	2758998.583	501919.9751	始缓1	3.978112648
6	200.0153367	2758984.967	501905.3337	始缓1	3.947623479
7	220.0200764	2758970.879	501891.1327	圆曲1	3.914304065
8	240.014942	2758956.332	501877.4158	圆曲1	3.880979289
9	380.0298286	2758842.856	501795.9391	圆曲1	3.647621145
10	400.0511228	2758825.185	501786.5286	圆曲1	3.614252321
11	920.1293707	2758321.624	501766.7481	圆曲1	2.747455241
12	940.1440438	2758303.276	501774.7402	终缓1	2.714393889
13	960.1420516	2758285.201	501783.2964	终缓1	2.685370961
14	1060.147957	2758197.504	501831.3207	终缓1	2.617163421
15	1080.160959	2758180.181	501841.3427	直线	2.617097953
16	1100.152821	2758162.877	501851.3541	直线	2.617097953

2.3.5 绝对坐标系下的点到线路中心距离计算

已知：n 个导线交点坐标 $XXJD_{(i)}$、$YYJD_{(i)}$、$n-2$ 个曲线要素的缓和曲线长 $l_1H_{(i)}$、$l_2H_{(i)}$、半径 $R_{(i)}$、线路中心线外 j 点的坐标 $x_{(j)}$ 和 $y_{(j)}$。

求：线路中心线外 j 点至线路中心线的距离 $d_{(j)}$。

（1）计算 j 点里程 $LS_{(j)}$ 绝对坐标系的线路中心线的坐标为

$$\left.\begin{array}{l} x_{A(j)} = x_{ZH(i)} + x_{(j)} \times \cos(AFJ_{(i-1)}) + y_{(j)} \times \sin(AFJ_{(i-1)}) \\ y_{A(j)} = y_{ZH(i)} + y_{(j)} \times \cos(AFJ_{(i-1)}) - x_{(j)} \times \sin(AFJ_{(i-1)}) \end{array}\right\}$$

（2）建立流动坐标系，点至线路中心线的距离为：

先平移，既有测点坐标 $JXX_{(j)}$、$JYY_{(j)}$，后旋转 $AFJ_{(i)} + By$，By 为单曲线独立坐标系方程下计算点切线方位角值，绝对坐标系线路中心线坐标 $x_{A(j)}$、$y_{A(j)}$，交点坐标 $XJD_{(1)}$、$YJD_{(1)}$，最终绝对坐标系下的坐标：

$$\left.\begin{array}{l} x_{aa(j)} = (JXX_{(j)} - x_{A(j)}) \times \cos(AFJ_{(j)} + By) + (JYY_{(j)} - y_{A(j)}) \times \sin(AFJ_{(i)} + By) \\ y_{aa(j)} = (JYY_{(j)} - y_{A(j)}) \times \cos(AFJ_{(j)} + By) - (JXX_{(j)} - x_{A(j)}) \times \sin(AFJ_{(i)} + By) \end{array}\right\} \quad (2\text{-}12)$$

j 点里程 $LS_{(j)}$ 通过计算机程序迭代计算而得，当 $x_{aa(j)} = 0$ 时，点至线路中心线距离为 $y_{aa(j)}$。

$AFJ_{(j)}$ 为曲线始切线在绝对坐标系下的方位角,如图 2-38 所示,其他同相对坐标系连续曲线中心线坐标计算方法一致。

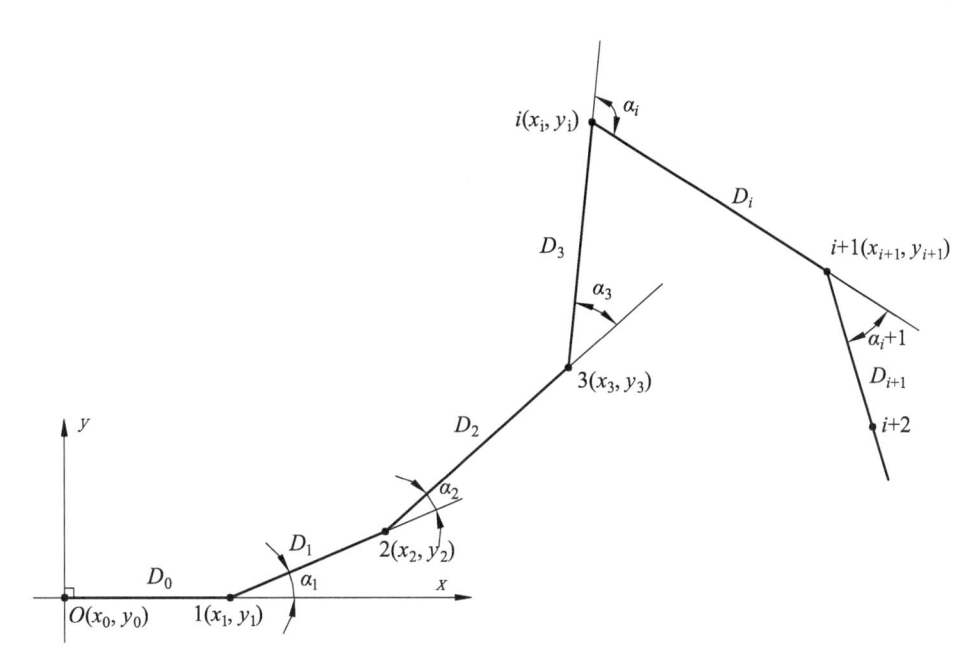

图 2-38 绝对坐标系下切线方位角

【例 2-9】

已知:线路中心外测点实测坐标、JD 点坐标及曲线要素如表 2-23、表 2-24 所示。

求:线路中心线外任意点至线路中心线的距离。

表 2-23 JD 点坐标及曲线要素

序号	JD 横坐标/m	JD 纵坐标/m	第一缓长 l_{01}/m	第二缓长 l_{02}/m	半径 R/m
1	5001882.59	402991.848	0	120	201.627
2	5001804.038	402895.7726	40	30	550
3	5001414.835	402880.2716	80	100	720
4	5001000.573	402750.9507	60	30	1008
5	5000384.246	402659.2268			
6	4999756.424	402452.0302			

注:JD_1 为 0 里程。

【解】

根据点至曲线距离绝对坐标系下线路中心线坐标计算公式(2-11)和公式(2-12)得,线路中心线外任意点至线路中心线的距离如表 2-24 所示。

表 2-24　线路中心线外任意点至线路中心线的距离

桩号	设计相对里程/m	点至线路距离/mm	实测横坐标/m	实测纵坐标/m	设计横坐标/m	设计纵坐标/m	线形	切线方位角/rad
1	0.000	0	5001882.59	402991.848	5001882.59	402991.848	直线	4.027003
2	29.433	0	5001863.96	402969.062	5001863.96	402969.062	圆曲1	4.026926
3	33.669	7.8	5001861.25	402965.806	5001861.244	402965.811	圆曲1	4.005916
4	43.663	58.9	5001854.614	402958.333	5001854.571	402958.3728	圆曲1	3.956348
5	123.600	−1	5001789.777	402912.456	5001789.777	402912.4552	圆曲1	3.559891
6	133.592	44.2	5001780.566	402908.583	5001780.55	402908.6242	圆曲1	3.510333
7	143.585	35	5001771.151	402905.221	5001771.14	402905.2543	终缓1	3.46105
8	233.559	−19.2	5001682.568	402891.08	5001682.569	402891.0609	终缓1	3.195752
9	243.564	−22.2	5001672.576	402890.589	5001672.577	402890.5669	终缓1	3.186923
10	263.562	−0.1	5001652.596	402889.741	5001652.596	402889.741	直线	3.181399
11	392.483	−19.7	5001523.776	402884.63	5001523.777	402884.6105	直线	3.181399
12	400.234	−0.1	5001516.032	402884.302	5001516.032	402884.302	直线	3.181399
13	410.168	−0.4	5001506.106	402883.907	5001506.106	402883.9067	始缓2	3.181429
14	440.234	−10.2	5001476.074	402882.49	5001476.075	402882.48	始缓2	3.203546
15	450.136	−30.1	5001466.194	402881.82	5001466.196	402881.7901	圆曲2	3.219797
16	460.068	−25.4	5001456.3	402880.95	5001456.302	402880.9248	圆曲2	3.237855
17	549.758	7.7	5001368.126	402865.072	5001368.124	402865.0794	圆曲2	3.400928
18	559.659	11	5001358.581	402862.444	5001358.578	402862.4546	终缓2	3.418892
19	569.803	15.8	5001348.848	402859.586	5001348.843	402859.6011	终缓2	3.433533
20	579.598	10.4	5001339.479	402856.729	5001339.476	402856.7389	终缓2	3.441752
21	589.633	24.6	5001329.902	402853.732	5001329.895	402853.7555	直线	3.444178
22	825.391	−0.1	5001104.847	402783.502	5001104.847	402783.502	直线	3.444178
23	835.392	21.8	5001095.307	402780.501	5001095.3	402780.5219	直线	3.444178
24	845.354	31.1	5001085.8	402777.525	5001085.791	402777.5547	始缓3	3.443629
25	905.333	−34.9	5001028.268	402760.583	5001028.277	402760.5494	始缓3	3.404114
26	915.297	110.4	5001018.666	402757.916	5001018.639	402758.0229	始缓3	3.3915
27	925.268	123.1	5001008.99	402755.504	5001008.961	402755.6237	圆曲3	3.37769
28	935.271	1.5	5000999.22	402753.35	5000999.22	402753.3515	圆曲3	3.363797
29	945.295	−67.6	5000989.413	402751.276	5000989.427	402751.2099	终缓3	3.35016
30	955.173	27	5000979.756	402749.198	5000979.751	402749.2245	终缓3	3.337998
31	1035.237	−42.6	5000900.772	402736.141	5000900.778	402736.099	终缓3	3.289424
32	1045.235	−27.3	5000890.885	402734.654	5000890.889	402734.6271	直线	3.289332
33	1430.295	−13.7	5000510.022	402677.959	5000510.024	402677.9455	直线	3.289332

续表

桩号	设计相对里程/m	点至线路距离/mm	实测横坐标/m	实测纵坐标/m	设计横坐标/m	设计纵坐标/m	线形	切线方位角/rad
34	1440.272	12.1	5000500.158	402676.465	5000500.156	402676.477	直线	3.289332
35	1450.248	33.1	5000490.294	402674.974	5000490.289	402675.0068	始缓4	3.289937
36	1460.260	39.6	5000480.394	402673.478	5000480.388	402673.5172	始缓4	3.292182
37	1490.260	5.7	5000450.762	402668.801	5000450.761	402668.8066	始缓4	3.308832
38	1500.172	13.2	5000440.996	402667.102	5000440.994	402667.115	始缓4	3.317605
39	1510.169	6	5000431.161	402665.31	5000431.16	402665.3159	圆曲4	3.327504
40	1520.145	−1.7	5000421.365	402663.425	5000421.365	402663.4235	圆曲4	3.3374
41	1609.902	38	5000334.228	402642.03	5000334.217	402642.0664	圆曲4	3.426444
42	1619.917	39.9	5000324.631	402639.166	5000324.619	402639.2042	圆曲4	3.43638
43	1629.961	10.8	5000315.027	402636.228	5000315.024	402636.2383	终缓4	3.446332
44	1639.898	−3.7	5000305.556	402633.22	5000305.557	402633.2165	终缓4	3.454272
45	1649.873	−32.3	5000296.064	402630.154	5000296.074	402630.1234	终缓4	3.458957
46	1659.846	−41.3	5000286.589	402627.041	5000286.602	402627.0019	直线	3.460362
47	1669.862	−37	5000277.079	402623.898	5000277.091	402623.8629	直线	3.460362
48	1679.807	−39	5000267.634	402620.783	5000267.646	402620.746	直线	3.460362
49	1730.944	0	5000219.086	402604.72	5000219.086	402604.72	直线	3.460362
50	2163.406	0	4999808.41	402469.187	4999808.41	402469.187	直线	3.460362

注：交点 JD_1 点为线路中心线起点相对里程0。

2.3.6 绝对坐标系下线路边桩坐标计算

已知：单曲线独立坐标系线路中心线上某点 j 的切线方位角 $\beta_{(j)}$，$AFJ_{(i)}$ 为始切线方位角，在绝对坐标系下，点 j 的坐标 $x_{A(j)}$、$y_{A(j)}$，线路中心线左边距为 YDZ，右侧桩边距为 YDY。

求：线路中心线上某点 j 的左右边桩绝对坐标。

根据左右边桩计算公式（1-37）计算线路中心的左右两侧的边桩坐标，如图 2-39，方法如下：

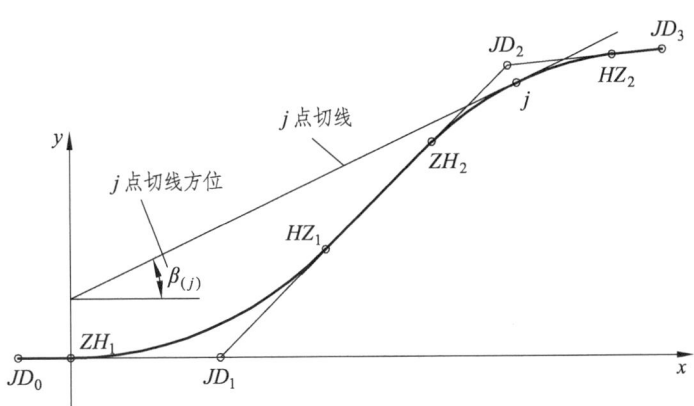

图 2-39 相对坐标系下 j 点切线及其方位角

（1）左边桩坐标公式：

$$\left.\begin{array}{l}x_{ZA(j)} = x_{A(j)} - y_{DZ} \times \sin(AFJ_{(i)} + \beta_{(j)}) \\ Y_{ZA(j)} = y_{A(j)} + y_{DZ} \times \cos(AFJ_{(i)} + \beta_{(j)})\end{array}\right\} \quad （2\text{-}13\text{a}）$$

（2）右边桩坐标公式：

$$\left.\begin{array}{l}x_{YA(j)} = x_{A(j)} + y_{DY} \times \sin(AFJ_{(i)} + \beta_{(j)}) \\ y_{YA(j)} = y_{A(j)} - y_{DY} \times \cos(AFJ_{(i)} + \beta_{(j)})\end{array}\right\} \quad （2\text{-}13\text{b}）$$

【例 2-10】

已知：单曲线独立坐标系线路中心线上某点 j 的切线方位角 $\beta_{(j)}$，$AFJ_{(i)}$ 为始切线方位角，在绝对坐标系下，点 j 的坐标 $x_{A(j)}$、$y_{A(j)}$，线路中心线左边距为 YDZ，右侧桩边距为 YDY，如表 2-25 所示。

求：线路中心线上某点 j 线路中心线及左右边桩绝对坐标。

表 2-25 已知线路参数

序号	曲线半径 R/m	始缓长 l_{01}/m	终缓长 l_{01}/m	JD 横坐标 /m	JD 纵坐标 /m	线路相对里程/m	左边距/m	右边距/m
1	600	140	140	0	0	0	0.11	0.11
2				160.8319	0.0000	20.0000	0.11	0.11
3				314.4841	47.5176	139.3200	0.11	0.11
4						172.1200	0.11	0.11
5						200	0.11	0.11
6						250	0.11	0.11
7						300	0.11	0.11

【解】

根据边桩坐标公式（2-13a）、公式（2-13b）得，线路中心线上某点 j 的坐标及左右边桩坐标如表 2-26 所示。

表 2-26 线路中心线上某点 j 的左右边桩坐标

桩号	线路设计里程/m	设计线路横坐标/m	设计线路纵坐标/m	左边桩 x 坐标/m	左边桩 y 坐标/m	右边桩 x 坐标/m	右边桩 y 坐标/m	计算点方位角/rad
1	0	0	0	0	0.11	0	−0.11	0
2	20	20	0.0159	19.9997	0.1259	20.0003	−0.0941	0.002380952
3	139.32	139.1341	5.3604	139.1215	5.4696	139.1468	5.2511	0.115536086
4	172.12	171.5959	10.0299	171.5773	10.1383	171.6146	9.9215	0.1702
5	200	198.9534	12.103	198.93	12.2105	198.9768	11.9955	0.214274988
6	250	247.457	26.8512	247.4276	26.9572	247.4864	26.7452	0.270795821
7	300	295.4153	41.6219	295.383	41.7271	295.4475	41.5167	0.29755475

2.3.7 绝对坐标系下利用三角函数计算边桩坐标

已知：线路中心线某点 C 的坐标 x_C、y_C、切方位角 β 和边桩 D 点距离线路中心线 d。
求：边桩 D 点的坐标。

D 点位于直线 AB 的左侧：

$$\left. \begin{array}{l} x_D = x_C - d \times \sin\beta \\ y_D = y_C + d \times \cos\beta \end{array} \right\} \quad (2\text{-}14\text{a})$$

D 点位于直线 AB 的右侧：

$$\left. \begin{array}{l} x_D = x_C + d \times \sin\beta \\ y_D = y_C - d \times \cos\beta \end{array} \right\} \quad (2\text{-}14\text{b})$$

【例 2-11】
已知：线路中心线坐标、切线方位角和左右边距 $d = 0.11$ m，如表 2-27 所示。
求：线路中心线 4# 计算点对应的边桩坐标。

表 2-27 已知数据

桩号	设计线路横坐标 x_C/m	设计线路纵坐标 y_C/m	计算点方位角 β/rad
1	0	0	0
2	20	0.0159	0.002380952
3	139.1341	5.3604	0.115536086
4	171.5959	10.0299	0.1702
5	198.9534	12.103	0.214274988
6	247.457	26.8512	0.270795821
7	295.4153	41.6219	0.29755475

【解】
以第 4 桩号为例，根据公式（2-14a）、公式（2-14b），计算如下：
D 点位于直线 AB 的左侧：

$$\left. \begin{array}{l} x_D = x_C - d \times \sin\beta = 171.5772683 \\ y_D = y_C + d \times \cos\beta = 10.1383106 \end{array} \right\}$$

D 点位于直线 AB 的右侧：

$$\left. \begin{array}{l} x_D = x_C + d \times \sin\beta = 171.6145317 \\ y_D = y_C - d \times \cos\beta = 9.9214894 \end{array} \right\}$$

2.4 复曲线方程的推导和计算

常见的复曲线大都是由两圆曲线组成，两圆曲线之间未设置中间缓和曲线[7]，但是我国北方和西南地区还存在不少中间缓和曲线的复曲线，本节全面介绍这两类不同复曲线相关计算。

2.4.1 无中间缓和曲线的复曲线建立统一方程

首先以双心复曲为例推导复曲线方程建立过程，根据复曲线线元的划分，分为始切线、第一缓和曲线、第一圆曲线、第二圆曲线、第二缓和曲线和终切线共 6 段；以各线元在线路平面的位置，又可分为始切线、第一缓和曲线、圆曲线、第二缓和曲线、终切线五段线型。为反映线路曲线在平面中形状及位置，就必须建立一个能准确表达曲线平面位置的数学计算模式，同时要求能适应计算机编写程序所需稳定可靠的计算流程。

现提出建立以第一缓和曲线 ZH 点为原点，始切线为横轴的坐标系，推导并建立统一的铁路线路相对坐标系。相对里程 S 为自变量，曲线始点处里程取值为 0，即 $ZH_1(ZY_1) = 0$，向始切线方向为负值 $-\infty$，终切线方向为里程递增加方向，则 $H_1Y_1 = l_{01}$，$Y_1Y_2 = \frac{l_{01}}{2} + \alpha_1 R_1$，$Y_2H_2 = R_1\alpha_1 + \frac{l_{01}}{2} + R_2\alpha_2 - \frac{l_{02}}{2}$，$H_2Z = R_1\alpha_1 + \frac{l_{01}}{2} + R_2\alpha_2 + \frac{l_{02}}{2}$。式中，第一圆转角为 α_1，第二圆转角为 α_2，第一缓和曲线长为 l_{01}，第二缓和曲线长为 l_{02}，第一圆曲线半径为 R_1，第二圆曲线半径为 R_2，如图 2-40 所示。

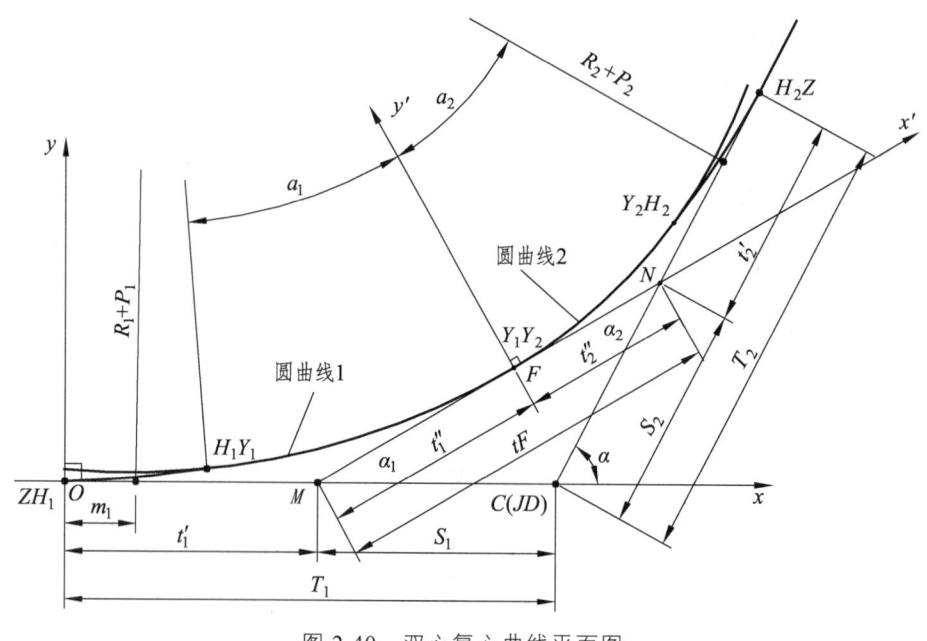

图 2-40 双心复心曲线平面图

1. 复曲线曲线要素计算公式[8]

曲线总转角：$\alpha_总 = \alpha_1 + \alpha_2$

某测点切线方位角：β_i

缓和曲线内移距：

$$P_1 = \frac{l_{01}^2}{24 \times R_1} - \frac{l_{01}^4}{2688 \times R_1^3}, \quad P_2 = \frac{l_{02}^2}{24 \times R_2} - \frac{l_{02}^4}{2688 \times R_2^3}$$

缓和曲线切垂距：

$$m_1 = \frac{l_{01}}{2} - \frac{l_{01}^3}{240 \times R_1^2} + \frac{l_{01}^5}{34560 \times R_1^4}$$

$$m_2 = \frac{l_{02}}{2} - \frac{l_{02}^3}{240 \times R_2^2} + \frac{l_{02}^5}{34560 \times R_2^4}$$

第一曲线全长：$L_y = \alpha_1 R_1 + \dfrac{l_{01}}{2}$，第二曲线全长：$L_e = \alpha_2 R_2 + \dfrac{l_{02}}{2}$，则曲线全长：

$$L = L_y + L_e = \alpha_1 R_1 + \frac{l_{01}}{2} + \alpha_2 R_2 + \frac{l_{02}}{2}$$

根据复曲线平面几何关系，切线计算以分为以下几种类型：

（1）当 $\alpha_{总} < 180°$ 时：

$$t_1' = (R_1 + P_1)\tan\left(\frac{\alpha_1}{2}\right) - \frac{P_1}{\sin \alpha_1} + m_1, \quad t_1'' = (R_1 + P_1)\tan\left(\frac{\alpha_1}{2}\right) - \frac{P_1}{\tan \alpha_1}$$

$$t_2' = (R_2 + P_2)\tan\left(\frac{\alpha_2}{2}\right) - \frac{P_2}{\sin \alpha_2} + m_2, \quad t_2'' = (R_2 + P_2)\tan\left(\frac{\alpha_2}{2}\right) - \frac{P_2}{\tan \alpha_2}$$

$$tF = t_1'' + t_2''$$

$$S_1 = tF \times \frac{\sin \alpha_2}{\sin(180° - \alpha_{总})}, \quad S_2 = tF \times \frac{\sin \alpha_1}{\sin(180° - \alpha_{总})}$$

曲线切线长度：

$$T_1 = t_1' + S_1 = (R_1 + P_1)\tan\left(\frac{\alpha_2}{2}\right) - \frac{P_1}{\sin \alpha_1} + m_1 + tF \times \frac{\sin \alpha_2}{\sin(180° - \alpha_{总})}$$

$$T_2 = t_2' + S_2 = (R_2 + P_2)\tan\left(\frac{\alpha_2}{2}\right) - \frac{P_2}{\sin \alpha_2} + m_2 + tF \times \frac{\sin \alpha_1}{\sin(180° - \alpha_{总})}$$

$$L = R_1 \alpha_1 + \frac{l_{01}}{2} + R_2 \alpha_2 + \frac{l_{02}}{2}$$

（2）当 $\alpha_{总} > 180°, \alpha_1 < 180°, \alpha_2 < 180°$ 时：

$$t_1' = (R_1 + P_1)\tan\left(\frac{\alpha_1}{2}\right) - \frac{P_1}{\sin(\alpha_1)} + m_1, \quad t_1'' = (R_1 + P_1)\tan\left(\frac{\alpha_1}{2}\right) - \frac{P_1}{\tan(\alpha_1)}$$

$$t_2' = (R_2 + P_2)\tan\left(\frac{\alpha_2}{2}\right) - \frac{P_1}{\sin(\alpha_1)} + m_2, \quad t_2'' = (R_2 + P_2)\tan\left(\frac{\alpha_2}{2}\right) - \frac{P_2}{\tan(\alpha_2)}$$

$$tP = t_1'' + t_2''$$

$$S_1 = tP \times \frac{\sin(180° - \alpha_2)}{\sin(\alpha_{总} - 180°)}, \quad S_2 = tP \times \frac{\sin(180° - \alpha_1)}{\sin(\alpha_{总} - 180°)}$$

曲线切线长度：

$$T_1 = S_1 - t_1' = tP \times \frac{\sin \alpha_2}{\sin(180° - \alpha_{总})} - \left[(R_1 + P_1)\tan\left(\frac{\alpha_2}{2}\right) - \frac{P_1}{\sin \alpha_1} + m_1\right]$$

$$T_2 = S_2 - t_2' = tP \times \frac{\sin \alpha_1}{\sin(180° - \alpha_{总})} - \left[(R_2 + P_2)\tan\left(\frac{\alpha_2}{2}\right) - \frac{P_2}{\sin \alpha_2} + m_2\right]$$

（3）当 $\alpha_{总} > 180°, \alpha_1 > 180°$ 时：

$$t_1' = (R_1 + P_1)\tan\left(\frac{360° - \alpha_1}{2}\right) - \frac{P_1}{\sin(360° - \alpha_1)} + m_1$$

$$t_1' = (R_1 + P_1)\tan\left(\frac{360° - \alpha_1}{2}\right) - \frac{P_1}{\tan(360° - \alpha_1)}$$

$$t_2' = (R_2 + P_2)\tan\left(\frac{\alpha_2}{2}\right) - \frac{P_2}{\sin(\alpha_2)} + m_2, \quad t_2'' = (R_2 + P_2)\tan\left(\frac{\alpha_2}{2}\right) - \frac{P_2}{\tan(\alpha_2)}$$

$$tP = t_1'' + t_2''$$

$$S_1 = tP \times \frac{\sin(\alpha_2)}{\sin(360° - \alpha_{总})}, \quad S_2 = tP \times \frac{\sin(\alpha_1 - 180°)}{\sin(360° - \alpha_{总})}$$

曲线切线长度：

$$T_1 = t_1' - S_1 = (R_1 + P_1)\tan\left(\frac{360° - \alpha_1}{2}\right) - \frac{P_1}{\sin(360° - \alpha_1)} + m_1 - \left[tP \times \frac{\sin \alpha_2}{\sin(360° - \alpha_{总})}\right]$$

$$T_2 = t_2' - S_2 = (R_2 + P_2)\tan\left(\frac{\alpha_2}{2}\right) - \frac{P_2}{\sin(\alpha_2)} + m_2 - \left[tP \times \frac{\sin(\alpha_1 - 180°)}{\sin(360° - \alpha_{总})}\right]$$

（4）当 $\alpha_{总} > 180°, \alpha_2 > 180°$ 时：

$$t_1' = (R_1 + P_1)\tan\left(\frac{\alpha_1}{2}\right) - \frac{P_1}{\sin(\alpha_1)} + m_1, \quad t_1'' = (R_1 + P_1)\tan\left(\frac{\alpha_1}{2}\right) + \frac{P_1}{\tan(\alpha_1)}$$

$$t_2' = (R_2 + P_2)\tan\left(\frac{360° - \alpha_2}{2}\right) - \frac{P_2}{\sin(360° - \alpha_2)} + m_2$$

$$t_2'' = (R_2 + P_2)\tan\left(\frac{360° - \alpha_2}{2}\right) + \frac{P_2}{\tan(360° - \alpha_2)}$$

$$tP = t_2'' - t_1''$$

$$S_1 = tP \times \frac{\sin(\alpha_2 - 180°)}{\sin(360° - \alpha_{总})}, \quad S_2 = tP \times \frac{\sin(\alpha_1)}{\sin(360° - \alpha_{总})}$$

曲线切线长度：

$$T_1 = S_1 - t_1' = tP \times \frac{\sin(\alpha_2 - 180°)}{\sin(360° - \alpha_{总})} - \left[(R_1 + P_1)\tan\left(\frac{\alpha_1}{2}\right) - \frac{P_1}{\sin\alpha_1} + m_1\right]$$

$$T_2 = S_2 - t_2' = tP \times \frac{\sin(\alpha_1)}{\sin(360° - \alpha_{总})} - \left[(R_2 + P_2)\tan\left(\frac{360° - \alpha_2}{2}\right) - \frac{P_2}{\sin(360° - \alpha_2)} + m_2\right]$$

2. 无中间缓和曲线的双心复曲线方程

无中间缓和曲线的复曲线，实际上就是两个单曲线组合而成，相邻曲线间夹直线长度为 0，根据单曲线独立坐标方程公式（2-1a）～公式（2-1e），推导出复曲线方程，不同之处是中间有两个圆，两圆连接处为共用切线，如图 2-41 所示，实际上单曲线是复曲线的一种特例，故计算方法相似。

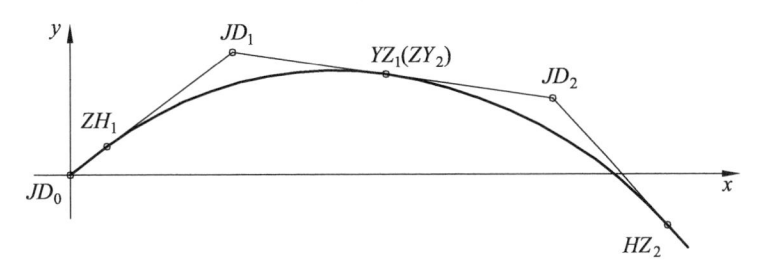

图 2-41　双心复曲线平面几何关系图

第一曲线全长：$L_y = \alpha_1 R_1 + \frac{l_{01}}{2}$，第二曲线全长：$L_e = \alpha_2 R_2 + \frac{l_{02}}{2}$。

曲线全长：

$$L = L_y + L_e = \alpha_1 R_1 + \frac{l_{01}}{2} + \alpha_2 R_2 + \frac{l_{02}}{2}$$

切线 T_1、T_2 长度计算如第 2.4.1 节介绍的公式计算。

（1）第一段方程：$-\infty \sim ZH_1$（第一切线，S 取值范围：$-\infty \sim 0$，以下同）。

$$\left.\begin{array}{l} x = S \\ y = 0 \\ \beta = 0 \end{array}\right\} \quad （2\text{-}15a）$$

（2）第二段方程：$ZH_1 \sim H_1Y_1$（第一缓和曲线）。

$$\left.\begin{array}{l} x = S - \dfrac{S^5}{40 \times R_1 \times l_{01}^{\,2}} \\ y = \dfrac{S^3}{6 \times R_1 \times l_{01}} - \dfrac{S^7}{336 \times R_1^{\,3} \times l_{01}^{\,3}} \\ \beta = \dfrac{S^2}{2 \times R_1 \times l_{01}} \end{array}\right\} \quad （2\text{-}15b）$$

（3）第三段方程：$H_1Y_1 \sim Y_1Y_2$（第 1 圆曲线）。

任意点的切线方位角，直接求导数得：

$$\beta = \frac{l_{01}^2}{2 \times l_{01} \times R_1} + \frac{(S - l_{01})^2}{R_1}$$

$$\left.\begin{aligned} x &= R_1 \times \sin\beta + m_1 \\ y &= R_1 \times (1 - \cos\beta) + P_1 \\ \beta &= \frac{l_{01}^2}{2 \times l_{01} \times R_1} + \frac{(S - l_{01})^2}{R_1} \end{aligned}\right\} \quad (2\text{-}15\text{c})$$

（4）第四段方程：$Y_1Y_2 \sim Y_2H_2$（第 2 圆曲线）。

第一圆终点切线方位角：α_1。

第一圆终点横、纵坐标：$x_p = R_1 \times \sin\alpha_1 + m_1$，$y_p = R_1 \times (1 - \cos\alpha_1) + P_1$。

以 Y_1Y_2 为原点，Y_1Y_2 点的切线建立新横坐标的坐标系，第二圆测点横、纵坐标计算如下。

第二圆某点切线方位角：$\beta = \dfrac{S - L_y}{R_2}$。

第二圆某点坐标：$x_E = R_2 \times \sin\beta$，$y_E = R_2 \times (1 - \cos\beta)$。

根据先旋转后平移坐标公式（1-35），得第 2 圆上任意点横坐标和纵坐标（向右转曲线）：

$$\left.\begin{aligned} x &= x_P + x_E \times \cos(-\alpha_1) + Y_E \times \sin(-\alpha_1) \\ y &= y_P + y_E \times \cos(-\alpha_1) - x_E \times \sin(-\alpha_1) \\ x_p &= R_1 \times \sin\alpha_1 + m_1 \\ y_E &= R_2 \times (1 - \cos\beta) \\ \beta &= \frac{S - L_y}{R_2} \end{aligned}\right\} \quad (2\text{-}15\text{d})$$

（5）第五段方程：$Y_2H_2 \sim H_2Z$（第二缓和曲线）。

$$\left.\begin{aligned} \beta &= \alpha_{总} - \frac{(L-S)^2}{2 \times l_{02} \times R_2} \\ x &= T_1 + T_2 \times \left[\frac{(L-S)^3}{6 \times R_2 \times l_{01}} - \frac{(L-S)^7}{336 \times R_2^3 \times l_{01}^3}\right] \times \sin\alpha_{总} - (L-S) \times \frac{1-(L-S)^4}{40 \times (l_{02} \times R_2)^2} \times \cos\alpha_{总} \\ y &= T_2 \times \sin\alpha_{总} - (L-S) \times \frac{1-(L-S)^4}{40 \times (l_{02} \times R_2)^2} \times \sin\alpha_{总} + \left[\frac{(L-S)^3}{6 \times R_2 \times l_{02}} - \frac{(L-S)^7}{336 \times R_2^3 \times l_{02}^3}\right] \times \cos\alpha_{总} \end{aligned}\right\} \quad (2\text{-}15\text{e})$$

（6）第六段方程：$H_2Z \sim +\infty$（第二切线，自变量 S 为从 H_2Z 点开始至计算点的线长）。

$$\left.\begin{aligned} a_{总} &= \alpha_1 + \alpha_2 \\ x &= T_1 + T_2 \times \cos\alpha_{总} + (S - L) \times \cos\alpha_{总} \\ y &= T_2 \times \sin\alpha_{总} + (S - L) \times \sin\alpha_{总} \end{aligned}\right\} \quad (2\text{-}15\text{f})$$

【例 2-12】

已知：复曲线要素如表 2-28 所示。

求：（1）复曲线切线、内移距、切垂距、曲线全长、转角；（2）复曲线线路中心线坐标。[8]

表 2-28　复曲线要素

序号	始缓长 l_{01}/m	终缓长 l_{02}/m	半径 R/m	曲全长 L/m	曲线偏角 α
1	60		450	513.515	61°33′47″
2	0	70	400	340.933	43°49′18″

【解】

（1）根据第 2.4.1 节计算得复曲线切线、内移距、切垂距、曲线全长，如表 2-29 所示。

表 2-29　复曲线切线、内移距、切垂距、曲线全长、转角

序号	曲线偏角 α	始切长 T_1/m	终切长 T_2/m	切垂距 m_1/m	切垂距 m_2/m	内移距 P_1/m	内移距 P_2/m
始曲线	61°33′47″	297.872	268.436	29.996	0	0.333	0
终曲线	43°49′18″	195.346	161.624	34.991	0		0
全曲线	105°23′5″	606.72	587.571	29.996	34.991		0.510

（2）根据复曲线独立坐标系方程公式（2-15a）～公式（2-15f）得线路中心线坐标，如表 2-30 所示。

表 2-30　复曲线线路中心线坐标

桩号	里程/m	横坐标/m	纵坐标/m	曲线桩	线型
1	−20	−20	0		始直
2	−10	−10	0		始直
3	0	0	0	ZH_1: 3+0	始直
4	10	10	0.006		始缓
5	20	20	0.049		始缓
6	50	49.989	0.771		始缓
7	60	59.973	1.333	H_1Y_1: 9+0	始缓
8	70	69.943	2.11		1 圆
9	80	79.893	3.108		1 圆
10	90	89.818	4.327		1 圆
11	480	408.657	207.197		1 圆
12	490	413.967	215.671		1 圆
13	500	419.086	224.261		1 圆
14	510	424.013	232.963	Y_1Y_2: 54+3.515	1 圆
15	520	428.741	241.774		2 圆
16	530	433.248	250.701		2 圆

续表

桩号	里程/m	横坐标/m	纵坐标/m	曲线桩	线型
17	770	469.771	484.279		2圆
18	780	468.204	494.155	Y_2H_2：81+4.448	2圆
19	790	466.391	503.989		终缓
20	800	464.353	513.779		终缓
21	840	454.654	552.581		终缓
22	850	452.018	562.227	H_2Z_2：88+4.448	终缓
23	860	449.365	571.869		终直
24	870	446.712	581.511		终直
25	880	444.059	591.152		终直

注：第1曲线线路中心线 ZH 点相对里程为0。

3. 无中间缓和曲线的多心复曲线绝对坐标系下线路中心线坐标计算公式

在绝对坐标系下，下一曲线的 ZY_2 点与上一曲线的 YZ_1 点重叠，这就是复曲线。复曲线实际上是由多个曲线首尾相连（夹直线长度为 0）的多曲线构成，除了第一个曲线始缓和曲线和最后一个曲线的缓和曲线外，其他曲线间没有缓和曲线和夹直线，本章节就研究这种类型的复曲线，在相对或绝对坐标系下，均可建立曲线坐标方程，公式与公式（2-15a）~公式（2-15e）一致，介绍如下。

（1）求各曲线的 ZH(ZY) 点坐标。

曲线的 ZH 横坐标 = 上导线交点的坐标 +（导线长度-本曲线始切线长）× 切线方位角的余弦：

$$x_{ZH(i)} = x_{JD(i-1)} + (LJD_{(i)} - T_{(i)}) \times \cos(AFJ_{(i)})$$

同理可得

$$y_{ZH(i)} = y_{JD(i-1)} + (LJD_{(i)} - T_{(i)}) \times \sin(AFJ_{(i)})$$

其中始切线长度 $T_{(0)} = 0$，$L_{JD(i)}$ 为导线长度，$T_{(i)}$ 为本曲线切线长度。

$ZH_{(i)}$ 点的统一里程：$LZH_{(i)} = LYZ_{(i-1)} + LJ_{(i)}$，$LJ$ 为夹直线长度，$LYZ_{(i-1)}$ 为上一曲线 ZH 点里程。

（2）线路中心线的坐标。

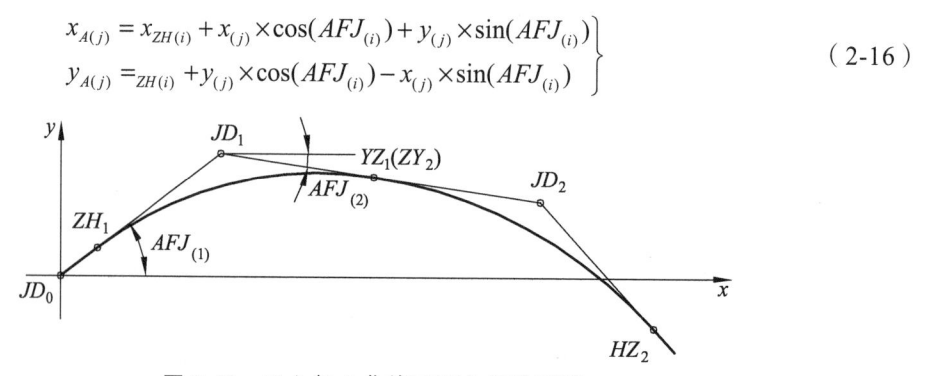

$$\left.\begin{aligned} x_{A(j)} &= x_{ZH(i)} + x_{(j)} \times \cos(AFJ_{(i)}) + y_{(j)} \times \sin(AFJ_{(i)}) \\ y_{A(j)} &= y_{ZH(i)} + y_{(j)} \times \cos(AFJ_{(i)}) - x_{(j)} \times \sin(AFJ_{(i)}) \end{aligned}\right\} \quad (2\text{-}16)$$

图 2-42 双心复心曲线平面几何关系图

说明：复曲线统一里程，单曲线根据公式（2-1a）~公式（2-1e）求得以点 i 统一里程 $LS_{(i)}$，换算为单曲线独立坐标系下的坐标 $x_{(i)}$ 和 $y_{(i)}$，单曲线里程范围为 $L_{ZH(i)} \sim L_{ZH(i+1)}$（本曲线 ZH 点里程至下曲线 ZH 点里程），$AFJ_{(i)}$ 为单曲线始切线的方位角。

4. 无中间缓和曲线的多心复曲线边桩坐标计算公式

同理，与连续曲线的边桩计算公式（2-7a）、公式（2-7b）一致，在绝对坐标系下，点 j 的坐标 $x_{A(j)}$、$y_{A(j)}$，$\beta_{(j)}$ 为单曲线独立坐标系线路中心线任意点 j 的切线方位角，线路中心线坐标计算公式（2-16），$AFJ_{(i)}$ 为曲线始切线的方位角，推导过程不再介绍，线路中心线边桩坐标计算公式如下：

左边桩坐标公式：

$$\left. \begin{array}{l} x_{ZA(j)} = x_{A(j)} - y_{DZ} \times \sin(AFJ_{(i-1)} + \beta_{(j)}) \\ y_{ZA(j)} = y_{A(j)} + y_{DZ} \times \cos(AFJ_{(i-1)} + \beta_{(j)}) \end{array} \right\} \quad （2\text{-}17\text{a}）$$

右边桩坐标公式：

$$\left. \begin{array}{l} x_{YA(j)} = x_{A(j)} + y_{DY} \times \sin(AFJ_{(i-1)} + \beta_{(j)}) \\ y_{YA(j)} = y_{A(j)} - y_{DY} \times \sin(AFJ_{(i-1)} + \beta_{(j)}) \end{array} \right\} \quad （2\text{-}17\text{b}）$$

【例 2-13】

已知：复曲线要素和交点 JD 坐标如表 2-31 所示，左右边距为 0.750 m。

求：（1）里程、导线长度、曲线起终点里程；（2）线路曲线要素；（3）线路曲线偏角；（4）复曲线线路中心线和边桩坐标。

表 2-31 复曲线要素和交点 JD 坐标

曲线半径 R/m	第一缓长 l_{01}/m	第二缓长 l_{02}/m	JD 横坐标/m	JD 纵坐标/m
1227.6	110	0	493955.2814	3820012.627
1129.6	0	160	492942.8172	3818805.071
			492830.171	3818327.731
			493078.8762	3816093.185

【解】

根据线路中心线坐标公式（2-16）、边桩坐标公式（2-17a）、公式（2-17b），通过计算机程序计算成果如下：

（1）里程、导线长度、曲线起终点里程，如表 2-32 所示；

（2）线路曲线要素，如表 2-33 所示；

（3）线路曲线偏角和曲线起终点坐标，如表 2-34 所示；

（4）复曲线线路中心线和边桩坐标，如表 2-35 所示。

表 2-32　里程、导线长度、曲线起终点里程

序号	JD 横坐标/m	JD 纵坐标/m	导线长度/m	夹直线长/m	ZH 里程/km	HZ 里程/km
1	493955.2814	3820012.627	1575.841	1230.340	1230.340	1857.399
2	492942.8172	3818805.071	490.452	−0.004	1857.396	2324.387
3	492830.171	3818327.731	2248.343	1975.593		
4	493078.8762	3816093.185				

表 2-33　线路曲线要素

半径 R/m	第一缓长 l_{01}/m	第二缓长 l_{02}/m	曲线全长 L/m	始切线 T_1/m	终切线 T_2/m
1227.6	110	0	627.059	345.500	292.234
1129.6	0	160	466.991	198.221	272.750

表 2-34　线路曲线偏角和曲线起终点坐标

ZH 横坐标/m	ZH 纵坐标/m	曲线偏角方向	曲线偏角	HZ 横坐标/m	HZ 纵坐标/m
493164.798	493012.480	左转	26°41′58.98″	492875.697	3818520.649
492875.698	492463.307	左转	19°37′44.5″	492860.342	3818056.655

表 2-35　复曲线线路中心线和边桩坐标

桩号	线路设计里程/m	设计横坐标/m	设计横坐标/m	左边桩 x 坐标/m	左边桩 y 坐标/m	右边桩 x 坐标/m	右边桩 y 坐标/m
1	−194.764	494080.416	3820161.873	494080.990	3820161.391	494079.841	3820162.355
2	−94.764	494016.167	3820085.244	494016.741	3820084.762	494015.592	3820085.725
3	5.236	493951.917	3820008.614	493952.492	3820008.132	493951.343	3820009.096
4	105.236	493887.668	3819931.985	493888.243	3819931.503	493887.093	3819932.467
5	205.236	493823.419	3819855.356	493823.994	3819854.874	493822.844	3819855.838
6	305.236	493759.170	3819778.726	493759.745	3819778.245	493758.595	3819779.208
7	405.236	493694.921	3819702.097	493695.495	3819701.615	493694.346	3819702.579
8	505.236	493630.672	3819625.468	493631.246	3819624.986	493630.097	3819625.950
9	605.236	493566.422	3819548.839	493566.997	3819548.357	493565.848	3819549.321
10	705.236	493502.173	3819472.209	493502.748	3819471.727	493501.599	3819472.691
11	805.236	493437.924	3819395.580	493438.499	3819395.098	493437.349	3819396.062
12	905.236	493373.675	3819318.951	493374.250	3819318.469	493373.100	3819319.433
13	1005.236	493309.426	3819242.322	493310.001	3819241.840	493308.851	3819242.803
14	1105.236	493245.177	3819165.692	493245.751	3819165.210	493244.602	3819166.174
15	1205.236	493180.928	3819089.063	493181.502	3819088.581	493180.353	3819089.545
16	1305.236	493117.078	3819012.103	493117.653	3819011.621	493116.503	3819012.585

续表

桩号	线路设计里程/m	设计横坐标/m	设计横坐标/m	左边桩 x 坐标/m	左边桩 y 坐标/m	右边桩 x 坐标/m	右边桩 y 坐标/m
17	1405.236	493057.352	3818931.931	493057.971	3818931.507	493056.733	3818932.354
18	1505.236	493004.303	3818847.194	493004.954	3818846.822	493003.652	3818847.566
19	1605.236	492958.325	3818758.422	492959.005	3818758.104	492957.646	3818758.739
20	1705.236	492919.723	3818666.203	492920.426	3818665.941	492919.020	3818666.464
21	1805.236	492888.753	3818571.148	492889.475	3818570.945	492888.031	3818571.351
22	1905.236	492865.699	3818473.873	492866.436	3818473.732	492864.963	3818474.014
23	2005.236	492851.242	3818374.956	492851.988	3818374.881	492850.496	3818375.032
24	2105.236	492845.586	3818275.149	492846.336	3818275.140	492844.836	3818275.158
25	2205.236	492848.714	3818175.229	492849.464	3818175.219	492847.964	3818175.238
26	2305.236	492858.230	3818075.689	492858.980	3818075.679	492857.480	3818075.698
27	2405.236	492869.285	3817976.302	492870.035	3817976.292	492868.535	3817976.311
28	2505.236	492880.347	3817876.915	492881.097	3817876.906	492879.597	3817876.925
29	2605.236	492891.409	3817777.529	492892.159	3817777.520	492890.659	3817777.538
30	2705.236	492902.470	3817678.143	492903.220	3817678.134	492901.720	3817678.152
31	2805.236	492913.532	3817578.756	492914.282	3817578.747	492912.782	3817578.766
32	2905.236	492924.594	3817479.370	492925.344	3817479.361	492923.844	3817479.379
33	3005.236	492935.655	3817379.984	492936.405	3817379.975	492934.905	3817379.993
34	3105.236	492946.717	3817280.598	492947.467	3817280.588	492945.967	3817280.607
35	3205.236	492957.779	3817181.211	492958.529	3817181.202	492957.029	3817181.220
36	3305.236	492968.841	3817081.825	492969.590	3817081.816	492968.091	3817081.834
37	3405.236	492979.902	3816982.439	492980.652	3816982.429	492979.152	3816982.448
38	3505.236	492990.964	3816883.052	492991.714	3816883.043	492990.214	3816883.062
39	3605.236	493002.026	3816783.666	493002.776	3816783.657	493001.276	3816783.675
40	3705.236	493013.087	3816684.280	493013.837	3816684.270	493012.337	3816684.289
41	3805.236	493024.149	3816584.893	493024.899	3816584.884	493023.399	3816584.903
42	3905.236	493035.211	3816485.507	493035.961	3816485.498	493034.461	3816485.516
43	4005.236	493046.273	3816386.121	493047.022	3816386.111	493045.523	3816386.130
44	4105.236	493057.334	3816286.734	493058.084	3816286.725	493056.584	3816286.744
45	4205.236	493068.396	3816187.348	493069.146	3816187.339	493067.646	3816187.357
46	4299.980215	493078.876	3816093.185	493079.586	3816093.429	493078.167	3816092.942

2.4.2 有中间缓和曲线的二心复曲线建立统一方程

对于有中间缓和曲线的二心复曲线（下称复曲线）相关计,《铁路曲线》等著作[9-12]里面均有一定程度介绍，但最具应用价值的复曲线线路中心线的里程、横坐标和纵坐标三者函关系计算公式均没有详细介绍，导致一般读者很难掌握。比如复曲线线路中心线理论坐标、计划正矢、左右股钢长度差和平面整正如何计算等，都没有很好地解决。因此本书对这方面进行了理论研究，提出以里程为自变量有中间缓和曲线的复曲线独立方程，从而解决了以上问题。

铁路上常用的缓和曲线方程公式（2-1b），常用缓和曲线 l_0 的边界条件是直线（$R_1 = +\infty$ 的大圆）和圆（R_2 的小圆）。中间缓和曲线 l_n 边界条件就是：一端是 R_1 的大圆，另一端是 R_2 的小圆，常用的缓和曲线就变成复曲线的中间缓和曲线 l_n，因此常用的缓和曲线是复曲线中间缓和曲线的特例。

复曲线的中间缓和曲线 l_n 是连接 R_1 的大圆和 R_2 的小圆，中间缓和曲线起点与大圆终点重合，切线方位角 β_Q 和曲率 $\dfrac{1}{R_1}$ 相等，终点与小圆的起点重合，切线方位角 β_Z 和曲率 $\dfrac{1}{R_2}$ 相等，一个复曲线可以由若干个圆曲线和中间缓和曲线组成，如图 2-43，Y_1H_1 为中间缓和曲线起点，H_1Y_2 为终点。

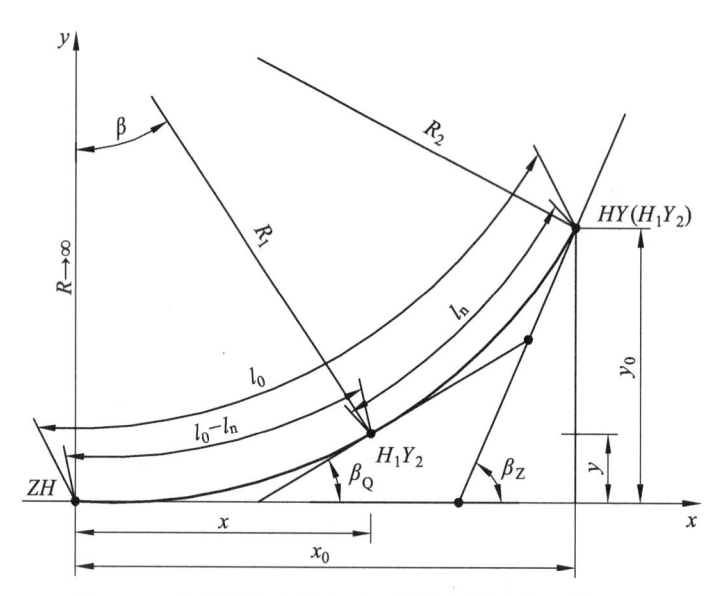

图 2-43 中间缓和曲线在常用缓和曲线坐标系位置图

（1）中间缓和曲线长度 l_n 与常用缓和曲线长度 l_0 的换算关系。

已知：中间缓和曲线长度 l_n，R_1 为大圆半径，R_2 为小圆半径。

求：常用缓和曲线全长 l_0。

根据常用的缓和曲线方程公式（2-1b），常用缓和曲线 l_0（半径从 $+\infty$ 线性过渡到 R_2）的曲率从 0 至 $\dfrac{1}{R_2}$ 线性过渡，已知中间缓和曲线长度为 l_n，其曲率从 $\dfrac{1}{R_1}$ 过渡到曲率 $\dfrac{1}{R_2}$，根据相似三角形原理，得中间缓和曲线长度 l_n、大圆半径 R_1、小圆半径 R_2 和缓和曲线全长 l_0 的函数关系式：$\dfrac{\dfrac{1}{R_2}}{l_0} = \dfrac{\dfrac{1}{R_1}}{l_0 - l_n}$，缓和曲线方程长度

$$l_0 = \dfrac{l_n}{R_2} \div \left(\dfrac{1}{R_2} - \dfrac{1}{R_1}\right) \tag{2-18}$$

中间缓和曲线起点 H_1Y_1 的切线在以 ZH 为坐标原点，以始切线为横轴建立缓和曲线独立坐标系中的方位角为 $\beta_Q = \dfrac{(l_0 - l_n)^2}{2 \times R_2 \times l_0}$，终点 H_1Y_2 的切线方位角为 $\beta_Z = \dfrac{l_0^2}{2 \times R_2 \times l_0} = \dfrac{l_0}{2 \times R_2}$，中间缓和曲线中心角 $\beta_0 = \beta_Z - \beta_Q$，如图 2-43 所示。

（2）建立中间缓和曲线独立坐标系方程。

根据常用的缓和曲线方程公式（2-1b），如图 2-44，以 ZH 为坐标原点，以始切线为坐标系横轴建立缓和曲线独立坐标系 xOy 方程。

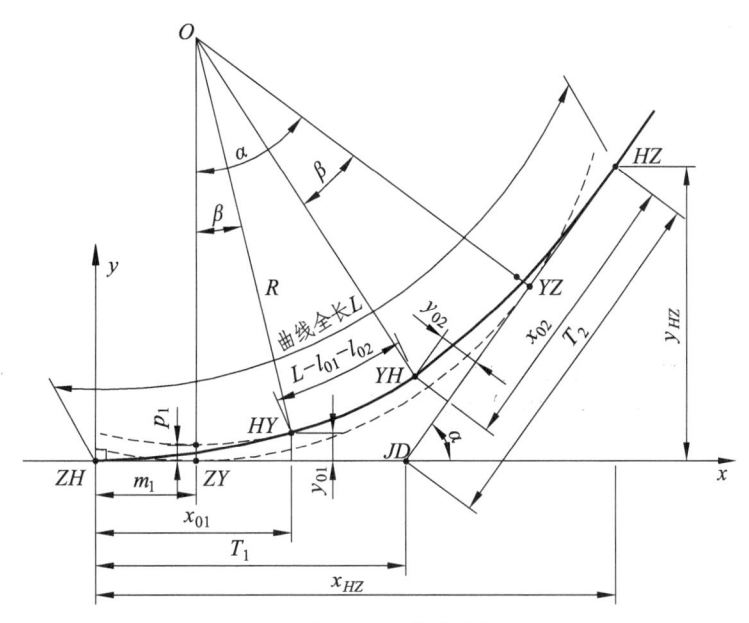

图 2-44 常用缓和曲线坐标系图

中间缓和曲线起点 H_1Y_1 在 xOy 坐标系中的坐标和切线方位角为

$$\left. \begin{aligned} x_{H_1Y_1} &= (l_0 - l_n) - \dfrac{(l_0 - l_n)^5}{40 \times R_2 \times l_{01}^2} + \dfrac{(l_0 - l_n)^9}{3456 R_2^4 l_{01}^4} \\ y_{H_1Y_1} &= \dfrac{(l_0 - l_n)^3}{6 \times R_2 \times l_0} - \dfrac{(l_0 - l_n)^7}{336 \times R_2^3 \times l_0^3} + \dfrac{(l_0 - l_n)^{11}}{42240 R_2^5 l_0^5} \\ \beta_Q &= \dfrac{(l_0 - l_n)^2}{2 \times R_2 \times l_0} \end{aligned} \right\} \tag{2-19}$$

现以 H_1Y_1 为坐标原点，以 H_1Y_1 点的切线为坐标系横轴建立中间缓和曲线独立坐标系方程，通过坐标先平移 $x_{H_1Y_1}$、$y_{H_1Y_1}$ 后旋转 β_Q 换算公式（1-33）推导而得，如图 2-45 所示。

已知：中间缓和曲线 l_n 线路上任意一点 i 在常用缓和曲线坐标系的坐标为 x_i、y_i。

求：点 i 在中间缓和曲线独立坐标系 $x'O'y'$ 方程的坐标 x_i'、y_i' 和切线方位角 β_i'。

以中间缓和曲线起点 H_1Y_1 为坐标原点和 H_1Y_1 点的切线为横轴建立缓和曲线独立坐标系 $x'O'y'$ 方程，如图 2-45 所示。

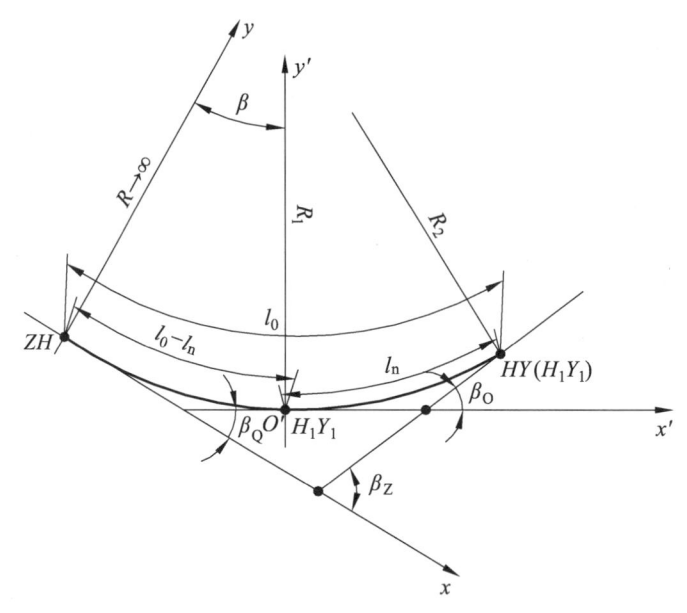

图 2-45 中间缓和曲线坐标系图

根据先平移 $x_{H_1Y_1}$、$y_{H_1Y_1}$ 后旋转 β_Q 坐标计算公式（1-33），得点 i 在中间缓和曲线独立坐标系 $x'O'y'$ 方程的坐标 x_i'、y_i' 和切线方位角 β_i'：

$$\left.\begin{aligned}
x_i' &= (x_i - x_{H_1Y_1}) \times \cos(\beta_{H_1Y_1}) + (y_i - y_{H_1Y_1}) \times \sin(\beta_{H_1Y_1}) \\
y_i' &= (y_i - y_{H_1Y_1}) \times \cos(\beta_{H_1Y_1}) - (x_i - x_{H_1Y_1}) \times \sin(\beta_{H_1Y_1}) \\
\beta_i' &= \frac{L_i^2}{2 \times R_2 \times l_0} - \frac{(l_0 - l_n)^2}{2 \times R_2 \times l_0}
\end{aligned}\right\} \quad (2\text{-}20)$$

其中 $l_0 > L_i \geq l_0 - l_n$，L_i 为常用缓和曲线自起点 ZH 至缓和曲线点 i 的长度，$\beta_{H_1Y_1}$ 为公式（2-19）的 β_Q。

（3）建立复曲线独立坐标系方程。

现建立以大圆曲线的 ZH 为坐标原点，以始切线为坐标系横轴建立缓和曲线独立坐标系 $x''O''y''$ 方程，将 $x'O'y'$ 坐标系通过转换为 $x''O''y''$ 坐标系后计算中间缓和曲线各点的坐标，复曲线中间缓和曲线及小圆曲线构成的计算单元内线路中心线各点的坐标计算方法为：

已知大圆曲线终点与中间缓和曲线起点 H_1Y_1 重合，中间缓和曲线起点 H_1Y_1 在 $x''O''y''$ 坐标系中的坐标计算方法如下：

① 首先根据公式（2-1a）~ (2-1e) 计算得大圆曲线切线长 T_1、T_2。

曲线切线长度：

$$T_1 = \frac{R_1 + P_2}{\sin(a)} - \frac{R_1 + P_1}{\tan(a)} + m_1, \quad T_2 = \frac{R_1 + P_1}{\sin(a)} - \frac{R_1 + P_2}{\tan(a)} + m_2$$

其中，曲线总转角：

$$a = \frac{l_{01} + l_{02}}{2 \times R_1} + \frac{L - l_{01} - l_{02}}{R_1}$$

缓和曲线内移距：

$$P_1 = \frac{l_{01}^2}{24 \times R_1} - \frac{l_{01}^4}{2688 \times R_1^3}, \quad P_2 = \frac{l_{02}^2}{24 \times R_1} - \frac{l_{02}^4}{2688 \times R_1^3}$$

缓和曲线切垂距：

$$m_1 = \frac{l_{01}}{2} - \frac{l_{01}^3}{240 \times R_1^2} + \frac{l_{01}^5}{34560 \times R_1^4}, \quad m_2 = \frac{l_{02}}{2} - \frac{l_{02}^3}{240 \times R_1^2} + \frac{l_{02}^5}{34560 \times R_1^4}$$

式中，$l_{02} = 0$。

② 中间缓和曲线起点 H_1Y_1 坐标 x_{HY}、y_{HY} 和切线方位角 β_{HY} 计算。

中间缓和曲线起点 H_1Y_1 在 $x''O''y''$ 坐标系中的坐标：

$$\left.\begin{array}{l} X_{HY} = T_1 + T_2 \times \cos(\alpha) \\ Y_{HY} = T_2 \times \sin(\alpha) \end{array}\right\}$$

切线方位角 $\beta_{HY} = \frac{l_{01} + l_{02}}{2 \times R_1} + \frac{L - l_{01} - l_{02}}{R_1}$，其中大圆曲线全长为 L，因为大圆终端由中间缓和曲线与小圆连接，第 2 缓和曲线 $l_{02} = 0$，所以简写为 $\beta_{HY} = \frac{l_{01}}{2 \times R_1} + \frac{L - l_{01}}{R_1}$。

③ 中间缓和曲线在复曲线独立坐标系中的坐标计算。

已知：中间缓和曲线独立坐标系 $x'O'y'$ 方程中缓和曲线上某点 i 坐标的坐标 x'_i、y'_i 和切线方位角 β'_i，L_i 为常用缓和曲线方程 i 点的里程，$ZH = 0$，l_n 为中间缓和曲线长，l_0 为换算缓和曲线全长，R_2 为小圆形半径。

求：某点 i 在复曲线独立坐标系 $x''O''y''$ 中的坐标 x''_i、y''_i 及切线方位角 β''_i。

假设曲线为左转曲线，通过坐标先旋转 β_{HY} 后平移 x_{HY}、y_{HY} 公式（1-33）计算中间缓和曲线在复曲线独立坐标系 $x''O''y''$ 的坐标，换算公式如（2-21）得 i 在 $x''O''y''$ 中的坐标 x''_i、y''_i 及切线方位角 β''_i：

$$\left.\begin{array}{l} x''_i = X_{HY} + x'_i \times \cos(\beta_{HY}) - y'_i \times \sin(\beta_{HY}) \\ y''_i = Y_{HY} + y'_i \times \cos(\beta_{HY}) + x'_i \times \sin(\beta_{HY}) \\ \beta''_i = \beta'_i + \beta_{HY} \end{array}\right\} \quad (2\text{-}21)$$

以上公式（2-18）~公式（2-21）这就是中间缓和曲线在复曲线独立坐标系的坐标综合计算公式，通常以中间缓和曲线和小圆曲线作为一个计算单元，以上为双心复曲线坐标综合计算公式，如为三心、四心、五心……等复曲线，计算流程与二心复曲线一致，如上所述。

（4）根据线元法计算二心复曲线及各单元曲要素和起终点及 JD 点坐标。

已知：复曲线始缓和曲线长度 l_{01}，大圆长度 L_1，大圆半径 R_1，中间缓和曲线长度 l_n，小圆长度 L_2，小圆半径 R_2，终缓和曲线 l_{02}；第 1 单元曲线转角 $a_1 = \dfrac{l_{01}}{2 \times R_1} + \dfrac{L_1}{R_1}$，切线长度 T_1T_1 和 T_1T_2；第 2 单元曲线转角 $a_2 = \left(\dfrac{l_0}{2 \times R_2} - \dfrac{(l_0 - l_n)^2}{2 \times R_2 \times l_0} \right) + \dfrac{L_2}{R_2} + \dfrac{l_{02}}{2 \times R_2}$，切线长度 T_2T_1 和 T_2T_2。

求：设在复曲线独立坐标系 xOy 中，单元曲线及复曲线要素和起终点及 JD 点坐标

① 第 1 单元曲线包括始切线、始缓和曲线长度 l_{01} 和大圆长度 L_1。

曲线全长：$l_{01} + L_1$。

交点坐标：$x_{JD1} = T_1T_1$，$y_{JD1} = 0$。

② 第 2 单元曲线包括中间缓和曲线长度 l_n，小圆长度 L_2，终缓和曲线 l_{02} 和终切线。

曲线转角：l_0 为中间缓和曲线长 l_n 换算缓和曲线全长，见公式（2-18）。

曲线全长：$l_n + L_2 + l_{02}$。

由公式（2-20）计算得中间缓和曲线独立坐标系 $x'O'y'$ 方程中间缓和曲线起点 H_1Y_1 坐标 x_{HY}、y_{HY} 和切线方位角 $\beta_{H_1Y_1}$，交点坐标 $x_{JD2} = T_1$、$y_{JD2} = 0$。

③ 复曲线要素和起终点及 JD 点坐标。

复曲线全长：$l_{01} + L_1 + l_n + L_2 + l_{02}$。

在复曲线独立坐标系 xOy 中第 2 曲线终点的坐标为 x_{HZ}、y_{HZ}，终切线方位角为 β_{HZ}，终切线与坐标系横轴相交点就是复曲线交点 JD，根据两直线相交坐标公式（1-26）得：

$$\left. \begin{array}{l} x_D = \dfrac{b_2 - b_1}{k_1 - k_2} \\ y_D = k_1 \left(\dfrac{b_2 - b_1}{k_1 - k_2} \right) + b_1 \end{array} \right\}$$

终切线方程中 $b_1 = y_{HZ} - \tan(\beta_{HZ}) \times x_{HZ}$，$k_1 = \tan(\beta_{HZ})$；坐标系横轴方程 $b_2 = 0$，$k_2 = \tan(0) = 0$。

把 b_1、b_2、k_1、k_2 代入公式（1-26）得复曲线交点 JD 坐标计算公式为：

$$\left. \begin{array}{l} x_{JD} = \dfrac{-[y_{HZ} - \tan(\beta_{HZ}) \times x_{HZ}]}{\tan(\beta_{HZ})} \\ y_{JD} = \tan(\beta_{HZ}) \left(\dfrac{-[y_{HZ} - \tan(\beta_{HZ}) \times x_{HZ}]}{\tan(\beta_{HZ})} \right) + y_{HZ} - \tan(\beta_{HZ}) \times x_{HZ} \end{array} \right\} \quad (2\text{-}22)$$

复曲线切线长度，根据两点间距离公式（1-1）得：

第一切长度 $T_1 = \sqrt{(x_{JD} - x_{ZH})^2 + (y_{JD} - y_{ZH})^2}$，第二切线长度 $T_2 = \sqrt{(x_{JD} - x_{HZ})^2 + (y_{JD} - y_{HZ})^2}$。

以上计算过程较复杂，人工计算难以完成，通常需要编写计算机计算程序解决。

2.4.3 有中间缓和曲线的多心复曲线建立统一方程

根据以上二心复曲线线路中心线坐标计算方程推导，同理多心复曲线的坐标方程推导流程如下：

坐标方程推导之前，必须将组成复曲线的各曲线按以下方法划分为若干个曲线方程计算单元，第 1 曲线计算单元"始切线 + 始缓和曲 + 圆曲线 1"，第 2 曲线计算单元"中间缓和曲线 1 + 圆曲线 2"，第 3 曲线计算单元"中间缓和曲线 2 + 圆曲线 3"，第 4 曲线计算单元"中间缓和曲线 3 + 圆曲线 4"……，最终曲线计算单元"中间缓和曲线 n + 圆曲线 $n+1$ + 终缓和曲线 + 终切线"，其中圆曲线 1 半径值最大，圆曲线 $n+1$ 半径值最小，每一个计算单元均可建立 2.4.2 节中的以 ZH 为坐标原点，以始切线为坐标系横轴建立独立坐标系 xOy 方程。

（1）首先通过各中间缓和曲线长度为 l_n 换算常用缓和曲线 l_0。

通过曲率从 $\frac{1}{R_1}$ 过渡到曲率 $\frac{1}{R_2}$ 中间缓和曲线长度为 l_n 换算曲率从 0 至 $\frac{1}{R_2}$ 线性过渡的常用缓和曲线长度 l_0，根据公式（2-18）计算。

（2）建立中间缓和曲线独立坐标系 $x'O'y'$ 方程。

以各中间缓和曲起点 H_1Y_1 为坐标原点和 H_1Y_1 点的切线为横轴建立缓和曲线独立坐标系 $x'O'y'$，并将各中间缓和曲线和圆曲线在坐标系 xOy 的坐标和切线方位角换算到 $x'O'y'$ 坐标系中的坐标和切线方位角。

（3）建立复曲线独立坐标系 $x''O''y''$ 方程。

以第 1 曲线的 ZH(HZ) 为坐标原点，以始切线为坐标系横轴建立复曲线独立坐标系 $x''O''y''$ 方程，相对里程 S 为自变量，S 在 ZH(HZ) 处里程取值为 0，始切线方向为 $-\infty$，将复曲线中间缓和曲线坐标系 $x'O'y'$ 的坐标通过先旋转后平移公式（2-21），换算为 $x''O''y''$ 坐标系的坐标，计算复曲线线路中心线各点的坐标。

① 第 1 单元曲线方程。

S 取值范围：$-\infty \sim l_{01} + L_1$。

包括始切线、始缓和曲线长度 l_{01} 和大圆长度 L_1。

曲线全长：$l_{01} + L_1$。

第 1 单元曲线坐标的计算公式为"公式（2-1a）~（2-1c）"。

② 第 2 单元曲线。

S 取值范围：$l_{01} + L_1 \sim l_{01} + L_1 + l_n + L_2$。

包括中间缓和曲线长度 l_n，小圆 1 长度 L_2。

曲线全长：$l_n + L_2 + l_{02}$。第 2 单元曲线坐标的计算公式为"公式（2-1b）~（2-1c）"和中间缓和曲线"公式（2-18）~（2-21）"。

③ 第 i 单元曲线。

S 取值范围：$l_{01} + L_1 + l_n + L_2 \sim l_{01} + L_1 + l_{n1} + L_2 + l_{ni} + L_i$。

与第 2 单元曲线一致，含有中间缓和曲线的单元曲线。

第 i 单元曲线坐标计算公式为"公式（2-1b）~（2-1c）"和"公式（2-18）~（2-21）"。

④ 最终单元曲线。

S 取值范围：$l_{01} + L_1 + l_{n1} + L_2 + l_{ni} + L_i \sim l_{01} + L_1 + l_{n1} + L_2 + l_{ni} + L_i + (l_I + L_I + l_{02})$。

包括中间缓和曲线长度 l_I，小圆长度 L_I，终缓和曲线 l_{02} 和终切线。

曲线全长：$l_I + L_I + l_{02}$。

最终单元曲线坐标计算公式为式（2-1b）~式（2-1e）和式（2-18）~式（2-21）。

复曲线交点 JD 坐标根据各切线交点公式（2-22）计算，根据两点间距离公式（1-1）计算切长度。

2.4.4 有中间缓和曲线的多心复曲线边桩坐标计算公式

根据边桩计算公式（2-20a）和（2-20b），在复曲线独立坐标系下，点 j 的坐标 $x_{A(j)}$、$y_{A(j)}$，$\beta_{(j)}$ 线路中心线点 j 的切线方位角，$AFJ_{(i)}$ 为曲线始切线的方位角，左边距 y_{DZ}，右边距 y_{DY}，则线路中心线边桩坐标计算公式如下：

左边桩坐标公式：

$$\left. \begin{array}{l} x_{ZA(j)} = x_{A(j)} - y_{DZ} \times \sin(AFJ_{(i-1)} + \beta_{(j)}) \\ y_{ZA(j)} = y_{A(j)} + y_{DZ} \times \cos(AFJ_{(i-1)} + \beta_{(j)}) \end{array} \right\} \quad (2\text{-}23a)$$

右边桩坐标公式：

$$\left. \begin{array}{l} x_{YA(j)} = x_{A(j)} + y_{DY} \times \sin(AFJ_{(i-1)} + \beta_{(j)}) \\ y_{YA(j)} = y_{A(j)} - y_{DY} \times \sin(AFJ_{(i-1)} + \beta_{(j)}) \end{array} \right\} \quad (2\text{-}23b)$$

【例 2-14】

已知：有中间缓和曲线二心复曲线要如表 2-36、表 2-37 所示。

表 2-36 二心复曲线要素表（一）

1 圆半径/m	2 圆半径/m	1 缓长/m	2 缓长中/m	3 缓长/m	曲线全长 L/m
800	600	50	60	70	432.803

表 2-37 二心复曲线要素表（二）

第 1 圆长 L_1/m	第 2 圆长 L_2/m	曲线 1 超高/mm	曲线 2 超高/mm	曲线加宽/mm
146.567	106.236	20	25	0

求：

（1）线路中心线每 10 m 计算点坐标、计划正矢、超高、加宽；

（2）各单元曲线切线交点坐标；

（3）各曲线偏角和起终点坐标。

【解】

根据公式（2-18）~公式（2-21）计算。

（1）线路中心线每 10 m 计算点坐标、计划正矢、超高、加宽，如表 2-38。
（2）各单元曲线切线交点坐标，如表 2-39 和表 2-40 所示。
（3）各曲线偏角和起终点坐标如图 2-46。
（4）计算成果平面图如图 2-46。

表 2-38 二心复曲线计划正矢、坐标计算成果表

桩号	正矢/mm	x, y 坐标	超高/mm	加宽/mm	相对里程/m	线形
-4	0	-40, 0	0	0	-40	始直
-3	0	-30, 0	0	0	-30	始直
-2	0	-20, 0	0	0	-20	始直
-1	0	-10, 0	0	0	-10	始直
0	2.1	0, 0	0	0	0	始直
1	12.5	10, 0.004	4	0	10	始缓
2	25	20, 0.033	8	0	20	始缓
3	37.5	30, 0.112	12	0	30	始缓
4	50	39.998, 0.267	16	0	40	始缓
5	60.4	49.995, 0.521	20	0	50	始缓
6	62.5	59.988, 0.896	20	0	60	圆曲 1
7	62.5	69.975, 1.395	20	0	70	圆曲 1
8	62.5	79.956, 2.02	20	0	80	圆曲 1
9	62.5	89.928, 2.769	20	0	90	圆曲 1
10	62.5	99.889, 3.643	20	0	100	圆曲 1
11	62.5	109.839, 4.642	20	0	110	圆曲 1
12	62.5	119.776, 5.764	20	0	120	圆曲 1
13	62.5	129.698, 7.011	20	0	130	圆曲 1
14	62.5	139.604, 8.382	20	0	140	圆曲 1
15	62.5	149.491, 9.876	20	0	150	圆曲 1
16	62.5	159.359, 11.494	20	0	160	圆曲 1
17	62.5	169.207, 13.235	20	0	170	圆曲 1
18	62.5	179.031, 15.099	20	0	180	圆曲 1
19	62.5	188.832, 17.086	20	0	190	圆曲 1
20	63.9	198.607, 19.195	20.3	0	200	中缓
21	67.2	208.354, 21.428	21.1	0	210	中缓
22	70.6	218.07, 23.793	22	0	220	中缓

续表

桩号	正矢/mm	x, y 坐标	超高/mm	加宽/mm	相对里程/m	线形
23	74.1	227.752, 26.294	22.8	0	230	中缓
24	77.6	237.396, 28.939	23.6	0	240	中缓
25	81	246.998, 31.733	24.5	0	250	中缓
26	83.2	256.553, 34.682	25	0	260	圆曲 2
27	83.3	266.058, 37.79	25	0	270	圆曲 2
28	83.3	275.509, 41.056	25	0	280	圆曲 2
29	83.3	284.905, 44.479	25	0	290	圆曲 2
30	83.3	294.243, 48.058	25	0	300	圆曲 2
31	83.3	303.519, 51.792	25	0	310	圆曲 2
32	83.3	312.732, 55.68	25	0	320	圆曲 2
33	83.3	321.879, 59.721	25	0	330	圆曲 2
34	83.3	330.958, 63.914	25	0	340	圆曲 2
35	83.3	339.965, 68.258	25	0	350	圆曲 2
36	82.6	348.898, 72.751	25	0	360	圆曲 2
37	74.7	357.756, 77.391	22.4	0	370	终缓
38	62.9	366.544, 82.163	18.9	0	380	终缓
39	51	375.271, 87.045	15.3	0	390	终缓
40	39.1	383.948, 92.016	11.7	0	400	终缓
41	27.1	392.586, 97.055	8.1	0	410	终缓
42	15.2	401.197, 102.14	4.6	0	420	终缓
43	4.1	409.792, 107.251	1	0	430	终缓
44	0	418.382, 112.37	0	0	440	终直
45	0	426.973, 117.489	0	0	450	终直

表 2-39 二心复曲线交点坐标表

x_{JD} 坐标/m	y_{JD} 坐标/m	x_{JD1} 坐标/m	y_{JD1} 坐标/m	x_{JD2} 坐标/m
229.7901458	0	110.515198	0	195.2540731
y_{JD2} 坐标/m	x_{JD3} 坐标/m	y_{JD3} 坐标/m	x_{JD4} 坐标/m	y_{JD4} 坐标/m
18.45682348	298.5127842	40.94741944	412.1996458	108.6861402

表 2-40 二心复曲线切线和曲线转角表

始切长 T_1/m	终切长 T_2/m	1 曲线偏角 α''	2 曲线偏角 α''	曲线偏角 α（左转）
229.7901	212.3344	12°17′15.29″	18°30′1.53″	30°47′16.82″

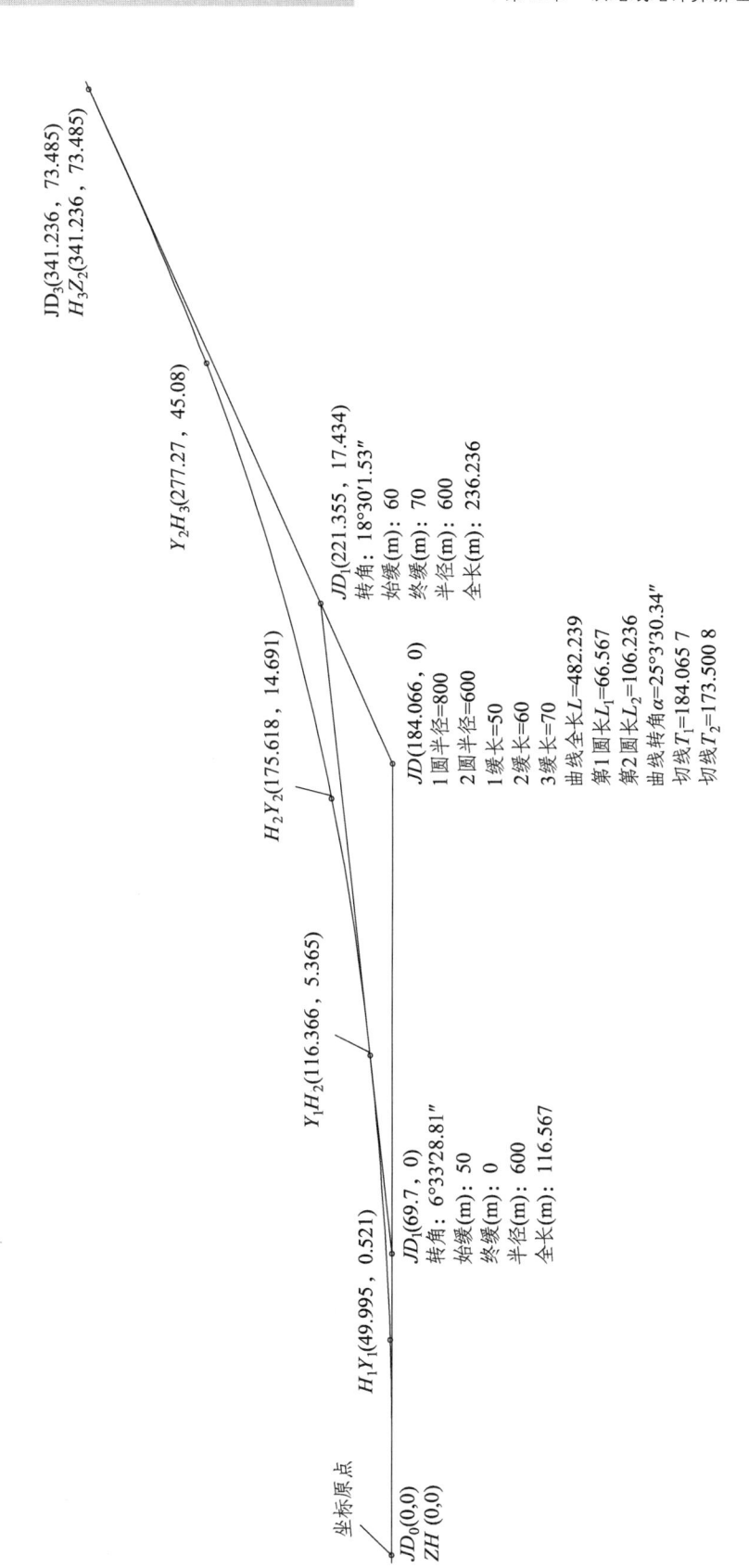

图 2-46 二心复曲线坐标系图

2.4.5 二心无中间缓和曲线复曲线计算案例

【例 2-15】

已知：设有二心复曲线 $R_1 = 600$ m，$R_2 = 300$ m，$\alpha_1 = 50°20'15''$，$\alpha_2 = 55°10'15''$，无缓和曲线，如表 2-41 所示。

求：点间距为 10 m 的线路中心线坐标、计划正矢和曲线要素。

【解】

根据公式（2-18）～公式（2-22）计算得到线路中心线每 10 m 计算点坐标、计划正矢、超高、加宽，如表 2-47。

表 2-41 双心复曲线要素表（无中间缓和曲线）

始缓长 l_{01}/m	终缓长 l_{02}/m	1圆半径 R_1/m	2圆半径 R_2/m	始切长 T_1/m	终切长 T_2/m	曲线偏角 α	曲全长 L/m	Y_1Y_2里程/m
0	0	600	300	655.637	507.201	105°30'30''	816.007	527.133
曲全长 L/m	始圆全长/m	终圆全长/m	HZ里程/m	Y_1Y_2里程/m	Y_2H里程/m	始圆全长/m	终圆全长/m	Y_2H里程/m	测点间距/m
816.007	527.133	288.874	816.007	527.133	816.007	527.133	288.874	816.007	10

表 2-42 双心复曲线坐标及计划正矢计算表（无中间缓和曲线）

桩号	里程/m	横坐标/m	纵坐标/m	计划正矢/mm	超高/mm	加宽/mm	曲线桩/10 m	线型
1	−20	−20	0	0	0	0		始直
2	−10	−10	0	0	0	0		始直
3	0	0	0	41.7	0	0	Z_1Y_1: 3+0	始直
4	10	10	0.083	83.3	60	0		1 圆
5	20	19.996	0.333	83.3	60	0		1 圆
6	30	29.988	0.75	83.3	60	0		1 圆
7	40	39.97	1.333	83.3	60	0		1 圆
8	50	49.942	2.082	83.3	60	0		1 圆
9	60	59.9	2.998	83.3	60	0		1 圆
10	70	69.841	4.079	83.3	60	0		1 圆
11	80	79.763	5.325	83.3	60	0		1 圆
12	90	89.663	6.737	83.3	60	0		1 圆
13	100	99.538	8.314	83.3	60	0		1 圆
14	110	109.385	10.055	83.3	60	0		1 圆
15	120	119.202	11.96	83.3	60	0		1 圆
16	130	128.985	14.028	83.3	60	0		1 圆
17	140	138.733	16.259	83.3	60	0		1 圆
18	150	148.442	18.653	83.3	60	0		1 圆

续表

桩号	里程/m	横坐标/m	纵坐标/m	计划正矢/mm	超高/mm	加宽/mm	曲线桩/10 m	线型
19	160	158.11	21.207	83.3	60	0		1 圆
20	170	167.735	23.923	83.3	60	0		1 圆
21	180	177.312	26.798	83.3	60	0		1 圆
22	190	186.84	29.833	83.3	60	0		1 圆
23	200	196.317	33.026	83.3	60	0		1 圆
24	210	205.739	36.376	83.3	60	0		1 圆
25	220	215.103	39.883	83.3	60	0		1 圆
26	230	224.408	43.546	83.3	60	0		1 圆
27	240	233.651	47.363	83.3	60	0		1 圆
28	250	242.829	51.334	83.3	60	0		1 圆
29	260	251.939	55.457	83.3	60	0		1 圆
30	270	260.979	59.732	83.3	60	0		1 圆
31	280	269.947	64.156	83.3	60	0		1 圆
32	290	278.84	68.73	83.3	60	0		1 圆
33	300	287.655	73.45	83.3	60	0		1 圆
34	310	296.391	78.318	83.3	60	0		1 圆
35	320	305.044	83.33	83.3	60	0		1 圆
36	330	313.612	88.485	83.3	60	0		1 圆
37	340	322.094	93.783	83.3	60	0		1 圆
38	350	330.485	99.221	83.3	60	0		1 圆
39	360	338.785	104.799	83.3	60	0		1 圆
40	370	346.991	110.514	83.3	60	0		1 圆
41	380	355.101	116.364	83.3	60	0		1 圆
42	390	363.112	122.35	83.3	60	0		1 圆
43	400	371.022	128.468	83.3	60	0		1 圆
44	410	378.829	134.717	83.3	60	0		1 圆
45	420	386.531	141.095	83.3	60	0		1 圆
46	430	394.125	147.6	83.3	60	0		1 圆
47	440	401.61	154.232	83.3	60	0		1 圆
48	450	408.983	160.987	83.3	60	0		1 圆
49	460	416.243	167.864	83.3	60	0		1 圆
50	470	423.387	174.861	83.3	60	0		1 圆

续表

桩号	里程/m	横坐标/m	纵坐标/m	计划正矢/mm	超高/mm	加宽/mm	曲线桩/10 m	线型
51	480	430.414	181.976	83.3	60	0		1 圆
52	490	437.321	189.207	83.3	60	0		1 圆
53	500	444.106	196.553	83.3	60	0		1 圆
54	510	450.768	204.01	83.3	60	0		1 圆
55	520	457.305	211.578	86.8	60	0	Y_1Y_2：55+7.133	1 圆
56	530	463.71	219.257	145.5	60	0		2 圆
57	540	469.888	227.12	166.7	60	0		2 圆
58	550	475.801	235.184	166.7	60	0		2 圆
59	560	481.442	243.44	166.7	60	0		2 圆
60	570	486.804	251.881	166.7	60	0		2 圆
61	580	491.882	260.495	166.7	60	0		2 圆
62	590	496.671	269.273	166.7	60	0		2 圆
63	600	501.164	278.206	166.7	60	0		2 圆
64	610	505.357	287.284	166.7	60	0		2 圆
65	620	509.245	296.497	166.7	60	0		2 圆
66	630	512.824	305.834	166.7	60	0		2 圆
67	640	516.089	315.285	166.7	60	0		2 圆
68	650	519.038	324.84	166.7	60	0		2 圆
69	660	521.667	334.488	166.7	60	0		2 圆
70	670	523.973	344.218	166.7	60	0		2 圆
71	680	525.953	354.02	166.7	60	0		2 圆
72	690	527.606	363.882	166.7	60	0		2 圆
73	700	528.928	373.793	166.7	60	0		2 圆
74	710	529.92	383.744	166.7	60	0		2 圆
75	720	530.58	393.721	166.7	60	0		2 圆
76	730	530.907	403.716	166.7	60	0		2 圆
77	740	530.9	413.715	166.7	60	0		2 圆
78	750	530.561	423.709	166.7	60	0		2 圆
79	760	529.888	433.686	166.7	60	0		2 圆
80	770	528.883	443.635	166.7	60	0		2 圆
81	780	527.547	453.545	166.7	60	0		2 圆
82	790	525.882	463.404	166.7	60	0		2 圆

续表

桩号	里程/m	横坐标/m	纵坐标/m	计划正矢/mm	超高/mm	加宽/mm	曲线桩/10 m	线型
83	800	523.889	473.203	166.7	60	0		2圆
84	810	521.571	482.93	153.5	60	0	Y_2Z_2：84+6.007	2圆
85	820	518.955	492.582	29.9	0	0		终直
86	830	516.281	502.218	0	0	0		终直
87	840	513.607	511.854	0	0	0		终直
88	850	510.933	521.49	0	0	0		终直
正矢合计				9206.6				

注：案例来自许勇著　北京交通大学出版社　《曲线测设广义公式及其应用》2022 57

2.4.6　三心有中间缓和曲线复曲线计算案例

【例 2-16】

已知：有 2 个中间缓和曲线的三心复曲线要如表 2-43、表 2-44 所示。

表 2-43　三心复曲线要素表（一）

1圆半径/m	2圆半径/m	3圆半径/m	1缓长/m	2缓长中/m	3缓长/m	1圆长度/m	2圆长度/m	3圆长度/m
800	600	500	50	60	70	66.567	106.236	79.436

表 2-44　三心复曲线要素表（二）

第1圆超高/mm	第2圆超高/mm	第3圆超高/mm	曲线加宽/mm
20	25	30	0

求：

（1）线路中心线每 10 m 计算点坐标、计划正矢、超高、加宽值，ZH 为计划正矢桩号；

（2）三心复曲线详细要素；

（3）三心复曲线交点坐标。

【解】

根据式（2-18）～式（2-22）计算

（1）线路中心线每 10 m 计算点坐标、计划正矢、超高、加宽，如表 2-45。

（2）三心复曲线详细要素，如表 2-46。

（3）三心复曲线交点坐标，如表 2-47。

（4）计算成果平面图如图 2-48。

表 2-45　三心复曲线计划正矢、坐标计算成果表

桩号	正矢/mm	x, y 坐标	超高/mm	加宽/mm	相对里程/m	线形
8	0	−30, 0	0	0	−30	始直
9	0	−20, 0	0	0	−20	始直

续表

桩号	正矢/mm	x, y 坐标	超高/mm	加宽/mm	相对里程/m	线形
10	0	−10, 0	0	0	−10	始直
11	2.1	0, 0	0	0	0	始直
12	12.5	10, 0.004	4	0	10	始缓
13	25	20, 0.033	8	0	20	始缓
14	37.5	30, 0.112	12	0	30	始缓
15	50	39.998, 0.267	16	0	40	始缓
16	60.4	49.995, 0.521	20	0	50	始缓
17	62.5	59.988, 0.896	20	0	60	圆曲1
18	62.5	69.975, 1.395	20	0	70	圆曲1
19	62.5	79.956, 2.02	20	0	80	圆曲1
20	62.5	89.928, 2.769	20	0	90	圆曲1
21	62.5	99.889, 3.643	20	0	100	圆曲1
22	62.5	109.839, 4.642	20	0	110	圆曲1
23	63.9	119.776, 5.764	20.3	0	120	中缓1
24	67.2	129.698, 7.014	21.1	0	130	中缓1
25	70.6	139.602, 8.396	22	0	140	中缓1
26	74.1	149.485, 9.919	22.8	0	150	中缓1
27	77.6	159.345, 11.587	23.6	0	160	中缓1
28	81	169.177, 13.409	24.5	0	170	中缓1
29	83.2	178.979, 15.39	25	0	180	圆曲2
30	83.3	188.746, 17.533	25	0	190	圆曲2
31	83.3	198.477, 19.839	25	0	200	圆曲2
32	83.3	208.167, 22.306	25	0	210	圆曲2
33	83.3	217.816, 24.935	25	0	220	圆曲2
34	83.3	227.419, 27.725	25	0	230	圆曲2
35	83.3	236.974, 30.673	25	0	240	圆曲2
36	83.3	246.478, 33.781	25	0	250	圆曲2
37	83.3	255.93, 37.047	25	0	260	圆曲2
38	83.3	265.326, 40.47	25	0	270	圆曲2
39	83.5	274.663, 44.049	25	0	280	圆曲2
40	85.7	283.94, 47.783	26.4	0	290	中缓2
41	89.1	293.151, 51.676	27.3	0	300	中缓2
42	92.4	302.291, 55.732	28.1	0	310	中缓2

续表

桩号	正矢/mm	x, y 坐标	超高/mm	加宽/mm	相对里程/m	线形
43	95.7	311.355, 59.957	28.9	0	320	中缓2
44	98.8	320.336, 64.354	29.8	0	330	中缓2
45	100	329.228, 68.928	30	0	340	圆曲3
46	100	338.027, 73.679	30	0	350	圆曲3
47	100	346.73, 78.605	30	0	360	圆曲3
48	100	355.332, 83.704	30	0	370	圆曲3
49	100	363.83, 88.974	30	0	380	圆曲3
50	100	372.222, 94.413	30	0	390	圆曲3
51	100	380.503, 100.019	30	0	400	圆曲3
52	98.9	388.67, 105.789	30	0	410	圆曲3
53	88.9	396.721, 111.72	26.7	0	420	终缓
54	74.6	404.666, 117.792	22.4	0	430	终缓
55	60.3	412.519, 123.983	18.1	0	440	终缓
56	46.1	420.297, 130.268	13.8	0	450	终缓
57	31.8	428.017, 136.624	9.5	0	460	终缓
58	17.5	435.696, 143.03	5.2	0	470	终缓
59	4.3	443.353, 149.462	1	0	480	终缓
60	0	451.005, 155.901	0	0	490	终直
61	0	458.656, 162.339	0	0	500	终直
62	0	466.307, 168.778	0	0	510	终直
63	0	473.958, 175.217	0	0	520	终直

表 2-46 三心复曲线详细要素表（一）

序号	曲线号	半径 R/m	始缓长 L_{01}/m	终缓长 L_{02}/m	圆曲线长 LY/m	曲线全长 L/m	第一切线长 T_1/m	第二切线长 T_2/m	曲线转角
1	1号	800	50	0	66.567	116.567	69.700	46.974	6°33′28.81″
2	2号	600	60	0	106.236	166.236	86.580	80.611	15°9′29.42″
3	3号	500	50	70	79.436	145	85.922	114.978	18°21′55.85″
4	全曲线		50	70	252.239	482.239	265.746	234.366	40°4′54.08″

表 2-47 三心复曲线交点坐标表（二）

各 JD	x_A 坐标/m	y_A 坐标/m	x_B 坐标/m	y_B 坐标/m	x_C 坐标/m	y_C 坐标/m	x_D 坐标/m	y_D 坐标/m
	164.082	0	69.7001	0	116.366	5.36481	202.38	15.253072
各 JD	x_E 坐标/m	y_E 坐标/m	x_F 坐标/m	y_F 坐标/m	x_G 坐标/m	y_G 坐标/m	x_{JD} 坐标/m	y_{JD} 坐标/m
	277.27	45.0798	357.094	76.8716	445.066	150.903	265.746	0

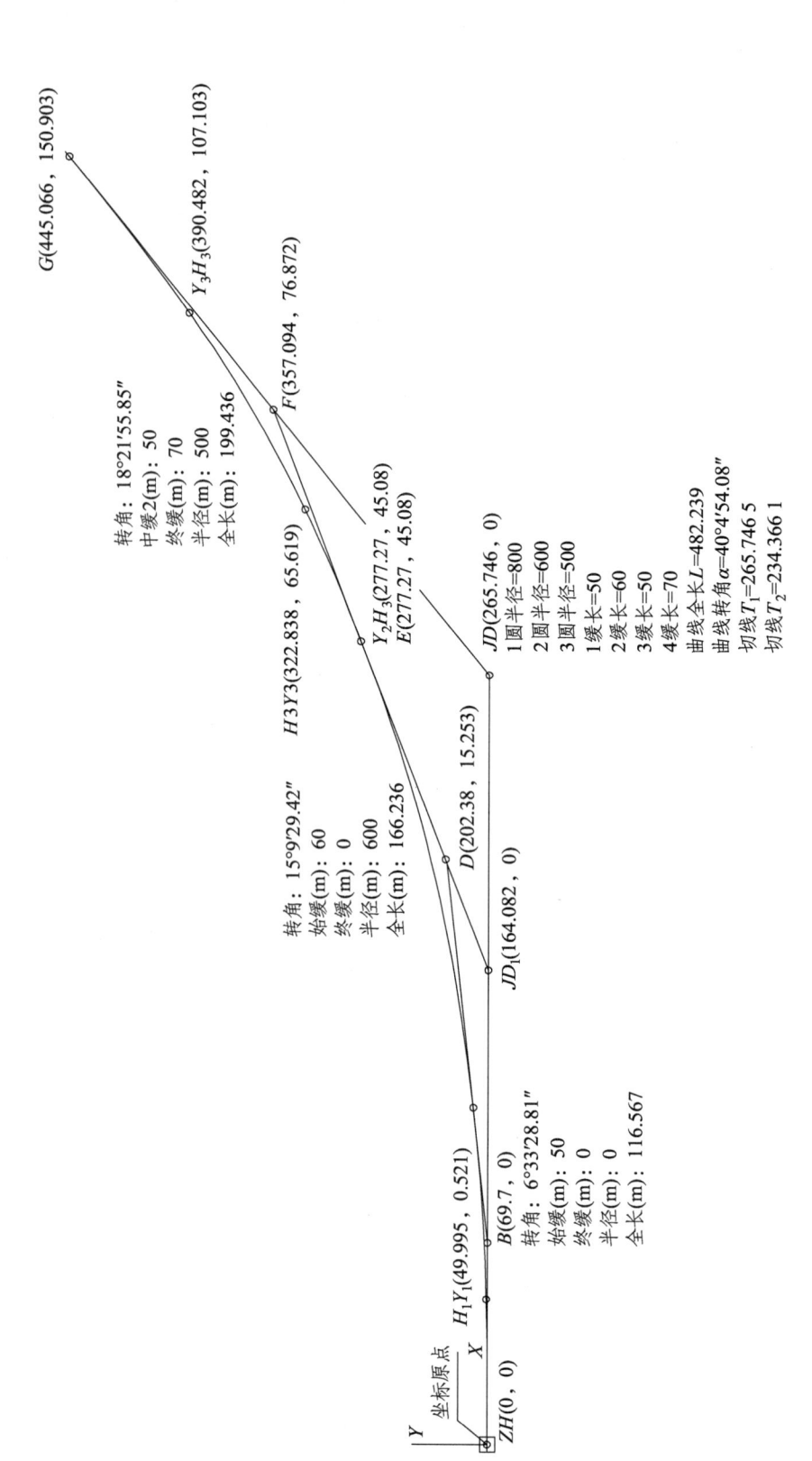

图 2-47 三心复曲线坐标系图

本章参考文献

[1] 谭向荣，黄小兵，张鹏飞. 铁路工程测量[M]. 长沙：中南大学出版社，2023：25.
[2] 吴耀庭. 铁路曲线及其养护[M]. 2版. 北京：中国铁道出版社，2011：40.
[3] 谭向荣，黄小兵，张鹏飞. 铁路工程测量[M]. 长沙：中南大学出版社，2023：26.
[4] 陈家驹，李鼎波，黄华. 铁路曲线弦绳法定位[M]. 成都：西南交通大学出版社，2012：50-55.
[5] 陈家驹，李鼎波，黄华. 铁路曲线弦绳法定位[M]. 成都：西南交通大学出版社，2012：54-55.
[6] 中国铁路总公司运输局工务部. 铁路工务技术手册（线路养护·大修）[S]. 北京中国铁道出版社，2018：46-54.
[7] 陈家驹，李鼎波，黄华. 铁路曲线弦绳法定位[M]. 成都：西南交通大学出版社，2012：61.
[8] 陈家驹，李鼎波，黄华. 铁路曲线弦绳法定位[M]. 成都：西南交通大学出版社，2012：66.
[9] 吴承来，吴康尧. 铁路曲线[M]. 北京：中国铁道出版社，1989：56-62.
[10] 马地泰. 铁路缓和曲线理论和类型[M]. 北京：中国铁道出版社，1986：57.
[11] 吴耀庭. 铁路曲线及其养护[M]. 2版. 北京：中国铁道出版社，2011：134-150.
[12] 许勇. 曲线测设广义公式及其应用[M]. 北京：北京交通大学出版社，2022：56-62.

下 篇

铁路线路计算新理论的应用

将上篇推导的以统一线路里程 $LS_{(j)}$ 为自变量,研究相对或绝对坐标系下线路中心线及边桩坐标、线路中心线外一点至线路中心线的距离、复曲线方程等线路计算新理论研究成果,应用于计划正矢、单曲线绳正法整正、单曲线坐标法整正、单曲线偏角法整正、绝对坐标系下连续曲线整正、线间距、线路配轨、道床横断面积、道岔导曲线和连接曲线、桥梁偏心、新线和既有桥梁工作线交点坐标、既有桥梁偏心距、线路纵断面高程、铁路限界检算等常用功能计算,建立新计算理论和新计算方法。其理论更严谨,计算精度更高,通过编写计算机程序可以快速计算出成果,广泛应用于铁路线路维修工作和工程建设,极大地提高了工作效率。

第 3 章 铁路曲线计划正矢计算方法的改进

针对不同的曲线布桩方式，各桩的计划正矢不同，但同一曲线的计划正矢总和不变，计划正矢总和大小与曲线偏角有关系，跟半径和缓和曲线长度无关，公式如下：

$$\alpha = \frac{2}{S}(f_0 + f_1 + f_2 + \cdots + f_{n-1} + f_n) = \frac{2}{S}\sum_{0}^{n} f \tag{3-1}$$

式中：f——现场实测正矢（mm）；

S——测点间距（mm）；

α——曲线转角（rad）。

3.1 坐标法计算曲线计划正矢和矢距

传统的计划正矢和矢距计算方法，采用近似公式[1]，精度不高，计算烦琐。现提出利用曲线方程公式（2-1a）~公式（2-1e）或公式（2-11）计算各测点坐标，运用点至直线的距离公式（1-19）计算计划正矢和矢距。

3.1.1 传统的缓和曲线计划正矢计算方法

传统的计划正矢计算原理如图 3-1 和图 3-2 所示。

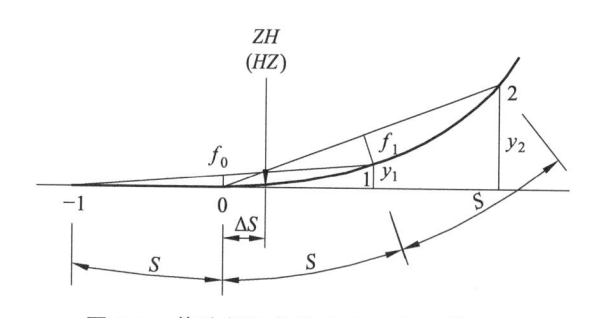

图 3-1 传统缓和曲线起点正矢计算示意图 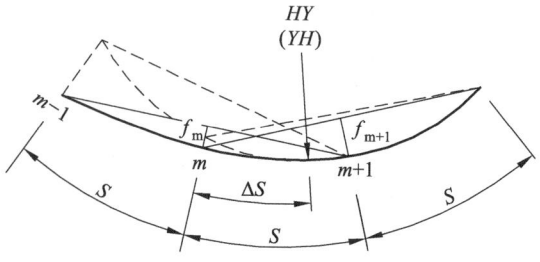　　图 3-2 传统缓和曲线终点正矢计算示意图

计划正矢计算公式为

$$f_0 = \frac{1}{2} y_1 = \frac{1}{2} \times \frac{(S - \Delta S)^3}{6Rl_0},$$

$$f_1 = \frac{1}{2}y_2 - y_1 = \frac{1}{2} \times \frac{(2S-\Delta S)^3}{6Rl_0} - \frac{(S-\Delta S)^3}{6Rl_0}$$

缓和曲线中间各点计划正矢为

$$f_i = \frac{1}{2}(y_{i+1} - 2y_i + y_{i-1}) = (i - \Delta)t = f_{i-1} + t$$

其中，$t = \frac{y_m}{m}$；$m = \frac{l_0}{S}$；设曲线起点（ZH、HZ）距0#桩为 ΔS；$\Delta = \frac{\Delta S}{S}$，$0 \leqslant \Delta \leqslant 1$；$S$ 为测点间距；l_0 为缓和曲线长度；R 为曲线半径。

缓和曲线终点两个的计划正矢公式为

$$f_m = f_y + \frac{\Delta S^3}{6Rl_0} - \frac{1}{2} \times \frac{(S+\Delta S)^3}{6Rl_0}, \quad f_{m+1} = f_y - \frac{\Delta S^3}{6Rl_0}$$

3.1.2 坐标法计算曲线计划正矢新方法

根据已知曲线要素和计划正矢布桩方式，单曲线独立坐标方程公式（2-1a）～公式（2-1e）或公式（2-11），求出线路上每一个桩的坐标，运用点至直线的距离公式（1-19）计算计划正矢、矢距[2]。

已知：$A(x_1, y_1)$，$B(x_2, y_2)$，$C(x_3, y_3)$ 坐标。

求：中间 B 点至 AC 的距离，即计划正矢或矢距，B 点为 AC 中点则为正矢，如式（3-2），否则为矢距公式（3-3）。

$$f_i = \sqrt{\left(x_i - \frac{x_{i+1}+x_{i-1}}{2}\right)^2 + \left(y_i - \frac{y_{i+1}+y_{i-1}}{2}\right)^2} \quad (3\text{-}2)$$

$$f_i = \frac{\frac{(y_{i+1}-y_{i-1})}{(x_{i+1}-x_{i-1})} \times x_i - y_i + y_{i-1} - x_{i-1} \times \frac{(y_{i+1}-y_{i-1})}{(x_{i+1}-x_{i-1})}}{\sqrt{((y_{i+1}-y_{i-1})^2/(x_{i+1}-x_{i-1})^2+1)}} \quad (3\text{-}3)$$

如图 3-3 所示，0# ~ 1#桩间距 D_1，1# ~ 2#桩间距 D_2，2# ~ 3#桩间距 D_3，0#的里程为 $-a$，以弦代弧计算里程的方式，单曲线独立坐标系则 0#、1#、2#、3#的里程为：$-a$、$D_1 - a$、$D_1 + D_2 - a$、$D_1 + D_3 + D_2 - a$，依次类推计算其他点里程，以相对里程 S（$ZH = 0$）为自变量，根据单曲线独立坐标方程计算每个桩的相对坐标，将坐标代入式（3-2）、式（3-3）求出计划正矢（矢距）。

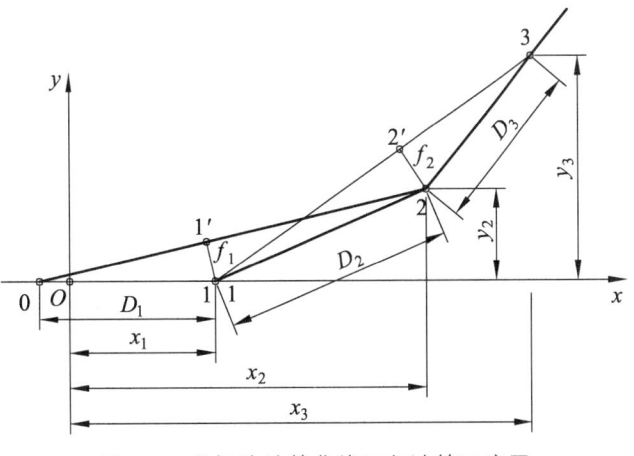

图 3-3 坐标法计算曲线正矢计算示意图

无论是单曲线、复曲线还是连续曲线，只要其中 3 个桩的坐标能求出，就可计算计划正矢（矢距）。

3.2 计划正矢布桩的几种方法

现就常用的铁路曲线计划正矢布置方式和计算方法进行归纳，较为常见的有测点对称布点、曲线一端的头或尾落在测点上的布置法、曲线头尾与测点重合布置法、任意布置法、增加副矢等五种[3-6]，布桩时只要计算出 ZH 点至缓和曲线内第 1 测点距离，则可计算计划正矢，现分别归纳如下：

3.2.1 曲线对称布点法

以 QZ 点为中心分别向两侧的 ZH、HZ 对称等距布点，按里程增加依次编号，该方法又分为 QZ 点与测点重合和 QZ 点与测点不重合两种，如表 3-1、表 3-2 和表 3-3、表 3-4。

QZ 点与测点重合为例子，设曲线全长 L，测点间距 DS，ZH 点至缓和曲线内第 1 测点距离：$\frac{L}{2} - \text{int}\left(\frac{L}{2} \div DS\right) \times DS$，即曲线半全长减去曲线半全长分段数取整（测点间距 DS）。

表 3-1 曲线要素表

序号	始缓长 l_{01}/m	终缓长 l_{02}/m	半径 R/m	曲全长 L/m	始切长 T_1/m	终切长 T_2/m	曲线偏角 α（左转）
1	50	50	796.8	551.216	284.254	284.254	36°2′27.998″
测点间距	ZH 至缓曲内第 1 测点距离/m	曲线超高/mm	曲线加宽/mm	ZH 相对里程/m	HY 相对里程/m	YH 相对里程/m	HZ 相对里程/m	行别
10	5.608	150	0	0	50	501.2159192	551.21592	1

表 3-2 对称布置计划正矢计算表（QZ 为桩号）

桩号	正矢/mm	x,y 坐标	超高/mm	加宽/mm	上股相对里程/m	绝对里程/km	线形	曲线桩
−7	0	0	0	0	−84.392	17.51821507	始直	
−6	0	−74.392, 0	0	0	−74.392	17.52821507	始直	
−5	0	−64.392, 0	0	0	−64.392	17.53821507	始直	
−4	0	−54.392, 0	0	0	−54.392	17.54821507	始直	
−3	0	−44.392, 0	0	0	−44.392	17.55821507	始直	
−2	0	−34.392, 0	0	0	−34.392	17.56821507	始直	
−1	0	−24.392, 0	0	0	−24.392	17.57821507	始直	
0	0	−14.392, 0	0	0	−14.392	17.58821507	始直	
1	0.4	−4.392, 0	0	0	−4.392	17.59821507	始直	ZH: 0 + 4.392

续表

桩号	正矢/mm	x,y 坐标	超高/mm	加宽/mm	上股相对里程/m	绝对里程/km	线形	曲线桩
2	7.2	5.608, 0.001	16.8	0	5.608	17.60821507	始缓	
3	19.6	15.608, 0.016	46.8	0	15.608	17.61821507	始缓	
4	32.1	25.608, 0.07	76.8	0	25.608	17.62821507	始缓	
5	44.7	35.607, 0.189	106.8	0	35.608	17.63821507	始缓	
6	56.9	45.605, 0.397	136.8	0	45.608	17.64821507	始缓	HY: 5+4.392
7	62.6	55.6, 0.719	150	0	55.608	17.65821507	圆曲	
8	62.8	65.59, 1.165	150	0	65.608	17.66821507	圆曲	
50	62.8	460.379, 129.597	150	0	485.608	18.08821507	圆曲	
51	62.6	468.72, 135.113	150	0	495.608	18.09821507	圆曲	YH: 50+5.608
52	56.9	476.991, 140.734	136.8	0	505.608	18.10821507	终缓	
53	44.7	485.197, 146.448	106.8	0	515.608	18.11821507	终缓	
54	32.1	493.352, 152.235	76.8	0	525.608	18.12821507	终缓	
55	19.6	501.47, 158.075	46.8	0	535.608	18.13821507	终缓	
56	7.2	509.565, 163.946	16.8	0	545.608	18.14821507	终缓	HZ: 55+5.608
57	0.4	517.651, 169.829	0	0	555.608	18.15821507	终直	
58	0	525.737, 175.713	0	0	565.608	18.16821507	终直	
59	0	533.823, 181.597	0	0	575.608	18.17821507	终直	

表 3-3 曲线要素表

序号	始缓长 l_{01}/m	终缓长 l_{02}/m	半径 R/m	曲全长 L/m	始切长 T_1/m	终切长 T_2/m	曲线偏角 α(左转)
1	50	50	796.8	551.216	284.254	284.254	36°2′27.998″

测点间距	ZH至缓曲内第1测点距离/m	曲线超高/mm	曲线加宽/mm	ZH上股相对里程/m	HY上股相对里程/m	YH上股相对里程/m	HZ上股相对里程/m	行别/曲线号
10	0.608	150	0	0	50	501.2159192	551.21592	1

表 3-4 对称布置计划正矢计算表（QZ 为非桩号）

桩号	正矢/mm	x,y 坐标	超高/mm	加宽/mm	上股相对里程/m	绝对里程/km	线形	曲线桩
−7	0	0	0	0	−89.392	17.51321507	始直	
−6	0	−79.392, 0	0	0	−79.392	17.52321507	始直	
−5	0	−69.392, 0	0	0	−69.392	17.53321507	始直	
−4	0	−59.392, 0	0	0	−59.392	17.54321507	始直	
−3	0	−49.392, 0	0	0	−49.392	17.55321507	始直	

续表

桩号	正矢/mm	x, y 坐标	超高/mm	加宽/mm	上股相对里程/m	绝对里程/km	线形	曲线桩
−2	0	−39.392, 0	0	0	−39.392	17.56321507	始直	
−1	0	−29.392, 0	0	0	−29.392	17.57321507	始直	
0	0	−19.392, 0	0	0	−19.392	17.58321507	始直	
1	0	−9.392, 0	0	0	−9.392	17.59321507	始直	ZH: 0+9.392
2	2.5	0.608, 0	1.8	0	0.608	17.60321507	始缓	
3	13.3	10.608, 0.005	31.8	0	10.608	17.61321507	始缓	
4	25.9	20.608, 0.037	61.8	0	20.608	17.62321507	始缓	
5	38.4	30.608, 0.12	91.8	0	30.608	17.63321507	始缓	
6	51	40.606, 0.28	121.8	0	40.608	17.64321507	始缓	HY: 5+9.392
7	61	50.603, 0.542	150	0	50.608	17.65321507	圆曲	
8	62.8	60.595, 0.926	150	0	60.608	17.66321507	圆曲	
51	62.8	464.558, 132.342	150	0	490.608	18.09321507	圆曲	
52	61	472.864, 137.911	150	0	500.608	18.10321507	圆曲	YH: 51+0.608
53	51	481.101, 143.58	121.8	0	510.608	18.11321507	终缓	
54	38.4	489.28, 149.334	91.8	0	520.608	18.12321507	终缓	
55	25.9	497.415, 155.15	61.8	0	530.608	18.13321507	终缓	
56	13.3	505.52, 161.008	31.8	0	540.608	18.14321507	终缓	
57	2.5	513.608, 166.887	1.8	0	550.608	18.15321507	终缓	HZ: 56+0.608
58	0	521.694, 172.771	0	0	560.608	18.16321507	终直	
59	0	529.78, 178.655	0	0	570.608	18.17321507	终直	

3.2.2　曲线一端头或尾落在测点上的布置法

以 ZH 或 HZ 点为起点向曲线另一端等距布点，并按里程增加或减少方向依次编号计算计划正矢，通过计算机程序计算，如表 3-5、表 3-6。

表 3-5　曲线要素表

序号	始缓长 l_{01}/m	终缓长 l_{02}/m	半径 R/m	曲全长 L/m	始切长 T_1/m	终切长 T_2/m	曲线偏角 α
1	50	50	796.8	551.216	284.254	284.254	36°2′28″
测点间距/m	ZH 至缓曲内第 1 测点距离/m	曲线超高/mm	曲线加宽/mm	ZH 上股相对里程/m	HY 上股相对里程/m	YH 上股相对里程/m	HZ 上股相对里程/m
10	0	150	0	0	50	501.2159192	551.2159192

表 3-6 以 ZH 或 HZ 点为起点向曲线另一端等距布点计划正矢计算表

桩号	正矢/mm	x,y 坐标	超高/mm	加宽/mm	上股相对里程/m	曲线桩	线形
-8	0	0	0	0	-90		始直
-7	0	-80, 0	0	0	-80		始直
-6	0	-70, 0	0	0	-70		始直
-5	0	-60, 0	0	0	-60		始直
-4	0	-50, 0	0	0	-50		始直
-3	0	-40, 0	0	0	-40		始直
-2	0	-30, 0	0	0	-30		始直
-1	0	-20, 0	0	0	-20		始直
0	0	-10, 0	0	0	-10		始直
1	2.1	0, 0	0	0	0	ZH: 1+0	始直
2	12.6	10, 0.004	30	0	10		始缓
3	25.1	20, 0.033	60	0	20		始缓
4	37.7	30, 0.113	90	0	30		始缓
5	50.2	39.998, 0.268	120	0	40		始缓
6	60.7	49.995, 0.523	150	0	50	HY: 6+0	始缓
7	62.8	59.988, 0.899	150	0	60		圆曲
8	62.8	69.975, 1.401	150	0	70		圆曲
50	62.8	464.051, 132.007	150	0	490		圆曲
51	61.3	472.361, 137.569	150	0	500	YH: 51+1.216	圆曲
52	51.7	480.602, 143.233	123.6	0	510		终缓
53	39.2	488.784, 148.982	93.6	0	520		终缓
54	26.6	496.921, 154.795	63.6	0	530		终缓
55	14.1	505.027, 160.651	33.6	0	540		终缓
56	2.9	513.117, 166.53	3.6	0	550	HZ: 56+1.216	终缓
57	0	521.203, 172.413	0	0	560		终直
58	0	529.289, 178.297	0	0	570		终直

3.2.3 曲线头尾与测点重合布置法

ZH、HZ 都落在测点上，两端测点分别从 ZH、HZ 向曲中点 QZ 等距分布，至 QZ 点不足两测点间距 DS 时不再设桩，且将不足的余量放在圆曲线中间，如表 3-7、表 3-8 所示。

表 3-7 曲线要素表

序号	始缓长 l_{01}/m	终缓长 l_{02}/m	半径 R/m	曲全长 L/m	始切长 T_1/m	终切长 T_2/m	曲线偏角 α（左转）
1	50	50	796.8	551.216	284.254	284.254	36°2′27.998″

测点间距	ZH至缓曲第1点距/m	曲线超高/mm	曲线加宽/mm	ZH上股相对里程/m	HY上股相对里程/m	YH上股相对里程/m	HZ上股相对里程/m	行别/曲线号
10	0	150	0	0	50	501.216	551.216	1

表 3-8 ZH、HZ 向曲中点 QZ 等距分布计划正矢计算表

桩号	正矢/mm	x, y 坐标	超高/mm	加宽/mm	上股相对里程/m	绝对里程/km	线形	曲线桩
0	0	0	0	0	−10	17.59260707	始直	
1	2.1	0，0	0	0	0	17.60260707	始直	ZH：1+0
2	12.6	10，0.004	30	0	10	17.61260707	始缓	
3	25.1	20，0.033	60	0	20	17.62260707	始缓	
4	37.7	30，0.113	90	0	30	17.63260707	始缓	
5	50.2	39.998，0.268	120	0	40	17.64260707	始缓	
6	60.7	49.995，0.523	150	0	50	17.65260707	始缓	HY：6+0
7	62.8	59.988，0.899	150	0	60	17.66260707	圆曲	
8	62.8	69.975，1.401	150	0	70	17.67260707	圆曲	
50	62.8	456.694，127.207	150	0	481.216	18.08382307	圆曲	
51	62.8	465.065，132.677	150	0	491.216	18.09382307	圆曲	
52	60.7	473.367，138.253	150	0	501.216	18.10382307	终缓	YH：52+0
53	50.2	481.6，143.928	120	0	511.216	18.11382307	终缓	
54	37.7	489.776，149.686	90	0	521.216	18.12382307	终缓	
55	25.1	497.908，155.505	60	0	531.216	18.13382307	终缓	
56	12.6	506.012，161.365	30	0	541.216	18.14382307	终缓	
57	2.1	514.1，167.245	0	0	551.216	18.15382307	终直	HZ：57+0
58	0	522.186，173.129	0	0	561.216	18.16382307	终直	
59	0	530.272，179.012	0	0	571.216	18.17382307	终直	

3.2.4 任意布置法

指 ZH 或 HZ 点至前后桩的距离为任意长度（要求小于等于测点间距），向曲线另一端布桩，既不对称，测点也不与曲线头尾重合，此种情况新开通线路很少采用，但在既有曲线整正重新计算计划正矢时经常用到，如表 3-9、表 3-10。

表 3-9　曲线要素表

序号	始缓长 l_{01}/m	终缓长 l_{02}/m	半径 R/m	曲全长 L/m	始切长 T_1/m	曲线偏角 α
1	50	50	600	386.236	197.709	32°6′29.4″
测点间距	ZH至缓曲内第1测点距离/m	曲线超高/mm	曲线加宽/mm	ZH相对里程/m	HY相对里程/m	HZ相对里程/m
10	6.562	20	0	0	50	386.236

表 3-10　任意布置法计划正矢计算表

桩号	正矢/mm	x, y 坐标	超高/mm	曲线桩	相对里程/m	线形
0	0	−13.438, 0	0		−13.438	始直
1	0.8	−3.438, 0	0	ZH: 0+3.438	−3.438	始直
2	11	6.562, 0.002	2.6		6.562	始缓
3	27.6	16.562, 0.025	6.6		16.562	始缓
4	44.3	26.562, 0.104	10.6		26.562	始缓
5	60.9	36.56, 0.272	14.6		36.562	始缓
6	76.8	46.556, 0.561	18.6	HY: 5+3.438	46.562	始缓
7	83.2	56.546, 1.004	20		56.562	圆曲
8	83.3	66.527, 1.613	20		66.562	圆曲
33	83.3	305.221, 69.631	20		316.562	圆曲
34	83.3	314.024, 74.375	20	YH: 33+9.674	326.562	圆曲
35	80.3	322.746, 79.265	19.9		336.562	终缓
36	66.1	331.39, 84.294	15.9		346.562	终缓
37	49.5	339.966, 89.437	11.9		356.562	终缓
38	32.8	348.49, 94.665	7.9		366.562	终缓
39	16.1	356.98, 99.948	3.9	HZ: 38+9.674	376.562	终缓
40	2.5	365.454, 105.259	0		386.562	终直
41	0	373.924, 110.575	0		396.562	终直
	2801					

3.2.5　既有布点上加密测点法

在 10 m 测点（假设原测点间距为 10 m）中间再增加测点，点间距由原 10 m 变为 5 m，测量时每隔 5 m 移动一次弦绳，检查方法不变。如测点间采用 20 m 弦线，原测点（1，2，3，…，n）为一组，加密点（1′，2′，3′，…，n′）为另一组测量正矢，测量结果为两组实测正矢数据，加密测点的目的在于进一步保证曲线的圆顺，利用轨道检查仪测量完成，被大多数工务部门采用，通过计算机程序计算，成果如表 3-11、表 3-12。

表 3-11　曲线要素表

序号	始缓长 l_{01}/m	终缓长 l_{02}/m	半径 R/m	曲全长 L/m	始切长 T_1/m	曲线偏角 α（左转）
1	50	50	600	386.236	197.709	32°6′29.422″
测点间距	ZH 至缓曲内第1测点距离/m	曲线超高/mm	曲线加宽/mm	ZH 相对里程/m	HY 相对里程/m	HZ 相对里程/m	行别/曲线号
10	3.118	20	0	0	50	386.236	1

表 3-12　对称布置计划正矢计算表（加密桩）

桩号	主正矢	副正矢	加桩号	曲线桩	相对里程/m	线形	计划正矢
0	0	0	1		−11.882	始直	0
1	0	0.1	1′		−6.882	始直	0.1
2	1.5	0	2	ZH：−3+1.882	−1.882	始直	1.5
3	0	6.1	2′		3.118	始缓	6.1
4	13.5	0	3		8.118	始缓	13.5
5	0	21.9	3′		13.118	始缓	21.9
6	30.2	0	4		18.118	始缓	30.2
7	0	38.5	4′		23.118	始缓	38.5
8	46.9	0	5		28.118	始缓	46.9
9	0	55.2	5′		33.118	始缓	55.2
10	63.5	0	6		38.118	始缓	63.5
11	0	71.8	6′		43.118	始缓	71.8
12	78.7	0	7	HY：13+1.882	48.118	始缓	78.7
13	0	82.4	7′		53.118	圆曲	82.4
14	83.3	0	8		58.118	圆曲	83.3
15	0	83.3	8′		63.118	圆曲	83.3
68	83.3	0	35		328.118	圆曲	83.3
69	0	82.4	35′	YH：63+3.118	333.118	圆曲	82.4
70	78.7	0	36		338.118	终缓	78.7
71	0	71.8	36′		343.118	终缓	71.8
72	63.5	0	37		348.118	终缓	63.5
73	0	55.2	37′		353.118	终缓	55.2
74	46.9	0	38		358.118	终缓	46.9
75	0	38.5	38′		363.118	终缓	38.5
76	30.2	0	39		368.118	终缓	30.2
77	0	21.9	39′		373.118	终缓	21.9

续表

桩号	主正矢	副正矢	加桩号	曲线桩	相对里程/m	线形	计划正矢
78	13.5	0	40		378.118	终缓	13.5
79	0	6.1	40′	HZ：80+3.118	383.118	终缓	6.1
80	1.5	0	41		388.118	终直	1.5
81	0	0.1	41′		393.118	终直	0.1
82	0	0	42		398.118	终直	0
	2801	2801.1	44		418.118	终直	5602.1

3.2.6 计划正矢计算案例

计划正矢计算案例如表 3-13、表 3-14 所示。

表 3-13 曲线要素表

序号	始缓长 l_{01}/m	终缓长 l_{02}/m	半径 R/m	曲全长 L/m	曲线偏角 α
1	70	70	800	279.79	15°1′30.367″
测点间距	ZH 至缓曲内第 1 测点距离/m	曲线超高/mm	曲线加宽/mm	ZH 上股相对里程/m	HY 上股相对里程/m
10	0.13	20	0	0	70

表 3-14 计划正矢计算表[7]

桩号	正矢/mm	x, y 坐标	超高/mm	加宽/mm	相对里程/m
1	0	−9.87，0	0	0	−9.87
2	1.5	0.13，0	0	0	0.13
3	9	10.13，0.003	2.9	0	10.13
4	18	20.13，0.024	5.8	0	20.13
5	26.9	30.13，0.081	8.6	0	30.13
6	35.8	40.129，0.192	11.5	0	40.13
7	44.8	50.127，0.375	14.3	0	50.13
8	53.7	60.124，0.647	17.2	0	60.13
9	61.1	70.116，1.026	20	0	70.13
10	62.5	80.104，1.528	20	0	80.13
21	62.5	189.157，15.249	20	0	190.13
22	62.5	198.958，17.237	20	0	200.13
23	60.9	208.732，19.348	19.9	0	210.13
24	53.3	218.481，21.577	17	0	220.13
25	44.3	228.205，23.91	14.2	0	230.13

续表

桩号	正矢/mm	x, y 坐标	超高/mm	加宽/mm	相对里程/m
26	35.4	237.907，26.33	11.3	0	240.13
27	26.5	247.593，28.818	8.5	0	250.13
28	17.6	257.265，31.357	5.6	0	260.13
29	8.6	266.929，33.93	2.8	0	270.13
30	1.3	276.587，36.52	0	0	280.13
31	0	286.245，39.112	0	0	290.13
32	0	295.904，41.705	0	0	300.13

本章参考文献

[1] 吴耀庭. 铁路曲线及其养护[M]. 2版. 北京：中国铁道出版社，2011

[2] 廖显军. 铁路曲线设计正副矢计算方法的探讨[J]. 广西铁道，2011（2）38-39

[3] 邓昌大. 曲线正矢测点布置方法探讨[J]. 铁道建筑，2001（4）：19-21.

[4] 汪家富. 曲线增加测点后正矢测量方法的探讨[J]. 上海铁道科技，2007（1）：68-69.

[5] 龙科. 铁路曲线正矢布点方法探讨[J]. 铁道技术监督，2006（6）：21-24.

[6] 刘永孝. 既有铁路曲线整正计算中的计划正矢计算方法的研究[J]. 铁道标准设计，2012（12）：14-18.

[7] 陈知辉. 铁路曲线轨道[M]. 2版. 北京：中国铁道出版社，2016：87-90.

第 4 章　铁路单曲线整正新计算方法的研究

4.1　目标函数的讨论

最优的目标函数标准：根据约束条件，设计变量能反映线路拨移或抬道工程量最好或最满意的值，铁路线路整正拨道量目标函数，通常有以下几种。

1. 拨量绝对值之和最小

拨量绝对值之和最小 $\sum_{i=0}^{n}|e_i|$，其中 e_i 为各测点拨量，以下同。

能比较确切地反映了工程实际，但它是以点的拨量大小来代替线路拨量的拨量大小，无法直接地反映工程量大小。

它具有以下特点：所有测点包括圆曲线及缓和曲线参与曲线半径的计算与选择，因而曲线各部联系紧密，整体性强，根据目标函数值进行比选择优，比较接近线路拨移和抬道的实际工程量。

2. 拨量平方和最小

拨量平方和最小 $\sum_{i=0}^{n}e_i^2$，符合误差理论，不能直接反映工程量大小。

根据误差理论提出的，认为该目标函数能较好地反映出设计线与既有线的接近程度。这一目标函数实际上追求的是拨距大小均衡，数学意义上似乎更严密，但拨距是各测点的拨道工程量，绝非误差。

3. 拨量最大值最小

每个整正拨量多组方案中，从每一组最大拨量绝对值中筛选出最小值的那一组方案，它只能照顾某个桩的拨量大小，不能反映全线所拨量的工程量大小。

只能控制全曲线中某个桩最大的拨量值，但可能会对其他桩产生很大影响，如果只有一个桩圆顺特别不好，为了照顾此桩，则其他桩号拨量会普遍增加，并不能保证整条曲线拨移工程量最小。

在线路集中修或保养中，为避免过大拨量（平面拨量超过 30 mm 以上）而需要封锁慢行或需要其他站后专业配合，可采用此目标函数。

4. 拨量代数和最小

拨量代数和最小 $\sum_{i=0}^{n}e_i$，它不能反映工程大小，只能反映线路两侧所有桩号点到理论线路中心距离总和相当。

本目标函数意图是使各测点均匀地分布在设计线两侧,使线路拨后伸缩量为 0,而实际情况与上述意图往往并不符,因为不同测点对应的半径不同,其拨后伸缩量在线路单元长度条件下伸缩量并不一样,因此拨量代数和为 0 时,拨后线路伸缩量并不一定为 0,也不能保证拨道工程量最小。

5. 拨量面积之数和

根据各桩拨移后,线路移动范围形成的面积大小[1],能反映线路拨移工程量,是一种比较接近实际拨道工程量的目标函,但此目标函数计算复杂,实际应用较少。

4.2 坐标法整正单曲线新方法的研究

传统的坐标法整正理论有多种[2-5],本文研究利用流动坐标法进行整正计算的新方法。

4.2.1 坐标法整正曲线概述

(1)传统的坐标法整正只将半径、缓和曲线作为变量进行优化[6],而本书研究的是将半径、缓和曲线和两端切线方向作为变量,将切线方向调整纳入变量,全面考虑各种因素,得出最优的曲线要素及整正成果。

(2)新方法增加拨后线路伸缩量功能:通过还原既有曲线长度,能精确计算出拨道后线路伸缩量,解决了长期以来拨后线路伸缩量采用近似计算的做法。

4.2.2 坐标法整正曲线的基本原理及计算新方法

本新方法整正原理是利用流动坐标系法进行拨量计算,并通过微调扭转切线方向优化最佳曲线要素中的缓和曲线及半径[7],整正计算方法有两种,现介绍如下:

1. 方法一——将绝对坐标换算为相对坐标计算方法

已知:线路上各测点实测坐标,通过实测坐标绘制 CAD 线路平面图,如图 4-1 所示。

求:设计一曲线,以既有测点拨量绝对值之和最小为目标函数,优化曲线半径、缓和曲线长和切线方向。

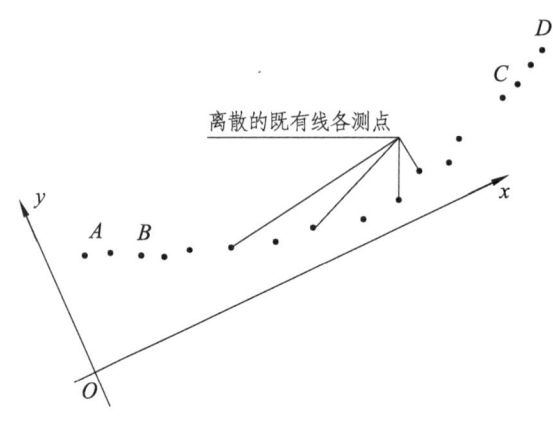

图 4-1 原实测坐标线路平面图

（1）计算曲线半径和缓和曲线长度初始值。

根据实测坐标反算线路半径或曲率确定线路线元（直线或曲线），另外也可根据平面线形判断曲线和切线大致范围的桩号，将曲线始端切线范围的实测桩号 A、B 和终端切线范围的 C、D 分别为始终切线方向的控制桩，坐标为 $A(x_A, y_A)$，$B(x_B, y_B)$，$C(x_C, y_C)$，$D(x_D, y_D)$。

（2）以 A 为坐标原点，直线 AB 为横轴建立新坐标系 $x'O'y'$，将实测坐标进行先平移后旋转，如图 4-2 所示。

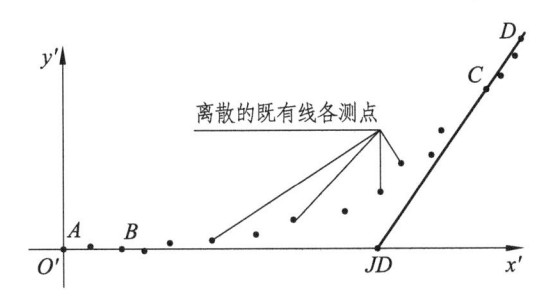

图 4-2 平移旋转后实测坐标线路平面图

根据先平移后旋转公式（1-33）对实测坐标进行转换，A 的坐标为 x_A、y_A，AB 的方位角为

$$\beta = \arctan\left(\left|\frac{y_B - y_A}{x_B - x_A}\right|\right) \tag{4-1a}$$

设 i 为既有线任意桩号，坐标为 x_i、y_i，则各桩先平移后旋转的坐标为

$$\left.\begin{array}{l} x'_i = (x_i - x_A) \times \cos\beta + (y_i - y_A) \times \sin\beta \\ y'_i = (y_i - y_A) \times \cos\beta - (x_i - x_A) \times \sin\beta \end{array}\right\} \tag{4-1b}$$

（3）求直线 AB、CD 交点 JD 坐标。

根据新坐标系 $x'O'y'$，实测坐标平移旋转后线路平面，则 AB 方位角为 0，CD 的方位角为

$$\beta = \arctan\left(\left|\frac{y'_D - y'_C}{x'_D - x'_C}\right|\right) \tag{4-1c}$$

根据 AB 直线方程 $y = kx + b$，经整理得

$$b_1 = y'_A - \tan(0) \times x'_A，$$

其中 $y'_A = 0$，$x'_A = 0$，所以 $b_1 = 0$。

根据 CD 直线方程 $y = kx + b$ 式，经整理得

$$b_2 = y_D - \tan\beta \times x_D，$$

其中 $k = \tan\beta$。

根据两直线交点坐标计算公式，直线 AB、CD 交点 JD 坐标简化后计算公式为

$$\left.\begin{array}{l} X_{JD} = -b_2 / \tan\beta \\ Y_{JD} = 0 \end{array}\right\} \tag{4-1d}$$

(4) 曲线偏角及其转向的判别方法：

以 JD 为坐标原点，AB 为横轴建立坐标系，如图 4-3 所示，切线 CD 方位角 β 就是曲线偏角 $\alpha = \beta$（$\beta < 180°$），根据 C 或 D 点坐标判定曲线转向。

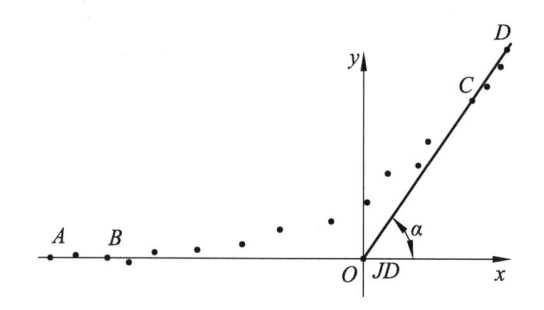

图 4-3　曲线偏角及转向平面图

假如 $Y_D > 0$，$X_D > 0$，直线位于第一象限，左转，则转角 $\alpha = \beta$；

假如 $Y_D > 0$，$X_D < 0$，直线位于第二象限，左转，则转角 $\alpha = \pi - \beta$；

假如 $Y_D < 0$，$X_D < 0$，直线位于第三象限，右转，则方位角 $\alpha = \pi - \beta$；

假如 $Y_D < 0$，$X_D > 0$，直线位于第四象限，右转，则方位角 $\alpha = \beta$。

(5) A 点至 JD 的距离和始切线长度 T_1 计算。

根据 A 的坐标为 x_A、y_A 和 JD 点坐标 X_{JD}、Y_{JD}，求 A 点至 JD 的距离 AD，如图 4-4 所示，$AD = \sqrt{(x_{JD} - x_A)^2 + (y_{JD} - y_A)^2}$。

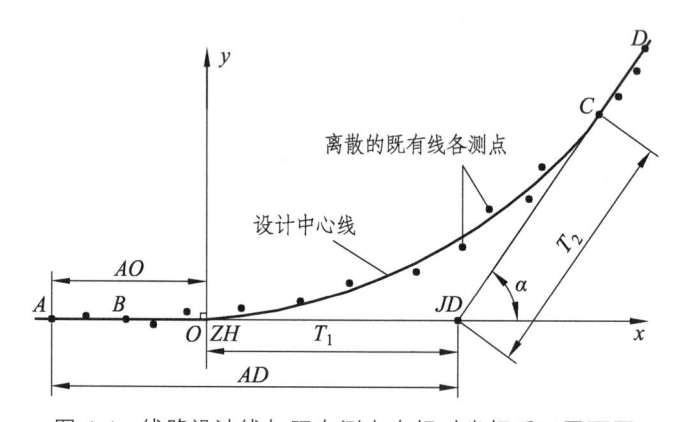

图 4-4　线路设计线与既有测点在相对坐标系下平面图

根据圆心坐标公式（1-12）和曲线半径公式（1-13），求得初始的曲线半径 R、缓和曲线长度 l_{01}、l_{02}。根据点至直线距离公式（1-18）或（1-19）求得圆心至切线 AB 的距离 P_{AB}，缓和曲线的内移距离为 $P = P_{AB} - R$，初始缓和曲线长度为 $l_0 = \sqrt{24PR}$。

根据曲线半径 R、缓和曲线长度 l_{01}、l_{02} 和曲线偏角 α，可求始切线长度 T_1。

缓和曲线内移距：

$$P_1 = \frac{l_{01}^2}{24 \times R} - \frac{l_{01}^4}{2688 \times R^3}, \quad P_2 = \frac{l_{02}^2}{24 \times R} - \frac{l_{02}^4}{2688 \times R^3}$$

缓和曲线切垂距：

$$m_1 = \frac{l_{01}}{2} - \frac{l_{01}^3}{240 \times R^2} + \frac{l_{01}^5}{34560 \times R^4}$$

切线长度：

$$T_1 = \frac{R+P_2}{\sin\alpha} - \frac{R+P_1}{\tan\alpha} + m_1$$

（6）新坐标系下的测点坐标。

以 ZH(HZ) 为原点，AB 为横轴建立新坐标系，xOy 坐标系经过平移 $x_p = AD - T_1$、$y_p = 0$ 后，设备实测测点 i 的坐标为 x_i、y_i，如图 4-4。

（7）建立流动坐标系计算整正曲线拨量。

以设计曲线 ZH(HZ) 为坐标原点，始切线为横坐标，建立固定统一坐标系 xOy 后，以设计曲线上任意一点为坐标原点，该点的切线为横坐标轴，建立沿设计曲线中心线移动的流动坐标系 $x'O'y'$，流动坐标系在移动过程中位于设计线路中心线上任意 C 点时，计算出 C 点在坐标系中的方位角 β_C 和坐标 x_C、y_C，则任意既有测点 i 的坐标 x_i、y_i 的坐标经过先平移（x_C、y_C）后旋转 β_C 换算，坐标计算得

$$\left.\begin{array}{l} x_i' = (x_i - x_C) \times \cos\beta_C + (y_i - y_C) \times \sin\beta_C \\ y_i' = (y_i - y_C) \times \cos\beta_C - (x_i - x_C) \times \sin\beta_C \end{array}\right\} \quad (4\text{-}1\text{e})$$

随着流动点 C 的移动，设计曲线中心线里程 S 通过迭代计算，不断发生变化，当既有测点 i 横坐标 $x' = 0$ 时，认为测点 i 其落在流动坐标系纵坐标轴上，则既有曲线点在流动坐标系上的纵坐标值 y' 就是拨量值，拨量正值为向右方向拨，反之为向左方向拨，如图 4-5 所示。

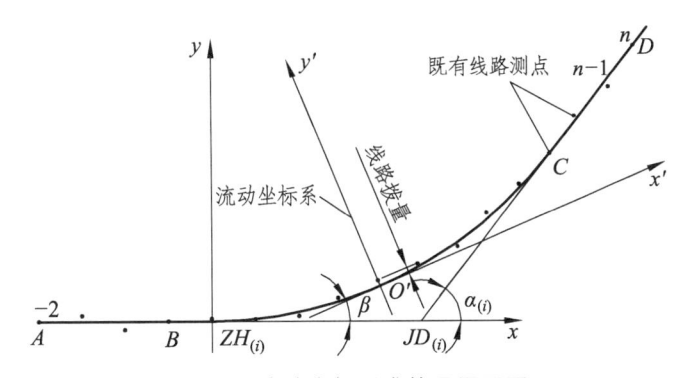

图 4-5 流动坐标系求拨量平面图

【例 4-1】

已知：实测线路中心线坐标，如表 4-6 第 2、3 列。

求：按拨量绝对值之和最小为目标函数，优化曲线要素和拨量。[8]

【解】

（1）切线控制桩选择及始切 AB 的方位角。

根据实测坐标反算线路半径或曲率确定线路线元（直线或曲线）范围桩号，根据圆心坐

标和半径计算公式（1-12）~公式（1-16）计算而得，另外也可根据 CAD 平面线形判断曲线和切线大致范围的桩号。

现以始直线实测桩号 1、2 和始直线 56、57 分别为始终切线方向的控制桩，坐标为 (x_1, y_1)、(x_2, y_2)、(x_{56}, y_{56})、(x_{57}, y_{57})，为方便计算，以 A、B、C、D 代表桩号 1、2、56、57 的桩，具体数据如表 4-1 所示，直线 AB 的方位角如表 4-2。

表 4-1　始终切线控制点坐标

x_A	y_A	x_B	y_B	x_C	y_C	x_D	y_D
2759110.259	502061.1038	2759098.13	502045.1908	2758162.877	501851.3541	2758145.552	501861.3774

表 4-2　直线 AB 的方位角

序号	实测横坐标/m	实测纵坐标/m	直线 AB 方位角/rad
1	2759110.259	502061.1038	4.061121057
2	2759098.13	502045.1908	

（2）求新坐标系直线 AB、CD 交点 JD 坐标。

以 A 为坐标原点，始切线 AB 为横坐标，建立新坐标系 xOy，直线 AB、CD 交点 JD 坐标，结果如表 4-3 所示。

表 4-3　交点 JD 坐标

曲线交点 JD 横坐标/m	曲线交点 JD 纵坐标/m
661.287	0

（3）曲线偏角及其转向的判别方法。

根据公式（4-1c）得曲线偏角及其转向，见表 4-4 所示。

表 4-4　曲线偏角及其转向

序号	平移旋转后横坐标/m	平移旋转后纵坐标/m	曲线偏角/rad	曲线转向
56	741.115765	626.3186198	1.444023104	右转
57	743.6464093	646.1735438		

（4）计算 A 点至 JD 的距离和始切线长度 T_1。

根据公式（1-1）得 A 点至 JD 的距离，结果如表 4-5 所示。

表 4-5

始切长 T_1/m	A 点至 JD 的距离/m
528.38	661.287

（5）计算新坐标系下的测点坐标。

根据坐标换算公式（4-1b），计算以 ZH 点为原点，以 AB 为横轴的新坐标系 xOy 各测点的坐标，结果如表 4-6 所示。

表 4-6　新坐标系下的测点坐标

序号	实测横坐标/m	实测纵坐标/m	直线 AB 方位角/rad	平移旋转后横坐标/m	平移旋转后纵坐标/m
1	2759110.259	502061.1038	4.061121057	0	0
2	2759098.13	502045.1908	4.061121057	20.00840348	0
3	2759085.995	502029.2784	4.061121057	40.01996695	0.005135612
4	2759073.85	502013.3883	4.061121057	60.01985683	0.031742537
5	2759061.982	501997.894	4.061121057	79.5370446	0.077979075
6	2759049.465	501981.6684	4.061121057	100.0292676	0.197064968
7	2759037.131	501965.9355	4.061121057	120.0187047	0.469280485
8	2759024.592	501950.3637	4.061121057	140.0042865	1.002193808
9	2759011.751	501935.0233	4.061121057	159.9889032	1.915566102
10	2758998.578	501919.9798	4.061121057	179.9386475	3.272962634
11	2758984.981	501905.3207	4.061121057	199.8396991	5.200594548
12	2758970.895	501891.1163	4.061121057	219.6755502	7.792772901
13	2758956.354	501877.3921	4.061121057	239.4053094	11.03791494
14	2758941.35	501864.1711	4.061121057	259.0155342	14.95632567
15	2758925.907	501851.45	4.061121057	278.4943002	19.52691708
16	2758910.058	501839.2566	4.061121057	297.7994935	24.74029597
17	2758893.803	501827.5941	4.061121057	316.9285688	30.59840217
18	2758877.167	501816.4976	4.061121057	335.8384558	37.10263024
19	2758860.161	501805.9599	4.061121057	354.5282125	44.23986709
20	2758842.834	501795.9786	4.061121057	372.9700442	51.96968738
21	2758825.159	501786.5796	4.061121057	391.1597195	60.3292651
22	2758807.21	501777.7936	4.061121057	409.0279637	69.27835708
23	2758788.972	501769.5927	4.061121057	426.606059	78.81198019
24	2758770.466	501762.0085	4.061121057	443.8561434	88.93258858
25	2758751.699	501755.0355	4.061121057	460.7783477	99.63128097
26	2758732.746	501748.6841	4.061121057	477.318936	110.8547131
27	2758713.576	501742.9808	4.061121057	493.4756246	122.6436039
28	2758694.229	501737.8955	4.061121057	509.2481045	134.9478943
29	2758674.719	501733.4427	4.061121057	524.6163569	147.7652398
30	2758655.083	501729.6756	4.061121057	539.515642	161.0984631
31	2758635.331	501726.5386	4.061121057	553.9841171	174.9059067
32	2758615.482	501724.083	4.061121057	567.969465	189.2035574

续表

序号	实测横坐标/m	实测纵坐标/m	直线 AB 方位角/rad	平移旋转后横坐标/m	平移旋转后纵坐标/m
33	2758595.559	501722.281	4.061121057	581.479853	203.9562708
34	2758575.594	501721.1613	4.061121057	594.4730571	219.1559944
35	2758555.616	501720.7206	4.061121057	606.9341224	234.7776638
36	2758535.594	501720.9538	4.061121057	618.8858968	250.8428420
37	2758515.618	501721.8528	4.061121057	630.2802651	267.2750406
38	2758495.664	501723.3903	4.061121057	641.1534879	284.0767979
39	2758475.797	501725.6137	4.061121057	651.4284645	301.2251521
40	2758455.99	501728.4825	4.061121057	661.1537726	318.7170258
41	2758436.299	501732.0194	4.061121057	670.2774116	336.5216419
42	2758416.756	501736.2252	4.061121057	678.7793469	354.6140353
43	2758397.326	501741.0648	4.061121057	686.7087109	373.0007646
44	2758378.1	501746.5374	4.061121057	694.0109762	391.6089711
45	2758359.062	501752.6504	4.061121057	700.6899565	410.4558656
46	2758340.23	501759.4046	4.061121057	706.7341041	429.5276176
47	2758321.635	501766.7737	4.061121057	712.1455437	448.7836291
48	2758303.273	501774.7346	4.061121057	716.9450718	468.2130785
49	2758285.196	501783.2858	4.061121057	721.1023594	487.7736999
50	2758267.341	501792.3137	4.061121057	724.7459446	507.4467345
51	2758249.703	501801.7239	4.061121057	727.9539362	527.178934
52	2758232.201	501811.4177	4.061121057	730.8539336	546.9748876
53	2758214.826	501821.3249	4.061121057	733.5072238	566.7991981
54	2758197.503	501831.3184	4.061121057	736.0603561	586.6344669
55	2758180.181	501841.3418	4.061121057	738.5891023	606.4870656
56	2758162.877	501851.3541	4.061121057	741.115765	626.3186198
57	2758145.552	501861.3774	4.061121057	743.6464093	646.1735438

注：ZH 点里程为 0。

（6）建立流动坐标系计算整正曲线拨量。

根据流动坐标系 $x'O'y'$ 拨量计算公式（4-1e），通过计算机程序计算，得曲线要素和各测点拨道量，结果如表 4-7、表 4-8 所示。

表 4-7 整正曲线要素表

编号	始缓长 l_{01}/m	终缓长 l_{02}/m	半径 R/m	曲全长 L/m	始切长 T_1/m	终切长 T_2/m	曲线偏角 α
右转	140	130	600	1001.414	599.357	594.576	82°44′11.14″

表 4-8 整正曲线拨量表

测点	实测 x 坐标 /m	实测 y 坐标 /m	两端切线控制桩	曲线桩设计里程	拨道量 /mm	设计线形	既有弦长 /m	设计相对里程 /m
1	2759110.259	502061.1038	定向点1		0	始直	0	−61.930
2	2759098.13	502045.1908	定向点2		0	始直	20.0083966	−41.921
3	2759085.995	502029.2784			−5	始直	20.011569	−21.910
4	2759073.85	502013.3883			−31.6	始直	19.9999138	−1.910
5	2759061.982	501997.894		ZH: 0	−67	始缓	19.5172414	17.607
6	2759049.465	501981.6684			−87.2	始缓	20.492569	38.100
7	2759037.131	501965.9355			−80.2	始缓	19.9912931	58.093
8	2759024.592	501950.3637			−57.5	始缓	19.9926897	78.087
9	2759011.751	501935.0233			−43.2	始缓	20.0054828	98.094
10	2758998.578	501919.9798			−7	始缓	19.9958621	118.091
11	2758984.981	501905.3207			18.8	始缓	19.9941897	138.085
12	2758970.895	501891.1163		HY: 140	22.9	圆曲	20.0045172	158.090
13	2758956.354	501877.3921			32.1	圆曲	19.9948621	178.085
14	2758941.35	501864.1711			23.9	圆曲	19.9978793	198.083
15	2758925.907	501851.45			17.2	圆曲	20.0078103	218.091
16	2758910.058	501839.2566			11.7	圆曲	19.9967414	238.088
17	2758893.803	501827.5941			4.6	圆曲	20.0059655	258.095
18	2758877.167	501816.4976			−17.8	圆曲	19.9972241	278.093
19	2758860.161	501805.9599			−43.7	圆曲	20.0061724	298.101
20	2758842.834	501795.9786			−45	圆曲	19.9962759	318.100
21	2758825.159	501786.5796			−57.1	圆曲	20.0186552	338.121
22	2758807.21	501777.7936			−73	圆曲	19.984	358.108
23	2758788.972	501769.5927			−75.2	圆曲	19.9969828	378.109
24	2758770.466	501762.0085			−83.1	圆曲	19.9998103	398.112
25	2758751.699	501755.0355			−87.9	圆曲	20.020569	418.136
26	2758732.746	501748.6841			−73.7	圆曲	19.9889138	438.129
27	2758713.576	501742.9808			−76.5	圆曲	20.0004138	458.133
28	2758694.229	501737.8955			−55.2	圆曲	20.0041724	478.140
29	2758674.719	501733.4427			−19.7	圆曲	20.0116897	498.154
30	2758655.083	501729.6756			−14.4	圆曲	19.9940862	518.150
31	2758635.331	501726.5386			16.7	圆曲	19.9995517	538.150
32	2758615.482	501724.083			26.3	圆曲	20.0003276	558.150

续表

测点	实测 x 坐标 /m	实测 y 坐标 /m	两端切线控制桩	曲线桩设计里程	拨道量 /mm	设计线形	既有弦长 /m	设计相对里程/m
33	2758595.559	501722.281			44.8	圆曲	20.0043276	578.155
34	2758575.594	501721.1613			46.5	圆曲	19.9963793	598.150
35	2758555.616	501720.7206			35.1	圆曲	19.9828621	618.133
36	2758535.594	501720.9538			16.4	圆曲	20.0233621	638.156
37	2758515.618	501721.8528			−1.7	圆曲	19.9962241	658.153
38	2758495.664	501723.3903			8.3	圆曲	20.0131379	678.167
39	2758475.797	501725.6137			−5.8	圆曲	19.9910345	698.159
40	2758455.99	501728.4825			−0.9	圆曲	20.0136724	718.174
41	2758436.299	501732.0194			−6.7	圆曲	20.0061207	738.181
42	2758416.756	501736.2252			−30.9	圆曲	19.990431	758.173
43	2758397.326	501741.0648			−30.8	圆曲	20.0236552	778.198
44	2758378.1	501746.5374			−27.8	圆曲	19.9897069	798.190
45	2758359.062	501752.6504			−26	圆曲	19.9953621	818.187
46	2758340.23	501759.4046			−30.8	圆曲	20.0065862	838.196
47	2758321.635	501766.7737			−27.6	圆曲	20.0019483	858.199
48	2758303.273	501774.7346		YH：871.414	6.1	终缓	20.0134655	878.214
49	2758285.196	501783.2858			11.9	终缓	19.9975172	898.212
50	2758267.341	501792.3137			21.2	终缓	20.0076034	918.220
51	2758249.703	501801.7239			17.9	终缓	19.9912759	938.211
52	2758232.201	501811.4177			24.5	终缓	20.0072414	958.218
53	2758214.826	501821.3249			4.5	终缓	20.0010862	978.219
54	2758197.503	501831.3184			2.7	终缓	19.9989138	998.218
55	2758180.181	501841.3418		HZ：1001.414	1	终直	20.013	1018.231
56	2758162.877	501851.3541	定向点3		0	终直	19.9918621	1038.223
57	2758145.552	501861.3774	定向点4		0	终直	20.0155517	1058.238

（7）以两端切线为变量参与曲线整正优化。

根据本节介绍的坐标法整正计算方法基础上，以始终端切线桩 AB、CD 的 A、D 为固定点，B、C 点作为动点在切线的法方向移动，在确定移动范围的条件下，按步长 1 mm 或 0.1 mm 沿切线的法线方向左至右移动进行扭转，按每扭转一步长，根据边桩坐标公式得 B、C 点移位后新的坐标，重新计算 JD 坐标、曲线偏角 α，求得一组切线方向进行优化方案，以缓和曲线长 l_0 和半径 R（或单独以半径 R）为变量进行优化，求出若干组目标函数，最后对所有目标函数进行筛选，找出最佳目标函数值对应的缓和曲线长 l_0 和半径 R 和切线方向 JD 坐标（B、C 点沿 AB、CD 法线移动量计算坐标），求得最优解，如图 4-6 所示。

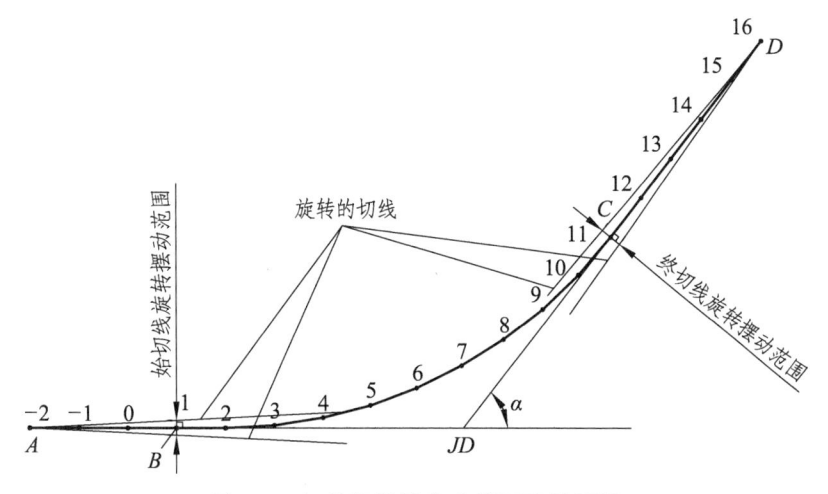

图 4-6 切线扭转优化曲线要素平面图

【例 4-2】

已知：既有线实测坐标，如表 4-9 所示。

求：以 1、2、56、57 桩为切线定向点，优化出最佳的切线、曲线半径 R、缓和曲线长度 l_{01}、l_{02}。

【解】

经过 B、C 点作为动点在切线的法方向移动，在缓和曲线长度不变的情况下，搜索到最佳的切线调整方向和半径，切线 AB 中 B 点沿切线的法方向右移动 4.4 mm，切线 CD 中 C 点沿切线的法方向左移动 0.8 mm，通过计算机程序计算，得整正成果如表 4-9、表 4-10 所示。

表 4-9 优化曲线要素表

编号	始缓长 l_{01}/m	终缓长 l_{02}/m	半径 R/m	曲全长 L/m	始切长 T_1/m	终切长 T_2/m	曲线偏角 α
右转	140	130	600	1001.309	599.264	594.483	82°43′35.07″

表 4-10 优化切线后曲线整正成果表

测点	实测 x 坐标 /m	实测 y 坐标 /m	两端切线控制桩	拨道量 /mm	设计线形	拨后伸缩量 /mm	设计 x 坐标 /m	设计 y 坐标 /m
1	2759110.259	502061.1038	定向点 1	0	始直	0	−62.071	0.000
2	2759098.13	502045.1908	定向点 2	4.4	始直	0	−42.063	0.000
3	2759085.995	502029.2784		3.7	始直	0	−22.051	0.000
4	2759073.85	502013.3883		−18.4	始直	0	−2.051	0.000
5	2759061.982	501997.894		−49.8	始缓	0.01	17.466	−0.011
6	2759049.465	501981.6684		−66.5	始缓	−0.03	37.958	−0.109
7	2759037.131	501965.9355		−56.7	始缓	1.13	57.949	−0.386
8	2759024.592	501950.3637		−31.9	始缓	1.82	77.934	−0.940
9	2759011.751	501935.0233		−16.1	始缓	2.31	97.919	−1.864
10	2758998.578	501919.9798		20.7	始缓	2.21	117.866	−3.254
11	2758984.981	501905.3207		46.6	始缓	1.15	137.764	−5.203

续表

测点	实测 x 坐标 /m	实测 y 坐标 /m	两端切线控制桩	拨道量 /mm	设计线形	拨后伸缩量 /mm	设计 x 坐标 /m	设计 y 坐标 /m
12	2758970.895	501891.1163		50.2	圆曲	−0.47	157.599	−7.794
13	2758956.354	501877.3921		59	圆曲	−2.3	177.326	−11.043
14	2758941.35	501864.1711		50.3	圆曲	−4.85	196.936	−14.948
15	2758925.907	501851.45		43.1	圆曲	−5.78	216.417	−19.508
16	2758910.058	501839.2566		37.1	圆曲	−6.7	235.724	−24.711
17	2758893.803	501827.5941		29.4	圆曲	−7.62	254.855	−30.557
18	2758877.167	501816.4976		6.3	圆曲	−8.55	273.773	−37.035
19	2758860.161	501805.9599		−20.1	圆曲	−9.47	292.473	−44.143
20	2758842.834	501795.9786		−22.1	圆曲	−7.79	310.919	−51.867
21	2758825.159	501786.5796		−35	圆曲	−6.83	329.117	−60.212
22	2758807.21	501777.7936		−51.5	圆曲	−5.4	346.996	−69.143
23	2758788.972	501769.5927		−54.4	圆曲	−3.62	364.579	−78.671
24	2758770.466	501762.0085		−63.1	圆曲	−1.67	381.837	−88.781
25	2758751.699	501755.0355		−68.7	圆曲	0.53	398.767	−99.472
26	2758732.746	501748.6841		−55.3	圆曲	2.59	415.304	−110.704
27	2758713.576	501742.9808		−58.9	圆曲	4.49	431.467	−122.488
28	2758694.229	501737.8955		−38.4	圆曲	6.1	447.231	−134.806
29	2758674.719	501733.4427		−3.8	圆曲	6.78	462.580	−147.647
30	2758655.083	501729.6756		0.6	圆曲	6.83	477.479	−160.980
31	2758635.331	501726.5386		30.9	圆曲	6.3	491.930	−174.806
32	2758615.482	501724.083		39.5	圆曲	5.11	505.911	−189.106
33	2758595.559	501722.281		57.1	圆曲	3.5	519.411	−203.866
34	2758575.594	501721.1613		57.9	圆曲	1.57	532.405	−219.062
35	2758555.616	501720.7206		45.5	圆曲	−0.16	544.878	−234.672
36	2758535.594	501720.9538		25.9	圆曲	−1.36	556.849	−250.722
37	2758515.618	501721.8528		6.7	圆曲	−1.92	568.262	−267.140
38	2758495.664	501723.3903		15.8	圆曲	−2.29	579.131	−283.944
39	2758475.797	501725.6137		0.7	圆曲	−2.58	589.423	−301.082
40	2758455.99	501728.4825		4.6	圆曲	−2.66	599.148	−318.574
41	2758436.299	501732.0194		−2.2	圆曲	−2.7	608.282	−336.373
42	2758416.756	501736.2252		−27.3	圆曲	−2.21	616.811	−354.454
43	2758397.326	501741.0648		−28.3	圆曲	−1.28	624.746	−372.839
44	2758378.1	501746.5374		−26.3	圆曲	−0.37	632.050	−391.447
45	2758359.062	501752.6504		−25.5	圆曲	0.5	638.733	−410.294
46	2758340.23	501759.4046		−31.3	圆曲	1.44	644.787	−429.363
47	2758321.635	501766.7737		−29.1	圆曲	2.45	650.201	−448.620
48	2758303.273	501774.7346		3.6	终缓	2.85	654.973	−468.056
49	2758285.196	501783.2858		8.6	终缓	2.68	659.130	−487.617

续表

测点	实测 x 坐标 /m	实测 y 坐标 /m	两端切线控制桩	拨道量 /mm	设计线形	拨后伸缩量 /mm	设计 x 坐标 /m	设计 y 坐标 /m
50	2758267.341	501792.3137		17.4	终缓	2.37	662.769	-507.290
51	2758249.703	501801.7239		13.9	终缓	2.07	665.985	-527.021
52	2758232.201	501811.4177		20.7	终缓	1.83	668.882	-546.817
53	2758214.826	501821.3249		1.1	终缓	1.72	671.559	-566.638
54	2758197.503	501831.3184		0.1	终缓	1.71	674.118	-586.473
55	2758180.181	501841.3418		-0.7	终直	1.71	676.652	-606.325
56	2758162.877	501851.3541	定向点3	-0.8	终直	1.71	679.183	-626.156
57	2758145.552	501861.3774	定向点4	0	终直	1.71	681.717	-646.010
合计				-180.8				

注：拨向：+为向右，-为向左，拨量绝对值之和1586 mm，最大拨量59 mm，最小拨量：-68.7 mm。

表 4-11　曲线整正计算结果比较表

整正方法	曲线偏角	缓和曲线 l_{01}/m	缓和曲线 l_{02}/m	曲线半径 R/m	拨量绝对值之和/mm	最大拨量绝对值/mm
传统坐标法	82°44′11.14″	140	130	600	1711.3	88
切线交点坐标微调法	82°43′35.07″	140	130	600	1586	68.7

通过表4-11曲线整正计算结果比较，说明利用始终缓和曲线、始终切线与半径5个变量参数曲线整正质量明显优于传统的始终缓和曲线与半径3个变量参数整正质量。

计算机程序计算过程如图4-7所示。

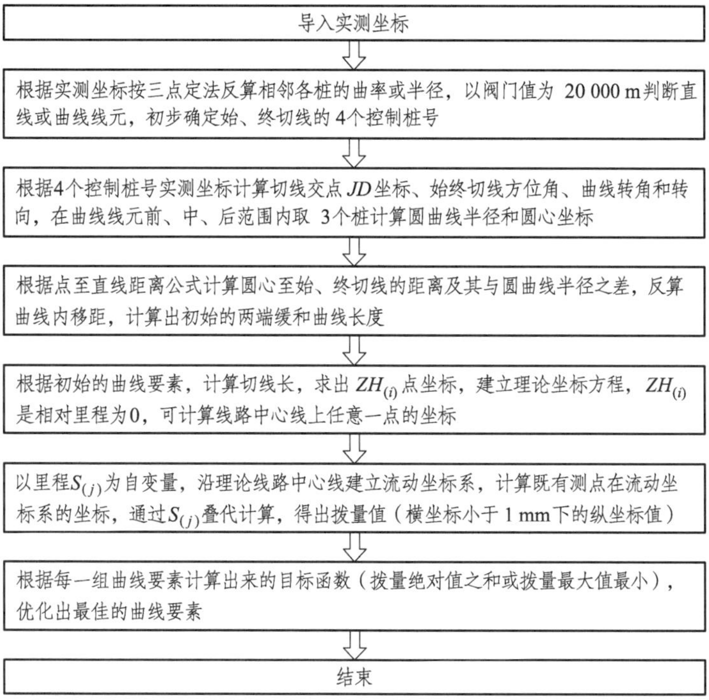

```
导入实测坐标
   ↓
根据实测坐标按三点定法反算相邻各桩的曲率或半径，以阀门值为20 000 m判断直
线或曲线线元，初步确定始、终切线的4个控制桩号
   ↓
根据4个控制桩号实测坐标计算切线交点JD坐标、始终切线方位角、曲线转角和转
向，在曲线线元前、中、后范围内取3个桩计算圆曲线半径和圆心坐标
   ↓
根据点至直线距离公式计算圆心至始、终切线的距离及其与圆曲线半径之差，反算
曲线内移距，计算出初始的两端缓和曲线长度
   ↓
根据初始的曲线要素，计算切线长，求出 $ZH_{(i)}$ 点坐标，建立理论坐标方程，$ZH_{(i)}$
是相对里程为0，可计算线路中心线上任意一点的坐标
   ↓
以里程 $S_{(j)}$ 为自变量，沿理论线路中心线建立流动坐标系，计算既有测点在流动坐
标系的坐标，通过 $S_{(j)}$ 叠代计算，得出拨量值（横坐标小于1 mm下的纵坐标值）
   ↓
根据每一组曲线要素计算出来的目标函数（拨量绝对值之和或拨量最大值最小），
优化出最佳的曲线要素
   ↓
结束
```

图 4-7　计算机程序计算过程

2. 方法二——绝对坐标系下曲线整正计算方法

绝对坐标系下曲线整正计算方法如下：

首先，已知导线交点坐标、曲线要素，根据绝对坐标系下线路中心线坐标计算公式（2-11），求得线路中心线任意一点的设计坐标。

其次，沿绝对坐标系下设计线路中心线轨迹建立流动坐标系，根据点至线路中心线距离公式（2-12）直接进行坐标法整正曲线计算，计算各既有测点的拨道量，计算过程如下：

（1）直线 AB、CD 交点 JD 坐标计算。

以实测桩号 A、B 和 C、D 分别为切线控制点，各点的坐标为 $A(x_1,y_1)$，$B(x_2,y_2)$，$C(x_3,y_3)$，$D(x_4,y_4)$，求直线 AB、CD 交点 JD 坐标，如图 4-8 所示。

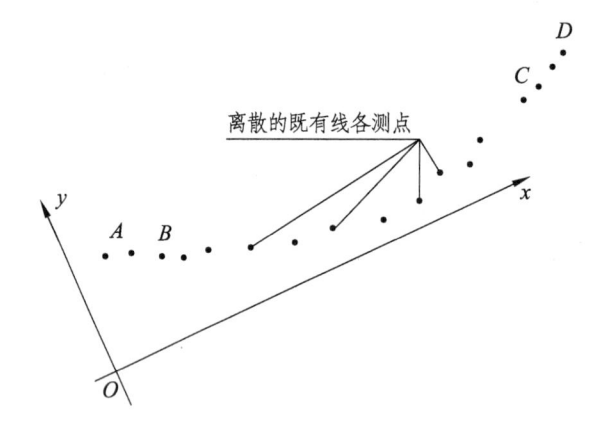

图 4-8　既有坐标系下的实测测点平面图

AB 的方位角为 $\beta_1=\arctan\left(\left|\dfrac{y_2-y_1}{x_2-x_1}\right|\right)$，$CD$ 的方位角为 $\beta_2=\arctan\left(\left|\dfrac{y_4-y_3}{x_4-x_3}\right|\right)$。

根据直线方程 $y=kx+b$ 式，经整理得：

$$b=y-\tan\beta\times x，$$

其中

$$k=\tan\beta$$

直线 AB 的 $b_1=y_1-\tan\beta_1\times x_1$，直线 CD 的 $b_2=y_3-\tan\beta_2\times x_3$。

如图 4-9，根据两直线相交点坐标计算公式（1-23）得，直线 AB、CD 交点 JD 坐标计算公式为

$$\left.\begin{aligned}x_{JD}&=\dfrac{b_2-b_1}{\tan\beta_1-\tan\beta_2}\\y_{JD}&=\dfrac{\tan\beta_1}{\tan\beta_1-\tan\beta_2+b_1}\times(b_2-b_1)\end{aligned}\right\} \quad(4\text{-}2)$$

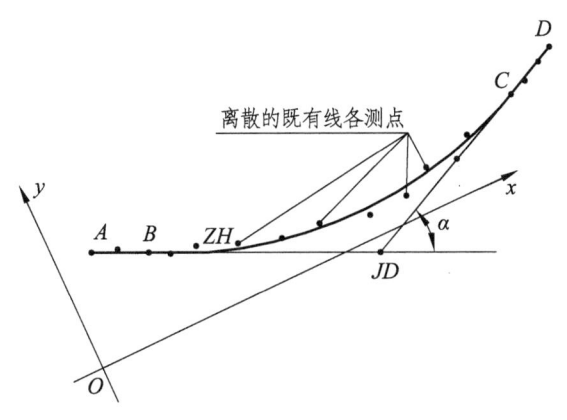

图 4-9　既有坐标系下导线交点平面图

（2）计算曲线偏角。

以 JD 为坐标原点，以 A 至 JD 为横轴建立坐标系，通过坐标旋转求得曲线偏角，如图 4-10。

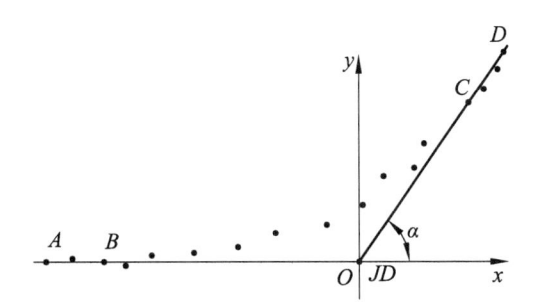

图 4-10　以 JD 为坐标原点和 AB 为横轴建立坐标系线路平面图

已知 A 至 JD 直线的方位角 $\beta = \arctan\left(\left|\dfrac{y_2 - y_1}{x_2 - x_1}\right|\right)$。

JD 的坐标为 x_{JD}、y_{JD}，令 A、JD、D 点为曲线导线交点 JD_1、JD_2、JD_3，先平移后旋转坐标为

$$\left.\begin{array}{l} x_{JD_1} = (x_1 - x_{JD}) \times \cos\beta + (y_1 - y_{JD}) \times \sin\beta \\ y_{JD1} = (y_1 - y_{JD}) \times \cos\beta - (x_1 - x_{JD}) \times \sin\beta \end{array}\right\}$$

$$\left.\begin{array}{l} x_{JD2} = (x_2 - x_{JD}) \times \cos\beta + (y_2 - y_{JD}) \times \sin\beta \\ y_{JD2} = (y_2 - y_{JD}) \times \cos\beta - (x_2 - x_{JD}) \times \sin\beta \end{array}\right\}$$

$$\left.\begin{array}{l} x_{JD3} = (x_4 - x_{JD}) \times \cos\beta + (y_4 - y_{JD}) \times \sin\beta \\ y_{JD3} = (y_4 - y_{JD}) \times \cos\beta - (x_4 - x_{JD}) \times \sin\beta \end{array}\right\}$$

曲线偏角 α 及转向判定，曲线偏角主要通过相对坐标系终切线两点的坐标进行计算，CD 的方位角为

$$\beta = \arctan\left(\left|\frac{y_{JD3} - y_{JD2}}{x_{JD3} - x_{JD2}}\right|\right)$$

由于始切线与坐标横轴重叠,所以 CD 的方位角 β 等于曲线偏角 α,即 $\beta = \alpha$。

(3)曲线转向的判别方法。

假如 $y_{JD3} > y_{JD2}$,$x_{JD3} > x_{JD2}$,直线 CD 位于第一象限,左转,则转角 β;

假如 $y_{JD3} > y_{JD2}$,$x_{JD3} < x_{JD2}$,直线 CD 位于第二象限,左转,则转角 $\pi - \beta$;

假如 $y_{JD3} < y_{JD2}$,$x_{JD3} < x_{JD2}$,直线 CD 位于第三象限,右转,则方位角 $\pi - \beta$;

假如 $y_{JD3} < y_{JD2}$,$x_{JD3} > x_{JD2}$,直线 CD 位于第四象限,右转,则方位角 β。

(4)沿设计线路中心线建立流动坐标系计算拨量。

如图 4-11,建立以线路中心线任意一点的坐标为原点,以切线方向为横坐标轴的流动坐标系 $x'O'y'$,参照拨道量计算公式(4-1e),当各既有测点 i 在流动坐标系中横坐标值 $x'_i \approx 0$ 时,认为该测点落在坐标纵轴上,则对应的 y'_i 值即为拨量,拨量方向:正值向右拨,负值向左拨。

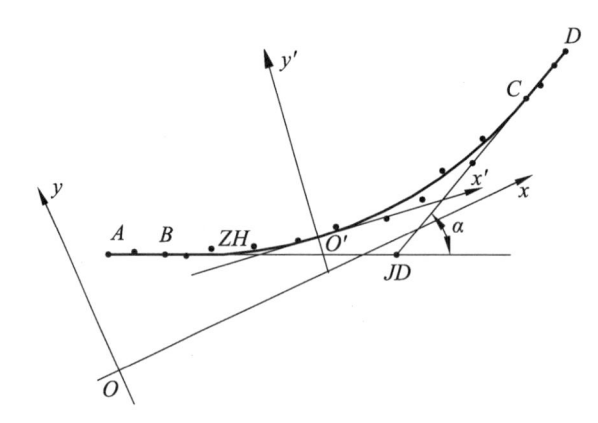

图 4-11 流动坐标系

【例 4-3】

已知:(数据同算例 4-1),设计线路要素如表 4-11、实测坐标如表 4-12 第 4、5 列。

求:线路各测点拨量。

【解】

根据拨量计算公式(4-1e),通过计算机程序计算,得曲线整正成果如表 4-12、表 4-13。

表 4-12 线路平面曲线要素表

序号	JD 横坐标 /m	JD 纵坐标 /m	第一缓长 l_{01}/m	第二缓长 l_{02}/m	半径 R/m	曲线全长 L/m	曲线转向	曲线偏角
1	2759110.259	502061.104	140	130	600	1001.414	右	82°44′11.15″
2	2758709.390	501535.172						
3	2758145.552	501861.377						

表 4-13　曲线整正计算成果表

桩号	设计相对里程/m	拨量/mm	实测横坐标/m	实测纵坐标/m	设计横坐标/m	设计纵坐标/m	线形
1	0.000	0	2759110.259	502061.104	2759110.259	502061.104	直线
2	20.008	0	2759098.130	502045.191	2759098.130	502045.191	直线
3	40.020	-5.2	2759085.995	502029.278	2759085.999	502029.275	直线
4	60.020	-31.8	2759073.850	502013.388	2759073.875	502013.369	直线
5	79.537	-67.2	2759061.982	501997.894	2759062.035	501997.853	始缓1
6	100.030	-87.4	2759049.465	501981.668	2759049.534	501981.615	始缓1
7	120.023	-80.4	2759037.131	501965.936	2759037.194	501965.886	始缓1
8	140.017	-57.7	2759024.592	501950.364	2759024.637	501950.327	始缓1
9	160.024	-43.4	2759011.751	501935.023	2759011.784	501934.995	始缓1
10	180.021	-7.2	2758998.578	501919.980	2758998.583	501919.975	始缓1
11	200.015	18.8	2758984.981	501905.321	2758984.967	501905.334	始缓1
12	220.020	22.9	2758970.895	501891.116	2758970.879	501891.133	圆曲1
13	240.015	32.1	2758956.354	501877.392	2758956.332	501877.416	圆曲1
14	260.013	23.9	2758941.350	501864.171	2758941.335	501864.189	圆曲1
15	280.021	17.2	2758925.907	501851.450	2758925.896	501851.463	圆曲1
16	300.018	11.7	2758910.058	501839.257	2758910.051	501839.266	圆曲1
17	320.025	4.6	2758893.803	501827.594	2758893.800	501827.598	圆曲1
18	340.023	-18	2758877.167	501816.498	2758877.177	501816.483	圆曲1
19	360.031	-43.9	2758860.161	501805.960	2758860.183	501805.922	圆曲1
20	380.030	-45.2	2758842.834	501795.979	2758842.856	501795.939	圆曲1
21	400.051	-57.3	2758825.159	501786.580	2758825.185	501786.529	圆曲1
22	420.038	-73.2	2758807.210	501777.794	2758807.241	501777.727	圆曲1
23	440.039	-75.4	2758788.972	501769.593	2758789.002	501769.524	圆曲1
24	460.042	-83.3	2758770.466	501762.009	2758770.496	501761.931	圆曲1
25	480.066	-88.1	2758751.699	501755.036	2758751.728	501754.952	圆曲1
26	500.059	-73.9	2758732.746	501748.684	2758732.768	501748.614	圆曲1
27	520.063	-76.7	2758713.576	501742.981	2758713.597	501742.907	圆曲1
28	540.070	-55.4	2758694.229	501737.896	2758694.242	501737.842	圆曲1
29	560.084	-19.9	2758674.719	501733.443	2758674.723	501733.423	圆曲1
30	580.079	-14.6	2758655.083	501729.676	2758655.085	501729.661	圆曲1
31	600.080	16.7	2758635.331	501726.539	2758635.329	501726.555	圆曲1
32	620.080	26.3	2758615.482	501724.083	2758615.479	501724.109	圆曲1

续表

桩号	设计相对里程/m	拨量/mm	实测横坐标/m	实测纵坐标/m	设计横坐标/m	设计纵坐标/m	线形
33	640.084	44.8	2758595.559	501722.281	2758595.556	501722.326	圆曲1
34	660.080	46.5	2758575.594	501721.161	2758575.592	501721.208	圆曲1
35	680.063	35.1	2758555.616	501720.721	2758555.616	501720.756	圆曲1
36	700.086	16.4	2758535.594	501720.954	2758535.594	501720.970	圆曲1
37	720.083	−1.9	2758515.618	501721.853	2758515.618	501721.851	圆曲1
38	740.097	8.3	2758495.664	501723.390	2758495.665	501723.399	圆曲1
39	760.089	−6	2758475.797	501725.614	2758475.796	501725.608	圆曲1
40	780.104	−1.1	2758455.990	501728.483	2758455.990	501728.482	圆曲1
41	800.111	−6.9	2758436.299	501732.019	2758436.298	501732.013	圆曲1
42	820.103	−31.1	2758416.756	501736.225	2758416.749	501736.195	圆曲1
43	840.128	−31	2758397.326	501741.065	2758397.318	501741.035	圆曲1
44	860.120	−28	2758378.100	501746.537	2758378.092	501746.511	圆曲1
45	880.117	−26.2	2758359.062	501752.650	2758359.054	501752.626	圆曲1
46	900.126	−31	2758340.230	501759.405	2758340.219	501759.376	圆曲1
47	920.129	−27.8	2758321.635	501766.774	2758321.624	501766.748	圆曲1
48	940.144	6.1	2758303.273	501774.735	2758303.276	501774.740	终缓1
49	960.142	11.9	2758285.196	501783.286	2758285.201	501783.296	终缓1
50	980.150	21.2	2758267.341	501792.314	2758267.351	501792.332	终缓1
51	1000.141	17.9	2758249.703	501801.724	2758249.712	501801.740	终缓1
52	1020.148	24.5	2758232.201	501811.418	2758232.213	501811.439	终缓1
53	1040.149	4.5	2758214.826	501821.325	2758214.828	501821.329	终缓1
54	1060.148	2.7	2758197.503	501831.318	2758197.504	501831.321	终缓1
55	1080.161	1	2758180.181	501841.342	2758180.181	501841.343	直线
56	1100.153	0	2758162.877	501851.354	2758162.877	501851.354	直线
57	1120.168	0	2758145.552	501861.377	2758145.552	501861.377	直线

注：拨向：+为向右，−向左，最大拨量 46.5 mm，最小拨量：−88.1 mm。

再者，确定切线方向基础上优化曲线要素。

在确定两端切线的基础上，分别通过初始计算的缓和曲线 l_{01}、l_{02} 和半径 R 的递增（减）量，优化出多组曲线要素，每组曲线要素对应有一组拨量值，以线路全部桩号拨量绝对值之和最小为目标函数，筛选出目标函数对应的那组曲线要素为最佳，优化过程这里不作详细介绍，可参考相关文献。

最后，优化切线交点 JD 坐标。

以切线 AB、CD 交点 JD 为中心，JD 点以一定步长沿 x、y 坐标轴方向分别移动，JD 点坐标分别为 x_{JD1}、y_{JD1}，x_{JD2}、y_{JD2}，x_{JD3}、y_{JD3}，x_{JDi}、y_{JDi}，…，x_{JDn}、y_{JDn}，如图 4-12 所示，曲线起终测点 A、D 不动，构成多组切线组合，优化的每组切线对应有一组拨量值，以线路全部桩号拨量绝对值之和最小为目标函数，筛选出拨量绝对值之和最小的那组切线为最佳，即最佳交点 JD 坐标。

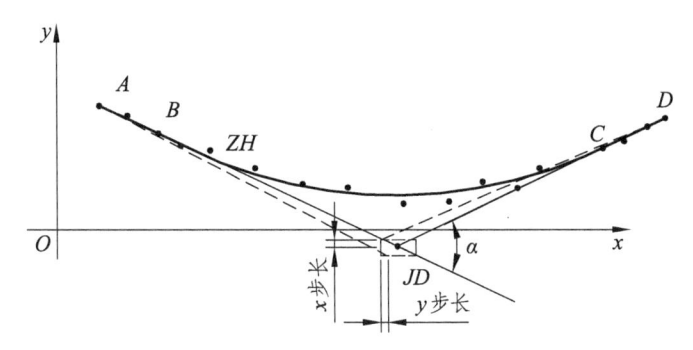

图 4-12 交点 JD 坐标微调优化切线方向示意图

按精度 1 mm，300 mm 左右范围或更大范围内进行搜索，以拨量绝对值之和最小的那组切线交点 JD 坐标为优化的最终方案，拨量计算过程参照本节介绍的方法，这里不再介绍。

优化后的切线交点 JD 坐标如表 4-14 所示，整正成果如表 4-15、表 4-16 所示。

表 4-14 曲线整正切线优化计算成果表

JD 序号	优化后 JD 点坐标		优化前 JD 点坐标		坐标增减	
	JD 横坐标 /m	JD 纵坐标 /m	JD 横坐标 /m	JD 纵坐标 /m	JD 横坐标 /m	JD 纵坐标 /m
1	2759110.259	502061.1038	2759110.259	502061.1038	0	0
2	2758709.192	501535.2241	2758709.390	501535.2241	−0.198	0
3	2758145.552	501861.3774	2758145.552	501861.3774	0	0

表 4-15 线路平面曲线要素计算表

序号	JD 横坐标 /m	JD 纵坐标 /m	始缓长 l_{01}/m	终缓长 l_{02}/m	半径 R/m	曲线全长 L/m	曲线转向	曲线偏角
1	2759110.259	502061.104	140	130	600	1001.292	右	82°43′29.17″
2	2758709.192	501535.224						
3	2758145.552	501861.377						

表 4-16 切线优化后曲线整正计算成果表

桩号	设计相对里程 /m	拨量 /mm	实测横坐标 /m	实测纵坐标 /m	设计横坐标 /m	设计纵坐标 /m	线形
1	0	0	2759110.259	502061.104	2759110.259	502061.104	直线
2	20.008	5.7	2759098.130	502045.191	2759098.125	502045.194	直线
3	40.020	6.3	2759085.995	502029.278	2759085.990	502029.282	直线

续表

桩号	设计相对里程/m	拨量/mm	实测横坐标/m	实测纵坐标/m	设计横坐标/m	设计纵坐标/m	线形
4	60.020	−14.7	2759073.850	502013.388	2759073.862	502013.379	直线
5	79.537	−44.9	2759061.982	501997.894	2759062.018	501997.867	始缓1
6	100.030	−60.5	2759049.465	501981.668	2759049.513	501981.632	始缓1
7	120.022	−49.9	2759037.131	501965.936	2759037.170	501965.905	始缓1
8	140.016	−24.5	2759024.592	501950.364	2759024.611	501950.348	始缓1
9	160.022	−8.4	2759011.751	501935.023	2759011.757	501935.018	始缓1
10	180.018	28.8	2758998.578	501919.980	2758998.557	501919.999	始缓1
11	200.012	54.6	2758984.981	501905.321	2758984.942	501905.359	始缓1
12	220.015	58	2758970.895	501891.116	2758970.855	501891.158	圆曲1
13	240.009	66.5	2758956.354	501877.392	2758956.309	501877.441	圆曲1
14	260.006	57.6	2758941.350	501864.171	2758941.312	501864.214	圆曲1
15	280.012	50.2	2758925.907	501851.450	2758925.876	501851.489	圆曲1
16	300.009	43.8	2758910.058	501839.257	2758910.032	501839.292	圆曲1
17	320.014	35.9	2758893.803	501827.594	2758893.783	501827.624	圆曲1
18	340.011	12.5	2758877.167	501816.498	2758877.160	501816.508	圆曲1
19	360.019	−14.4	2758860.161	501805.960	2758860.168	501805.948	圆曲1
20	380.017	−16.7	2758842.834	501795.979	2758842.842	501795.964	圆曲1
21	400.037	−29.8	2758825.159	501786.580	2758825.173	501786.553	圆曲1
22	420.023	−46.6	2758807.210	501777.794	2758807.230	501777.751	圆曲1
23	440.022	−49.9	2758788.972	501769.593	2758788.992	501769.547	圆曲1
24	460.025	−58.9	2758770.466	501762.009	2758770.487	501761.954	圆曲1
25	480.048	−64.8	2758751.699	501755.036	2758751.721	501754.975	圆曲1
26	500.040	−51.7	2758732.746	501748.684	2758732.762	501748.635	圆曲1
27	520.043	−55.6	2758713.576	501742.981	2758713.591	501742.927	圆曲1
28	540.050	−35.4	2758694.229	501737.896	2758694.237	501737.861	圆曲1
29	560.063	−1.2	2758674.719	501733.443	2758674.719	501733.442	圆曲1
30	580.058	3.1	2758655.083	501729.676	2758655.082	501729.679	圆曲1
31	600.058	33	2758635.331	501726.539	2758635.326	501726.571	圆曲1
32	620.058	41.3	2758615.482	501724.083	2758615.478	501724.124	圆曲1
33	640.062	58.7	2758595.559	501722.281	2758595.555	501722.340	圆曲1
34	660.057	59	2758575.594	501721.161	2758575.592	501721.220	圆曲1
35	680.039	46.4	2758555.616	501720.721	2758555.616	501720.767	圆曲1

续表

桩号	设计相对里程/m	拨量/mm	实测横坐标/m	实测纵坐标/m	设计横坐标/m	设计纵坐标/m	线形
36	700.062	26.3	2758535.594	501720.954	2758535.595	501720.980	圆曲1
37	720.059	6.8	2758515.618	501721.853	2758515.618	501721.860	圆曲1
38	740.072	15.6	2758495.664	501723.390	2758495.665	501723.406	圆曲1
39	760.064	0.1	2758475.797	501725.614	2758475.797	501725.614	圆曲1
40	780.079	3.7	2758455.990	501728.483	2758455.991	501728.486	圆曲1
41	800.086	-3.6	2758436.299	501732.019	2758436.298	501732.016	圆曲1
42	820.077	-29.1	2758416.756	501736.225	2758416.749	501736.197	圆曲1
43	840.103	-30.4	2758397.326	501741.065	2758397.318	501741.036	圆曲1
44	860.095	-28.8	2758378.100	501746.537	2758378.092	501746.510	圆曲1
45	880.092	-28.3	2758359.062	501752.650	2758359.053	501752.624	圆曲1
46	900.100	-34.5	2758340.230	501759.405	2758340.218	501759.372	圆曲1
47	920.104	-32.6	2758321.635	501766.774	2758321.623	501766.744	圆曲1
48	940.119	0	2758303.273	501774.735	2758303.273	501774.735	终缓1
49	960.117	4.8	2758285.196	501783.286	2758285.198	501783.290	终缓1
50	980.125	13.6	2758267.341	501792.314	2758267.347	501792.326	终缓1
51	1000.117	10.3	2758249.703	501801.724	2758249.708	501801.733	终缓1
52	1020.124	17.3	2758232.201	501811.418	2758232.209	501811.433	终缓1
53	1040.125	-1.9	2758214.826	501821.325	2758214.825	501821.323	终缓1
54	1060.124	-2.4	2758197.503	501831.318	2758197.502	501831.316	终缓1
55	1080.137	-2.4	2758180.181	501841.342	2758180.180	501841.340	直线
56	1100.129	-1.7	2758162.877	501851.354	2758162.876	501851.353	直线
57	1120.144	-0.1	2758145.552	501861.377	2758145.552	501861.377	直线

注：拨向：+为向右，-向左，最大拨量66.5 mm，最小拨量：-64.8 mm。

表4-17 曲线整正计算结果比较表

整正方法	曲线偏角	缓和曲线 l_{01}/m	缓和曲线 l_{02}/m	曲线半径 R/m	拨量绝对值之和/mm	最大拨量绝对值/mm
传统坐标法	82°44′11.15″	140	130	600	1711.3	88
切线交点坐标微调法	82°43′29.17″	140	130	600	1583.6	66.4

通过目标函数对比，切线交点优化后拨量绝对值之和明显较优化前小，说明切线交点优化可以提高曲线整正质量。

4.2.3 坐标法整正曲线程序界面

坐标法整正曲线计算机程序界面见图 4-13。

图 4-13 坐标法整正曲线计算机程序界面

4.3 绳正法整正曲线计算方法的改进

传统渐伸线法原理绳正法整正的拨量等于正矢差累计合计的两倍，如果曲线越长，则终点拨量值的偏差越大，人为修正最终桩号拨量为 0，通常会引起大范围增加拨量值，现场难以实施，现将实测正矢或矢距换算为相对坐标，利用坐标法及绳正法综合整正的方法，对绳正法整正进行了改进，计算方法介绍如下[9]：

4.3.1 对实测正矢进行平差

现场实测正矢由于测量精度低，需要根据设计文件或履历曲线资料进行一次平差修正，否则影响整正计算结果，其方法如下：

（1）根据已知曲线要素资料，计算计划正矢理论总和 $\sum_{0}^{n} f_i = \dfrac{\alpha \times S}{2}$，曲线理论转角

$$\alpha = \frac{2}{S}(f_0 + f_1 + f_2 + \cdots + f_{n-1} + f_n) = \frac{2}{S}\sum_{0}^{n} f_i \qquad (4\text{-}3a)$$

其中 f_i 为计划正矢，S 为测点间距。

（2）实测正矢平差方法。

将计划正矢总和减去实测正矢正矢总和，把正矢总和之差平均分配给每个桩，即每个桩

的正矢误差值是相等的，公式为 $\dfrac{\sum\limits_0^n f_i - \sum\limits_0^n f_j}{n}$，$\sum\limits_0^n f_i$ 为计划正矢总和，$\sum\limits_0^n f_j$ 为实测正矢总和，n 为实测正矢桩数，平差精度按 0.1 或 0.01 mm，使设计和实测正矢总和相当。

如果是无设计曲线要素资料的情况（俗称"三无曲线"），按规定要求，在无风条件下测量三次，取平均值作为实测正矢，不用进行平差计算。

4.3.2 实测正矢、矢距换算相对坐标

传统的绳正法整正理论为渐伸线法理论，应用于流水拨道法、简易法等整正[10]，现通过实测正矢转换为坐标，利用坐标法原理进行整正计算，结合梯形数组法进行拨量修正的新方法代替传统计算方法。

根据实测正矢和弦长的几何关系，建立统一坐标系，求各桩点的相对坐标，计算步骤如下：

1. 首先建立统一坐标系，计算各相邻弦线的方位角

以曲线始端切线方向上的 0 号桩作为坐标原点，0 号 ~ 1 号桩或 0 号 ~ n 号桩连线作为横轴建立坐标系，如图 4-14 所示。

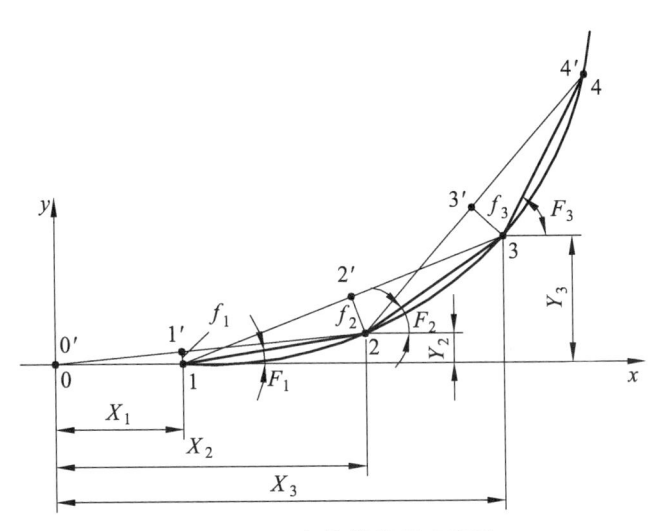

图 4-14 正矢换算坐标示意图

设各曲线桩号为 0, 1, 2, 3, 4, ⋯, $i-1$, i, $i+1$，实测正矢为 f_1, f_2, f_3, ⋯, f_{i-1}, f_i，测点实测间距，通常为 5 或 10 m，设为 D_1, D_2, D_3, ⋯, D_{i-1}, D_i, D_{i+1}，各相邻弦的偏角 α_1, α_2, α_3, α_4, ⋯, α_{i-1}, α_i, α_{i+1}。

由图 4-14 三角形 △102 中，三角形外角等于两内角之和，即 $\alpha_1 = \alpha_{1-1} + \alpha_{1-2}$，$\alpha_2 = \alpha_{2-1} + \alpha_{2-2}$，依次类推，$\alpha_i = \alpha_{i-1} + \alpha_{i-2}$，直角三角形直角边 f_i 和斜边 D_i 与内角 α_{i-1}、α_{i-2} 关系计算公式如下：

$$\left.\begin{array}{l}\alpha_{1-1}=\arcsin\left(\dfrac{f_1}{D_1}\right)\\ \alpha_{1-2}=\arcsin\left(\dfrac{f_1}{D_2}\right)\end{array}\right\},\left.\begin{array}{l}\alpha_{2-1}=\arcsin\left(\dfrac{f_2}{D_2}\right)\\ \alpha_{2-2}=\arcsin\left(\dfrac{f_2}{D_3}\right)\end{array}\right\},\cdots,\left.\begin{array}{l}\alpha_{n-1}=\arcsin\left(\dfrac{f_n}{D_n}\right)\\ \alpha_{n-2}=\arcsin\left(\dfrac{f_n}{D_{n+1}}\right)\end{array}\right\}$$

这样就完成了各相邻弦的偏角的计算，如表 4-18。

表 4-18 实测正矢弦线偏角计算表

测点	实量正矢	正矢、始弦对应的角度/rad	正矢、终弦对应的角度/rad	弦线偏角/rad
0				
1	4	0.0004	0.0004	0.0008
2	7	0.0007	0.0007	0.0014
3	34	0.00340001	0.00340001	0.00680001
4	37	0.00370001	0.00370001	0.00740002
5	64	0.00640004	0.00640004	0.01280009
6	65	0.00650005	0.00650005	0.01300009
7	77	0.00770008	0.00770008	0.01540015
8	80	0.00800009	0.00800009	0.01600017
9	100	0.01000017	0.01000017	0.02000033
10	70	0.00700006	0.00700006	0.01400011
11	84	0.0084001	0.0084001	0.0168002
12	88	0.00880011	0.00880011	0.01760023
13	73	0.00730006	0.00730006	0.01460013
14	99	0.00990016	0.00990016	0.01980032
15	68	0.00680005	0.00680005	0.0136001
16	62	0.00620004	0.00620004	0.01240008
17	62	0.00620004	0.00620004	0.01240008
18	40	0.00400001	0.00400001	0.00800002
19	36	0.00360001	0.00360001	0.00720002
20	12	0.0012	0.0012	0.0024
21	3	0.0003	0.0003	0.0006

2. 计算各段弦的方位角和测点坐标增量

经计算机程序计算，得各段弦的方位角和测点坐标增量，如表 4-19。

表 4-19 实测正矢坐标增量计算表

测点	弦线偏角/rad	弦线方位角/rad	既有弦长/mm	测点横坐标增量/mm	测点纵坐标增量/mm
0				0	0
1	0.0008	0.0008	10000	10000	0
2	0.0014	0.0022	10000	9999.9968	7.99999936
3	0.00680001	0.00900001	10000	9999.9758	21.9999836
4	0.00740002	0.01640003	10000	9999.595	89.9989174
5	0.01280009	0.02920012	10000	9998.65523	163.99295
6	0.01300009	0.04220021	10000	9995.73707	291.959681
7	0.01540015	0.05760036	10000	9991.09703	421.876847
8	0.01600017	0.07360053	10000	9983.41558	575.685154
9	0.02000033	0.09360087	10000	9972.92703	735.341004
10	0.01400011	0.10760098	10000	9956.22636	934.642503
11	0.0168002	0.12440118	10000	9942.16598	1073.93466
12	0.01760023	0.1420014	10000	9922.72147	1240.8056
13	0.01460013	0.15660153	10000	9899.34731	1415.24656
14	0.01980032	0.17640186	10000	9877.63019	1559.62235
15	0.0136001	0.19000196	10000	9844.81497	1754.88412
16	0.01240008	0.20240204	10000	9820.03865	1888.60822
17	0.01240008	0.21480212	10000	9795.86539	2010.22916
18	0.00800002	0.22280214	10000	9770.18592	2131.54101
19	0.00720002	0.23000216	10000	9752.82108	2209.63366
20	0.0024	0.23240216	10000	9736.65903	2279.79625
21	0.0006	0.23300216	10000	9731.15948	2303.15765
22			10000	9729.77584	2308.99593

（1）各段弦的方位角。

曲线中间各弦方位角公式为

$$F\alpha_i = \alpha_1 + \alpha_2 + \alpha_3 + \cdots + \alpha_{i-1} = \sum \alpha_i$$

各弦的方位角终切线的方位角为

$$F\alpha_n = \alpha_1 + \alpha_2 + \alpha_3 + \cdots\cdots \alpha_{n-1} = \sum \alpha_n \tag{4-3b}$$

（2）相邻各测点坐标增量计算。

在坐标系中，0 号桩为原点，其横、纵坐标均为 0，$x_0 = 0$，$y_0 = 0$。

1#桩坐标增量：

$$\left.\begin{array}{l}\Delta x_1 = D_1 \times \cos(F\alpha_0) \\ \Delta y_1 = D_1 \times \sin(F\alpha_0)\end{array}\right\}$$

2#桩坐标增量：

$$\left.\begin{array}{l}\Delta x_2 = D_2 \times \cos(F\alpha_1) \\ \Delta y_2 = D_2 \times \sin(F\alpha_1)\end{array}\right\}$$

i#桩坐标增量：

$$\left.\begin{array}{l}\Delta x_i = D_i \times \cos(F\alpha_{i-1}) \\ \Delta y_i = D_i \times \sin(F\alpha_{i-1})\end{array}\right\}$$

3. 各测点坐标计算

由图 4-16 可知，某测点坐标值等于前各测坐标增量之和，即

$$\left.\begin{array}{l}x_i = \Delta x_0 + \Delta x_1 + \Delta x_2 + \Delta x_3 + \cdots\cdots + \Delta x_{i-1} = \sum \Delta x_i \\ y_i = \Delta y_0 + \Delta y_1 + \Delta y_2 + \Delta y_3 + \cdots\cdots \Delta y_{i-1} = \sum \Delta y_i\end{array}\right\} \quad (4\text{-}3c)$$

各测点横坐标和纵坐标如表 4-20。

表 4-20　实测正矢换算坐标计算表

测点	弦线偏角/rad	弦线方位角/rad	既有弦长/rad	测点横坐标增量/mm	测点纵坐标增量/mm	横坐标累计/mm	纵坐标累计/mm
0				0	0	0	0
1	0.0008	0.0008	10000	10000	0	10000	0
2	0.0014	0.0022	10000	9999.9968	7.99999936	19999.9968	7.99999936
3	0.00680001	0.00900001	10000	9999.9758	21.9999836	29999.9726	29.999983
4	0.00740002	0.01640003	10000	9999.595	89.9989174	39999.5676	119.9989
5	0.01280009	0.02920012	10000	9998.65523	163.99295	49998.2228	283.99185
6	0.01300009	0.04220021	10000	9995.73707	291.959681	59993.9599	575.951531
7	0.01540015	0.05760036	10000	9991.09703	421.876847	69985.0569	997.828379
8	0.01600017	0.07360053	10000	9983.41558	575.685154	79968.4725	1573.51353
9	0.02000033	0.09360087	10000	9972.92703	735.341004	89941.3995	2308.85454
10	0.01400011	0.10760098	10000	9956.22636	934.642503	99897.6259	3243.49704
11	0.0168002	0.12440118	10000	9942.16598	1073.93466	109839.792	4317.4317
12	0.01760023	0.1420014	10000	9922.72147	1240.8056	119762.513	5558.23731
13	0.01460013	0.15660153	10000	9899.34731	1415.24656	129661.861	6973.48387
14	0.01980032	0.17640186	10000	9877.63019	1559.62235	139539.491	8533.10622

续表

测点	弦线偏角/rad	弦线方位角/rad	既有弦长/rad	测点横坐标增量/mm	测点纵坐标增量/mm	横坐标累计/mm	纵坐标累计/mm
15	0.0136001	0.19000196	10000	9844.81497	1754.88412	149384.306	10287.9903
16	0.01240008	0.20240204	10000	9820.03865	1888.60822	159204.344	12176.5986
17	0.01240008	0.21480212	10000	9795.86539	2010.22916	169000.21	14186.8277
18	0.00800002	0.22280214	10000	9770.18592	2131.54101	178770.396	16318.3687
19	0.00720002	0.23000216	10000	9752.82108	2209.63366	188523.217	18528.0024
20	0.0024	0.23240216	10000	9736.65903	2279.79625	198259.876	20807.7986
21	0.0006	0.23300216	10000	9731.15948	2303.15765	207991.035	23110.9563
22			10000	9729.77584	2308.99593	217720.811	25419.9522

根据以上换算的相对坐标，可利用点至直线距离公式（3-2）、公式（3-3）反算实测正矢或矢距进行验算正。

$$f_i = \sqrt{\left(x_i - \frac{x_{i+1}+x_{i-1}}{2}\right)^2 + \left(y_i - \frac{y_{i+1}+y_{i-1}}{2}\right)^2}$$

$$f_i = \frac{\frac{y_{i+1}-y_{i-1}}{x_{i+1}-x_{i-1}} \times x_i - y_i + y_{i-1} - x_{i-1} \times \frac{y_{i+1}-y_{i-1}}{x_{i+1}-x_{i-1}}}{\sqrt{(y_{i+1}-y_{i-1})^2/(x_{i+1}-x_{i-1})^2 + 1}} \quad (4\text{-}3d)$$

以第 3、4 号桩为例，其 3 点坐标如表 4-21 所示。

表 4-21 换算坐标反算正矢计算表

坐标点	x_1	y_1	x_2	y_2	x_3	y_3
	19999.9968	7.99999936	29999.9726	29.999983	39999.5676	119.9989
3#正矢（矢距）	33.9999998					

反算正矢与实测正矢 3 号相等，如表 4-22 所示。

表 4-22 换算坐标反算正矢计算表

坐标点	x_1	y_1	x_2	y_2	x_3	y_3
	29999.9726	29.999983	39999.5676	119.9989	49998.2228	283.99185
4#正矢（矢距）	37.00000049					

可见，与实测正矢 4#相等。其他测点正矢同理验证计算。

4.3.3 利用坐标法进行整正及拨后正矢（矢距）计算

根据正矢换算为相对坐标，运用坐标法进行整正计算，坐标法这里不再重复，关于拨量修正的问题，可采用计算机或人工修改，以拨后正矢比较差、连续差限值进行约束，运用梯形数组法原理进行修改，关于梯形数组法在第4.5节介绍。

1. 拨量与拨后正矢的计算

曲线整正后质量用拨后正矢比较差、圆曲线正矢连续差和圆曲线正矢最大最小差三个指标进行评价，通常拨量修正后，拨量越小，线路圆顺越差，是一对矛盾统一关系，拨量与拨后正矢关系如图4-15所示。

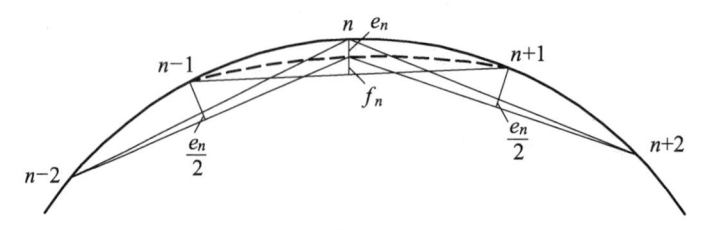

图4-15 等点间距拨量与拨后正矢关系图

拨后正矢计算公式：

$$f'_n = f_n + e_n - \frac{e_{n-1} + e_{n+1}}{2} \quad [11]$$

式中：f_n——本桩号现场实测正矢（mm）；
f'_n——本桩号拨后正矢（mm）；
e_{n-1}——前一桩号拨量（mm）；
e_n——本桩号拨量（mm）；
e_{n+1}——后一桩号拨量（mm）。

2. 拨量与拨后矢距的计算

测点实测间距 D_1，D_2，D_3，…，D_{i-1}，D_i，D_{i+1}，D_{i+2} 不相等时，则拨后的矢距计算公式如下：

$$f'_i = f_i + e_i - \frac{e_{i-1}}{D_i + D_{i-1}} \times D_{i+1} - \frac{e_{i+1}}{D_i + D_{i+1}} \times D_{i-1} \quad (4-3e)$$

从图4-16可看出，$n-2$，$n-1$，n，$n+1$，$n+2$ 点间距不相等，第n点拨量对$n-1$的拨后正矢影响为一等腰三角形，$n-1$距离n越近，则影响越大，呈相似等腰三角形，因此拨后正矢公式是拨后矢距公式的特殊情况。

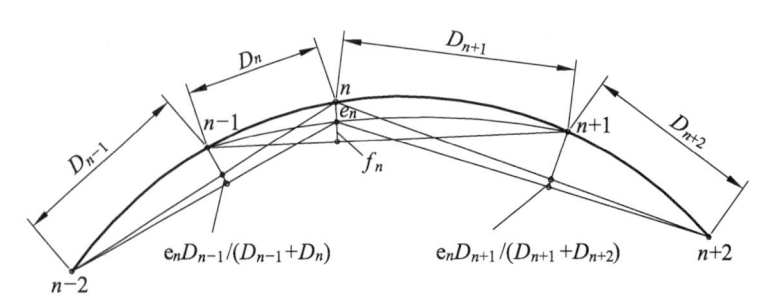

图4-16 不等点间距拨量与拨后正矢关系图

绳正法整正曲线例子如表 4-23 ~ 表 4-31。

表 4-23 绳正法整正曲线要素表

曲线	始缓长 l_{01}/m	终缓长 l_{02}/m	半径 R/m	曲全长 L/m	HY 点里程 /10 m	YH 点里程 /10 m	HZ 点里程 /10 m	0 号里程 /km	$ZH(ZY)$ 里程/km	$HZ(YZ)$ 里程/km
26 号	60	60	605	200.966	6.9774	15.0741	21.0741	165.23622	165.246	165.447

表 4-24 绳正法整正曲线计算成果表[11]

测点	实量正矢	计划正矢	正矢差	计算拨量	拨后正矢	拨后正矢比较差	拨后正矢连续差	加宽	超高	设计线形	设计相对里程/m
0	0	0	0	0	0	0	0	0	0	ZH: 0 + 9.77	− 9.774
1	4	2.5	1.5	− 0.1	2.5	0	0	0	0	始缓	0.226
2	7	14.1	− 7.1	3.1	14.1	0	0	0	0	始缓	10.226
3	34	27.9	6.1	− 8.1	27.9	0	0	0	0	始缓	20.226
4	37	41.6	− 4.6	− 6.9	41.6	0	0	0	0	始缓	30.226
5	64	55.4	8.6	− 14.9	55.5	0	0	0	0	始缓	40.226
6	65	69.2	− 4.2	− 5.8	69.2	0	0	0	0	HY: 6 + 9.77	50.226
7	77	80.5	− 3.5	− 5.1	80.5	0	0	0	0	圆曲	60.226
8	80	82.6	− 2.6	− 11.3	82.7	0	0	0	0	圆曲	70.226
9	100	82.6	17.4	− 22.8	82.7	0	0	0	0	圆曲	80.226
10	70	82.6	− 12.6	0.5	82.7	0	0	0	0	圆曲	90.226
11	84	82.6	1.4	− 1.7	82.7	0	0	0	0	QZ: 11 + 0.26	100.226
12	88	82.6	5.4	− 1.1	82.6	0	0	0	0	圆曲	110.226
13	73	82.6	− 9.6	10.4	82.7	− 0.1	− 0.1	0	0	圆曲	120.226
14	99	82.6	16.4	2.4	82.7	0	0.1	0	0	圆曲	130.226
15	68	80.8	− 12.8	27.1	80.8	0	0	0	0	YH: 15 + 0.74	140.226
16	62	69.9	− 7.9	26.2	69.9	0	0	0	0	终缓	150.226
17	62	56.1	5.9	9.6	56.2	− 0.1	− 0.1	0	0	终缓	160.227
18	40	42.3	− 2.3	4.6	42.3	0	0.1	0	0	终缓	170.227
19	36	28.6	7.4	− 5.1	28.6	0	0	0	0	终缓	180.227
20	12	14.8	− 2.8	0.3	14.8	0	0	0	0	终缓	190.227
21	3	2.8	0.2	− 0.1	2.9	0	0	0	0	HZ: 21 + 0.74	200.227
22	0	0	0	0	0	0	0	0	0	终直	210.227
合计	1165	1164.7	0.3	1.2							

表 4-25　绳正法整正曲线要素

曲线	始缓长 l_{01}/m	终缓长 l_{02}/m	半径 R/m	曲全长 L/m	HY 点里程 /10 m	YH 点里程 /10 m	HZ 点里程 /10 m	0# 里程/km	ZH（ZY）里程/km	HZ（YZ）里程/km
201#	70	70	319	198.433	8.0304	13.8737	20.8737	165.23622	165.2465239	165.444966

表 4-26　绳正法整正曲线计算成果表[12]

测点	实量正矢	计划正矢	正矢差	计算拨量	拨后正矢	拨后正矢比较差	拨后正矢连续差	加宽	超高	设计线形	设计相对里程/m
0	0	0	0	0	0	0	0	0	0	始直	−10.3039
1	4	3.4	0.6	0	3.4	0	0	0	0	ZH: 1+0.3	−0.3039
2	19	21.7	−2.7	1.2	21.7	0	0	0	0	始缓	9.696057934
3	47	44.1	2.9	−3.1	44.2	0	0	0	0	始缓	19.69605793
4	62	66.5	−4.5	−1.6	66.5	0	0	0	0	始缓	29.69605793
5	92	88.9	3.1	−9	88.9	0	0	0	0	始缓	39.69605793
6	108	111.3	−3.3	−10.2	111.3	0	0	0	0	始缓	49.69605793
7	146	133.7	12.3	−17.9	133.7	0	0	0	0	始缓	59.69605793
8	145	152.6	−7.6	−0.9	152.7	−0.1	−0.1	0	0	HY: 8+0.3	69.69605793
9	158	156.7	1.3	0.8	156.8	0	0.1	0	0	圆曲	79.69605793
10	162	156.8	5.2	4.9	156.7	0.1	0.1	0	0	QZ: 10+9.52	89.69605793
11	152	156.8	−4.8	19.6	156.8	0	−0.1	0	0	圆曲	99.69775472
12	151	156.8	−5.8	24.8	156.8	0	0	0	0	圆曲	109.6988584
13	158	156.8	1.2	18.4	156.7	0.1	0.1	0	0	YH: 13+8.73	119.6999431
14	150	151.4	−1.4	14.6	151.4	0	−0.1	0	0	终缓	129.7008296
15	132	131.5	0.5	8	131.6	0	0	0	0	终缓	139.7015216
16	106	109.1	−3.1	2.3	109.2	0	0	0	0	终缓	149.7018944
17	92	86.7	5.3	−9.8	86.7	0.1	0.1	0	0	终缓	159.7019811
18	66	64.3	1.7	−11.1	64.4	−0.1	−0.2	0	0	终缓	169.7019207
19	43	41.9	1.1	−9.2	41.9	0	0.1	0	0	终缓	179.7018603
20	20	19.6	0.4	−5.1	19.6	0	0	0	0	HZ: 20+8.73	189.7018307
21	0	2.5	−2.5	−0.1	2.5	0	0	0	0	终直	199.7018247
合计	2013	2013.1	−0.1	16.6							

表 4-27　绳正法整正曲线要素表（不等测点间距）

曲线	始缓长 l_{01}/m	终缓长 l_{02}/m	半径 R/m	曲全长 L/m	ZH 点里程/m	HY 点里程/m	YH 点里程/m	HZ 点里程/m	曲线偏角 α
2#	0	0	190	111.318		0	111.318	111.318	33°34′7.4″

表 4-28　绳正法整正曲线计算成果表（不等测点间距）

测点	实量矢距/mm	计划矢距/mm	矢距差/mm	计算拨量/mm	修后拨量/mm	拨后矢距/mm	拨后矢距差/mm	拨后矢距连续差/mm	点间距/m
0	0	0	0	0		0	0	0	5
1	0	0	0	0		0	0	0	5
2	2	0	2	0		0	0	0	5
3	49	34	15	4		34.1	−0.1	−0.1	5
4	56	65.8	−9.8	37.9		65.8	0	0.1	5
5	43	65.8	−22.8	52.3		65.9	−0.1	−0.1	5
6	77	65.8	11.2	21		65.8	0	0.1	5
7	73	65.8	7.2	12.1		65.8	0	0	5
8	63	65.8	−2.8	17.7		65.9	−0.1	−0.1	5
9	67	65.8	1.2	17.6		65.8	0	0.1	5
10	53	65.8	−12.8	20		65.8	0	0	5
11	86	65.8	20.2	−3.3		65.8	0	0	5
12	40	65.8	−25.8	14		65.8	0	0	5
13	74	65.8	8.2	−20.5		65.8	0	0	5
14	12	9.4	2.6	−38.4		9.5	−0.1	−0.1	0.717
15	13	9.4	3.6	−38.1		9.4	0	0.1	5
16	69	65.8	3.2	−7.1		65.8	0	0	5
17	44	65.8	−21.8	30.4		65.8	0	0	5
18	68	65.8	2.2	24.2		65.8	0	0	5
19	63	65.8	−2.8	22.4		65.8	0	0	5
20	71	65.8	5.2	15.1		65.9	−0.1	−0.1	5
21	71	65.8	5.2	18.1		65.8	0	0.1	5
22	51	65.8	−14.8	31.5		65.8	0	0	5
23	76	65.8	10.2	15.4		65.9	−0.1	−0.1	5
24	67	65.8	1.2	19.6		65.8	0	0.1	5
25	57	65.8	−8.8	26.3		65.9	−0.1	−0.1	5
26	37	39.2	−2.2	15.3		39.2	0	0.1	5
27	8	0.3	7.7	−0.1		0.4	−0.1	−0.1	5
28		0	0	−0.1		0	0	0.1	5
29	0	0	0	0		0	0	0	5

表 4-29 测点间距和矢距表（不等测点间距）

序号	点间距/m	矢距/mm	换算后测点横坐标/m	换算后测点纵坐标/m
1	120.0009484	0.3	0	0
2	109.8085459	−0.6	120.000948	0
3	93.24116881	1.3	229.809494	0.00057452
4	26.83856622	8.3	323.050663	−0.00007412
5	39.89610833	27.5	349.889229	0.00144814
6	40.25566093	42.2	389.785331	0.02430901
7	39.85071183	59.1	430.040916	0.10262369
8	39.98395703	75.1	469.8913	0.26412569
9	40.05814986	90.1	509.874274	0.54456348
10	39.81249465	27.4	549.930102	0.97585506
11	18.49041595	107.7	589.73795	1.58413398
12	55.04936168	141.1	608.225551	1.90676175
13	36.58993632	93.4	663.257392	3.29552977
14	36.34646069	47.8	699.829003	4.4533999
15	18.78881436	52.6	736.150893	5.78963494
16	39.98359545	112.3	754.9242	6.55283897
17	39.97658971	111.8	794.867774	8.34136344
18	39.94112589	30.6	834.793673	10.353901
19	18.28303563	68.8	874.672277	12.5878382
20	36.73832508	82.3	892.924144	13.6549564
21	39.99019985	73.7	929.587172	16.0059071
22	39.99901935	58.7	969.484041	18.7364594
23	39.97895847	41.5	1009.37937	21.6146674
24	39.98999781	25.3	1049.24608	24.6084856
25	38.14190486	9.4	1089.11749	27.6859024
26	36.84368233	1.7	1127.14245	30.6703815
27	110.2347485	−0.5	1163.87172	33.571702
28	112.4470243	0.6	1273.76362	42.2590962
29	120.0052728		1385.86099	51.1198289
30			1505.49301	60.5773818

表 4-30 不等测点间距矢距整正曲线要素成果表

曲线	始缓长 l_{01}/m	终缓长 l_{02}/m	半径 R/m	曲全长 L/m	曲线偏角 α
5#	270	270	7031	824.685	4°31′12.5″

表 4-31　不等测点间距矢距整正拨量成果表

测点	实量矢距/mm	计划矢距/mm	矢距差/mm	计算拨量/mm	拨后矢距/mm	拨后矢距差/mm	拨后矢距连续差/mm	设计里程/m	点间距/m
0	0	0	0	0	0	0	0	−326.726	120.001
1	0.3	0	0.3	0	0	0	0	−206.725	109.809
2	−0.6	0	−0.6	0.6	0	0	0	−96.917	93.241
3	1.3	0.8	0.5	−0.1	0.9	−0.1	−0.1	−3.675	26.839
4	8.3	7.8	0.5	0.4	7.8	0	0.1	23.163	39.896
5	27.5	26.7	0.8	2.3	26.7	0	0	63.059	40.256
6	42.2	43.6	−1.4	5.8	43.6	0	0	103.315	39.851
7	59.1	60.1	−1	6.5	60.1	0	0	143.166	39.984
8	75.1	77.3	−2.2	5.2	77.3	0	0	183.150	40.058
9	90.1	93.7	−3.6	−0.6	93.7	0	0	223.208	39.813
10	27.4	49.5	−22.1	−13.4	49.6	−0.1	−0.1	263.020	18.490
11	107.7	72.4	35.3	−51.8	72.3	0.1	0.2	281.511	55.049
12	141.1	143.2	−2.1	−25.5	143.3	−0.1	−0.2	336.560	36.590
13	93.4	94.6	−1.2	−11.6	94.6	0	0.1	373.150	36.347
14	47.8	48.6	−0.8	0	48.6	0	0	409.496	18.789
15	52.6	53.4	−0.8	4.8	53.4	0	0	428.285	39.984
16	112.3	113.7	−1.4	12.4	113.7	0	0	468.269	39.977
17	111.8	113.5	−1.7	17.2	113.5	0	0	508.245	39.941
18	30.6	51.8	−21.2	18.6	51.8	0	0	548.187	18.283
19	68.8	44.6	24.2	−11.8	44.6	0	0	566.470	36.738
20	82.3	85.3	−3	0.2	85.2	0.1	0.1	603.208	39.990
21	73.7	76.5	−2.8	7	76.5	0	−0.1	643.198	39.999
22	58.7	59.6	−0.9	8.3	59.6	0	0	683.197	39.979
23	41.5	42.7	−1.2	7.7	42.7	0	0	723.176	39.990
24	25.3	25	0.3	4.7	25	0	0	763.166	38.142
25	9.4	8.9	0.5	2.5	8.9	0	0	801.308	36.844
26	1.7	0.8	0.9	1.3	0.8	0	0	838.152	110.235
27	−0.5	0	−0.5	1.2	0	0	0	948.386	112.447
28	0.6	0	0.6	0	0	0	0	1060.833	120.005
29	0	0	0	0	0	0	0	1180.839	120.001

传统的绳正法整正曲线原理是渐伸线法[13]，但渐伸线法存在的缺陷是多方面的，利用缺陷的理论整正曲线，拨量大，精度差，质量无法得到提高。而坐标法具有计算精确高、理论严密的优点。

计算机程序计算过程如图 4-17 所示，计算机程序界面如图 4-18 所示。

```
根据点间距和曲线编号，导入实测正矢或矢距
          ↓
根据履历资料进行实测正矢矢或矢距进行平差，"三无曲线"取三次平均值
          ↓
根据实测实测正矢或矢距，初步确定始、终切线的4个控制桩号，输入相关缓和曲线长度、半径精度、目标函数等参数
          ↓
根据等缓长、不等缓长、固定缓长三种情况优化曲线半径
          ↓
根据拨后正矢差、连续差、最大最小差限值修改默认参数，确定径精度进行修正拨量计算，观察窗口的整正指标（最大拨量绝对值等），满足要求中止计算
          ↓
检查拨后线路伸缩量值和控制拨量桩的拨量，仅对半径进行微调达到要求，根据需要确定半径
          ↓
选择成果生成方式：绳正法、简易拨道法、弦上矢距法、流水拨道法
          ↓
在生成的成果表中，对拨量进行"梯形数组法"进行修正拨量，绳正法表中，对个别拨后正矢比较差或者连续差比较大的进行修正，对简易拨道法表曲线范围外桩号修正为0，向曲线中央方向桩号圆顺
          ↓
根据每一组曲线要素计算出来的目标函数（拨量绝对值之和或拨量最大值最小），优化出最佳的曲线要素
          ↓
        结束
```

图 4-17　计算机程序计算过程

4.3.4　绳正法整正曲线计算机程序界面

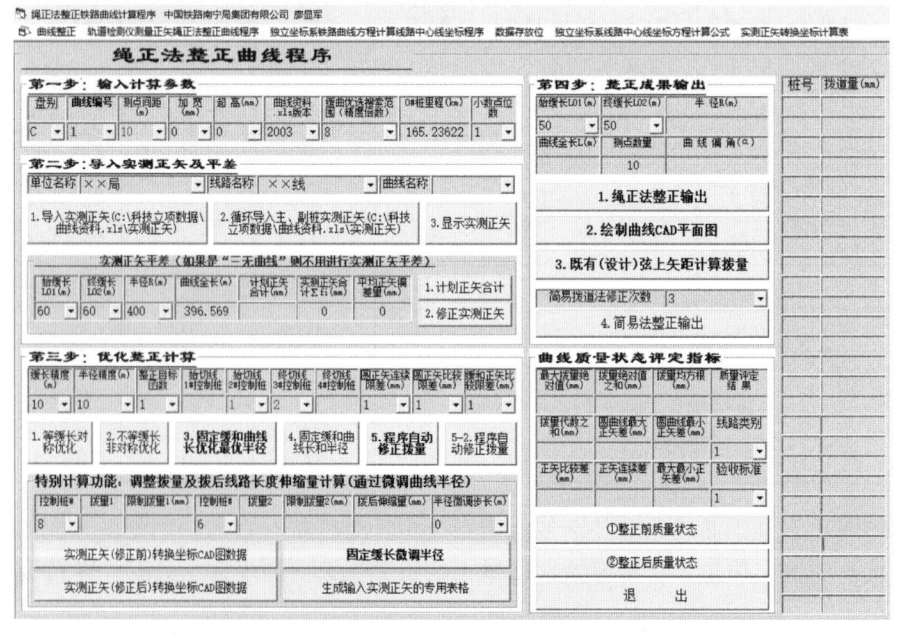

图 4-18　绳正法整正曲线计算机程序界面

4.4 偏角法转化坐标法整正曲线的研究

传统的偏角法整正曲线是根据现场实测偏角和测点间距，如图 4-19，通过试算设计渐伸线与现场渐伸线长度差进行优化，整正曲线原理是渐伸线法[14]，渐伸线法存在累计误差等问题，特别用于长大曲线的整正，优化效果差。

坐标法整正曲线具有计算精确高、理论严密和无累差的优点，现将坐标法原理应用到偏角法曲线整正中，介绍如下。

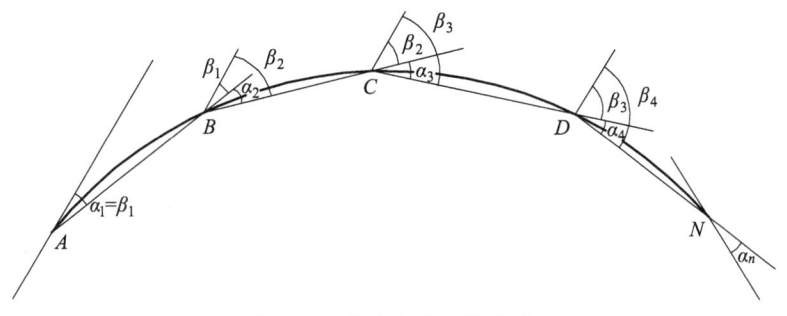

图 4-19 偏角法测量平面图

4.4.1 偏角测量数据转换为坐标值计算

根据偏角法测量的偏角和弦长的几何关系，建立统一坐标系，求各测点的相对坐标，计算步骤如下。

1. 建立统一坐标系，计算各置镜点至测点的视线相对于置镜点与后视点连线的偏角

如图 4-20 所示，假设以 1 号和 4 号测点为置镜点，以始端切线方向上的 1 号测点作为坐标原点，后视点 0 号测点，以 0 号～1 号测点连线为横坐标建立坐标系，$0, 1, 2, 3, …, n$ 为各测点编号。

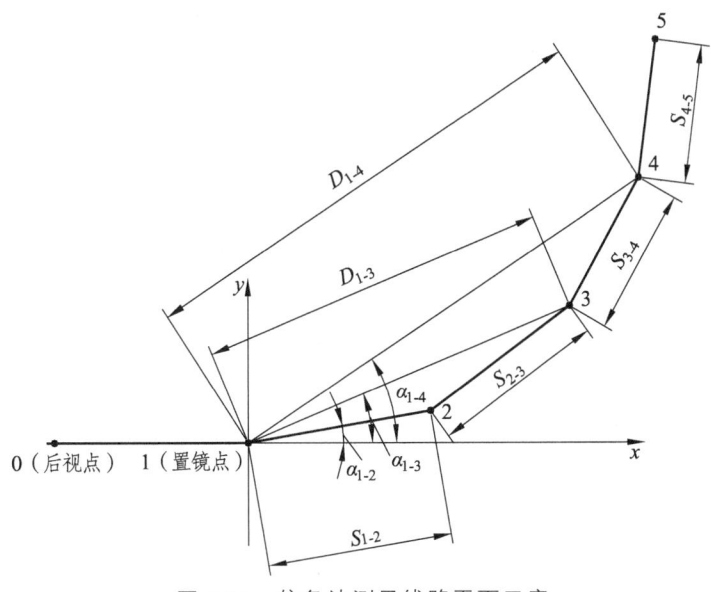

图 4-20 偏角法测量线路平面示意

第一置镜点设为 1 号桩，后视点 0 号，$D_{1-2}, D_{1-3}, D_{1-4}$ 为置镜点至各测点的长度，$\alpha_{1-2}, \alpha_{1-3}, \alpha_{1-4}$ 为各弦相对于 0 号~1 号测点始切线的偏角，即为坐标系的方位角。

第二置镜点设为 4 号，后视点（第一置镜点）为 1 号，设 $D_{4-5}, D_{4-6}, D_{4-7}, D_{4-8}, \cdots, D_{4-n}$ 为各置镜点至测点的长度，$\alpha_{4-5}, \alpha_{4-6}, \alpha_{4-7}, \alpha_{4-8}, \cdots, \alpha_{4-n}$ 为各视线相对于两置镜点 1 号~4 号测点连线的偏角。

第 i 置镜点设为 i 号，则 $D_{i-i+1}, D_{i-i+2}, D_{i-i+3}, \cdots, D_{i-i+n}$ 为各置镜点至前测点的视线编号，$\alpha_{i-i+1}, \alpha_{i-i+2}, \alpha_{i-i+3}, \cdots, \alpha_{i-i+n}$，为各视线相对于前两置镜点 1 号~4 号测点连线的偏角。

依次类推确定下一镜点对应的测点现场实测偏角和测点间距。

2. 各置镜点至测点视线的方位角和长度

（1）各视线的方位角。

如图 4-21 所示，各视线的方位角等于上两置镜点连线方位角加上本视线的偏角，计算方法如下：

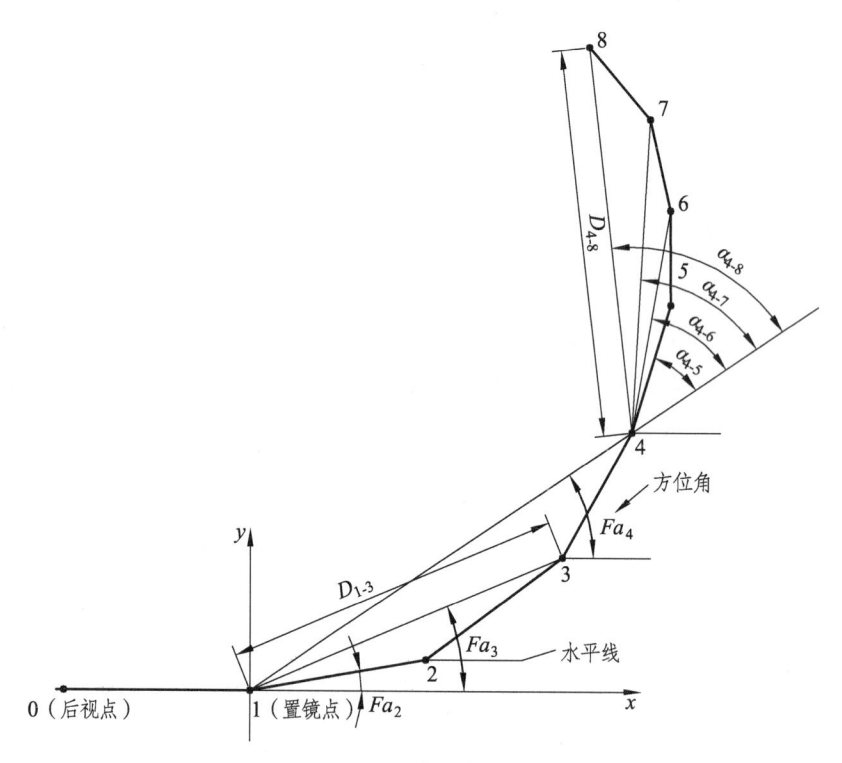

图 4-21 视线方位角示意

第一置镜点设为 1 号，各视线 $D_{1-2}, D_{1-3}, D_{1-4}$ 的方位角 Fa_i 等于以 0 号~1 号测点为始切线的各偏角 $\alpha_{1-2}, \alpha_{1-3}, \alpha_{1-4}$，即 $F\alpha_1 = 0, F\alpha_2 = \alpha_{1-2}, F\alpha_3 = \alpha_{1-3}, F\alpha_4 = \alpha_{1-4}$。

第二置镜点设为 4 号，点各视线 $D_{4-5}, D_{4-6}, D_{4-7}, D_{4-8}, \cdots, D_{4-n}$ 的方位角等于各偏角 $\alpha_{4-5}, \alpha_{4-6}, \alpha_{4-7}, \alpha_{4-8}, \cdots, \alpha_{4-n}$ 分别加上置镜点 1 号~4 号视线的方位角 Fa_4，即 $F\alpha_5 = \alpha_{4-5} + F\alpha_4$，$F\alpha_6 = \alpha_{4-6} + F\alpha_4, F\alpha_7 = \alpha_{4-7} + F\alpha_4, F\alpha_8 = \alpha_{4-8} + F\alpha_4, \cdots, F\alpha_n = \alpha_{4-n} + F\alpha_4$。

第 i 置镜点设为 i 号，$F\alpha_{i+1} = \alpha_{i \to i+1} + F\alpha_i, F\alpha_{i+2} = \alpha_{i \to i+2} + F\alpha_i, F\alpha_{i+3} = \alpha_{i \to i+3} + F\alpha_i, \cdots, F\alpha_{i+n} = \alpha_{i \to i+n} + F\alpha_i$。依此类推，确定下一镜点对应的测点现场实测的偏角和测点间距。

（2）各视线的长度。

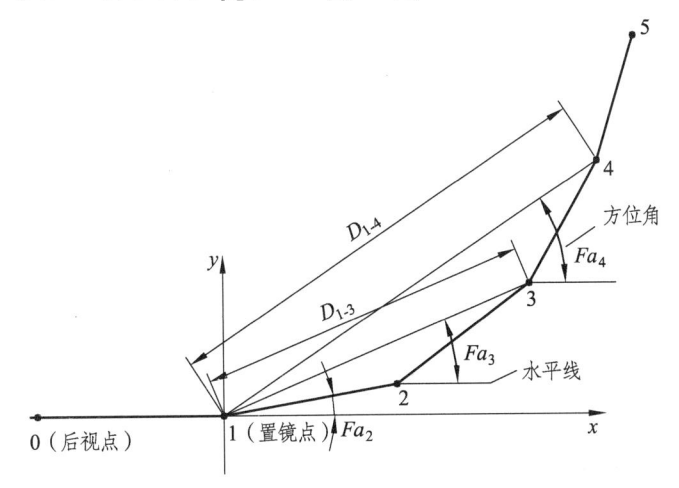

根据图 4-22 所示，视线 $D_{1-2}, D_{1-3}, D_{1-4}$ 的方位角分别为 $Fa_2 = a_{1-2}$，$Fa_3 = a_{1-3}$，$Fa_4 = a_{1-4}$，视线 D_{1-2} 等于测点 1 号和 2 号的距离 S_{1-2}，即 $D_{1-2} = S_{1-2}$。

图 4-22 视线方位角及长度详图

① 第一置镜点各视线长度：

在 △123 中，已知三角形边长 S_{1-2}、S_{2-3}，边长 S_{2-3} 对应的 $\angle 213 = Fa_3 - Fa_2$，求三角形另一边长 D_{1-3} 的长度。

$$\frac{S_{1-2}}{\sin \angle 231} = \frac{S_{2-3}}{\sin \angle 213} \Rightarrow \sin \angle 231 = \frac{S_{1-2}}{S_{2-3}} \times \sin \angle 213 \Rightarrow \angle 231 = \arcsin \left[\frac{S_{1-2}}{S_{2-3}} \times \sin \angle 213 \right]$$

由于 △123，$\angle 123 = 3.141592653 - \angle 213 - \angle 231$。

$$\frac{D_{1-3}}{\sin \angle 123} = \frac{S_{1-2}}{\sin \angle 231} \Rightarrow D_{1-3} = \frac{S_{1-2}}{\sin \angle 231} \times \sin \angle 123$$

依次类推，△123、△134、△145 可分别求视线 $D_{1-2}, D_{1-3}, D_{1-4}$ 的长度。

② 第二置镜点各视线长度：

第二置镜点后的三角形中 △567、△578 和 △589 分别求视线 D_{5-6}, D_{5-7} 和 D_{5-8} 的长度，如图 4-23 所示。

根据以上计算方法，依次计算各视线长度。

（3）各测点坐标计算

始端切线方向上的 1 号测点作为坐标原点，后视点 0 号，0 号～1 号测点连线作（始切线）为横坐标建立坐标系，则各点的坐标为：

假设后视点 0 号至置镜点 1 号的距离为 100，则 0 号坐标为

$$x_0 = -100, \ y_0 = 0$$

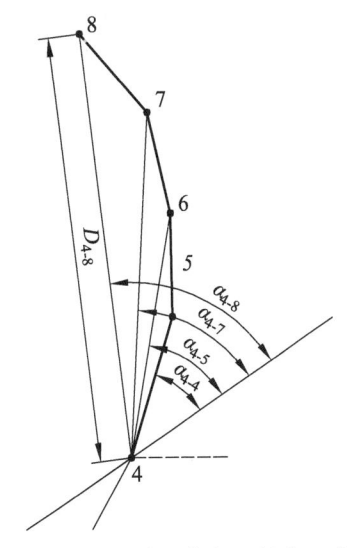

图 4-23 视线方位角及长度示意

1号为坐标原点，故坐标为

$$x_1 = 0, y_1 = 0$$

因为，$D_{1-2}, D_{1-3}, D_{1-4}, D_{1-5}$ 的方位角为

$$F\alpha_2, F\alpha_3, F\alpha_4, F\alpha_5$$

所以，2号为坐标为

$$x_2 = D_{1-2} \times \cos(F\alpha_2), y_2 = D_{1-2} \times \sin(F\alpha_2)$$

……

$$x_i = D_{i-i+1} \times \cos(F\alpha_{i+1}), y_i = D_{i-i+1} \times \sin(F\alpha_{i+1}),$$

即测点坐标 = 视线长度 × 方位角，依此类推计算各测点的坐标，注意置镜点后的各点坐标加上置镜点的坐标。

4.4.2 坐标法曲线整正

根据以上转化的各测点现场坐标值，利用坐标法原理进行整正，计算方法可参考本书第4.2节和相关书籍，在此不另行介绍。

4.4.3 计算实例

现利用坐标法对文献[15]算例（偏角法）进行整正计算，计算过程如下。

已知各测点实测间距如表4-27第3列（均为20.00 m），各视线实测偏角如第5、6、7、8列。

1. 各视线的方位角

计算得各视线的方位角：

$$F\alpha_2 = \alpha_{1\to 2} = 0°0'52" = 0.000252103 \text{ (rad)}, F\alpha_3 = \alpha_{1\to 3} = 0°0'31" = 0.000150292 \text{ (rad)}$$

$$F\alpha_4 = \alpha_{1\to 4} = 0°9'31" = 0.00276829 \text{ (rad)}, F\alpha_5 = \alpha_{1\to 5} = 0.00906117 \text{ (rad)}$$

同理，依次计算其他各视线的方位角，结果如表4-32所示。

表4-32 视线方位角计算表

测点号	置镜点	弦长/m	弦量线路里程/m	实测偏角			偏角转换/rad	偏角累计/rad →方位角
				度	分	秒		
1	2	3	4	5	6	7	8	9
1	不-1	0	0	0	0	0	0	0
2		20	20			52	0.000252	0.000252
3		20	40			31	0.00015	0.00015
4		20	60		9	31	0.002768	0.002768

续表

测点号	置镜点	弦长/m	弦量线路里程/m	实测偏角			偏角转换/rad	偏角累计/rad →方位角
				度	分	秒		
5	不-2	20	80		31	9	0.009061	0.009061
6		20	100	2	53	36	0.050498	0.059559
7		20	120	3	40	20	0.064092	0.073154
8		20	140	4	29	44	0.078462	0.087523
9		20	160	5	25	33	0.094699	0.10376
10		20	180	6	22	46	0.111342	0.120403
11		20	200	7	18	58	0.12769	0.136751
12		20	220	8	11	11	0.142879	0.151941
13		20	240	9	4	1	0.158248	0.167309
14		20	260	9	57	0	0.17366	0.182721
15		20	280	10	50	13	0.18914	0.198202
16		20	300	11	45	5	0.2051	0.214162
17		20	320	12	39	32	0.220939	0.23
18	不-3	20	340	13	32	57	0.236478	0.245539
19		20	360	12	34	37	0.219509	0.465048
20		20	380	13	20	22	0.232817	0.478356
21		20	400	13	53	47	0.242538	0.488076
22		20	420	14	15	19	0.248802	0.49434
23		20	440	14	29	31	0.252932	0.498471
24		20	460	14	39	0	0.255691	0.501229
25	不-4	20	480	14	45	32	0.257591	0.50313
26		20	500	0	42	22	0.012324	0.515454

2. 计算各视线的长度

在图 4-20 所示的 △123 中，已知三角形边长 $S_{1\to2} = 20$ m、$S_{2\to3} = 20$ m，边长 $S_{2\to3}$ 对应的 $\angle 213 = F\alpha_3 - F\alpha_2$，求三角形另一边长 $D_{1\to3}$ 的长度。

$$\angle 213 = Fa_3 - Fa_2 = 0.000150292 - 0.000252103 = -0.000101811 \text{ (rad)}$$

$$\frac{S_{1\to2}}{\sin\angle 231} = \frac{S_{2\to3}}{\sin\angle 213} \Rightarrow \sin\angle 231 = \frac{S_{1\to2}}{S_{2\to3}} \times \sin\angle 213 \Rightarrow \angle 231 = \arcsin\left(\frac{S_{1\to2}}{S_{2\to3}} \times \sin\angle 213\right)$$

$$\angle 231 = \arcsin\left(\frac{S_{1\to2}}{S_{2\to3}} \times \sin\angle 213\right) = \arcsin\left[\frac{20}{20} \times \sin(-0.000101811)\right] = -0.000101811 \text{ (rad)}$$

$$\angle 123 = 3.141592653 - \angle 213 - \angle 231 = 3.141592653 - (-0.000101811) - (-0.000101811)$$
$$= 3.141796275 \text{ (rad)}$$

在 △123 中，得

$$D_{1\to 3} = \frac{S_{1\to 2}}{\sin \angle 231} \times \sin \angle 123 = \frac{20.000}{\sin(-0.000101811)} \times \sin(3.141796275) = 39.9999998 \text{ (m)}$$

3. 计算各测点的坐标

假设后视点 0 号至置镜点 1 号的距离为 100，则 0 号坐标为 $x_0 = -100, y_0 = 0$。1 号为坐标原点，坐标为 $x_1 = 0, Y_1 = 0$。

由于 测点坐标 = 视线长度×方位角，以第 2 测点为例，计算坐标值

$$x_i = D_{i\to i+1} \times \cos(F\alpha_i) = 20 \times \cos(\angle 213) = 19.9999994$$

$$y_i = D_{i\to i+1} \times \sin(F\alpha_{i+1}) = 20 \times \sin(\angle 213) = 0.0050421$$

其他测点坐标值计算方法相同。

4. 各测点坐标计算

各测点坐标计算结果如表 4-33 所示，第 6、7 列分别为转换后的曲线实测坐标，利用计算机程序计算，保留小数点后 7 位数字。

表 4-33　偏角法各测点换算坐标计算成果表

测点号	置镜点	弦长/m	偏角累计/rad →方位角	置镜点至各测点的视距/m	坐标系横坐标 x/m	坐标系纵坐标 y/m
1	2	3	4	5	6	7
1	不-1	0	0	0	0	0
2		20	0.0002521	20	19.999999	0.0050421
3		20	0.0001503	39.9999998	39.999999	0.0060117
4		20	0.0027683	59.9995886	59.999359	0.1660958
5	不-2	20	0.0090612	79.9948363	79.991552	0.7248367
6		20	0.0595594	20	99.95609	1.9153198
7		20	0.0731535	39.996304	119.88089	3.6480989
8		20	0.0875234	59.9839153	139.74587	5.9681335
9		20	0.1037598	79.9522838	159.51383	9.005794
10		20	0.1204035	99.8968962	179.16522	12.72373
11		20	0.1367514	119.816766	198.68972	17.058925
12		20	0.1519406	139.719976	218.10184	21.872387
13		20	0.1673092	159.587879	237.35102	27.300963
14		20	0.1827214	179.417119	256.42189	33.32607
15		20	0.1982015	199.201851	275.29349	39.948954

续表

测点号	置镜点	弦长/m	偏角累计/rad→方位角	置镜点至各测点的视距/m	坐标系横坐标 x/m	坐标系纵坐标 y/m
16		20	0.2141616	218.922191	293.91245	47.251987
17		20	0.2300005	238.591878	312.30042	55.118529
18	不-3	20	0.2455387	258.216498	330.46324	63.491829
19		20	0.4650478	20	348.33924	72.46114
20		20	0.478356	39.9964579	365.97021	81.90301
21		20	0.4880765	59.9907892	383.44929	91.62318
22		20	0.4943403	79.986082	400.87354	101.44131
23		20	0.4984709	99.9826705	418.27948	111.29185
24		20	0.5012295	119.980388	435.68513	121.1429
25	不-4	20	0.5031299	139.978872	453.0956	130.98544
26		20	0.5154539	20	470.49698	140.84403

4.4.4 坐标法曲线成果与原文献比较

1. 坐标法整正曲线成果

利用坐标法整正曲线,以第 1、2 测点为始端切线,第 25、26 测点为始端切线,经过扭转两切线方向,优化曲线偏角,以始点 1 测点为固定点,2 测点向曲线外侧扭转 22.8 mm,确定始切线位置;25 测点向曲线内侧扭转 14.7 mm,终点 26 测点向外扭转 0.2 mm,确定终切线位置,在缓和曲线长度与原文献一致的条件下,以拨量绝对值之和最小为目标函数,最终优化得半径、转角拨量结果如表 4-34、表 4-35 所示。

表 4-34 坐标法整正铁路曲线要素表

编号	始缓长 l_{01}/m	终缓长 l_{02}/m	半径 R/m	曲全长 L/m	始切长 T_1/m	终切长 T_2/m	曲线偏角 α	HZ 里程/km
2	60	60	638.3	389.106	198.358	198.358	29°32′29.61″	389.106

表 4-35 坐标法整正铁路曲线计算表

测点	实测 x 坐标/m	实测 y 坐标/m	切线定向点	曲线测点设计里程	拨道量/mm	文献拨道量/mm	超高/mm	设计线形	设计里程/m
1	0	0	定向点 1		0	0	0	始直	−22.7576
2	19.999999	0.0050421	定向点 2	ZH: 0	22.8	−5	0	始直	−2.7576
3	39.999999	0.0060117			19.2	−9	23	始缓	17.2425
4	59.999359	0.1660958			−5.4	−51	50	始缓	37.2427
5	79.991552	0.7248367		HY: 60	−20.3	−72	76	始缓	57.2429
6	99.95609	1.9153198			21.6	−34	80	圆曲	77.2437

续表

测点	实测 x 坐标/m	实测 y 坐标/m	切线定向点	曲线测点设计里程	拨道量/mm	文献拨道量/mm	超高/mm	设计线形	设计里程/m
7	119.88089	3.6480989			-19.4	-75	80	圆曲	97.2445
8	139.74587	5.9681335			-96.7	-152	80	圆曲	117.2433
9	159.51383	9.005794			-76.4	-129	80	圆曲	137.2414
10	179.16522	12.72373			7.6	-42	80	圆曲	157.241
11	198.68972	17.058925			95	51	80	圆曲	177.2432
12	218.10184	21.872387			46.9	11	80	圆曲	197.2462
13	237.35102	27.300963			8.5	-19	80	圆曲	217.2479
14	256.42189	33.32607			-34	-50	80	圆曲	237.2482
15	275.29349	39.948954			-73	-76	80	圆曲	257.2473
16	293.91245	47.251987			-13.1	-3	80	圆曲	277.2467
17	312.30042	55.118529			29.2	55	80	圆曲	297.2477
18	330.46324	63.491829		YH: 329.106	-0.6	43	80	圆曲	317.249
19	348.33924	72.46114			6.7	69	69	终缓	337.2498
20	365.97021	81.90301			11.9	83	42	终缓	357.2504
21	383.44929	91.62318			1.4	71	16	终缓	377.2506
22	400.87354	101.44131		ZH: 389.106	-22.9	34	0	终直	397.2506
23	418.27948	111.29185			-17.3	25	0	终直	417.2506
24	435.68513	121.1429			-11.1	17	0	终直	437.2506
25	453.0956	130.98544	定向点3		-14.7	-1	0	终直	457.2506
26	470.49698	140.84403	定向点4		0.2	-5	0	终直	477.2506

2. 与原文献比较整正质量

本坐标法整正结果与文献偏角法对比如表4-36所示,可知坐标法整正结果拨量绝对值之和及最大拨量值均比偏角法的小,说明坐标法整正曲线质量优于传统的偏角法。

表4-36 两种整正计算结果比较表

曲线整正方法	曲线偏角	缓和曲线 l_{01}/m	缓和曲线 l_{02}/m	曲线半径 R/m	拨量绝对值之和/mm	最大拨量值/mm	最小拨量值/mm
偏角法	29°32′00″	60	60	640	1180	83	-152
坐标法	29°32′6.498′	60	60	638.3	675.8	95	-96.7

4.5 简易拨道法和流水拨道法计算的改进

我们长期以来普遍认为,传统的简易拨道法有如下特点:计算方法简单,计算出的拨道量较小，对圆顺度较好的曲线或作曲线个别调整或局部调整时，较为适合。缺点是对曲线两端的影响量无法控制，长期使用，曲线头尾容易产生"鹅头"（或反弯曲）[16-17]。

针对上述存在的问题，通过用计算机程序进行简易拨道法计算与分析，找出了消除曲线两端桩号拨量为零的方法[18]，解决了以上难题。

4.5.1 简易拨道法计算公式

根据任意一点拨量等于本点的正矢逆差加前后两点的影响量公式

$$\Delta E_i = \frac{1}{2}\Delta E_{i-1} + \frac{1}{2}\Delta E_{i+1} + (-df) \tag{4-4}$$

式中：$\frac{1}{2}\Delta E_{i-1}$——前点拨量对本点拨量的影响量；

$\frac{1}{2}\Delta E_{i+1}$——后点拨量对本点拨量的影响量；

$-df$——正矢逆差。

4.5.2 传统简易拨道法拨量计算过程

正矢逆差计算公式 $df = f_j - f_s$，其中 f_j 和 f_s 分别为实测正矢和计划正矢。

第一次拨量 = 正矢逆差 + 前影响量，其中第 1 测点的修正量与该点正矢逆差相同（第 0 号桩无正矢差，影响量为 0），以下各测点拨道量等于该点正逆差与前影响量之和。

第二次拨道量 = 第 1 测点的修正量等于第一次修正的后影响量，以下各测点修正量等于第一次修正的后影响量与本次修正前影响量之和。同理以下各测点修正量等于该点正逆差与前影响量之和。

如此反复修正第 3, 4, …, N 次拨道量，直到后影响量没有超过允许值测点时，可停止修正量的计算。

前、后影响量 = 本点拨道量/2，取整 1 ~ 3 mm。

总拨道量 = 第一次拨道量 + 第二次拨道量 + 第三次拨道量 = 各次拨道量之和。

本测点拨后正矢 = 本测点实测正矢 + 本测点拨量 – 前测点拨量/2 – 后测点拨量/2，即

$$f_n' = f_n + e_n - \frac{e_{n-1} + e_{n+1}}{2} \tag{4-5}$$

其中：f_n' 为拨后正矢；f_n 为拨前正矢；e_n 为拨量，外为 +，内为 –。

通过多次修正，利用电子表格计算，求得拨量。

以上是等测点间距简易拨道法计算方法，如不等测点，间距则可根据式（4-3e）计算，这里不再介绍。

4.5.3 人工修正始终桩号以外线路拨量为零

针对简易拨道法计算曲线头尾容易产生"鹅头"（或反弯曲）的问题，利用梯形数组法修

正拨量原理对起、终点及以外测点的拨量进行修正，使它们拨量全部为"0"，这样就满足了曲线两端直线位置不动的要求。在曲线范围以外的桩以相反拨量数修正拨量，使用这些桩的拨量均为 0，用梯形数组法向曲线中心方向修正拨量[19]。

简易拨道法计算方法是：利用拨道时前后测点正矢互相影响的关系计算，即任意一点拨量等于本点的正矢逆差加前后两点的影响量，即

$$\Delta E_i = \frac{1}{2}\Delta E_{i-1} + \frac{1}{2}\Delta E_{i+1} + (-df)$$

式中：$\frac{1}{2}\Delta E_{i-1}$ ——前点拨量对本点拨量的影响量；

$\frac{1}{2}\Delta E_{i+1}$ ——后点拨量对本点拨量的影响量；

$-df$ ——正矢逆差。

4.5.4 梯形数组法修正拨道量计算公式的改进

1. 梯形数组法修正公式

首先，根据拨后正矢计算公式

$$f'_n = f_n + e_n - \frac{e_{n-1} + e_{n+1}}{2}$$

可知拨后正矢公式为：某点拨后正矢 = 某点现场正矢 + 某点拨道量 − 1/2 ×（前点拨道量 + 后点拨道量）。

拨量的调整修正量，只考虑影响量，令 $f'_n = 1\,\mathrm{mm}$，$f_n = 0$，$1 = \left|e_n - \frac{e_{n-1}}{2} - \frac{e_{n+1}}{2}\right|$，已知 e_n 和 e_{n-1}，求 e_{n+1}，调整修正后的正矢与计划正矢之差即正矢变化量不大于 1 mm 为宜，边界值为 ±1，则 $e_{n+1} = 2 \times e_n - e_{n-1} - 2$、$e_{n+1} = 2 \times e_n - e_{n-1} + 2$，

因为

$$2 = \left|(e_{n+1} - e_n) - (e_n - e_{n-1})\right|$$

所以

$$2 = (e_{n+1} - e_n) - (e_n - e_{n-1})$$

因为

$$2 = \left|(e_{n+1} - e_n) - (e_n - e_{n-1})\right|$$

所以

$$2 = -(e_{n+1} - e_n) + (e_n - e_{n-1})$$

整理后得 $n+1$ 点拨量修正的范围为

$$\left.\begin{array}{l}(e_{n+1} - e_n) - (e_n - e_{n-1}) = 2 \\ (e_{n+1} - e_n) + (e_n - e_{n-1}) = -2\end{array}\right\} \tag{4-6}$$

可见，$e_{n+1} - e_n$ 修正值，即相邻桩修正拨量值差之差不大于 2 mm，对拨后影响量不大于 1 mm。

2. 梯形数组法修正公式使用方法

第一步：首先观察曲线计算拨道量走势，根据公式（4-6），相邻桩修正拨量值差之差不大于 2 mm 的原则，在已知 e_{n-1} 和 e_n 的情况下，求 e_{n+1} 值，根据这一理论，将梯形数组法修正拨量的方法向前更进一步，修正范围更广，不限于等值递增量排列修正值。

第二步：利用梯形数组法修正拨量原理[20]，对起、终点及以外测点的拨量进行修正，使它们拨量全部为"0"。

对曲线起终点以外拨量不为 0 的桩号，以拨量反数进行修正，使拨量全部为 0。根据相邻桩拨量调整数差之差不大于 2 mm 的约束条件，然后向曲线内方向进行拨量递增或递减进行修正，直到修正终桩为 0 后停止。

计算例子如表 4-37、表 4-38 所示，已知曲线要素和计划正矢、实测正矢，求用简易法拨道量计算拨量，计算机程序生成自动计算表格。

表 4-37 曲线要素表

编号	始缓长 l_{01}/m	终缓长 l_{02}/m	半径 R/m	曲全长 L/m	曲线偏角 α	测点间距 /m	ZH 点里程 /10 m	HY 点里程 /10 m	HZ 点里程 /10 m
3	70	70	844	200.314	8°50′47.44″	10	2.645	9.645	22.6764

表 4-38 简易法拨道量计算表

测点	实量正矢 /mm	计划正矢 /mm	正矢逆差	自动计算拨量	人工修正拨量	最终拨量	拨后正矢	拨后正矢差	拨后正矢连续差	曲线桩
-3	0	0	0	-1.1	1.1	0	0	0	0	
-2	0	0	0	-2.6	2.6	0	0	0	0	
-1	0	0	0	-4.5	4.5	0	0	0	0	
0	0	0	0	-6.4	6.4	0	0	0	0	
1	3	0	-3	-7.9	7.9	0	0.4	0.4	0.4	
2	0	0.1	0.1	-2.7	8	5.3	0.9	0.8	0.4	ZH: 2+6.45
3	10	3.4	-6.6	2.9	6	8.9	3.1	-0.3	-1.1	
4	2	11.5	9.5	22.3	4	26.3	11.4	-0.1	0.2	
5	11	19.9	8.9	22.9	2	24.9	19.4	-0.5	-0.4	
6	29	28.4	-0.6	5.7	1	6.7	28.5	0.1	0.6	
7	45	36.9	-8.1	-10.4	0	-10.4	36.4	-0.5	-0.6	
8	49	45.3	-3.7	-10.3	0	-10.3	45.2	-0.1	0.4	
9	44	53.7	9.7	-2.5	0	-2.5	53.6	-0.1	0	HY: 9+6.45
10	76	58.9	-17.1	-13.8	0	-13.8	58.8	-0.1	0	
11	48	59.2	11.2	9.3	0	9.3	59.3	0.1	0.2	
12	60	59.2	-0.8	9.8	0	9.8	59.6	0.4	0.3	QZ: 12+6.61
13	51	59.2	8.2	11.1	0	11.1	59.7	0.5	0.1	

续表

测点	实量正矢/mm	计划正矢/mm	正矢逆差	自动计算拨量	人工修正拨量	最终拨量	拨后正矢	拨后正矢差	拨后正矢连续差	曲线桩
14	68	59.2	-8.8	-4.9	0	-4.9	59.4	0.2	-0.3	
15	50	59.2	9.2	-4.2	0.5	-3.7	59.4	0.2	0	YH：15+6.76
16	63	56.1	-6.9	-22.3	1	-21.3	55.8	-0.3	-0.5	
17	58	48	-10	-26.5	2	-24.5	47.8	-0.2	0.1	
18	44	39.6	-4.4	-10.2	3	-7.2	39.3	-0.3	-0.1	
19	21	31.1	10.1	15.5	4	19.5	30.7	-0.4	-0.1	
20	23	22.7	-0.3	21.9	5	26.9	22.5	-0.2	0.2	
21	1	14.2	13.2	29.4	6	35.4	14	-0.2	0	
22	6	5.8	-0.2	10.9	7	17.9	6.2	0.4	0.6	HZ：22+6.76
23	10	0.4	-9.6	-7	7	0	1.1	0.7	0.3	
24	0	0	0	-5.6	5.6	0	0	0	-0.7	
25	0	0	0	-4.2	4.2	0	0	0	0	
26	0	0	0	-2.8	2.8	0	0	0	0	
27	0	0	0	-1.4	1.4	0	0	0	0	
合计	772	772	0			103.4				

4.5.5 流水拨道法计算的改进

传统流水拨道原理可知，拨量=设计渐伸线长度-既有渐伸线长度，渐伸线长度等于正矢累计合计的 2 倍，拨量大于 0 则向上挑，反之向下压，计算公式为

$$e_n = E_n - E_{n'} = 2\sum_{i=0}^{i=n-1}\sum_{j=0}^{j=i}(f-f') = 2\sum_{i=0}^{i=n-1}\sum_{j=0}^{j=i}\mathrm{d}f \quad (4-7)$$

其中：f——实测正矢（mm）；

f'——计划正矢（mm）；

$\mathrm{d}f$——现场实测正矢与计划正矢的差（mm）；

$\sum \mathrm{d}f$——现场实测正矢与计划正矢差累计（mm）；

$\sum\sum \mathrm{d}f$——正矢差累计的合计，也称半拨量。

$2\sum\sum \mathrm{d}f$——正矢差累计的合计的 2 倍，也称全拨量。

可见，渐伸线长度=正矢累计合计的 2 倍；拨量=设计正矢累计合计的 2 倍-既有正矢累计合计的 2 倍，渐伸线计算拨量原理如图 4-24，正矢与渐伸线长度的关系，如图 4-25，f_n 为拨前正矢，e_n 为拨量。这就是流水拨法的计算公式。

本方法可直接通过如修正设计正矢、梯形数组法修正拨量来改变最终拨量值，较传统的计算方法点号差法（修正设计正矢）更进一步，计算更加灵活。

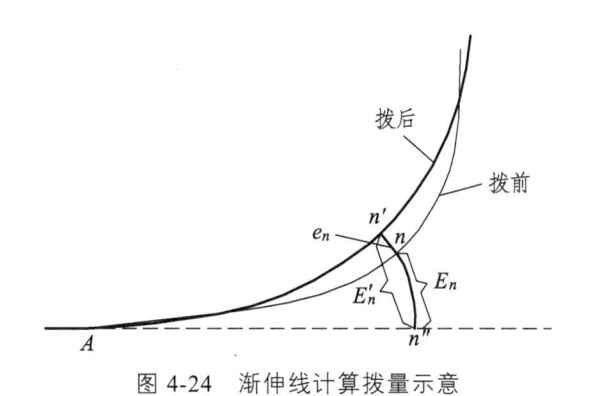

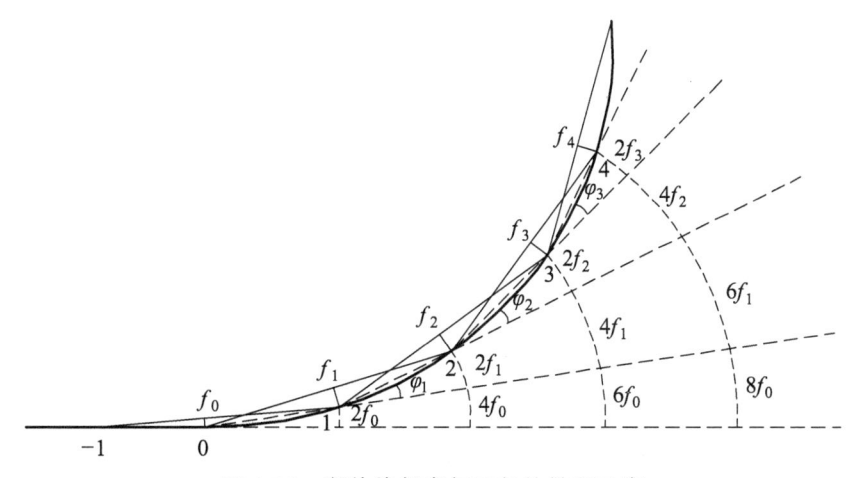

图 4-24 渐伸线计算拨量示意

图 4-25 渐伸线长度与正矢的关系示意

拨后正矢与拨量关系如图 4-26 所示。

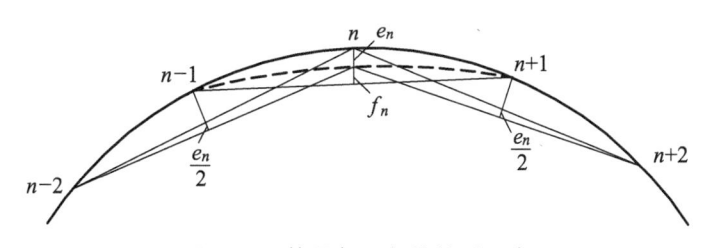

图 4-26 拨量与正矢的关系示意

拨后正矢 = 实测正矢 + 本点拨量 − 前点拨量/2 − 后点拨量/2，公式如下：

$$f_n' = f_n + e_n - \frac{e_{n-1} + e_{n+1}}{2}$$

计算例子如表 4-39、表 4-40 所示，已知曲线要素和计划正矢、实测正矢，求用流水拨道法计算拨量，计算机程序生成自动计算表格。

表 4-39 曲线要素表

始缓长 l_{01}/m	60	终缓长 l_{02}/m	60	半径 R/m	400	曲线全长 L/m	456.342

表 4-40 流水拨道法整正曲线表

测点	实量正矢/mm	计划正矢/mm	正矢差/mm	计划正矢修正	计算拨量/mm	修正拨量/mm	修后拨量/mm	拨后正矢/mm	拨后正矢差/mm	拨后正矢连续差/mm
1				0		0	0.0	0.0	0.0	0.0
2				0		0	0.0	0.0	0.0	0.0
3				0		0	0.0	0.0	0.0	0.0
4	0	1.6	−1.7	0.1	0		0.0	1.7	−0.1	−0.1
5	23	21.7	1.3		−3.4		−3.4	21.7	0.0	0.1
6	56	54.1	1.9		−4.2		−4.2	54.1	0.0	0.0
7	90	85.2	4.8		−1.2		−1.2	85.2	0.0	0.0
8	89	97.6	−8.6		11.4		11.4	97.6	0.0	0.0
9	96	97.8	−1.8		6.8		6.8	97.8	0.0	0.0
10	101	97.8	3.2		−1.4		−1.4	97.8	0.0	0.0
11	100	97.8	2.2		−3.2		−3.2	97.8	0.0	0.0
12	95	91.3	3.7		−0.6		−0.6	91.3	0.0	0.0
13	58	63.1	−5.1		9.4		9.4	63.1	0.0	0.0
14	26	30.4	−4.4		9.2		9.2	30.5	−0.1	−0.1
15	9	4.4	4.5	0.1	0.2	−0.2	0.0	4.4	0.0	0.1
16	0	0	0		0.2	−0.2	0.0	0.0	0.0	0.0
17				0	0.2	−0.2	0.0	0.0	0.0	0.0
18				0	0.2	−0.2	0.0	0.0	0.0	0.0
19				0	0.2	−0.2	0.0	0.0	0.0	0.0
20				0	0.2	−0.2	0.0	0.0	0.0	0.0
21				0	0.2	−0.2	0.0	0.0	0.0	0.0
22				0	0.2	−0.2	0.0	0.0	0.0	0.0
23				0	0.2	−0.2	0.0	0.0	0.0	0.0
合计	743	742.8		0.2	24.6					

4.5.6 线路拨道量与线路伸缩量的精确计算

目前线路曲线整正拨道量与线路伸缩量关系都是根据曲线换轨空搭头理论计算原理[20]，近似地计算出来，公式如下：

$$\Delta l = \frac{e_{平均} \times l}{R} \qquad (4\text{-}8)$$

式中，Δl——拨道后曲线的伸长或缩短量；

$e_{平均}$——平均拨量，等于各测点拨量代数和除以测点数；

l——曲线的拨道长度。

本公式是以圆曲线缩短量计算的原理，以平均拨移量代替两股钢轨中心距，但公式中并不能反映缓和曲线、直线地段及部分曲线如何计算，所以存在诸多缺陷。

现根据标准曲线弦弧长度差的原理，能比较精确地还原既有线路长度，通过设计线路与既有线路长度之差，计算出拨后线路伸缩量[21]。

拨后线路伸缩量直线与曲线地段计算方法不一致，下面分别介绍。

1. 直线地段既有线长度计算

（1）根据实测坐标，建立统一方程。

以坐标法为例进行拨后直线线路伸缩量的计算方法[22]，首先选取曲线两端切线上任意两测点 A,B 确定切线方向，以始端第一测点 A 为坐标原点，两点连线为横坐标建立新坐标系，将原坐标系的测点通过平移旋转为新坐标系 xOy 的坐标。如图 4-27 所示，A 和 B 为直线两个固定点，以 A 为坐标原点，AB 为横坐标。

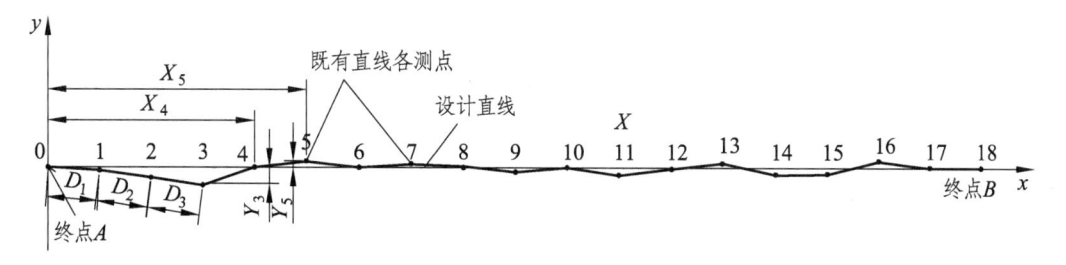

图 4-27 设计直线与既有线位置关系图

设 A 点坐标为横坐标 (x_A, x_B)；B 点坐标为 (x_B, y_B)，中间各点的坐标为 (x_i, y_i)，则长大直线 AB 的方位角 $\beta_{AB} = \arctan\left(\dfrac{y_B - y_A}{x_B - x_A}\right) = \arctan\left(\dfrac{\Delta y}{\Delta x}\right)$，平移旋转坐标后各测点坐标为

$$\left.\begin{array}{l} x'_i = (x_i - x_A)\cos\beta_{AB} + (y_i - y_A)\sin\beta_{AB} \\ y'_i = (y_i - y_A)\cos\beta_{AB} - (x_i - x_A)\sin\beta_{AB} \end{array}\right\}$$

（2）直线拨后线路缩短量计算。

如图 4-25 示，根据既有各测点坐标，两点间弦长为

$$d_i = \sqrt{(x_{i+1} - x_i)^2 + (y_{i+1} - y_i)^2}$$

各弦长累计等于既有线的长度为

$$L_i = \sum_{1}^{n} d_i = \sum_{i=1}^{n} \sqrt{(x_{i+1} - x_i)^2 + (y_{i+1} - y_i)^2}$$

拨后直线线路某点累计缩短量 E_i = 设计线路长度 X_s – 既有线路长度 L_i，即

$$E_i = X_s - L_i = X_i - \sum_{i=1}^{n} \sqrt{(x_{i+1} - x_i)^2 + (y_{i+1} - y_i)^2} \qquad (4\text{-}9)$$

式中，X_s 为自直线线路起点至某计算点的线路里程（长度），等于横坐标值。

2. 还原曲线地段既有线长度计算

曲线优化拟合后得出设计曲线半径 R、缓和曲线 l_0 和曲线偏角 α 与既有曲线要素已相当接近，如图 4-28 所示，既有测 i 点整正后，沿法线方向拨至理论位置 i'，同理测点 $i+1$ 点拨至 $i+1'$，设计线路 $i' \sim i+1'$ 段弧长可根据设计里程差而得，在统一坐标系 xOy 下坐标为 $(x_{i'}, y_{i'})$，$(x_{i+1'}, y_{i+1'})$。

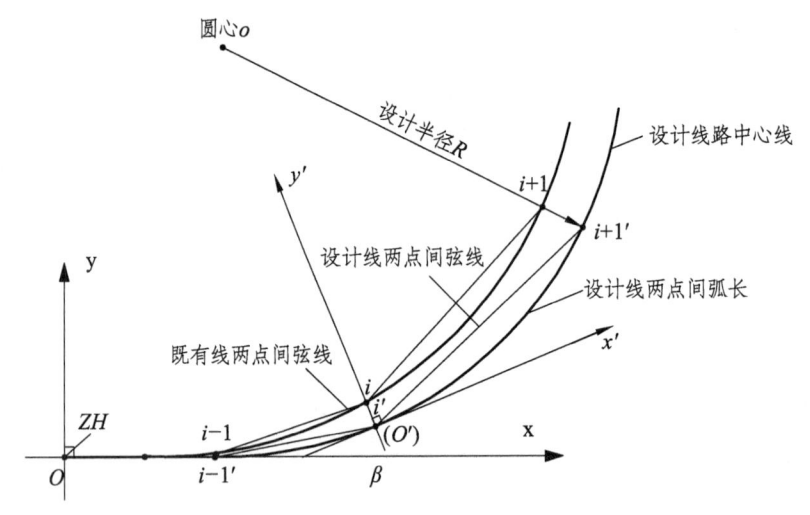

图 4-28 设计曲线与既有线位置关系图

设既有线某两测点 i 及 $i+1$ 点的横纵坐标为 (x_i, y_i)，(x_{i+1}, y_{i+1})，则弦长 $D_i = \sqrt{(x_{i+1} - x_i)^2 + (y_{i+1} - y_i)^2}$，设该段设计线路弧长为 $HL_{i'}$，则设计弧弦差为

$$\Delta L_{i'} = HL_{i'} - D_{i'} = HL_{i'} - \sqrt{(x_{i+1'} - x_{i'})^2 + (y_{i+1'} - y_{i'})^2},$$

如图 4-29。

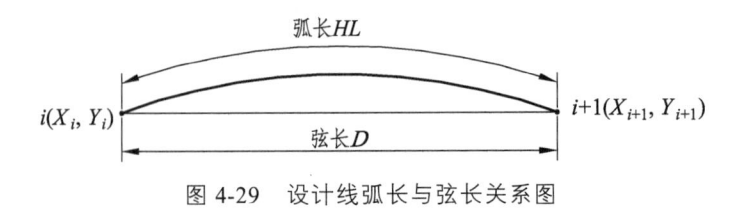

图 4-29 设计线弧长与弦长关系图

经过优化后的设计线与既有线的曲率想当接近，即 $\rho_s \approx \rho_j$，故所有对应的设计标准曲线弦弧差与既有曲线弦弧差相当，即 $E_s \approx E_j$，则既有曲线还原后的线路长度 L_j 公式为

$$L_j = \sum_{i=1}^{n} \sqrt{(x_{i+1} - x_i)^2 + (y_{i+1} - y_i)^2} + \sum_{i'=1}^{n} \left(HL_{i'} - \sqrt{(x_{i+1'} - x_{i'})^2 + (y_{i+1'} - y_{i'})^2} \right) \qquad (4\text{-}10)$$

3. 线路拨后缩短量计算公式

综合以上直线及曲线地段的既有线长度还原公式，可知既有线某测点拨后线路伸缩量等于设计线路长度减去既有线长度，推导公式如下：

设某段线路设计线路长度 L_s，换算的既有线长度 L_j，则某段线路拨后缩短量如下：

$$\Delta E_i = L_j - L_s$$
$$= \left(\sum_{i=1}^{n} \sqrt{(x_{i+1}-x_i)^2 + (y_{i+1}-y_i)^2} + \sum_{i'=1}^{n} \left(HL_{i'} - \sqrt{(x_{i+1'}-x_{i'})^2 + (y_{i+1'}-y_{i'})^2} \right) \right) - L_s \quad (4\text{-}11)$$

式中：ΔE_i——某点拨后线路伸缩量；

$\sum_{i=1}^{n} \sqrt{(x_{i+1}-x_i)^2 + (y_{i+1}-y_i)^2}$ ——既有线路弦长累计；

$\sum_{i'=1'}^{n} \left(HL_{i'} - \sqrt{(x_{i+1'}-x_{i'})^2 + (y_{i+1'}-y_{i'})^2} \right)$ ——设计线路弧弦差累计。

公式（4-11）就是既有线拨后线路伸缩量计算公式。

表 4-41、表 4-42 与表 4-43、表 4-44 为同一曲线不同坐标法优化曲线要素后的线路伸缩量，可通过修改曲线要素调整拨后线路伸缩量。

表 4-41 设计曲线要素表

转向	始缓长 l_{01}/m	终缓长 l_{02}/m	半径 R/m	曲全长 L/m	始切长/m	终切长/m	曲线偏角 α
右转	140	130	600	1001.414	599.357	594.576	82°44′11.14″

表 4-42 既有线拨后线路伸缩量

测点	实测 x 坐标 /m	实测 y 坐标 /m	切线控制桩	曲线桩设计里程	拨道量 /mm	设计线形	既有弦长/m	相对里程 /m	拨后伸缩量 /mm
1	2759110.259	502061.104	定向点1		0	始直	0	−61.930	0
2	2759098.130	502045.191	定向点2		0	始直	20.0084	−41.921	0.01
3	2759085.995	502029.278			−5	始直	20.0116	−21.910	0
4	2759073.850	502013.388			−31.6	始直	19.9999	−1.910	0.01
5	2759061.982	501997.894		ZH：0	−67	始缓	19.5172	17.607	0.01
6	2759049.465	501981.668			−87.2	始缓	20.4926	38.100	−0.03
7	2759037.131	501965.936			−80.2	始缓	19.9913	58.090	1.54
8	2759024.592	501950.364			−57.5	始缓	19.9927	78.076	2.64
9	2759011.751	501935.023			−43.2	始缓	20.0055	98.061	3.68
10	2758998.578	501919.980			−7	始缓	19.9959	118.009	4.28
11	2758984.981	501905.321			18.8	始缓	19.9942	137.908	4.08
12	2758970.895	501891.116		HY：140	22.9	圆曲	20.0045	157.742	3.37
13	2758956.354	501877.392			32.1	圆曲	19.9949	177.470	2.46
14	2758941.350	501864.171			23.9	圆曲	19.9979	197.081	1.51
…	…	…	…	…	…	…	…	…	…

续表

测点	实测 x 坐标 /m	实测 y 坐标 /m	切线控制桩	曲线桩设计里程	拨道量 /mm	设计线形	既有弦长/m	相对里程 /m	拨后伸缩量 /mm
44	2758378.100	501746.537			−27.8	圆曲	19.9897	632.107	20.52
45	2758359.062	501752.650			−26	圆曲	19.9954	638.785	21.42
46	2758340.230	501759.405			−30.8	圆曲	20.0066	644.834	22.36
47	2758321.635	501766.774			−27.6	圆曲	20.0019	650.242	23.33
48	2758303.273	501774.735		YH: 871.414	6.1	终缓	20.0135	655.009	23.67
49	2758285.196	501783.286			11.9	终缓	19.9975	659.161	23.42
50	2758267.341	501792.314			21.2	终缓	20.0076	662.795	23.03
51	2758249.703	501801.724			17.9	终缓	19.9913	666.006	22.64
52	2758232.201	501811.418			24.5	终缓	20.0072	668.900	22.37
53	2758214.826	501821.325			4.5	终缓	20.0011	671.573	22.21
54	2758197.503	501831.318			2.7	终缓	19.9989	674.128	22.2
55	2758180.181	501841.342		HZ: 1001.414	1	终直	20.013	676.658	22.2
56	2758162.877	501851.354	定向点 3		0	终直	19.9919	679.186	22.19
57	2758145.552	501861.377	定向点 4		0	终直	20.0156	681.717	22.19
合计					−874.9				

注：+向右，−向左，拨量绝对值之和 1708.1 mm，最小拨量 −87.9 mm，最大拨量 46.5 mm。

表 4-43 设计曲线要素表

曲线转向	始缓长 l_{01}/m	终缓长 l_{02}/m	半径 R/m	曲全长 L/m	始切长 T_1/m	终切长 T_2/m	曲线偏角 α
右转	140	130	600	1001.306	599.261	594.48	82°43′34.03″

表 4-44 优化后线路拨量及拨后线路伸缩量表

测点	实测 x 坐标 /m	实测 y 坐标 /m	两端切线控制桩	曲线桩设计里程	拨道量 /mm	设计线形	拨后伸缩量 /mm	里程/m
1	2759110.259	502061.104	定向点 1		0	始直	0	−62.093
2	2759098.130	502045.191	定向点 2		5	始直	0.01	−42.085
3	2759085.995	502029.278			4.9	始直	0	−22.073
4	2759073.850	502013.388			−16.6	始直	0.01	−2.073
5	2759061.982	501997.894		ZH: 0	−47.5	始缓	0.01	17.444
6	2759049.465	501981.668			−63.6	始缓	−0.03	37.936
7	2759037.131	501965.936			−53.5	始缓	1.08	57.927
8	2759024.592	501950.364			−28.4	始缓	1.72	77.913
9	2759011.751	501935.023			−12.5	始缓	2.13	97.897

续表

测点	实测 x 坐标 /m	实测 y 坐标 /m	两端切线控制桩	曲线桩设计里程	拨道量 /mm	设计线形	拨后伸缩量 /mm	里程/m
10	2758998.578	501919.980			24.3	始缓	1.94	117.845
11	2758984.981	501905.321			50.2	始缓	0.78	137.742
12	2758970.895	501891.116		HY：140	53.6	圆曲	−0.96	157.577
13	2758956.354	501877.392			62.2	圆曲	−2.9	177.304
14	2758941.350	501864.171			53.4	圆曲	−4.85	196.915
15	2758925.907	501851.450			46.1	圆曲	−5.77	216.396
16	2758910.058	501839.257			39.9	圆曲	−7.91	235.702
17	2758893.803	501827.594			32.1	圆曲	−9.12	254.833
18	2758877.167	501816.498			8.8	圆曲	−9.82	273.752
19	2758860.161	501805.960			−17.8	圆曲	−9.47	292.453
…	…	…	…	…	…	…	…	…
45	2758359.062	501752.650			−27.6	圆曲	−0.78	638.726
46	2758340.230	501759.405			−33.6	圆曲	0.24	644.781
47	2758321.635	501766.774			−31.6	圆曲	1.33	650.195
48	2758303.273	501774.735		YH：871.306	1	终缓	1.81	654.968
49	2758285.196	501783.286			5.9	终缓	1.72	659.125
50	2758267.341	501792.314			14.8	终缓	1.47	662.765
51	2758249.703	501801.724			11.4	终缓	1.22	665.981
52	2758232.201	501811.418			18.4	终缓	1.01	668.879
53	2758214.826	501821.325			−0.8	终缓	0.92	671.557
54	2758197.503	501831.318			−1.4	终缓	0.92	674.116
55	2758180.181	501841.342		HZ：1001.306	−1.7	终直	0.92	676.649
56	2758162.877	501851.354	定向点 3		−1.3	终直	0.92	679.181
57	2758145.552	501861.377	定向点 4		0.1	终直	0.92	681.715

注：曲线线路中心线相对里程 ZH 为 0。

4.6 道岔连接曲线整正计算新方法

传统的道岔曲线计算均采用简化后的近似公式，比如支距、矢距等，且计算点间距和数量受到限制，无法高精度还原曲线平面线形，现通过建立坐标系，利用单曲线独立坐标方程进行精确计算道岔连接和导曲线计划正矢、支距、矢距等。

4.6.1 连接曲线坐标方程推导

道岔连接曲线由道岔号数 N、线间距 D 和曲线半径 R 三要素确定,连接曲线坐标方程推导如下:

(1)建立连接曲线坐标独立方程式。

现以连接曲线上股钢轨工作边延长线与直股线路中心线交点为坐标原点,直股线路中心线为横轴建立独立坐标系,如图 4-30。

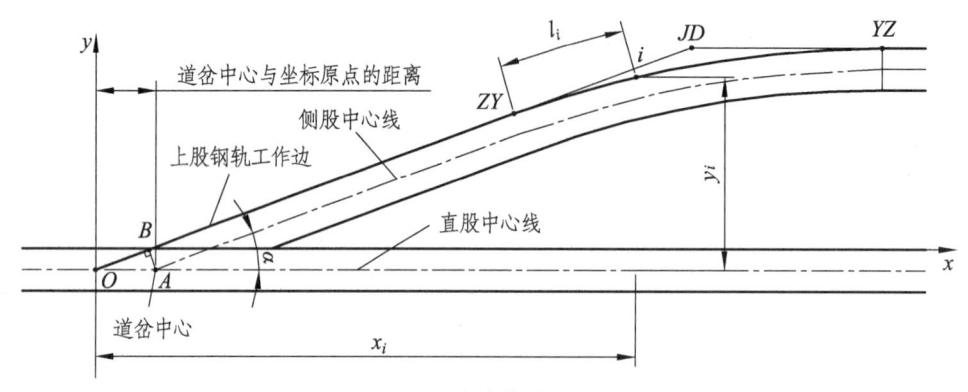

图 4-30 连接曲线平面图

由图 4-31 可知,道岔中心至 ZY 点的距离为 $\dfrac{D+1.435/2}{\sin\alpha}-T_1$,其中切线长 $T_2=T_1=(R+1.435/2)\times\tan(\alpha/2)$,轨距为 1.435 m,$\alpha$ 为道岔辙叉角。道岔中心至连接曲线交点 JD 的距离为 $\dfrac{D+1.435/2}{\sin\alpha}$,连接曲线长度 $L=\alpha\times(R+1.435/2)$,$ZY$ 点的横坐标 $X_{ZY}=\left(\dfrac{D+1.435/2}{\sin\alpha}-T_1\right)\times\cos\alpha$,纵坐标 $Y_{ZY}=\left(\dfrac{D+1.435/2}{\sin\alpha}-T_1\right)\times\sin\alpha$;$YZ$ 点的横坐标 $X_{YZ}=\dfrac{D+1.435/2}{\sin\alpha}\times\cos\alpha+T_2$,纵坐标 $Y_{YZ}=D+1.435/2$。

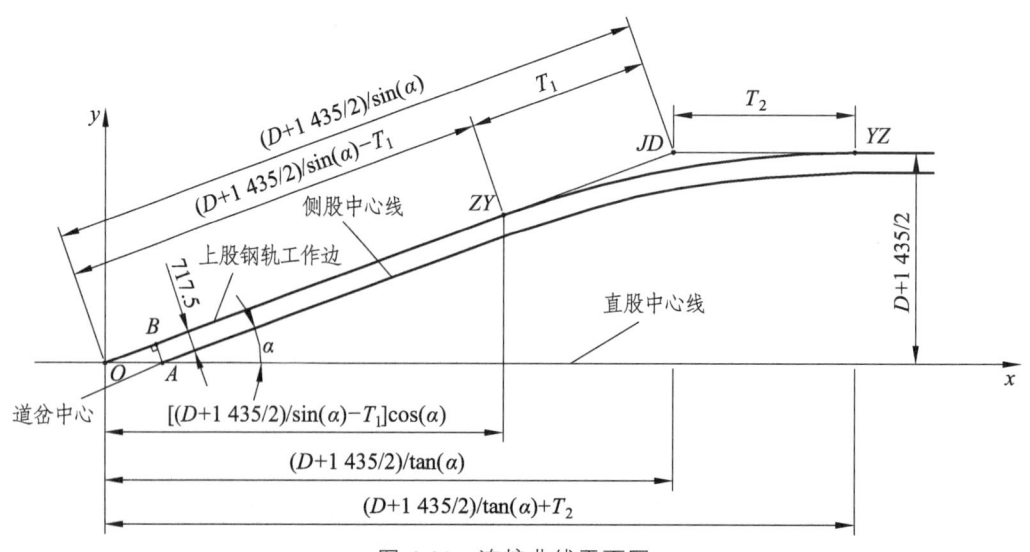

图 4-31 连接曲线平面图

(2)以 ZY 点为坐标原点建立连接曲线坐标方程式。

以连接曲线 ZY 点为坐标原点,始切线为 x 轴,建立坐标系,如图 4-32 所示,以上股曲线钢轨工作边长度 S_i 为里程(ZY 点为 0 里程),建立坐标系,则得三段线路坐标方程[3]如下:

始切线方程:

$$X'_i = S_i, Y'_i = 0$$

圆曲线方程:

$$X'_i = R \times \sin\left(\frac{S_i}{R}\right)$$

$$Y'_i = -R \times \left[1 - \cos\left(\frac{S_i}{R}\right)\right]$$

终切线方程:

$$X'_i = T_1 + (T_2 + S_i - L) \cdot \cos\alpha$$

$$Y'_i = -Y'_i = -(T_2 + S_i - L) \cdot \sin\alpha$$

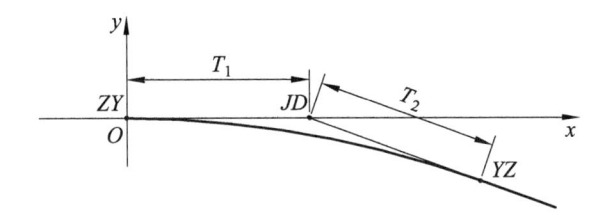

图 4-32 以 ZY 点为坐标原点连接曲线坐标图

(3)以上股钢轨工作边延长线与直股线路中心线交点为坐标原点,直股线路中心线为 x 轴建立连接曲线坐标方程式。

以接曲线上股钢轨工作边延长线与直股线路中心线交点坐标原点,如图 4-33,连接曲线通过坐标系平移 $\left(\dfrac{D+1.435/2}{\sin\alpha} - T_1,\ 0\right)$,如图 4-31 所示,平移后的坐标计算公式如下:

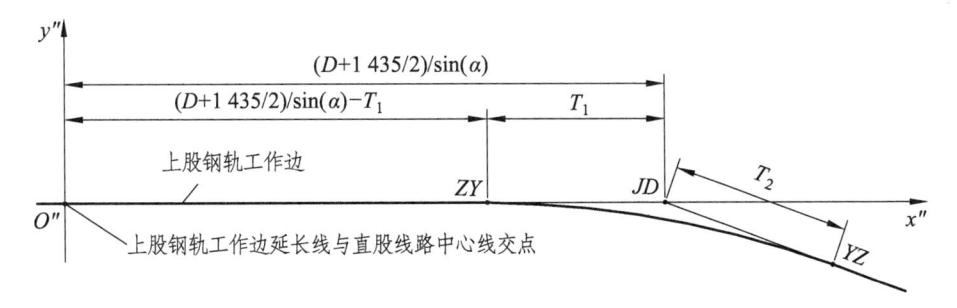

图 4-33 连接曲线平移坐标图

始切线方程:

$$X''_i = S_i + \left(\frac{D+1.435/2}{\sin\alpha} - T_1\right)$$

$$Y_i'' = 0$$

圆曲线方程：

$$X_i'' = R \times \sin\left(\frac{S_i}{R}\right) + \left(\frac{D+1.435/2}{\sin\alpha} - T_1\right)$$

$$Y_i'' = -R \times \left[1 - \cos\left(\frac{S_i}{R}\right)\right]$$

终切线方程：

$$X_i'' = \left(\frac{D+1.435/2}{\sin\alpha} - T_1\right) + (T_2 + S_i - L) \times \cos\alpha$$

$$Y_i'' = -(T_2 + S_i - L) \times \sin\alpha$$

（4）以道岔中心为坐标原点，直股中心线为 x 轴建立连接曲线坐标方程式。

图 4-33 的坐标系通过旋转变为如图 4-34 所示的 xOy 坐标系，根据坐标旋转公式（1-34）得连接曲线坐标方程。

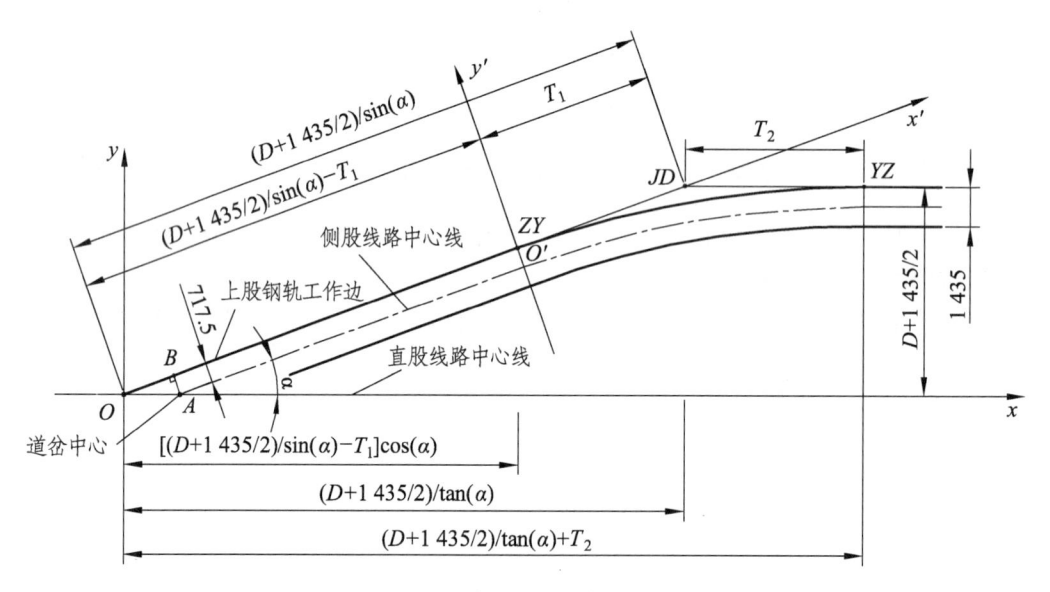

图 4-34 连接曲线平移旋转坐标图

公式如下：

① 始切线方程：$S_i \leqslant 0$。

$$\left.\begin{aligned} x_i &= \left[S_i + \left(\frac{D+1.435/2}{\sin\alpha} - T_1\right)\right] \cdot \cos\alpha \\ y_i &= \left[S_i + \left(\frac{D+1.435/2}{\sin\alpha} - T_1\right)\right] \cdot \sin\alpha \end{aligned}\right\} \quad (4\text{-}12a)$$

② 圆曲线方程：$0 \angle S_i \leqslant L$。

$$\left. \begin{array}{l} x_i = \left[R \times \sin\left(\dfrac{S_i}{R}\right) + \left(\dfrac{D+1.435/2}{\sin\alpha} - T_1\right) \right] \cdot \cos\alpha + \left\{ -R \times \left[1 - \cos\left(\dfrac{S_i}{R}\right)\right] \right\} \cdot \sin\alpha \\ y_i = \left[R \times \sin\left(\dfrac{S_i}{R}\right) + \left(\dfrac{D+1.435/2}{\sin\alpha} - T_1\right) \right] \cdot \sin\alpha - \left\{ -R \times \left[1 - \cos\left(\dfrac{S_i}{R}\right)\right] \right\} \cdot \cos\alpha \end{array} \right\} \quad (4\text{-}12\text{b})$$

③ 终切线方程：$S_i > L$。

$$\left. \begin{array}{l} x_i = \left[\left(\dfrac{D+1.435/2}{\sin\alpha} - T_1\right) + (T_2 + S_i - L) \times \cos\alpha \right] \cdot \cos\alpha + \left[-(T_2 + S_i - L) \times \sin\alpha \right] \cdot \sin\alpha \\ y_i = \left[\left(\dfrac{D+1.435/2}{\sin\alpha} - T_1\right) + (T_2 + S_i - L) \times \cos\alpha \right] \cdot \sin\alpha - \left[-(T_2 + S_i - L) \times \sin\alpha \right] \cdot \cos\alpha \end{array} \right\} \quad (4\text{-}12\text{c})$$

这就是道岔连接曲线的独立坐标系方程。其中 S_i 为连接曲线里程，$ZY = 0$，$YZ = L$，始切线方向为负值，曲线方向为正值。

（5）道岔中心至上股钢轨工作边延长线与直股中心线交点的距离。

如图 4-35 所示，设 A 为道岔中心，O 为上股钢轨工作边延长线与直股中心线交点，OA 为道岔中心至上股钢轨工作边延长线与直股中心线交点的距离，AB 为半标准轨距 $AB = \dfrac{1435}{2} = 717.5 \text{(mm)}$，在直角 $\triangle ABO$ 中，$OA = \dfrac{AB}{\sin\alpha} = \dfrac{717.5}{\sin\alpha}$，这就是道岔中心至上股钢轨工作边延长线与直股中心线交点的距离公式，在现场可以据此找到坐标原点的位置。

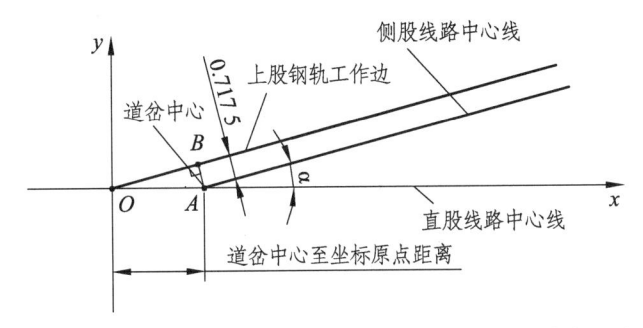

图 4-35 道岔中心至上股钢轨工作边延长线与直股线路中心线交点的距离几何图

4.6.2 连接曲线支距法整正方法的改进

传统的支距计算采用简化后的近似公式 $y = \dfrac{x^2}{2 \times R}$ [23]，支距法整正曲线中以支距差作为拨量值，支距方向与理论上线路拨道方向并不一致，因此计算精度不高，理论不严谨。

1. 既有连接曲线支距测量

如图 4-36 所示，坐标系 xOy 中，首先取道岔基本轨接头和道岔终端外约 50 m 处（满足长度条件）分别测量线路中心线，以此为基线（基线要经过道岔中心点），根据道岔资料，可

直接量取道岔中心 A，沿直股中心线道岔始端方向量取已经计算出来的 OA 值，得坐标系原点 O；然后自坐标原点 O 点沿 x 轴方向（直股中心线）量取横距值 x_i，得 i 点，以 i 为起点，用方尺垂直测量至侧线上股钢轨工作边 i'，距离为 y_i 值，即支距。如此按间隔 5.0 m 左右一测点循环测量，测点依次编号 1，2，3，…，i，$i+1$，n，直至 YZ 点外 50 m 左右结束。

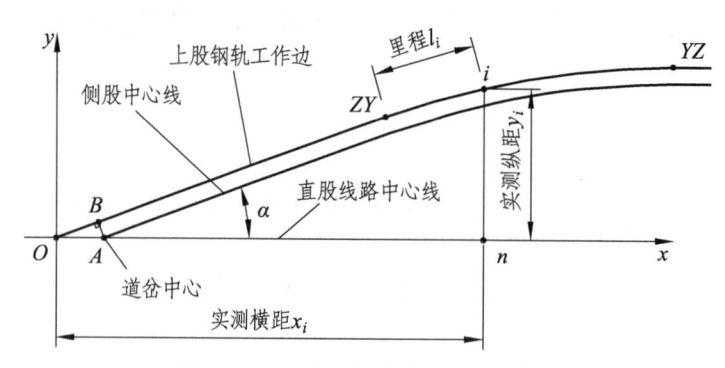

图 4-36　既有连接曲线支距测量图

2. 连接曲线整正理论支距的计算

在坐标系 xOy 中，以 S 里程为自变量（$ZY=0$），已知既有连接曲线上某点 i 的里程 S_i 计算得横距 x_i 和支距 y_i，求对应 i 点理论 s_i 点的横坐标等于既有测点横距 $x_i = x_S$，则支距差 $y_i - y_S$ 值为拨量，如图 4-37 所示。

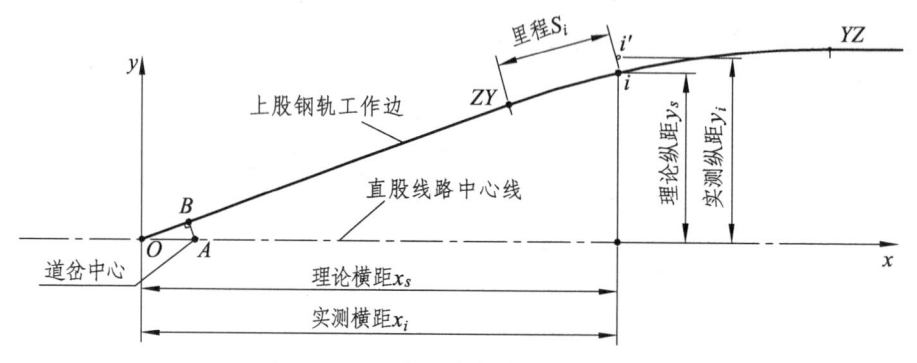

图 4-37　既有连接曲线支距测量图

根据连接曲线独立坐标方程[式（4-12a）~式（4-12c）]，里程 S_i 通过计算机迭代计算，使用 $x_S = x_i$，对应的理论值 y_S 就是要计算的支距，拨量为 $y_S - y_i$，如 $y_S - y_i \leq 0$ 则该测点拨道向下压，反之向上挑，其余测点计算同理。

本方法利用曲线坐标方程计算连接曲线各测点的理论横距支距，等横距情况下支距差作为拨量。在整正中以拨量绝对值之和最小为目标函数，优化出最佳半径 R，每个不同的线间距 D 均可优化出对应的最佳半径 R，以拨量绝对值之和最小的线间距 D 及最佳半径 R 作为最终的连接曲线三要素之二。

该方法可精确测量既有线和设计线的测点相对位置，避免了传统方法以既有直股钢轨工作边为基线进行测量产生的误差。

表 4-45、表 4-46 是支距法整正道岔连接曲线的现场案例。

表 4-45 道岔连接曲线要素表

道岔编号	坐标原点至岔心距/m	坐标原点至 ZY 距离/m	道岔号数	曲线外股半径 R/m	曲全长 L/m	切线长 $T_外$/m	曲线偏角 α
1 号	6.497	19.689	9	462	51.124	25.588	6°20′24.6″
轨距	目标函数	ZY 点里程	YZ 点里程	ZY 横坐标	ZY 纵坐标	YZ 横坐标	YZ 纵坐标	线间距
1.435	绝对值	0	51.124	19.569	2.174	70.588	5	5

表 4-46 支距法整正道岔连接曲线表

测点	里程/m	设计横距/m	设计纵距/m	实测横距/m	实测纵距/m	计算拨量/mm	设计线形	超高/mm
1	−10.039	9.591	1.066	9.591	1.066	0	直线	5
2	−5.008	14.591	1.621	14.591	1.621	0	直线	10
3	0.023	19.591	2.177	19.591	2.177	0	曲线	15
4	5.05	24.591	2.705	24.591	2.7	5	曲线	15
5	10.073	29.591	3.177	29.591	3.17	7	曲线	15
6	15.09	34.591	3.596	34.591	3.596	0	曲线	15
7	20.103	39.591	3.959	39.591	3.969	−10	曲线	15
8	25.113	44.591	4.268	44.591	4.269	−1	曲线	15
9	30.119	49.591	4.523	49.591	4.523	0	曲线	15
10	35.124	54.591	4.723	54.591	4.723	0	曲线	15
11	40.126	59.591	4.869	59.591	4.87	−1	曲线	15
12	45.127	64.591	4.961	64.591	4.961	0	曲线	15
13	50.127	69.591	4.999	69.591	4.999	0	曲线	15
14	55.127	74.591	5	74.591	5	0	直线	11
15	60.127	79.591	5	79.591	5	0	直线	6

4.6.3 坐标法整正连接曲线

坐标法具有理论严密和测量计算成果精度高等优点，有条件的情况下，尽可能用坐标法进行整正[24]，坐标法整正曲线关键是如何进行现场坐标采集。

1. 实测坐标采集方法一

以道岔辙叉尾端为起点，以直股线路中心或者与之平行的线为基线测量横坐标，自该基线沿其法线方测量至连接曲线侧线上股钢轨工作边的距离为纵坐标，如图 4-38 所示。坐标测量范围为：辙叉尾端至道岔连接曲线外 50 m 左右处（条件允许的条件下），横坐标点间距通常 2.50 m 或 5.00 m（也可以为任意距离），将测点标记在直股和侧股钢轨工作上，测量横距和支距，就完成了坐标测量采集。

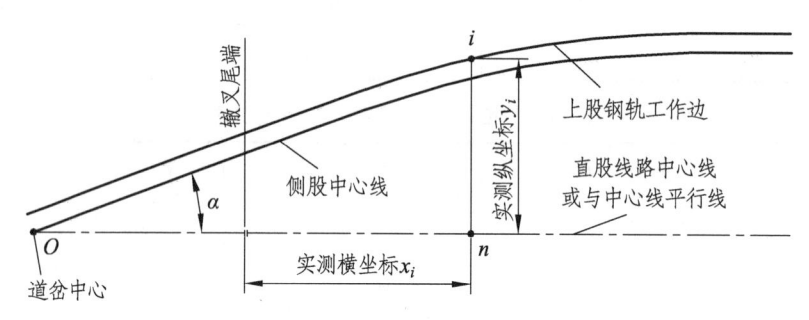

图 4-38　既有连接曲线坐标测量图

2. 实测坐标采集方法二

在 ZY 和 YZ 外不小于 5 m 处（条件允许的条件下）的连接曲线上股钢轨工作边上各任意取一点，拉一根长弦 AB，以 A 为起点沿长弦 AB 方向按点间距 2.5 m 或 5 m 左右标一桩号 i，距离为横坐标 x_i，自 i 点为沿长弦 AB 的法线方向测量至上股钢轨工作边，为纵坐标 y_i，这样也完成了现场实测坐标采集工作，如图 4-39 所示。

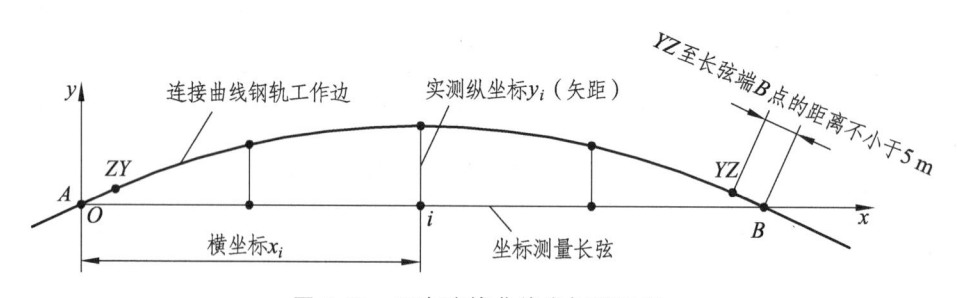

图 4-39　既有连接曲线坐标测量图

3. 根据坐标法进行连接曲线整正

根据本书第 4.2 节介绍的坐标法整正方法，这里不再赘述。

表 4-47、表 4-48 坐标法整正是现场的一个案例。

表 4-47　坐标法整曲线要素表

转向	始缓长 l_{01}/m	终缓长 l_{02}/m	半径 R/m	曲全长 L/m	始切长 T_1/m	终切长 T_2/m	曲线偏角 α	HY 点里程 /m
左转	0	0	363	30.18	15.099	15.099	4°45′49.11″	0

表 4-48 坐标法整正道岔连接曲线表

测点	实测 x 坐标 /m	实测 y 坐标 /m	两端切线控制桩	曲线桩设计里程/m	拨道量 /mm	设计线形	设计 x 坐标 /m	设计 y 坐标 /m	设计里程 /m
1	0	0	定向点 1		0	始直	−59.788	0	−59.788
2	12	1	定向点 2		0	始直	−47.746	0	−47.746
3	50.107	4.176		ZY: 0	−0.4	始直	−9.5071	0	−9.507
4	65.058	5.38			−0.2	圆曲	5.49221	0.0416	5.492
5	70.148	5.69			0.6	圆曲	10.5904	0.1545	10.592
6	72.043	5.759			29	圆曲	12.4856	0.2148	12.488
7	80.049	6.09			0	圆曲	20.4904	0.5788	20.501
8	85.039	6.199			−10.3	圆曲	25.4715	0.8948	25.492
9	90.039	6.218			1	终直	30.4566	1.2798	30.492
10	95.039	6.218		YZ: 30.18	1	终直	35.4393	1.695	35.492
11	100.9	6.219	定向点 3		0	终直	41.2801	2.1818	41.353
12	200	6.219	定向点 4		0	终直	140.038	10.4116	140.453

注：拨道方向：+挑，−压。

4.6.4 坐标法长弦矢距法绳正法联合整治连接曲线的综合方法

根据曲线正矢桩号位置，对全部正矢桩号进行正矢、长弦矢距和坐标测量，分别用绳正法、长弦矢距和坐标法进行同桩号不同方法整正计算，便于对比各自方法的优缺点。

坐标法、长弦矢距法和绳正法充分利用其优点进行连接曲线细部再整正，整正计算的曲线就比较圆顺了。

4.6.5 道岔连接曲线计算案例

道岔连接曲线计算案例如图 4-49 ~ 图 4-52 所示。

表 4-49 绳正法整正道岔连接曲线要素表

曲线	测点间距	缓长 l_0/m	半径 R/m	曲全长 L/m	ZH 点里程 /m	HY 点里程 /m	YH 点里程 /m	HZ 点里程 /m	曲线偏角
15 号	5	0	313	32.302	0	0	32.302	32.302	5°54′47″

表 4-50 绳正法整正道岔连接曲线拨量表[12]

测点	实量正矢/mm	计划正矢/mm	正矢差/mm	计算拨量/mm	修后拨量/mm	拨后正矢/mm	拨后正矢比较差/mm	拨后正矢连续差/mm	加宽/mm	超高/mm	桩号设计里程/m
0	0	0	0	0	0	0	0	0	0	8	−7.0857
1	12	6.8	5.2	0	0	6.8	0	0	0	13	−2.0857
2	26	36.5	−10.5	10.4	10.4	36.5	0	0	0	15	2.9143
3	42	39.9	2.1	−0.1	−0.1	39.9	0	0	0	15	7.9145

续表

测点	实量正矢/mm	计划正矢/mm	正矢差/mm	计算拨量/mm	修后拨量/mm	拨后正矢/mm	拨后正矢比较差/mm	拨后正矢连续差/mm	加宽/mm	超高/mm	桩号设计里程/m
4	43	39.9	3.1	-6.4	-6.4	39.9	0	0	0	15	12.9145
5	52	39.9	12.1	-6.7	-6.7	39.9	0	0	0	15	17.9144
6	30	39.9	-9.9	17.2	17.2	39.9	0	0	0	15	22.9145
7	34	39.6	-5.6	21.3	21.3	39.6	0	0	0	15	27.9148
8	12	15.4	-3.4	14	14	15.4	0	0	0	14	32.9151
9	7	0	7	0	0	0	0	0	0	9	37.9151
10	0	0	0	0	0	0	0	0	0	4	42.9151
合计	258	257.9	0.1		49.7						

表 4-51 道岔连接曲线要素及线间距表

道岔编号	坐标原点至岔心距/m	坐标原点至ZY距离/m	道岔号数	曲线外股半径 $R_外$/m	曲全长 L/m	切线长 $T_外$/m	曲线偏角 α
1号	8.64	44.744	12	400.718	33.316	16.668	4°45′49.1″
轨距	测点间距	ZY点里程/m	YZ点里程/m	ZY横坐标/m	ZY纵坐标/m	YZ横坐标/m	YZ纵坐标/m	线间距/m
1.435	5	0	33.316	44.59	3.716	77.868	5.1	5.1

表 4-52 道岔连接曲线等横距支距计算表[23]

测点	里程/m	设计横距/m	中心线纵距/m	ZY为起点横距/m
-2	-6.745	37.868	3.156	-6.722
-1	-1.728	42.868	3.572	-1.722
0	3.288	47.868	3.975	3.278
1	8.3	52.868	4.319	8.278
2	13.308	57.868	4.601	13.278
3	18.313	62.868	4.819	18.278
4	23.315	67.868	4.975	23.278
5	28.316	72.868	5.069	28.278
6	33.316	77.868	5.1	33.278
7	38.316	82.868	5.1	38.278

4.7 道岔导曲线方程

4.7.1 直线型尖轨导曲线

传统的支距计算采用简化后的近似公式 $y = \dfrac{x^2}{2 \times R}$，$x$ 为横距，采用直线型尖轨导曲线平面如图 4-40 所示。

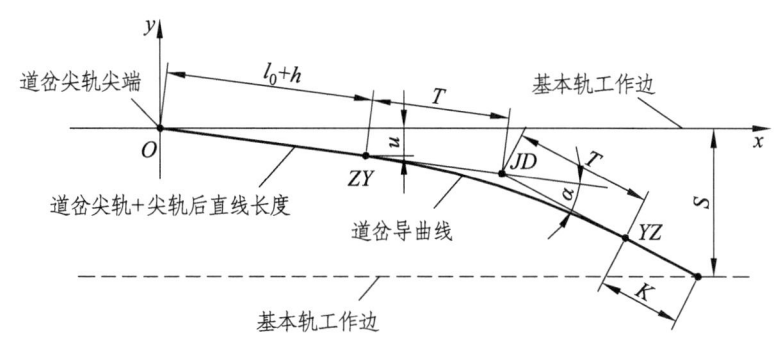

图 4-40 单开道岔导曲线支距简易法示意图

（1）建立导曲线独立坐标系方程。

已知条件：道岔尖轨长度 l_0、尖轨后直线长度 h、尖轨跟距 u、道岔号 N、轨距 S 和导曲线半径 $R_{外}$。

由图 4-40 得，尖轨转辙角 $\beta = \arcsin\left(\dfrac{u}{l_0+h}\right)$，道岔辙叉角 $\varphi = \arctan\left(\dfrac{1}{N}\right)$，导曲线偏角 $\alpha = \varphi - \beta = \arctan\left(\dfrac{1}{N}\right) - \arcsin\left(\dfrac{u}{l_0+h}\right)$，切线长 $t = \tan\left(\dfrac{\alpha}{2}\right) \times R_{外}$，曲线全长 $L = \alpha \times R_{外}$。

（2）建立导曲线坐标系。

以道岔理论尖轨尖为坐标原点，直股钢轨工作边为 x 轴建立导曲线坐标系如图 4-41 所示，直股导曲线坐标统一方程式如下。

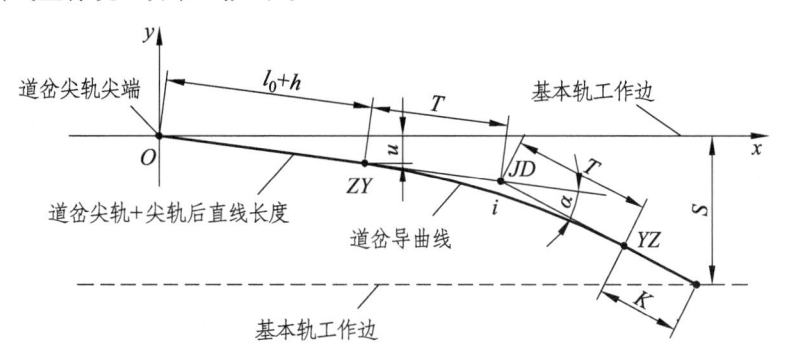

l_0—尖轨长度；$R_{外}$—道岔导曲线半径；i—测量支距处的点号；h—尖轨后直线长度；α—辙叉角；
u—尖轨跟距；K—导曲线终端直线段长度；S—轨距；β—转辙角；N—道岔号。

图 4-41 单开道岔直线型导曲线支距示意图

参照道岔连接曲线公式（4-12a）~公式（4-12c），导曲线的平移和旋转坐标参数如下：
导曲线旋转角为尖轨转辙角：

$$\beta = \arcsin\left(\dfrac{u}{l_0+h}\right)$$

平移坐标：

$$\left.\begin{array}{l} X_{ZY} = \cos\beta \times (l_0+h) \\ Y_{ZY} = -\sin\beta \times (l_0+h) \end{array}\right\}$$

辙叉前直线段：

$$K = \frac{S + Y_{YZ}}{\sin \varphi} \quad (4\text{-}13)$$

坐标平移旋转后导曲线三段方程如下：
始切线方程 $-\infty \sim 0$：

$$\left. \begin{aligned} X_i &= X_{ZY} + X_i' \times \cos(-\beta) + Y_i' \times \sin(-\beta) \\ Y_i &= Y_{ZY} + Y_i' \times \cos(-\beta) - X_i' \times \sin(-\beta) \\ X_i' &= S_i, Y_i' = 0 \end{aligned} \right\} \quad (4\text{-}14a)$$

圆曲线方程 $0 \sim L$：

$$\left. \begin{aligned} X_i' &= R_上 \times \sin\left(\frac{S_i}{R_外}\right) \\ Y_i' &= -R_上 \times \left[1 - \cos\left(\frac{S_i}{R_外}\right)\right] \\ X_i &= X_{ZY} + X_i' \times \cos(-\beta) + Y_i' \times \sin(-\beta) \\ Y_i &= Y_{ZY} + Y_i' \times \cos(-\beta) - X_i' \times \sin(-\beta) \end{aligned} \right\} \quad (4\text{-}14b)$$

终切线方程 $L \sim L + K$：

$$\left. \begin{aligned} X_i' &= T + (T + S_i - L) \times \cos\alpha \\ Y_i' &= -[(T + S_i - L) \times \sin\alpha] \\ X_i &= X_{ZY} + X_i' \times \cos(-\beta) + Y_i' \times \sin(-\beta) \\ Y_i &= Y_{ZY} + Y_i' \times \cos(-\beta) - X_i' \times \sin(-\beta) \end{aligned} \right\} \quad (4\text{-}14c)$$

式中，S_i 为导曲线里程，曲线桩里程 $ZY = 0$，$YZ = L$（导曲线全长），始切线方向里程为负值，曲线方向为正值。以上股钢轨工作边为中心线，以里程 S_i 为自变量，计算导曲线独立坐标，横坐标为计划横距，纵坐标为计划支距，实测支距与计划支距之差为拨量，原理与道岔连接曲线一致。

表 4-53 为直线型尖轨单开道岔导曲线支距计算案例。

表 4-53 直线型尖轨单开道岔导曲线支距[25]

直线型尖轨单开道岔导曲线支距矢距计算表（等横距）					
道岔编号	尖轨跟距/mm	道岔号数	尖轨长度/mm	半径/mm	曲全长/mm	曲线偏角
2	144	12	7700	330717.5	21311.05303	3°41′31.5″
道岔图号				切线长/mm	尖轨转辙角
TB399-75				10659	1°4′17.64″

续表

桩号	横距 x/mm	支距 y/mm	里程/mm	曲线起终点桩	矢距/mm	CAD 坐标
1	0	144	0	（曲线起点）	0	0，−144
2	2000	187.5	2000.5		58.4	2000，−187.5
3	4000	243	4001.3		104.7	4000，−243
4	6000	310.7	6002.4		139	6000，−310.7
5	8000	390.5	8004		161.1	8000，−390.5
6	10000	482.4	10006.2		171.2	10000，−482.4
7	12000	586.5	12008.9		169.2	12000，−586.5
8	14000	702.7	14012.2		155.2	14000，−702.7
9	16000	831.1	16016.4		129	16000，−831.1
10	18000	971.7	18021.3		90.8	18000，−971.7
11	20000	1124.4	20027.1		40.5	20000，−1124.4
12	21279.7	1228.5	21311	（曲线终点）	0	21279.7，−1228.5

注：导线相对里程 ZY 为 0。

4.7.2　曲线型尖轨导曲线整正计算方程

以导曲线理论起点为坐标原点，以经过导曲线理论起点的切线为横轴建立坐标系，建立曲线型尖轨平面独立坐标系方程，曲线型尖轨平面如图 4-42 所示。

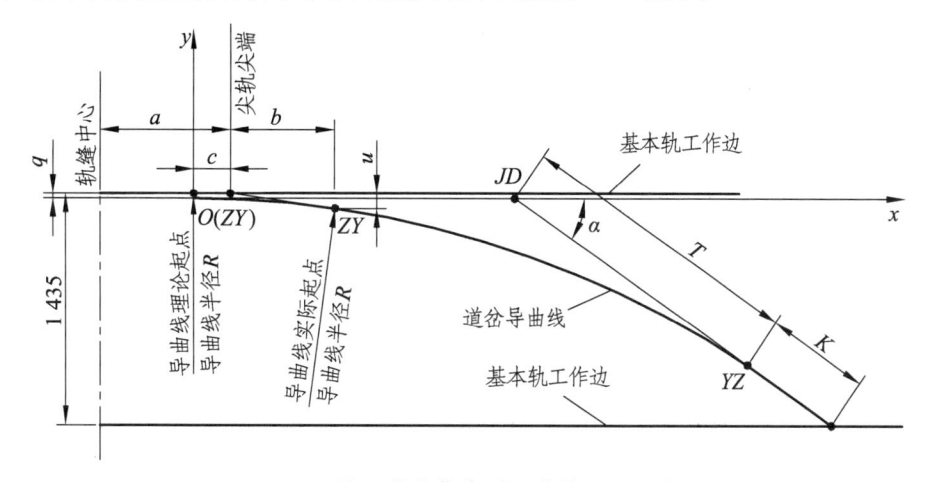

图 4-42　单开道岔曲线型导曲线支距示意图

曲线型尖轨的曲线与直线型尖轨平面几何尺寸不同，理论导曲线起点 ZY 点和实际曲线起点不一致，理论曲线起点 ZY 往往位于尖轨前，而实际 ZY 点则位于尖轨中间，是因为曲线型尖轨特殊构造造成的，导曲线的始切线与直股钢轨工作边平行，间距因不同的道岔而不同，如 92 改进型 60 kg/m 钢轨 12 号单开道岔（CZ560、SC330）转辙器部分导曲线图（图 4-43）。

根据定型图的规定，自尖轨跟端起每 2.0 m 一横距计算支距，本理论计算也增加此功能。

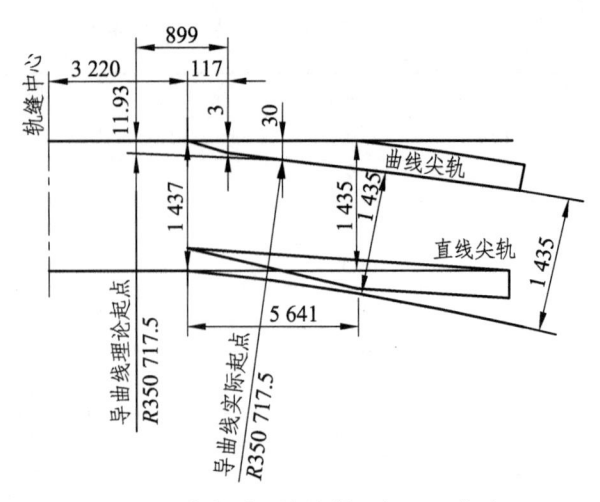

图 4-43　曲线型尖轨转辙器部分导曲线图

以道岔导曲线理论起点 ZY 点为坐标原点，以始切线为横轴，建立 x'O'y' 初始坐标系，如图 4-44 所示。

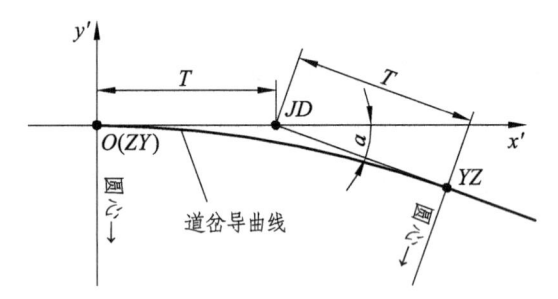

图 4-44　道岔导曲线初始坐标系

设曲线相对里程为 S_i，则导曲线方程如下：

始切线方程 $-\infty \sim 0$：

$$X'_i = S_i \ ; \ Y'_i = 0 \tag{4-15a}$$

圆曲线方程 $0 \sim L$：

$$\left. \begin{aligned} X'_i &= R_\text{上} \times \sin\left(\frac{S_i}{R_\text{上}}\right) \\ Y'_i &= -R_\text{上} \times \left[1 - \cos\left(\frac{S_i}{R_\text{上}}\right)\right] \end{aligned} \right\} \tag{4-15b}$$

终切线方程 $L \sim +\infty$：

$$\left. \begin{aligned} X'_i &= T + (T + S_i - L) \times \cos\alpha \\ Y'_i &= -(T + S_i - L) \times \sin\alpha \end{aligned} \right\} \tag{4-15c}$$

以上股曲线钢轨工作边长度 S_i 为里程（ZY 点为 0 里程），建立坐标系 xOy，独立坐标系如图 4-45 所示。

第4章 铁路单曲线整正新计算方法的研究

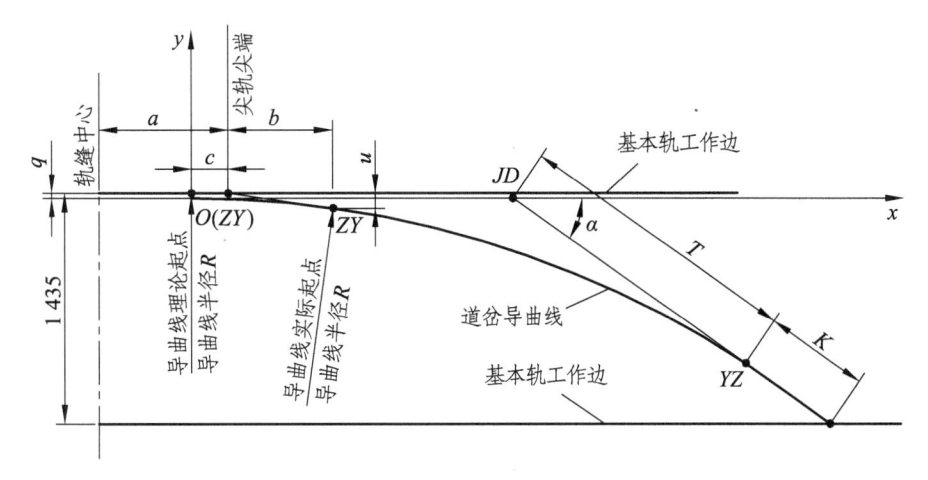

a—轨缝中心至尖轨尖的距离；$R_上$—道岔导曲线半径；b—尖轨尖端至导曲线实际起点水平距离；
c—尖轨尖端至导曲线理论起点的距离；α—导曲线偏角（辙叉角）；u—导曲线实际起点至上股轨工作边的距离；
K—导曲线终端直线段长度；1435—轨距；q—导曲线实际起点至上股轨工作边的距离。

图 4-45　道岔曲线型尖轨导曲线平面图

以通过导曲线理论起点垂线与上股钢轨工作边相交点为坐标原点，上股钢轨工作边为横坐标轴建立坐标系 xOy，与坐标系 $x'O'y'$ 相比，坐标系 xOy 纵坐标平移了 q，横坐标未发生平移，导曲线三段线路坐标方程如下：

始切线方程 $-\infty \sim 0$：

$$\left.\begin{array}{l} x_i = S_i \\ y_i = -q \end{array}\right\} \tag{4-16a}$$

圆曲线方程 $0 \sim L$：

$$\left.\begin{array}{l} x_i = R_上 \times \sin\left(\dfrac{S_i}{R_上}\right) \\ y_i = -R_上 \times \left[1 - \cos\left(\dfrac{S_i}{R_上}\right)\right] - q \end{array}\right\} \tag{4-16b}$$

终切线方程 $L \sim +\infty$：

$$\left.\begin{array}{l} x_i = T + (T + S_i - L) \times \cos\alpha \\ y_i = -[(T + S_i - L) \times \sin\alpha] - q \end{array}\right\} \tag{4-16c}$$

导曲线支距示意图中，x_i 为导曲线实横距，y_i 为导曲线实支距，S_i 为导曲线上任意测点的里程，L 为导曲线全长。

辙叉前直线段：

$$K = \dfrac{S + Y_{YZ}}{\sin\alpha} \tag{4-17}$$

根据公式（4-16）计算 92 改进型 60 kg/m 钢轨 12 号单开道岔（CZ560、SC330）导曲线支距如表 4-54。

计算结果与道岔图 4-46 的同横距的支距完全相等，说明计算正确。

表4-54 92改进型60 kg/m钢轨12号单开道岔（CZ560、SC330）导曲线支距计算表

××局××线××站1#单开道岔曲线型尖轨单开道岔导曲线支距矢距计算表（等横距）

道岔编号	ZY至尖轨尖/mm	道岔号数	轨缝至尖轨跟距横距/mm	道岔图号	半径/mm	曲线全长/mm	曲线偏角	ZY至基本轨边距/mm	轨距/mm	横叉前直线段长/mm	轨缝至尖轨距离/mm	备注
1	782	12	15696	CZ560、SC330	350717.5	29159.085	4°4549.1"	11.95	1435	2547.8	3220	曲线ZY至尖轨跟横距/mm 13258
					切线长 T_1/mm	T_2切线长/mm	弦长/mm	CAD标注	曲线终点支距/mm ZY至尖轨跟	尖轨跟至计算点横距/mm		
					14588	14588	15896.54201	CAD坐标	1223.4	0	—	—

桩号	里程/mm	支距 y/mm	横距 x/mm	矢距/mm	备注
1	13261.2	262.633911	13258	0	（曲线起点）
2	14262	301.893646	14258	21.3	
3	15262.9	344.0112	15258	39.7	
4	16263.9	388.987122	16258	55.2	
5	17265	436.82193	17258	67.9	
6	18266.3	487.52121	18258	77.7	
7	19267.7	541.080872	19258	84.7	
8	20269.3	597.507019	20258	88.8	
9	21271.1	656.800964	21258	90.1	
10	22273	718.95752	22258	88.5	
11	23275.1	783.983765	23258	84	
12	24277.4	851.880798	24258	76.7	
13	25279.9	922.64978	25258	66.5	
14	26282.6	996.29187	26258	53.4	
15	27285.6	1072.81592	27258	37.5	
16	28288.7	1152.20789	28258	18.6	
17	29159.1	1223.41455	29125.5	0	（曲线终点）

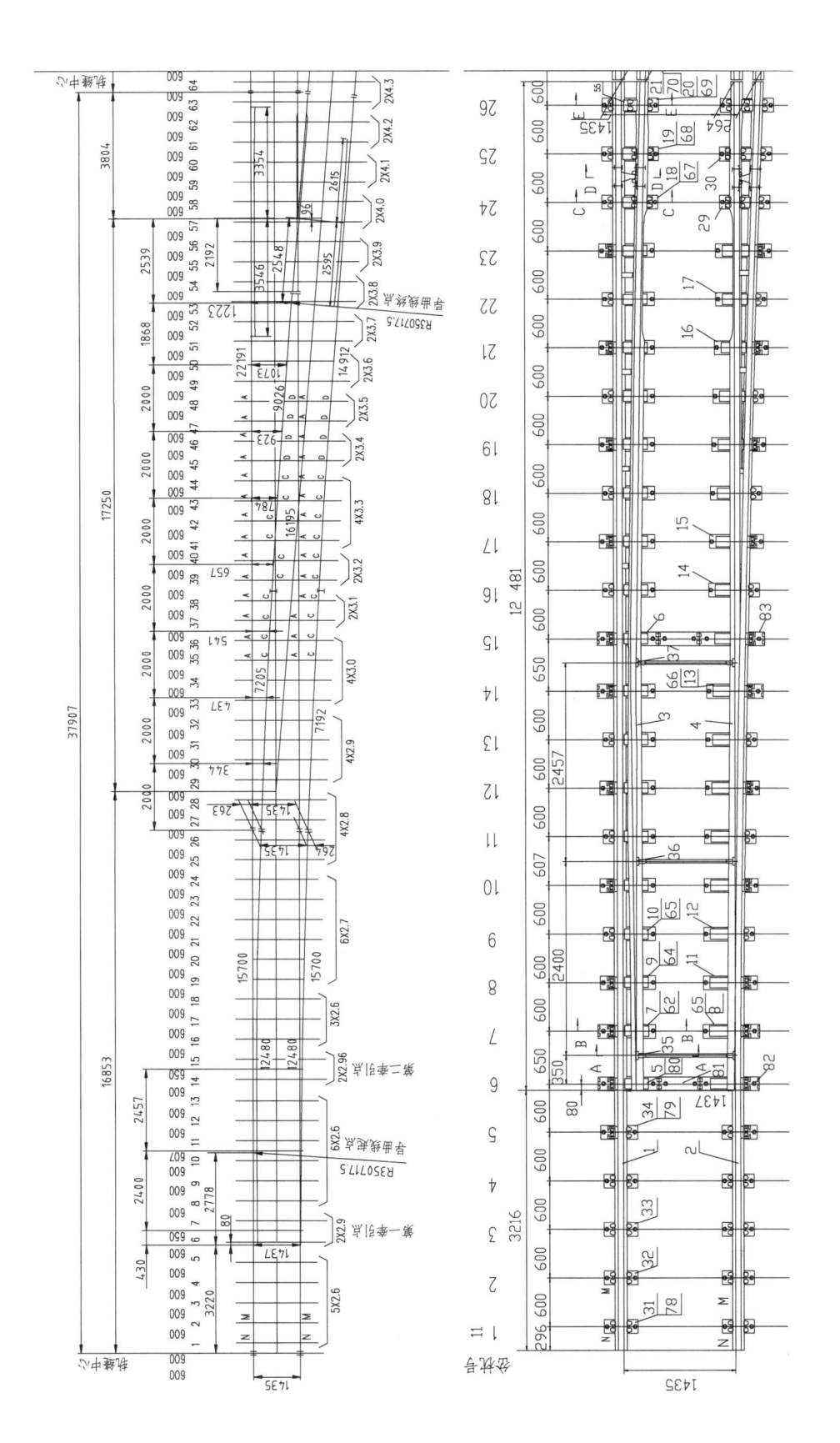

图 4-46 92 改进型 60 kg/m 钢轨 12 号单开道岔（CZ560、SC330）平面图

4.8 直线型尖轨导曲线支距计算程序界面

直线型尖轨导曲线支距计算程序界面见图4-47。

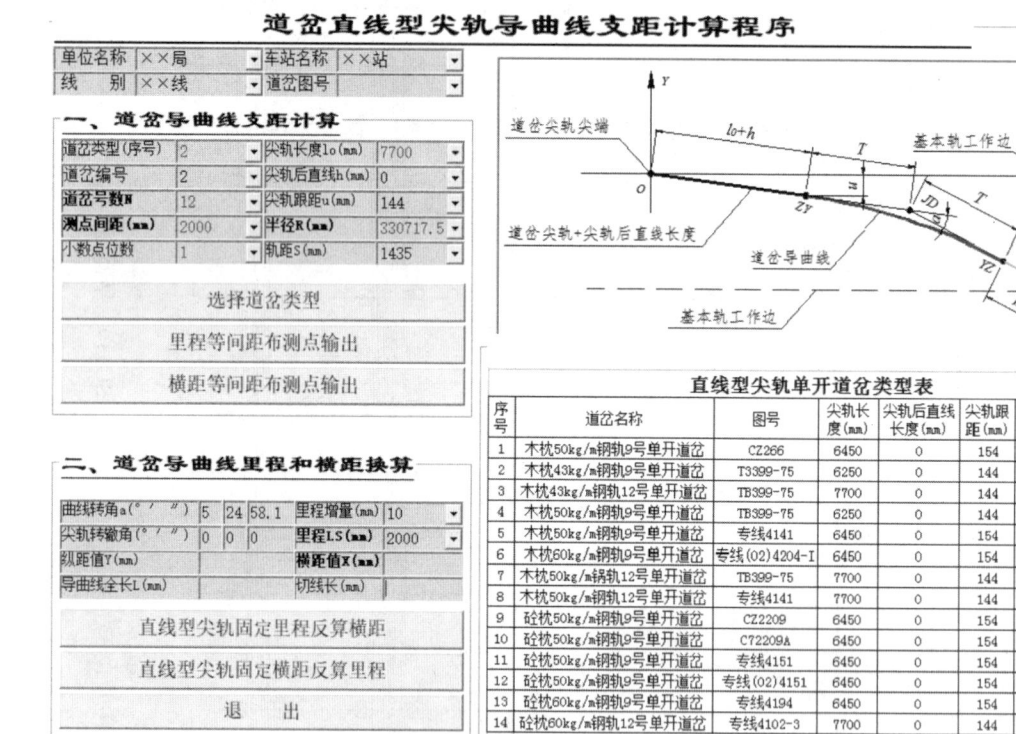

图4-47 道岔直线型尖轨导曲线支距计算程序界面

本章参考文献

[1] 李凌峰. 铁路曲线整正目标函数的研究[J]. 价值工程，2018（5）.

[2] 中国铁路总公司运输局工务部. 铁路工务技术手册（线路养护·大修）[S]. 北京中国铁道出版社，2018：46-54.

[3] 覃乃轩，孙和金. 坐标法曲线整正计算方法探讨[J]. 铁道运营技术，2013（3）：49-54.

[4] 刘永孝，刘学毅. 计算既有铁路曲线坐标法拨距的一种新方法[J]. 西南交通大学学报，2013（5）：825-830.

[5] 曹志军，孙宏伟. 铁路曲线轨道方向整正方法的研究与改进[J]. 铁道建筑技术，2002，22（3）：46-49.

[6] 铁道部第一勘测院. 铁路工程设计技术手册（线路）[S]. 北京：中国铁道出版社，1994：149-153.

[7] 廖显军. 坐标法整正曲线优化切线方向的探讨[J]. 铁道运营技术，2020（2）：42-44.

[8] 中国铁路总公司运输局工务部. 铁路工务技术手册（线路养护·大修）[S]. 北京：中国铁道出版社，2018：46-54.

[9] 廖显军. 铁路曲线实测正矢转化坐标计算的研究[J]. 铁道运营技术, 2019（3）: 42-44.

[10] 吴耀庭. 铁路曲线及其养护[M]. 2版. 北京: 中国铁道出版社, 2011.

[11] 崔恩波. 曲线设备及曲线养护[M]. 北京: 中国铁道出版社, 1996: 110.

[12] 铁路职工岗位培训教材编审委员会. 铁路线路工[M]. 北京: 中国铁道出版社, 2018: 125.

[13] 吴耀庭. 铁路曲线及其养护[M]. 2版. 北京: 中国铁道出版社, 2011: 84-91.

[14] 吴耀庭. 铁路曲线及其养护[M]. 2版. 北京: 中国铁道出版社, 2011: 89.

[15] 铁道部第一勘测院. 铁路工程设计技术手册(线路)[S]. 北京: 中国铁道出版社, 1994: 149-153.

[16] 吴耀庭. 铁路曲线及其养护[M]. 2版. 北京: 中国铁道出版社, 2011: 129.

[17] 陈汉娥. 铁路曲线养护（四）[M]. 北京: 中国铁道出版社, 2001: 94.

[18] 廖显军. 局部铁路曲线拨量整正的计算方法[J]. 铁道运营技术, 2020（3）: 47-48.

[19] 廖显军. 铁路曲线整正拨道量修正的新方法[J]. 铁道工务, 2012（3）79-80.

[20] 吴耀庭. 铁路曲线及其养护[M]. 2版. 北京: 中国铁道出版社, 2011: 176.

[21] 廖显军. 既有线拨道量与线路伸缩量的关系[J]. 铁道工务, 2019（4）: 30-34.

[22] 廖显军. 利用坐标法整正长大直线线路的计算方法[J]. 铁道运营技术, 2024（1）: 19-21.

[23] 崔恩波. 曲线设备及曲线养护[M]. 北京: 中国铁道出版社, 1996: 114.

[24] 廖显军. 利用坐标法整正道岔附带曲线计算方法的研究[J]. 太原铁道科技, 2019（1）: 20-21.

[25] 铁路职工岗位培训教材编审委员会. 铁路线路工[M]. 北京: 中国铁道出版社, 2018: 125.

第 5 章 绝对坐标系下连续整正曲线计算

本章主要解决连续测量多曲线坐标条件下，采用导线法贯通里程优化线路平面计算拨量的问题。

已知线路实测坐标 $x_{(j)}$ 和 $y_{(j)}$，优化切线方向和曲线要素，计算线路各桩拨量，基本建设、线路大修维修、数字化铁路建设经常会用到。

5.1 确定切线方向控制桩

首先根据实测坐标按"三点定圆"法反算线路半径或曲率确定线路线元（直线或曲线）大致范围的桩号，也可根据平面 CAD 线形判断曲线和切线大致范围的桩号，确定夹直线（共用切线）控制桩号，如图 5-1，实测桩号 A、B 和 C、D 分别为始终切线方向的控制桩，以此类推，确定所有测量地段的夹直线控制桩号。

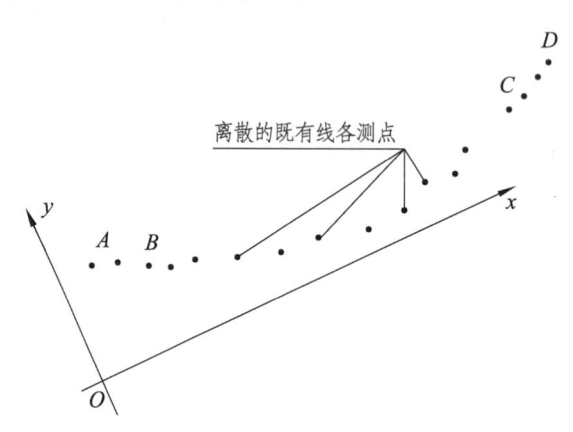

图 5-1 实测坐标及切线控制桩平面图

然后优化切线方向，优化方法可参考相关论文[1]。

根据现场调查，是否存在夹直线 AB、CD 有控制拨量的桩号，如存在则根据控制拨量的桩号，调整夹直线方向以达到优化目的，根据拨量绝对值之和最小的目标函数，对夹直线进行优化。

以 A 点为坐标原点，以直线 AB 为横轴建立新坐标系 xOy，如图 5-2，根据坐标先平移后旋转公式（1-33）进行坐标换算，则实测坐标的纵坐标即为拨量，B 为线路前进方向，纵坐标为正值说明既有测点位于 AB 上方，向右拨，反之为向左拨。

如果按拨量绝对值之和最小的目标函数，则 A、B 纵坐标按一定步长和范围进行微调，A、B 纵坐标每增减一个步长构成一组方案，通过组合得出若干个目标函数值，以拨量绝对值之和最小的那组拨量为最佳，同理 CD 优化方法一致。

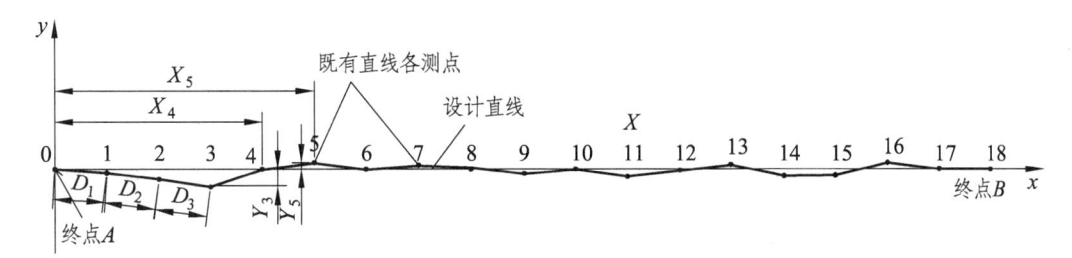

图 5-2 设计直线与既有线位置关系图

5.2 铁路线路平面整正计算方法

已知优化后的切线 A、B、C、D 控制桩坐标，计算线路导线交点坐标、始切线方位角 $AFJ_{(i)}$，初步拟合曲线要素缓和曲线长度和半径，计算每一个 ZH 点的坐标 $x_{ZH(i)}$、$y_{ZH(i)}$，计算设计曲线线路中心线的绝对坐标，过程介绍如下：

已知平移 $XZH_{(i)}$、$YZH_{(i)}$ 和旋转角度 $AFJ_{(i-1)}$ 和单曲线独立坐标系的线路坐标 $x_{(j)}$ 和 $y_{(j)}$，根据绝对坐标系下线路中心线坐标计算公式（2-11）推导出任意点里程 $LS_{(j)}$ 的线路中心线坐标计算公式：

$$\left.\begin{array}{l} x_{A(j)} = x_{ZH(i)} + x_{(j)} \times \cos(AFJ_{(i-1)}) - y_{(j)} \times \sin(AFJ_{(i-1)}) \\ y_{A(j)} = y_{ZH(i)} + y_{(j)} \times \cos(AFJ_{(i-1)}) + x_{(j)} \times \sin(AFJ_{(i-1)}) \end{array}\right\} \quad (5\text{-}1)$$

以设计线路中心线为原点，切线为横轴建立流动坐标系 $x'O'y'$，如图 5-3，已知既有测点坐标 $JXX_{(j)}$、$JYY_{(j)}$，切线方位角 $AFJ_{(i)} + By$（By 为独立坐标系单曲线方程下计算点切线方位角），根据先平移后旋转坐标换算公式（1-33）和点至线路中心线的距离计算公式（2-3），结合相关文献[2]推导出绝对坐标系下的线路中心线外一点到线路心线的距离计算公式：

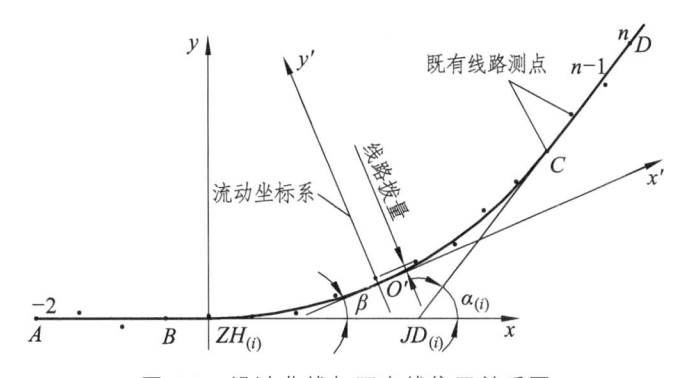

图 5-3 设计曲线与既有线位置关系图

$$\left.\begin{array}{l} Xaa_{(j)} = (JXX_{(j)} - x_{A(j)}) \times \cos(AFJ_{(i)} + By) + (JYY_{(j)} - y_{A(j)}) \times \sin(AFJ_{(i)} + By) \\ Yaa_{(j)} = (JYY_{(j)} - y_{A(j)}) \times \cos(AFJ_{(i)} + By) - (JXX_{(j)} - x_{A(j)}) \times \sin(AFJ_{(i)} + By) \end{array}\right\} \quad (5\text{-}2)$$

当横坐标 $Xaa_{(j)} = 0$ 时，$Yaa_{(j)}$ 为拨量，$Yaa_{(j)} \geq 0$ 说明理论线路心线位于既有测点右侧。

【例 5-1】

已知：实测连续曲线坐标见表 5-5 第 4、5 列。

求：连续曲线各桩的拨量。

【解】

首先，根据线形确定既有测点 1、2、26、35、56、62、83、91、123、133 为切线控制点，如表 5-1，根据公式（4-2）求得导线交点坐标，见表 5-2。

再者，根据圆心坐标及半径公式（1-4）～公式（1-16）求得初步曲线半径，根据单曲线独立坐标系方程计算公式（2-1a）～公式（2-1e），求得曲线要素，如表 5-3；根据本书第"2.3"节，求得曲线转向、ZH、HZ 点坐标，如表 5-4。

最后，建立流动坐标系 $x'O'y'$，根据拨道量计算公式（4-1e），利用计算机程序计算求得各桩的拨量，如表 5-5。

设计曲线中心线里程 $LS_{(i)}$ 通过迭代计算，当既有测点 i 在流动坐标系中横坐标 $x' \approx 0$ 时，认为测点 i 其落在流动坐标系纵坐标轴上，则既有曲线点在流动坐标系上的纵坐标值 y' 就是拨量值，拨量正值为右方向拨，反之为左方向拨。

表 5-1 切线控制点桩号和坐标

序号	实测横坐标/m	实测纵坐标/m	既有桩号
1	5001882.59	402991.848	1
2	5001863.96	402969.062	2
3	5001652.596	402889.741	26
4	5001516.032	402884.302	35
5	5001291.174	402841.668	56
6	5001104.847	402783.502	62
7	5000900.772	402736.141	83
8	5000584.189	402688.983	91
9	5000219.086	402604.72	123
10	4999808.41	402469.187	133

表 5-2 切线控制点坐标计算的 JD 坐标

JD 号	JD 横坐标/m	JD 纵坐标/m
1	5001882.59	402991.848
2	5001804.038	402895.7726
3	5001414.835	402880.2716
4	5001000.92	402751.059
5	5000384.096	402659.1773
6	4999808.41	402469.187

在确定切线控制桩的条件下，通过优化单曲线要素，包括半径缓和曲线长度，如表5-3所示。

表5-3　JD点坐标和曲线要素

序号	JD横坐标/m	JD纵坐标/m	第一缓长 l_{01}/m	第二缓长 l_{02}/m	半径 R/m	曲线全长 L/m	始切线 T_1/m	终切线 T_2/m
1	5001882.59	402991.848	0	120	201.627	230.497	94.683	147.914
2	5001804.038	402895.7726	40	30	550	179.529	92.494	87.896
3	5001414.835	402880.2716	80	100	720	201.490	97.232	104.543
4	5001000.573	402750.9507	60	30	1008	217.399	115.766	102.069
5	5000384.246	402659.2268						
6	4999756.424	402452.0302						

表5-4　曲线转向、ZH、HZ点坐标

ZH横坐标/m	ZH纵坐标/m	曲线偏角方向	曲线偏角	HZ横坐标/m	HZ纵坐标/m
5001863.970	402969.074	右	48°26′58.47″	5001656.241	402889.886
5001507.256	402883.952	左	15°3′22.11″	5001330.933	402854.080
5001093.387	402779.925	右	8°52′19.42″	5000897.169	402735.562
5000498.751	402676.268	左	9°47′57.54″	5000287.319	402627.239
4999756.424	402452.030			4999756.424	402452.030

表5-5　连续曲线整正计算成果表

桩号	设计相对里程/m	拨量/mm	实测横坐标/m	实测纵坐标/m	设计横坐标/m	设计纵坐标/m	线形
1	0	0	5001882.59	402991.848	5001882.590	402991.848	直线
2	29.433	0	5001863.96	402969.062	5001863.960	402969.062	圆曲1
3	33.669	7.8	5001861.25	402965.806	5001861.244	402965.811	圆曲1
4	43.663	58.9	5001854.614	402958.333	5001854.571	402958.373	圆曲1
5	103.600	7.5	5001807.624	402921.465	5001807.620	402921.471	圆曲1
6	113.602	−6.1	5001798.805	402916.746	5001798.808	402916.741	圆曲1
7	123.600	−1	5001789.777	402912.456	5001789.777	402912.455	圆曲1
8	133.592	44.2	5001780.566	402908.583	5001780.550	402908.624	圆曲1
9	143.585	35	5001771.151	402905.221	5001771.140	402905.254	终缓1
10	153.579	−27.9	5001761.576	402902.365	5001761.583	402902.338	终缓1
11	243.564	−22.2	5001672.576	402890.589	5001672.577	402890.567	终缓1
12	253.563	−25.4	5001662.586	402890.166	5001662.587	402890.141	终缓1
13	263.562	−0.1	5001652.596	402889.741	5001652.596	402889.741	直线
14	400.234	−0.1	5001516.032	402884.302	5001516.032	402884.302	直线

续表

桩号	设计相对里程/m	拨量/mm	实测横坐标/m	实测纵坐标/m	设计横坐标/m	设计纵坐标/m	线形
15	410.168	-0.4	5001506.106	402883.907	5001506.106	402883.907	始缓2
16	420.208	-4.6	5001496.074	402883.501	5001496.074	402883.497	始缓2
17	430.173	0.9	5001486.12	402883.038	5001486.120	402883.039	始缓2
18	440.234	-10.2	5001476.074	402882.49	5001476.075	402882.480	始缓2
19	450.136	-30.1	5001466.194	402881.82	5001466.196	402881.790	圆曲2
20	460.068	-25.4	5001456.3	402880.95	5001456.302	402880.925	圆曲2
21	519.873	-12.6	5001397.201	402871.967	5001397.204	402871.955	圆曲2
22	529.817	6.7	5001387.488	402869.836	5001387.487	402869.843	圆曲2
23	539.824	15.5	5001377.752	402867.525	5001377.748	402867.540	圆曲2
24	549.758	7.7	5001368.126	402865.072	5001368.124	402865.079	圆曲2
25	559.659	11	5001358.581	402862.444	5001358.578	402862.455	终缓2
26	569.803	15.8	5001348.848	402859.586	5001348.843	402859.601	终缓2
27	579.598	10.4	5001339.479	402856.729	5001339.476	402856.739	终缓2
28	589.633	24.6	5001329.902	402853.732	5001329.895	402853.755	直线
29	599.634	10.7	5001320.351	402850.765	5001320.348	402850.775	直线
30	825.391	-0.1	5001104.847	402783.502	5001104.847	402783.502	直线
31	835.392	21.8	5001095.307	402780.501	5001095.300	402780.522	直线
32	845.354	31.1	5001085.8	402777.525	5001085.791	402777.555	始缓3
33	855.325	18.9	5001076.274	402774.58	5001076.268	402774.598	始缓3
34	905.333	-34.9	5001028.268	402760.583	5001028.277	402760.549	始缓3
35	915.297	110.4	5001018.666	402757.916	5001018.639	402758.023	始缓3
36	925.268	123.1	5001008.99	402755.504	5001008.961	402755.624	圆曲3
37	935.271	1.5	5000999.22	402753.35	5000999.220	402753.352	圆曲3
38	945.295	-67.6	5000989.413	402751.276	5000989.427	402751.210	终缓3
39	955.173	27	5000979.756	402749.198	5000979.751	402749.225	终缓3
40	1025.244	-59	5000910.653	402737.634	5000910.662	402737.576	终缓3
41	1035.237	-42.6	5000900.772	402736.141	5000900.778	402736.099	终缓3
42	1045.235	-27.3	5000890.885	402734.654	5000890.889	402734.627	直线
43	1055.229	-0.1	5000881.004	402733.156	5000881.004	402733.156	直线
44	1430.295	-13.7	5000510.022	402677.959	5000510.024	402677.946	直线
45	1440.272	12.1	5000500.158	402676.465	5000500.156	402676.477	直线
46	1450.248	33.1	5000490.294	402674.974	5000490.289	402675.007	始缓4
47	1460.260	39.6	5000480.394	402673.478	5000480.388	402673.517	始缓4

续表

桩号	设计相对里程/m	拨量/mm	实测横坐标/m	实测纵坐标/m	设计横坐标/m	设计纵坐标/m	线形
48	1470.201	34.6	5000470.568	402671.974	5000470.563	402672.008	始缓 4
49	1480.279	16.5	5000460.611	402670.415	5000460.608	402670.431	始缓 4
50	1490.260	5.7	5000450.762	402668.801	5000450.761	402668.807	始缓 4
51	1500.172	13.2	5000440.996	402667.102	5000440.994	402667.115	始缓 4
52	1510.169	6	5000431.161	402665.31	5000431.160	402665.316	圆曲 4
53	1520.145	−1.7	5000421.365	402663.425	5000421.365	402663.423	圆曲 4
54	1609.902	38	5000334.228	402642.03	5000334.217	402642.066	圆曲 4
55	1619.917	39.9	5000324.631	402639.166	5000324.619	402639.204	圆曲 4
56	1629.961	10.8	5000315.027	402636.228	5000315.024	402636.238	终缓 4
57	1639.898	−3.7	5000305.556	402633.22	5000305.557	402633.217	终缓 4
58	1649.873	−32.3	5000296.064	402630.154	5000296.074	402630.123	终缓 4
59	1730.944	0	5000219.086	402604.72	5000219.086	402604.720	直线
60	2156.032	53	4999815.43	402471.448	4999815.413	402471.498	直线
61	2163.406	0	4999808.41	402469.187	4999808.410	402469.187	直线

注：相对里程 $JD_1 = 0$，沿线路终端递增。

5.3 不等测点间距拨量修正计算方法

参照梯形数组法修正线路拨道量的原理，点间距为 10 m 的条件下，确保拨后正矢差小于 1 mm，连续差小于 1 mm，则相邻桩修正拨量值差之差不大于 2 mm，计算如下：

设 e_{n+1}、e_n、e_{n-1} 为连续 3 个桩的拨量修正值，S 为测点间距。

$|(e_{n+1} - e_n) - (e_n - e_{n-1})| \leq 2$，展开后得 $(e_{n+1} - e_n) - (e_n - e_{n-1}) \leq 2$ 和 $e_{n+1} \leq 2 + 2 \times e_n - e_{n-1}$，根据测点间距 10 m，允许修正拨量增量 2 mm，则可根据顺坡率 0.2%进行拨量修正。

对于不等测点间距的修正，设测点间距分别为 S_1、S_2、S_3、…、S_n、…、S_{n+1}，修正量为 δ_1、δ_2、δ_3、…、δ_n、…、δ_{n+1}，得出相邻计算点的拨量修正顺坡率 $\frac{\delta_i}{S_i} = 0.2\%$，则 $\delta_i = 0.2\% \times S_i$，依此类推，得出每一个桩的修正量，同样可以叠加修正量。

修正起点 A、顺坡终点 B、C、D，中间桩号拨量修改至少保持 2 个修正量相等，如图 5-4 和图 5-5 所示，这就是能说所说的梯形数组法修正拨量。

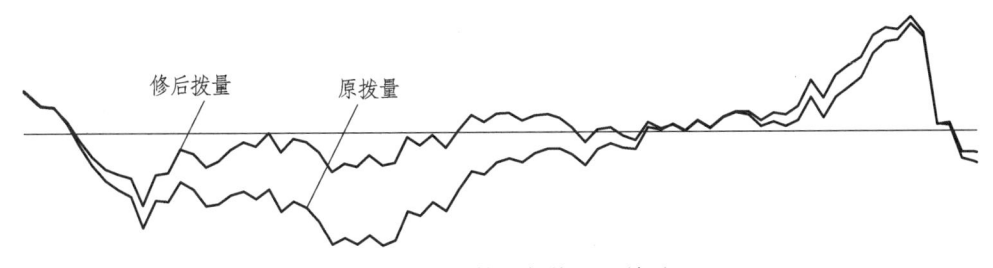

图 5-4 修正后拨量与修正之前对比

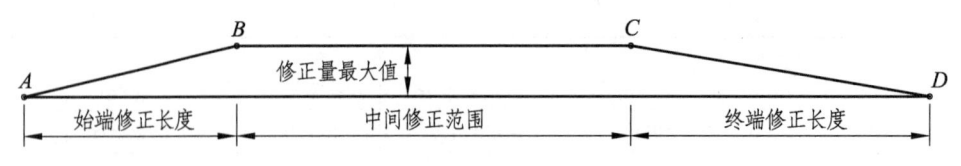

图 5-5　拨量修正范围及大小示意图

本章参考文献

[1]　廖显军. 利用坐标法整正长大直线线路的计算方法[J]. 铁道运营技术，2024（1）：19-21.

[2]　程文豪，廖显军. 坐标法计算铁路曲线间距[J]. 铁道建设企业管理，2022（5）：29-35.

第 6 章 线间距计算

6.1 根据两曲线始终切线位置关系计算线间距

将两条线路中的一条命名为基曲线，另一条为第 2 曲线，以基线中心线上任意点为坐标系原点，该点的切线为横轴建立流动坐标系，纵轴（切线的法线）与第 2 曲线相交的点的纵坐标值为线间距，正值为第 2 曲线位于基线的左侧，负值为右侧。

6.1.1 求两曲线平行切线始终点相错量

已知：两线始终端切线平行，两端切线线间距为 D_1 和 D_2、转角 α、缓和曲线长 l_{01}、l_{02} 和曲线半径 R。

求：两曲线始终点相错量[1]。

$$AB = \frac{BC}{\sin\alpha} = \frac{D_2}{\sin\alpha}, \quad FB = DE = \frac{BE}{\tan\alpha} = \frac{D_1}{\tan\alpha}$$

始端相错量

$$b_1 = T_1 - T_2 - AF = T_1 - T_2 - (AB - FB)$$

$$b_1 = T_1 - T_2 - AF = T_1 - T_2 - \left(\frac{D_2}{\sin\alpha} - \frac{D_1}{\tan\alpha}\right)$$

公式中 T_1 和 T_2 分别为基第 2 曲线的始切线长度。

终端曲线始终端的相错量 b_2 可按 b_1 的方法计算，设第 2 曲线方程平移横坐标为 $x_p = b_1$，平移纵坐标为 $y_p = D_1$，旋转角度为 β（始终端切线平行线曲线始终点相错量计算实际上是始端切线不平行的特殊情况，即 $\beta = 0$），两曲线位置几何关系如图 6-1 所示。

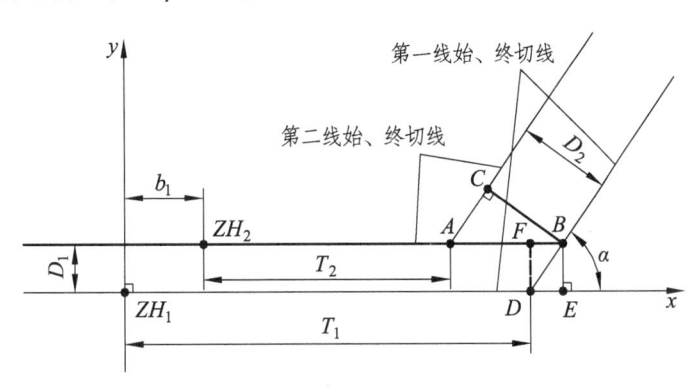

图 6-1 两端切线平行曲线始端曲线相错量图

6.1.2 建立流动坐标系计算线间距

线间距是指一条线上某点沿其切线的法线方向至另一条线交点的距离。计算线间距时，以基曲线 ZH 为坐标原点，始切线为横坐标，建立单曲线独立坐标系 xOy。

以基曲线上任意一点为坐标原点，以该点切线为横坐标，原点沿基曲线中心线流动建立坐标系，则流动坐标系纵坐标轴必与第 2 曲线有一交点，则坐标原点至交点的距离为两线的距离，即相交点在流动坐标系上的纵坐标值[2]。

现以两端切线平行条件下的线间距计算为例，如图 6-2，以基曲线 ZH 为坐标原点，始切线为横坐标，建立单曲线独立坐标系 xOy。已知基曲线上任意一流动点 B，以 B 点为原点，B 点切线方向为横坐标建立流动坐标系 $x'O'y'$，纵坐标轴与第 2 曲线相交于 C 点，则线间距为相交点 C 在流动坐标系 $x'O'y'$ 纵坐标值 y'_C。

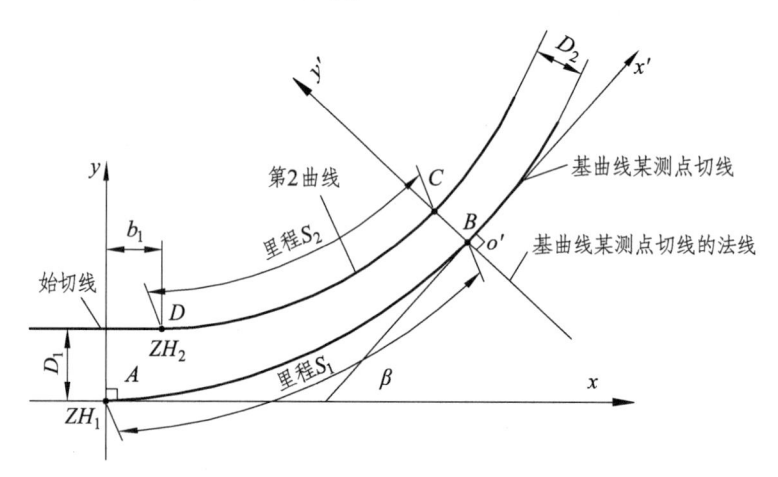

图 6-2 两端切线平行曲线线间距计算示意图

1. 线间距计算方法一

以基曲线 ZH 为坐标原点，始切线为横坐标，建立单曲线独立坐标系 xOy，另以基曲线上某点 B 为坐标原点，B 的切线为横轴建立新坐标系 $x'O'y'$，通过迭代计算找到第 2 曲线的单曲线独立坐标系 C 点里程 S_C，使 C 点的单曲线独立坐标 x_C、y_C（在 xOy 的坐标，第 2 曲线独立坐标通过平移 b_1、D_1 换算）在坐标系 $x'O'y'$ 中的横坐标 $x'_C = 0$，纵坐标 y'_C 就是要求的线间距值。

已知：基曲线任意点 B 相对里程为 S_B，B 点横坐标 x_B，纵坐标 y_B，切线方位角 β_B，左转曲线，新坐标系 $x'O'y'$ 纵坐标轴与第 2 曲线相交于 C 点。

求：第 2 曲线 C 点里程 S_C 和 C 点在流动坐标系 $x'O'y'$ 的纵坐标 y'_C。

x、y 为以第 2 曲线 ZH_2 为坐标原点，始切线为横坐标独立坐标系中任意里程 S 上某点的坐标，通过平移 b_1、D_1 换算为坐标系 xOy 的坐标 $x_C = x + b_1$，$y_C = y + D_1$，通过迭代计算 C 点里程 S'_C，流动坐标系 $x'O'y'$ 纵坐标轴与第 2 曲线相交于 C 点，要求 C 点的横坐标 $x'_C = 0$，求得最终纵坐标 y'_C，计算公式如下：

根据先平移后旋转坐标换算公式（1-33），得

$$\left.\begin{array}{l}x'_C = (x_C - b_1) \times \cos\beta_B + (y_C - D_1) \times \sin\beta_B \\ y'_C = (y_C - D_1) \times \cos\beta_B - (x_C - b_1) \times \sin\beta_B\end{array}\right\} \qquad (6-1)$$

C 点的横坐标 $x'_C = 0$，纵坐标 y'_C 就是要求的线间距，正数为 C 位于基曲线的左侧，反之为右侧。

其他计算点以此类推计算而得。

2. 线间距计算方法二

以基曲线 ZH 为坐标原点，始切线为横坐标，建立单曲线独立坐标系 xOy，已知第 2 曲线 C 点里程 S_C，C 点在单曲线独立坐标系 xOy 的坐标 x_C、y_C（在 xOy 的坐标，第 2 曲线独立坐标通过平移 b_1、D_1 换算），以基曲线线路中心线上任意点为原点，切线为横轴建立流动坐标系 $x'O'y'$，通过迭代基曲线里程 S_B，使第 2 曲线 C 点在流动坐标系 $x'O'y'$ 的横坐标 $x'_C = 0$，纵坐标 y'_C 就是要求的线间距值。

已知：C 点在单曲线独立坐标系 xOy 的坐标 x_C、y_C，基曲线任意点 B 相对里程为 S_B，B 点横坐标 x_B，纵坐标 y_B，切线方位角 β_B，流动坐标系 $x'O'y'$ 纵坐标轴与第 2 曲线相交于 C 点。

求：B 点里程 S_B 和 C 点在流动坐标系 $x'O'y'$ 的纵坐标 y'_C。

计算过程与方法一相当，基曲线 B 点里程 S_B 通过计算机迭代计算而得，这里从略。

【例 6-1】

已知：基曲线和第 2 曲线两线路始终切线平行，始切线线间距 4.00 m，终切线线间距 6.00 m，曲线要素如表 6-1 第 2、3 行[3]。

求：第 2 曲线沿线路中心线每 20 m 一个桩，计算第 2 曲线至基曲线的线间距（线间距计算方法二）。

【解】

根据公式（6-1），通过迭代基曲线里程 S_B，求得两线线间距，如表 6-2 第 4 列。

表 6-1 基曲线第 2 曲线线路要素表

曲线别	始缓长 l_{01}/m	终缓长 l_{02}/m	半径 R/m	曲长全长 L/m	始切 T_1/m	终切 T_2/m	曲线偏角 α
第 2 曲线	40	70	640	384.89	189.16	203.342	29°32′0″
基曲线	110	110	640	439.89	223.891	223.891	29°32′0″
测点间距 = 20		第 2 平移 x 坐标 = −39.8431		第 2 平移 y 坐标 = 4		旋转角度 α = 0°0′0″	

表 6-2 线间距计算表

第 2 里程 /km	第 2 曲线相对里程/m	基曲相对里程/m	线间距 /m	第 2 曲线 x/m	第 2 曲线 y/m	基曲线 x/m	基曲线 y/m	第 2 曲线型
K61 + 0	−52.73	−16.681	4	−52.73	0	−52.73	4	始直
K61 + 20	−32.73	3.319	4.001	−32.73	0	−32.73	4.001	始直
K61 + 40	−12.73	23.319	4.047	−12.73	0	−12.73	4.047	始直
K61 + 60	7.27	43.314	4.245	7.27	0.003	7.266	4.248	始缓
K61 + 80	27.27	63.244	4.582	27.269	0.132	27.203	4.714	始缓

续表

第2里程/km	第2曲线相对里程/m	基曲线相对里程/m	线间距/m	第2曲线 x/m	第2曲线 y/m	基曲线 x/m	基曲线 y/m	第2曲线型
K61+100	47.27	83.088	4.874	47.261	0.685	47.054	5.554	圆曲
K61+120	67.27	102.91	5.045	67.226	1.849	66.854	6.88	圆曲
K61+140	87.27	122.73	5.182	87.146	3.636	86.602	8.789	圆曲
K61+160	107.27	142.549	5.314	106.999	6.045	106.277	11.309	圆曲
K61+180	127.27	162.369	5.44	126.768	9.073	125.86	14.437	圆曲
K61+200	147.27	182.188	5.562	146.432	12.717	145.333	18.169	圆曲
K61+220	167.27	202.008	5.678	165.973	16.974	164.678	22.502	圆曲
K61+240	187.27	221.827	5.789	185.372	21.839	183.876	27.431	圆曲
K61+260	207.27	241.647	5.894	204.608	27.308	202.908	32.951	圆曲
K61+280	227.27	261.468	5.993	223.665	33.375	221.758	39.056	圆曲
K61+300	247.27	281.29	6.086	242.523	40.035	240.407	45.741	圆曲
K61+320	267.27	301.112	6.174	261.163	47.28	258.837	52.999	圆曲
K61+340	287.27	320.936	6.255	279.568	55.105	277.031	60.823	圆曲
K61+360	307.27	340.76	6.323	297.72	63.501	294.976	69.198	圆曲
K61+380	327.27	360.597	6.31	315.603	72.453	312.699	78.055	终缓
K61+400	347.27	380.483	6.209	333.252	81.862	330.277	87.312	终缓
K61+420	367.27	400.42	6.087	350.74	91.565	347.758	96.872	终缓
K61+440	387.27	420.402	6.009	368.151	101.406	365.189	106.634	终直
K61+460	407.27	440.402	6	385.553	111.265	382.595	116.485	终直
K61+480	427.27	460.402	6	402.954	121.123	399.997	126.344	终直
K61+487.62	434.89	468.022	6	409.584	124.879	406.627	130.1	终直

经与文献对比，线间距相当，证明理论成立，计算正确。

6.2 绝对坐标系的线间距计算方法

在新建铁路经常存在两条或多条线路并行的情况，为满足两线限界规范等要求，线间距的计算就显得非常重要，下面介绍绝对坐标系下两线线间距计算方法。

6.2.1 已知条件

在绝对坐标系下，基曲线线路的导线交点坐标 $XXJD_{(i)}$、$YYJD_{(i)}$ 和缓和曲线长 $l_1H_{(i)}$、$l_2H_{(i)}$、半径 $R_{(i)}$，第 2 曲线线路的导线交点坐标 $XXJD_{(j)}$、$YYJD_{(j)}$ 和缓和曲线长 $l_1H_{(j)}$、$l_2H_{(j)}$、半径 $R_{(j)}$，如图 6-3 所示。

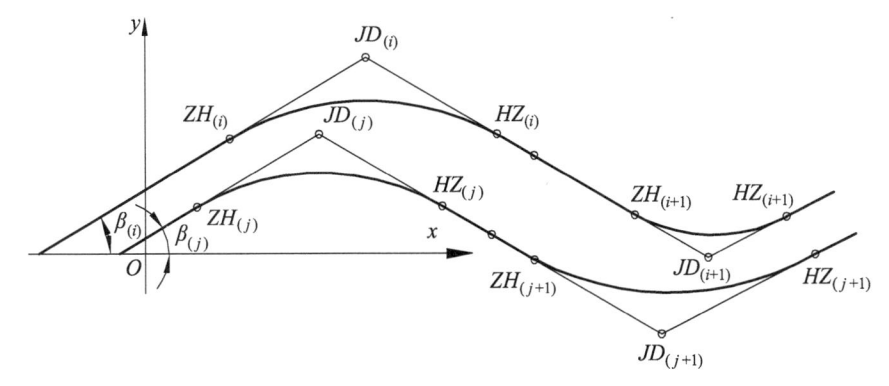

图 6-3 两线线位平面示意图

6.2.2 计算两条线的线路中心线坐标

根据绝对坐标系下线路中心线坐标计算公式（6-2），可计算基线和第 2 线路中心线的坐标，其中 j 为线路中心线桩号，测点通常按每 10 m 或 5 m 桩间隔。

$$\left.\begin{array}{l} x_{A(j)} = x_{ZH(i)} + x_{(j)} \times \cos(AFJ_{(i-1)}) - y_{(j)} \times \sin(AFJ_{(i-1)}) \\ y_{A(j)} = y_{ZH(i)} + y_{(j)} \times \cos(AFJ_{(i-1)}) + x_{(j)} \times \sin(AFJ_{(i-1)}) \end{array}\right\} \qquad (6\text{-}2)$$

6.2.3 沿基线路中心建立流动坐标系

建立坐标原点沿基线线路中心流动，线路中心线的切线为横轴的流动坐标系，当流动坐标系纵轴与第 2 曲线路中心线相交于某点，则该点在流动坐标系中纵坐标就是两线的线间距，如图 6-4 所示。

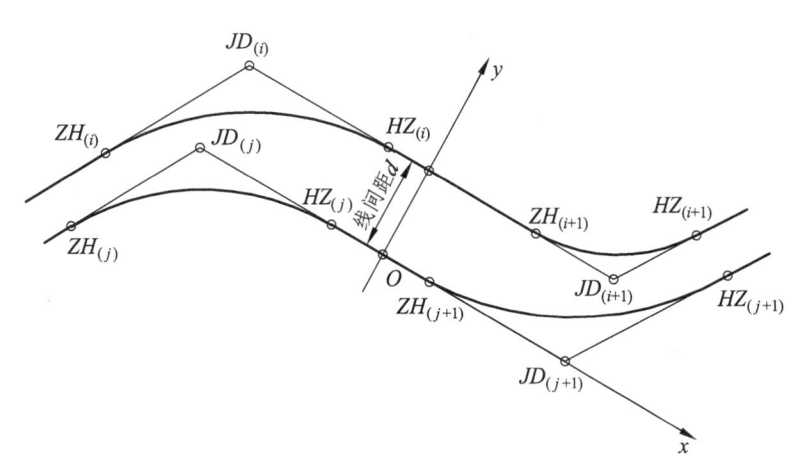

图 6-4 基线线路中心流动坐标系计算两线线间距图

6.2.4 线间距计算

方法一：已知基线线中心线的某点绝对坐标 $JXX_{(LSQ)}$、$JYY_{(LSQ)}$ 和切线方位角 $AFJ_{(QXN)} + By$，

以该点为坐标原点,切线为横轴建立坐标系 xOy,如图 6-4,通过里程迭代计算第 2 线路中心线 A 点里程 $LS_{(LSQ)}$,使点 A 的坐标 $XA_{(LSQ)}$、$YA_{(LSQ)}$ 落在 xOy 坐标系纵轴上,当 A 点横坐标为 $Xaa_{(LSQ)} = 0$ 时,则纵坐标 $Yaa_{(LSQ)}$ 为线间距。

其中 By 为基线第 QXN 个曲线在单曲线独立坐标系中第 LSQ 个桩号切线方位角,点 A 在流动坐标系中的坐标为

$$\left.\begin{aligned} Xaa_{(LSQ)} &= [JXX_{(LSQ)} - XA_{(LSQ)}] \times \cos[AFJ_{(QXN)} + By] + \\ &\quad [JYY_{(LSQ)} - YA_{(LSQ)}] \times \sin[AFJ_{(QXN)} + By] \\ Yaa_{(LSQ)} &= [JYY_{(LSQ)} - XA_{(LSQ)}] \times \cos[AFJ_{(QXN)} + By] - \\ &\quad [JXX_{(LSQ)} - YA_{(LSQ)}] \times \sin[AFJ_{(QXN)} + By] \end{aligned}\right\} \quad (6\text{-}3)$$

依此类推,计算基线路中心线上所有桩号与第 2 线路的线距。

方法二:已知第 2 线路中心线 A 点里程并计算得绝对坐标 $XA_{(LSQ)}$、$YA_{(LSQ)}$,沿基线线中心线建立流动坐标系 xOy,基线线中心线里程 $LS_{(LSQ)}$ 通过迭代计算,在公式(6-3)中,当 A 点横坐标为 $Xaa_{(LSQ)} = 0$ 时,则纵坐标 $Yaa_{(LSQ)}$ 为线间距。此方法和线路坐标法整正的拨量计算原理相同,可参照公式(5-2)计算。

计算过程从略。

【例 6-2】

已知:在绝对坐标系下,两条线路的导线交点坐标、曲线半径和缓和曲线长度如表 6-3、表 6-4 所示。

求:基线路上每间隔 20 m 计算 1 处与第 2 线路线间距。

表 6-3 基线线路导线交点坐标和曲线要素

曲线半径 R/m	第一缓长 l_{01}/m	第二缓长 l_{02}/m	JD 横坐标/m	JD 纵坐标/m
300	0	0	5023506.199	558.413
300	0	0	5024003.07	401.7766
300	0	0	5024664.401	599.329
			5024968.288	297.0349
			5025318.765	542.1469

表 6-4 第 2 线路导线交点坐标和曲线要素

曲线半径 R/m	第一缓长 l_{01}/m	第二缓长 l_{02}/m	JD 横坐标/m	JD 纵坐标/m
300	0	0	5023504.65	552.6158
300	0	0	5024000.97	395.1005
300	0	0	5024662.72	591.5085
			5024968.29	292.0349
			5025320.57	537.0587

【解】

根据公式（2-11）和公式（6-3），计算线间距，基线与第 2 线线间距计算结果如表 6-5 所示。

表 6-5　基线与第 2 线线间距计算成果表

桩号	基线设计相对里程/m	线间距/mm	第 2 线横坐标/m	第 2 线纵坐标/m	基线横坐标/m	基线纵坐标/m	基线线形
1	0	5993	5023506.199	558.413	5023504.653	552.616	直线
2	20	6032	5023525.274	552.400	5023523.716	546.566	直线
3	40	6071	5023544.349	546.387	5023542.779	540.516	直线
4	60	6109	5023563.423	540.373	5023561.842	534.466	直线
5	80	6148	5023582.498	534.360	5023580.905	528.416	直线
6	100	6187	5023601.573	528.347	5023599.968	522.366	直线
7	120	6225	5023620.647	522.334	5023619.031	516.316	直线
8	140	6264	5023639.722	516.321	5023638.094	510.266	直线
9	160	6303	5023658.796	510.307	5023657.157	504.215	直线
10	180	6341	5023677.871	504.294	5023676.220	498.165	直线
11	200	6380	5023696.946	498.281	5023695.283	492.115	直线
12	220	6419	5023716.020	492.268	5023714.346	486.065	直线
13	240	6457	5023735.095	486.255	5023733.409	480.015	直线
14	260	6496	5023754.170	480.241	5023752.471	473.965	直线
15	280	6534	5023773.244	474.228	5023771.534	467.915	直线
16	300	6573	5023792.319	468.215	5023790.597	461.865	直线
17	320	6612	5023811.393	462.202	5023809.660	455.815	直线
18	340	6650	5023830.468	456.189	5023828.723	449.765	直线
19	360	6689	5023849.543	450.175	5023847.786	443.715	直线
20	380	6728	5023868.617	444.162	5023866.849	437.665	直线
21	400	6766	5023887.692	438.149	5023885.912	431.615	直线
22	420	6805	5023906.767	432.136	5023904.975	425.565	直线
23	440	6838	5023925.901	426.320	5023924.101	419.723	圆曲 1
24	460	6843	5023945.347	421.664	5023943.543	415.048	圆曲 1
25	480	6818	5023965.061	418.313	5023963.254	411.679	圆曲 1
26	500	6763	5023984.954	416.284	5023983.145	409.631	圆曲 1
27	520	6677	5024004.938	415.584	5024003.128	408.912	圆曲 1
28	540	6562	5024024.924	416.217	5024023.115	409.526	圆曲 1

续表

桩号	基线设计相对里程/m	线间距/mm	第2线横坐标/m	第2线纵坐标/m	基线横坐标/m	基线纵坐标/m	基线线形
29	560	6417	5024044.824	418.180	5024043.017	411.470	圆曲1
30	580	6244	5024064.549	421.464	5024062.745	414.735	圆曲1
31	600	6044	5024084.011	426.055	5024082.211	419.308	圆曲1
32	620	5986	5024103.201	431.688	5024101.409	424.912	直线
33	640	6021	5024122.364	437.412	5024120.583	430.603	直线
34	660	6056	5024141.527	443.137	5024139.756	436.294	直线
35	680	6091	5024160.691	448.861	5024158.929	441.984	直线
36	700	6127	5024179.854	454.585	5024178.103	447.675	直线
37	720	6162	5024199.017	460.310	5024197.276	453.366	直线
38	740	6197	5024218.180	466.034	5024216.449	459.056	直线
39	760	6232	5024237.344	471.759	5024235.623	464.747	直线
40	780	6268	5024256.507	477.483	5024254.796	470.438	直线
41	800	6303	5024275.670	483.208	5024273.969	476.128	直线
42	820	6338	5024294.834	488.932	5024293.143	481.819	直线
43	840	6373	5024313.997	494.657	5024312.316	487.510	直线
44	860	6409	5024333.160	500.381	5024331.489	493.200	直线
45	880	6444	5024352.323	506.105	5024350.663	498.891	直线
46	900	6479	5024371.487	511.830	5024369.836	504.582	直线
47	920	6514	5024390.650	517.554	5024389.009	510.272	直线
48	940	6550	5024409.813	523.279	5024408.183	515.963	直线
49	960	6585	5024428.976	529.003	5024427.356	521.654	直线
50	980	6620	5024448.140	534.728	5024446.529	527.344	直线
51	1000	6655	5024467.303	540.452	5024465.703	533.035	直线
52	1020	6691	5024486.466	546.177	5024484.876	538.726	直线
53	1040	6789	5024505.703	551.642	5024504.105	544.221	圆曲2
54	1060	6924	5024525.241	555.900	5024523.626	548.553	圆曲2
55	1080	7029	5024545.019	558.847	5024543.393	551.575	圆曲2
62	1220	6877	5024682.774	542.410	5024681.210	535.662	圆曲2
63	1240	6730	5024701.304	534.892	5024699.768	528.215	圆曲2
64	1260	6553	5024719.291	526.157	5024717.788	519.548	圆曲2
65	1280	6347	5024736.657	516.243	5024735.191	509.700	圆曲2

续表

桩号	基线设计相对里程/m	线间距/mm	第2线横坐标/m	第2线纵坐标/m	基线横坐标/m	基线纵坐标/m	基线线形
66	1300	6113	5024753.323	505.194	5024751.900	498.715	圆曲2
67	1320	5852	5024769.217	493.059	5024767.839	486.641	圆曲2
68	1340	5565	5024784.266	479.893	5024782.939	473.531	圆曲2
69	1360	5544	5024798.697	466.047	5024797.391	459.708	圆曲3
70	1380	5774	5024813.847	452.995	5024812.528	446.641	圆曲3
71	1400	5978	5024829.832	440.982	5024828.501	434.612	圆曲3
72	1420	6156	5024846.582	430.060	5024845.240	423.673	圆曲3
73	1440	6307	5024864.023	420.279	5024862.671	413.874	圆曲3
88	1740	5134	5025151.607	426.662	5025150.262	419.970	圆曲3
89	1760	4843	5025168.597	437.208	5025167.262	430.498	圆曲3
90	1780	4788	5025185.025	448.614	5025183.714	441.870	直线
91	1800	4840	5025201.415	460.076	5025200.133	453.290	直线
92	1820	4891	5025217.804	471.538	5025216.552	464.709	直线
93	1840	4943	5025234.194	483.001	5025232.971	476.129	直线
94	1860	4995	5025250.583	494.463	5025249.391	487.549	直线
95	1880	5047	5025266.973	505.925	5025265.810	498.969	直线
96	1900	5098	5025283.362	517.388	5025282.229	510.389	直线
97	1920	5150	5025299.752	528.850	5025298.648	521.809	直线
98	1940	5202	5025316.141	540.312	5025315.067	533.229	直线
99	1943.201	5210	5025318.765	542.147	5025317.695	535.057	直线

注：基线第1导线始端点相对里程为0。

本章参考文献

[1] 易思蓉. 线路设计(铁道工程专业方向适用)[M]. 北京：中国建筑工业出版社，2016：236-240.

[2] 程文豪，廖显军. 坐标法计算铁路曲线间距[J]. 铁道建设企业管理，2022（5）：29-35.

[3] 铁道部第一勘测院. 铁路工程设计技术手册(线路)[S]. 北京：中国铁道出版社，1994：182-184.

第 7 章　曲线缩短量计算

7.1　利用边桩坐标原理计算曲线缩短量的方法

以线路中心线为基线，利用边桩坐标计算公式计算上下股钢轨中心坐标，标准轨距边桩距离为：轨距 + 轨头宽/2，线路中心线边距通常取 1500 mm/2，根据坐标计算点间距，累计计算线路中心线长度、左右股钢轨长度，求得上下股钢轨长度差，这就曲线缩短量计算新方法的原理，计算方法如下。

7.1.1　单曲线独立坐标方程下的坐标计算

设线路中心线上点 j，其中里程为 $S_{(j)}$，根据本书第 2.1.6 节介绍的单曲线独立方程公式（2-1a）~公式（2-1e）可计算线路中心线坐标值 $x_{(j)}$、$y_{(j)}$，线路中心线、左右股钢轨中心线在独立坐标系中的几何关系，如图 7-1 所示。

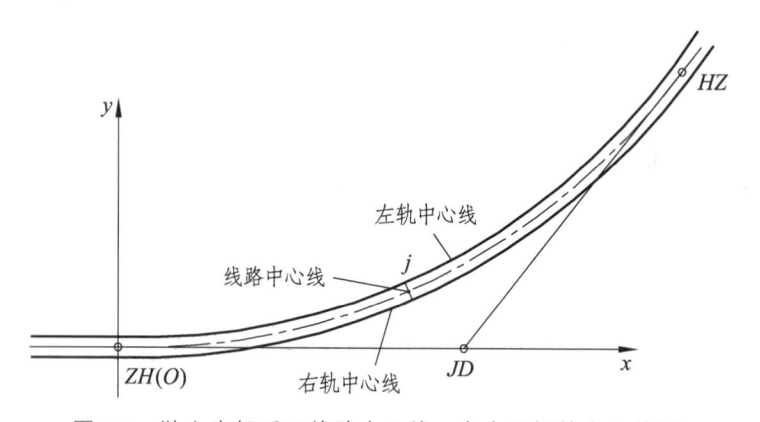

图 7-1　独立坐标系下线路中心线、左右股钢轨中心线图

7.1.2　单曲线在独立坐标系下左右股钢轨中心的坐标

标准轨距左右股钢轨中心距通常取 1500 mm，在图 7-2 中，在 ZH 处，左、右股钢轨中心的纵坐标分别为 $y_{DZ} = 0.750$ m，$y_{DY} = 0.750$ m，根据边桩坐标计算公式（2-7a）、（2-7b），j 计算点对应左、右股钢轨中心的坐标为：

$$\left. \begin{array}{l} x_{Z(j)} = x_{(j)} + x_{DZ} \times \cos\beta_{(j)} - y_{DZ} \times \sin\beta_{(j)} \\ y_{Z(j)} = y_{(j)} + x_{DZ} \times \cos\beta_{(j)} + y_{DZ} \times \sin\beta_{(j)} \end{array} \right\} \quad (7\text{-}1)$$

$$\left.\begin{array}{l}x_{Y(j)} = x_{(j)} + x_{DY} \times \cos\beta_{(j)} + y_{DY} \times \sin\beta_{(j)} \\ y_{Y(j)} = y_{(j)} + y_{DY} \times \cos\beta_{(j)} - x_{DY} \times \sin\beta_{(j)}\end{array}\right\} \quad (7\text{-}2)$$

坐标 $\beta_{(j)}$ 为 j 点切线方位角，$x_{(j)}$ 为线路中心线的横坐标，$y_{(j)}$ 为纵坐标，如图 7-2 所示。

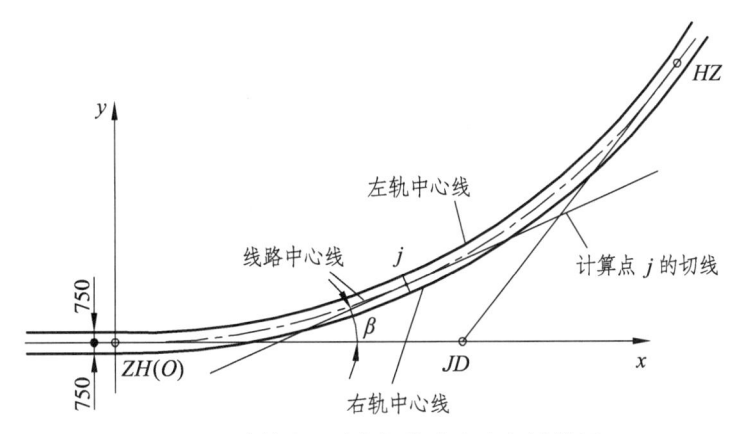

图 7-2 计算点 j 对应钢轨中心坐标计算图

7.1.3 单曲线线路中心线及左右股钢轨中心线长度

以线路中心线统一里程 $S_{(j)}$ 为自变量，计算线路中心线及左右股钢轨中心线的坐标，里程以每间隔 1 m 为一个计算点，根据点间距 $D_{(j)} = \sqrt{(x_{(j+1)} - x_{(j)})^2 - (y_{(j+1)} - y_{(j)})^2}$，测点间距累计求得三线（线路中心线及左右股钢轨中心线）长度：

线路中心线长度：

$$L_{(j)} = \sum_{n}^{1} D_{(j)}$$

左钢轨中心线长度：

$$L_{Z(j)} = \sum_{n}^{1} D_{(j)}$$

右钢轨中心线长度：

$$L_{Y(j)} = \sum_{n}^{1} D_{(j)}$$

【例 7-1】

已知：曲线要素和边桩坐标计算参数如表 7-1。

求：(1) 求每间隔 1 m 计算一处线路中心线和边桩坐标；(2) 线路中心线、左右股钢轨中心长度计算。

【解】

根据公式（2-1a）~公式（2-1e）进行线路中心线坐标计算，根据公式（7-1）和公式（7-2）进行边桩坐标计算成果如表 7-2，线路中心线、左右股钢轨中心长度如表 7-3。

表 7-1 曲线要素表

曲号	始缓长 l_{01}/m	终缓长 l_{02}/m	半径 R/m	曲全长 L/m	始切长 T_1/m	终切长 T_2/m	曲线偏角 α
1 号	50	50	600	345.49	175.848	175.848	28°13′2″
测点间距	起点里程/m	终点里程/m	左侧边距/m	右侧边距/m	下股加宽/mm	里程方向	ZH（ZY）点里程/m
1	16.25	53.054	0.75	0.75	0		0

表 7-2 线路中心线、左右股钢轨中心相对坐标计算表

桩号	里程/m	左横坐标/m	左纵坐标/m	右横坐标/m	右纵坐标/m	中横坐标/m	中纵坐标/m
1	16.25	16.247	0.774	16.253	−0.726	16.250	0.024
2	17.25	17.246	0.779	17.254	−0.721	17.250	0.029
3	18.25	18.246	0.784	18.254	−0.716	18.250	0.034
4	19.25	19.245	0.790	19.255	−0.710	19.250	0.040
5	20.25	20.245	0.796	20.255	−0.704	20.250	0.046
6	21.25	21.244	0.803	21.256	−0.697	21.250	0.053
7	22.25	22.244	0.811	22.256	−0.689	22.250	0.061
8	23.25	23.243	0.820	23.257	−0.680	23.250	0.070
9	24.25	24.242	0.829	24.257	−0.671	24.250	0.079
10	25.25	25.242	0.839	25.258	−0.661	25.250	0.089
11	26.25	26.241	0.850	26.258	−0.649	26.250	0.100
12	27.25	27.240	0.862	27.259	−0.638	27.250	0.112
13	28.25	28.240	0.875	28.259	−0.625	28.250	0.125
14	29.25	29.239	0.889	29.260	−0.611	29.249	0.139
15	30.25	30.238	0.904	30.261	−0.596	30.249	0.154
16	31.25	31.237	0.919	31.261	−0.580	31.249	0.170
17	32.25	32.236	0.936	32.262	−0.564	32.249	0.186
18	33.25	33.235	0.954	33.263	−0.546	33.249	0.204
19	34.25	34.234	0.973	34.263	−0.527	34.249	0.223
20	35.25	35.233	0.993	35.264	−0.507	35.248	0.243
21	36.25	36.232	1.014	36.265	−0.485	36.248	0.265
22	37.25	37.231	1.037	37.265	−0.463	37.248	0.287
23	38.25	38.229	1.061	38.266	−0.439	38.248	0.311
24	39.25	39.228	1.086	39.267	−0.414	39.247	0.336
25	40.25	40.227	1.112	40.267	−0.387	40.247	0.362
26	41.25	41.225	1.140	41.268	−0.360	41.247	0.390

续表

桩号	里程/m	左横坐标/m	左纵坐标/m	右横坐标/m	右纵坐标/m	中横坐标/m	中纵坐标/m
27	42.25	42.224	1.169	42.269	−0.331	42.246	0.419
28	43.25	43.222	1.199	43.269	−0.300	43.246	0.449
29	44.25	44.221	1.231	44.270	−0.268	44.245	0.481
30	45.25	45.219	1.264	45.270	−0.235	45.245	0.515
31	46.25	46.217	1.299	46.271	−0.200	46.244	0.550
32	47.25	47.216	1.335	47.271	−0.163	47.243	0.586
33	48.25	48.214	1.373	48.272	−0.125	48.243	0.624
34	49.25	49.212	1.413	49.272	−0.086	49.242	0.664
35	50.25	50.210	1.454	50.273	−0.045	50.241	0.705
36	51.25	51.207	1.497	51.273	−0.002	51.240	0.748
37	52.25	52.205	1.542	52.273	0.043	52.239	0.792
38	53.054	53.007	1.579	53.077	0.080	53.042	0.829

表 7-3　线路中心线、左右股钢轨中心长度计算表

桩号	里程/m	轨长差/mm	左轨弦长/m	左轨弦长（累计）/m	右轨弦长/m	右轨弦长（累计）/m	中线弦长/m	中线弦长（累计）/m
1	6.25		1.000		1.000		1.000	
2	7.25	0	1.000	1.000	1.000	1.000	1.000	1.000
3	8.25	0.3	1.000	2.000	1.000	2.000	1.000	2.000
4	9.25	0.7	1.000	2.999	1.000	3.001	1.000	3.000
5	10.25	1.2	1.000	3.999	1.000	4.001	1.000	4.000
6	11.25	1.6	1.000	4.999	1.000	5.001	1.000	5.000
7	12.25	2.2	1.000	5.999	1.000	6.001	1.000	6.000
8	13.25	2.8	1.000	6.998	1.000	7.002	1.000	7.000
9	14.25	3.4	1.000	7.998	1.000	8.002	1.000	8.000
10	15.25	4.1	1.000	8.998	1.000	9.002	1.000	9.000
11	16.25	4.8	1.000	9.997	1.000	10.003	1.000	10.000
12	17.25	5.6	1.000	10.997	1.000	11.003	1.000	11.000
13	18.25	6.5	1.000	11.996	1.000	12.004	1.000	12.000
14	19.25	7.3	1.000	12.996	1.000	13.004	1.000	13.000
15	20.25	8.3	0.999	13.995	1.001	14.005	1.000	14.000
16	21.25	9.3	0.999	14.995	1.001	15.005	1.000	15.000
17	22.25	10.3	0.999	15.994	1.001	16.006	1.000	16.000

续表

桩号	里程/m	轨长差/mm	左轨弦长（累计）/m	左轨弦长（累计）/m	右轨弦长/m	右轨弦长（累计）/m	中线弦长/m	中线弦长（累计）/m
18	23.25	11.4	0.999	16.994	1.001	17.006	1.000	17.000
19	24.25	12.5	0.999	17.993	1.001	18.007	1.000	18.000
20	25.25	13.7	0.999	18.993	1.001	19.007	1.000	19.000
21	26.25	15	0.999	19.992	1.001	20.008	1.000	20.000
22	27.25	16.2	0.999	20.991	1.001	21.009	1.000	21.000
23	28.25	17.6	0.999	21.991	1.001	22.009	1.000	22.000
24	29.25	19	0.999	22.990	1.001	23.010	1.000	23.000
25	30.25	20.4	0.999	23.989	1.001	24.011	1.000	24.000
26	31.25	21.9	0.999	24.988	1.001	25.012	1.000	25.000
27	32.25	23.4	0.999	25.987	1.001	26.013	1.000	26.000
28	33.25	25	0.999	26.987	1.001	27.013	1.000	27.000
29	34.25	26.7	0.999	27.986	1.001	28.014	1.000	28.000
30	35.25	28.3	0.999	28.985	1.001	29.015	1.000	29.000
31	36.25	30.1	0.999	29.984	1.001	30.016	1.000	30.000
32	37.25	31.9	0.999	30.983	1.001	31.017	1.000	31.000
33	38.25	33.7	0.999	31.982	1.001	32.018	1.000	32.000
34	39.25	35.6	0.999	32.981	1.001	33.019	1.000	33.000
35	40.25	37.5	0.999	33.980	1.001	34.020	1.000	34.000
36	41.25	39.5	0.999	34.979	1.001	35.021	1.000	35.000
37	42.25	41.6	0.999	35.978	1.001	36.022	1.000	36.000
38	43.25	43.6	0.999	36.977	1.001	37.023	1.000	37.000
39	44.25	45.8	0.999	37.976	1.001	38.024	1.000	38.000
40	45.25	48	0.999	38.975	1.001	39.025	1.000	39.000
41	46.25	50.2	0.999	39.974	1.001	40.026	1.000	40.000
42	47.25	52.5	0.999	40.973	1.001	41.027	1.000	41.000
43	48.25	54.8	0.999	41.971	1.001	42.029	1.000	42.000
44	49.25	57.2	0.999	42.970	1.001	43.030	1.000	43.000
45	50.25	59.7	0.999	43.969	1.001	44.031	1.000	44.000
46	51.25	62.1	0.999	44.968	1.001	45.032	1.000	45.000
47	52.25	64.6	0.999	45.966	1.001	46.034	1.000	46.000
48	53.25	67.1	0.999	46.965	1.001	47.035	1.000	47.000
49	54.25	69.6	0.999	47.964	1.001	48.036	1.000	48.000

第7章 曲线缩短量计算

续表

桩号	里程/m	轨长差/mm	左轨弦长/m	左轨弦长（累计）/m	右轨弦长/m	右轨弦长（累计）/m	中线弦长/m	中线弦长（累计）/m
50	55.25	72.1	0.999	48.963	1.001	49.037	1.000	49.000
51	56.25	74.6	0.999	49.961	1.001	50.039	1.000	50.000
52	57.25	77.1	0.999	50.960	1.001	51.040	1.000	51.000
53	58.25	79.6	0.999	51.959	1.001	52.041	1.000	52.000
54	59.25	82.1	0.999	52.958	1.001	53.042	1.000	53.000
55	60.25	84.6	0.999	53.956	1.001	54.044	1.000	54.000
56	61.25	87.1	0.999	54.955	1.001	55.045	1.000	55.000
57	62.25	89.6	0.999	55.954	1.001	56.046	1.000	56.000
58	63.25	92.1	0.999	56.953	1.001	57.047	1.000	57.000
59	64.25	94.6	0.999	57.951	1.001	58.049	1.000	58.000
60	65.25	97.1	0.999	58.950	1.001	59.050	1.000	59.000
61	66.25	99.6	0.999	59.949	1.001	60.051	1.000	60.000
62	67.25	102.1	0.999	60.948	1.001	61.052	1.000	61.000
63	68.25	104.6	0.999	61.946	1.001	62.054	1.000	62.000
64	69.25	107.1	0.999	62.945	1.001	63.055	1.000	63.000
65	70.25	109.6	0.999	63.944	1.001	64.056	1.000	64.000
66	71.25	112.1	0.999	64.943	1.001	65.057	1.000	65.000
67	72.25	114.6	0.999	65.941	1.001	66.059	1.000	66.000
68	73.25	117.1	0.001	66.940	0.001	67.060	0.001	67.000
69	…	…	…	…	…	…	…	…

【例 7-2】

已知：线路配轨参数如表 7-4。

求：标准轨配轨计算。

【解】

根据公式（7-1）和公式（7-2），经计算机程序计算，配轨计算成果如表 7-4 和表 7-5。

表 7-4　线路配轨参数表

曲线编号	始缓长/m	终缓长/m	半径/m	曲线全长/m	标准缩短量/mm	进入曲线第1接头距离/m	含缝轨长/m	两股钢轨中心线间距/mm	短轨数/根	总缩短量/mm
1	50	50	600	345.49	80	−16.253	25.01	1500	9	739

表 7-5 线路左右股配轨计算表

轨号	理论缩量/mm	实际缩量/mm	接头相错量/mm	下股铺轨轨型及编号	含轨缝接头处线路中心里程/m	上股接头进入始缓/m	上股进入圆曲/m	上股进入终缓/m	接头进入终切线/m	附注
0	0	0	0	/	-16.243	-16.253				
1	1.9	0	2	1-标轨	8.766	8.757				ZH点里程：0
2	28.5	0	29	2-标轨	33.763	33.767				
3	84.4	80	4	短轨-1	58.745	50	8.777			
4	147	160	-13	短轨-2	83.724		33.787			
5	209.5	240	-31	短轨-3	108.702		58.797			
6	272	240	32	3-标轨	133.681		83.807			0
7	334.5	320	15	短轨-4	158.660		108.817			
8	397.1	400	-3	短轨-5	183.638		133.827			
9	459.6	480	-20	短轨-6	208.617		158.837			
10	522.1	560	-38	短轨-7	233.596		183.847			
11	584.6	560	25	4-标轨	258.575		208.857			
12	647.2	640	7	短轨-8	283.553		233.867			
13	705.5	720	-15	短轨-9	308.534		245.49	13.387		
14	735.6	720	16	5-标轨	333.529			38.397		
15	739	720	19	6-标轨	358.538			50	13.407	
16	739	720	19	7-标轨	383.548				38.417	
17	739	720	19	8-标轨	408.558				63.427	
18	739	720	19	9-标轨	420.520				75.03	

7.2 长轨条配轨曲线缩短量计算新方法

传统的无缝线路长轨节配轨计算，对于一根长轨节连续跨越多个曲线都是先根据单个曲线上下股钢轨伸缩量分别计算，然后累计左右股钢轨长度，该方法计算过程较为零碎烦琐，且容易算错。现建立独立坐标系下线路平面坐标计算方程，计算线路中心线和左右股钢轨中心线的坐标，根据两点间距公式计算左右股钢轨中心线的长度，一次性完成无缝线路长轨节配轨计算。

7.2.1 连续曲线线路中心线的相对坐标计算

长轨条配轨计算如图 7-3 所示，根据连续曲线坐标方程（包括线元法和交点法），计算线路中心线和左右股钢轨中心的长度，利用左右股钢轨中心的长度差进行配轨计算。

单曲线独立坐标系中，j 计算点线路中心坐标为 $x_{(j)}$、$y_{(j)}$，根据连续曲线相对坐标系线路中心线坐标计算公式（2-6）而得。

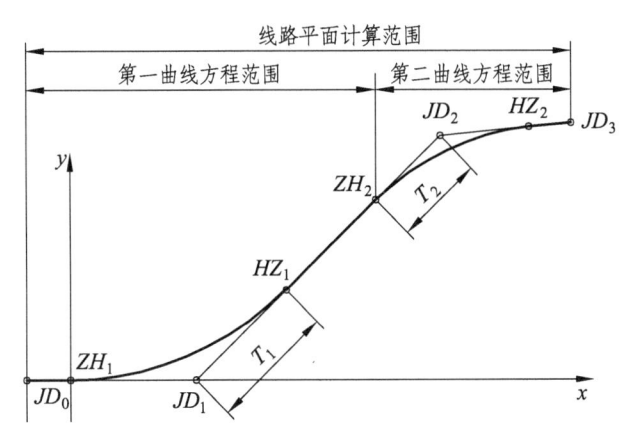

图 7-3 长轨条配轨坐标系计算图

标准轨距的左右股钢轨中心距为 1500 mm，则在图 7-3 中，在 ZH 处，左、右股钢轨中心的纵坐标分别为 $y_{DZ} = 0.750$ m，$y_{DY} = -0.750$ m，在相对坐标系中，j 计算点线路中心坐标为 $x_{A(j)}$、$y_{A(j)}$，对应左、右股钢轨中心的坐标应为

$$\left. \begin{array}{l} x_{Z(j)} = x_{A(j)} + x_{DZ} \times \cos\beta_{(j)} - y_{DZ} \times \sin\beta_{(j)} \\ y_{Z(j)} = y_{A(j)} + x_{DZ} \times \cos\beta_{(j)} + y_{DZ} \times \sin\beta_{(j)} \end{array} \right\} \quad (7\text{-}3)$$

$$\left. \begin{array}{l} x_{Y(j)} = x_{A(j)} + x_{DY} \times \cos\beta_{(j)} - y_{DY} \times \sin\beta_{(j)} \\ y_{Y(j)} = y_{A(j)} + y_{DY} \times \cos\beta_{(j)} + x_{DY} \times \sin\beta_{(j)} \end{array} \right\} \quad (7\text{-}4)$$

坐标 $\beta_{(j)}$ 为 j 点切线方位角，如图 7-4 所示。

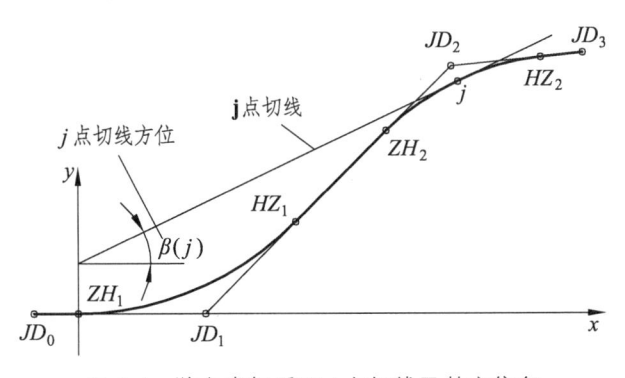

图 7-4 独立坐标系下 j 点切线及其方位角

7.2.2 统一坐标系下线路中心线和左右股钢轨中心线的坐标

通过坐标旋转 $AFJ_{(i)}$（曲线始切线方位角）和坐标平移 $x_{ZH(i)}$、$y_{ZH(i)}$ 在统一坐标系下，参考公式（2-6），求得线路中心线和左右股钢轨中心线的统一坐标公式：

(1) 线路中心线的坐标公式：

$$\left.\begin{array}{l}x_{A(j)} = x_{ZH(i)} + x_{(j)} \times \cos(AFJ_{(i-1)}) - y_{(j)} \times \sin(AFJ_{(i-1)}) \\ y_{A(j)} = y_{ZH(i)} + y_{(j)} \times \cos(AFJ_{(i-1)}) + x_{(j)} \times \sin(AFJ_{(i-1)})\end{array}\right\} \quad (7-5)$$

(2) 左股钢轨中心线的坐标公式：

$$\left.\begin{array}{l}x_{ZA(j)} = x_{ZH(i)} + x_{Z(j)} \times \cos(AFJ_{(i-1)}) - y_{Z(j)} \times \sin(AFJ_{(i-1)}) \\ y_{ZA(j)} = y_{ZH(i)} + y_{Z(j)} \times \cos(AFJ_{(i-1)}) + x_{Z(j)} \times \sin(AFJ_{(i-1)})\end{array}\right\} \quad (7-6)$$

(3) 右股钢轨中心线的坐标公式：

$$\left.\begin{array}{l}x_{YA(j)} = x_{ZH(i)} + x_{Y(j)} \times \cos(AFJ_{(i-1)}) - y_{Y(j)} \times \sin(AFJ_{(i-1)}) \\ y_{YA(j)} = y_{ZH(i)} + y_{Y(j)} \times \cos(AFJ_{(i-1)}) + x_{Y(j)} \times \sin(AFJ_{(i-1)})\end{array}\right\} \quad (7-7)$$

7.2.3 根据边桩坐标求线路中心线对应的左右钢轨中心线长度

线路中心线上某点 j 对应的左右钢轨中心线长度计算，以线路中心线统一里程 $S_{(j)}$，计算路中心线及左右股钢轨中心线的坐标，每间隔 1 m 为一个计算点，根据两点坐标求点距离 $D_{(j)} = \sqrt{(x_{(j+1)} - x_{(j)})^2 - (y_{(j+1)} - y_{(j)})^2}$，测点间距累计求得三条线长度：

线路中心线长度：

$$L_{(j)} = \sum D_{(j)}$$

左钢轨中心线长度：

$$L_{Z(j)} = \sum D_{(j)}$$

右钢轨中心线长度：

$$L_{Y(j)} = \sum D_{(j)}$$

【例 7-3】

已知：线路曲线要素如表 7-6 所示。

求：线路中心线、左右股钢轨中心坐标及其长度。

表 7-6 线路曲线要素

曲线编号	始缓长/m	终缓长/m	半径/m	曲线全长/m	ZH 点里程/km	曲线转向
1	150	150	516	794.699	2.335747	右
2	50	50	4995.8	225.225	3.815956	右
3	50	50	5004.2	243.438	4.210159	左

【解】

线路中心线、左右股钢轨中心坐标及其长度如表 7-7 和表 7-8 所示。

表 7-7 线路中心线、左右股钢轨中心坐标

桩号	线路中心线里程/km	左边桩横坐标/m	左边桩纵坐标/m	中线桩横坐标/m	中线桩纵坐标/m	右边桩横坐标/m	右边桩纵坐标/m
1	2.335747	0.000	0.750	0	0.000	0.000	-0.750
2	2.336747	1.000	0.750	1	0.000	1.000	-0.750
3	2.337747	2.000	0.750	2	0.000	2.000	-0.750
4	2.338747	3.000	0.750	3	0.000	3.000	-0.750
5	2.339747	4.000	0.750	4	0.000	4.000	-0.750
6	2.340747	5.000	0.750	5	0.000	5.000	-0.750
7	2.341747	6.000	0.750	6	0.000	6.000	-0.750
8	2.342747	7.000	0.749	7.000	-0.001	7.000	-0.751
9	2.343747	8.000	0.749	8.000	-0.001	8.000	-0.751
10	2.344747	9.000	0.748	9.000	-0.002	9.000	-0.752
11	2.345747	10.000	0.748	10.000	-0.002	10.000	-0.752
12	2.346747	11.001	0.747	11.000	-0.003	10.999	-0.753
13	2.347747	12.001	0.746	12.000	-0.004	11.999	-0.754
14	2.348747	13.001	0.745	13.000	-0.005	12.999	-0.755
15	2.349747	14.001	0.744	14.000	-0.006	13.999	-0.756
16	2.350747	15.001	0.743	15.000	-0.007	14.999	-0.757
17	2.351747	16.001	0.741	16.000	-0.009	15.999	-0.759
18	2.352747	17.001	0.739	17.000	-0.011	16.999	-0.761
19	2.353747	18.002	0.737	18.000	-0.013	17.998	-0.763
20	2.354747	19.002	0.735	19.000	-0.015	18.998	-0.765
21	2.355747	20.002	0.733	20.000	-0.017	19.998	-0.767
22	2.356747	21.002	0.730	21.000	-0.020	20.998	-0.770
23	2.357747	22.002	0.727	22.000	-0.023	21.998	-0.773
24	2.358747	23.003	0.724	23.000	-0.026	22.997	-0.776
25	2.359747	24.003	0.720	24.000	-0.030	23.997	-0.780
26	2.360747	25.003	0.716	25.000	-0.034	24.997	-0.784
27	2.36085	25.106	0.716	25.103	-0.034	25.100	-0.784

表 7-8 线路中心线、左右股钢轨长度

桩号	线路中心线里程/km	左边桩弦长/m	左边桩弦长累计/m	右边桩弦长/m	右边桩弦长累计/m	中线桩弦长/m	中线桩弦长累计/m	右边桩弦长/m	右边桩弦长累计/m	左线-右线/m
1	2.335747	1.000		1		1.000				
2	2.336747	1.000	1.000	1	1	1.000	1.000	1.000	1.000	0.000
3	2.337747	1.000	2.000	1	2	1.000	2.000	1.000	2.000	0.000
4	2.338747	1.000	3.000	1	3	1.000	3.000	1.000	3.000	0.000
5	2.339747	1.000	4.000	1	4	1.000	4.000	1.000	4.000	0.000
6	2.340747	1.000	5.000	1	5	1.000	5.000	1.000	5.000	0.000
7	2.341747	1.000	6.000	1	6	1.000	6.000	1.000	6.000	0.000
8	2.342747	1.000	7.000	1	7	1.000	7.000	1.000	7.000	0.000
9	2.343747	1.000	8.000	1	8	1.000	8.000	1.000	8.000	0.001
10	2.344747	1.000	9.000	1	9	1.000	9.000	1.000	9.000	0.001
11	2.345747	1.000	10.000	1	10	1.000	10.000	1.000	10.000	0.001
12	2.346747	1.000	11.001	1	11	1.000	11.000	1.000	10.999	0.001
13	2.347747	1.000	12.001	1	12	1.000	12.000	1.000	11.999	0.001
14	2.348747	1.000	13.001	1	13	1.000	13.000	1.000	12.999	0.002
15	2.349747	1.000	14.001	1	14	1.000	14.000	1.000	13.999	0.002
16	2.350747	1.000	15.001	1	15	1.000	15.000	1.000	14.999	0.002
17	2.351747	1.000	16.001	1	16	1.000	16.000	1.000	15.999	0.002
18	2.352747	1.000	17.001	1	17	1.000	17.000	1.000	16.999	0.003
19	2.353747	1.000	18.002	1	18	1.000	18.000	1.000	17.998	0.003
20	2.354747	1.000	19.002	1	19	1.000	19.000	1.000	18.998	0.003
21	2.355747	1.000	20.002	1	20	1.000	20.000	1.000	19.998	0.004
22	2.356747	1.000	21.002	1	21	1.000	21.000	1.000	20.998	0.004
23	2.357747	1.000	22.002	1	22	1.000	22.000	1.000	21.998	0.005
24	2.358747	1.000	23.003	1	23	1.000	23.000	1.000	22.997	0.005
25	2.359747	1.000	24.003	1	24	1.000	24.000	1.000	23.997	0.006
26	2.360747	0.103	25.003	0.103	25	0.103	25.000	0.103	24.997	0.006
27	2.36085	0.000	25.106	0	25.103	0	25.103	0	25.100	0.006

7.2.4 长轨条配轨计算

根据 7.2.3 节介绍的线路中心线长度、左股和右股钢轨中心线长度，计算其长度差。长轨条配轨有三种情况，一是已知左股钢轨长度，在接头相错量为 0 的情况下，对应的右股钢轨长度,二是已知右股钢轨长度,在接头相错量为 0 的情况下,对应的左股钢轨长度,三是已知线路中心线长度,在接头相错量为 0 的情况下,计算左右股钢轨长度。

【例 7-4】

已知:连续曲线要素、ZH 点里程和曲线转向如表 7-9、表 7-10 所示。

求:在接头相错量为 0,已知右股钢轨长度 800 m 和 500 m,分别计算对应的左股钢轨的长度,配轨起点里程 K2+335.747。

【解】

根据公式(7-5)~公式(7-7)计算线路中心线和边桩坐标,并计算线路中心线、左右股钢中心的长度,通过线路中心里程迭代计算,求得右股钢轨长度 500 m 时,左股钢轨长度,计算成果如表 7-11~表 7-13 所示。

表 7-9 连续曲线要素、ZH 点里程和曲线转向

曲线编号	始缓长/m	终缓长/m	半径/m	曲线全长/m	ZH 点里程/km	曲线转向
1	150	150	516	794.699	2.335747	右
2	50	50	4995.8	225.225	3.815956	右
3	50	50	5004.2	243.438	4.210159	左

表 7-10 导线长度、导线方位角、交点坐标、ZH 点坐标、里程和曲线转向

导线号	导线交点里程/m	导线长度/m	交点横坐标/m	交点纵坐标/m	ZH 横坐标/m	ZH 纵坐标/m	曲线转向	导线方位角/rad
0	0	448.313	0	0	0	0		0
1	448.313	1246.445	448.313	0.000	806.461	−1075.772	右	−1.24942
2	1694.759	403.331	842.035	−1182.628	921.562	−1452.765	右	−1.28449
3	2098.090	50000.025	955.940	−1569.541	16880.642	−48837.374	左	−1.24584
4	52098.115	−54331.866	16919.508	−48952.734	−2403.926	1826.755	0	

表 7-11 长轨条配轨计算成果表(右股轨长度固定 800 m 计算左股钢轨长度)

序号	左轨节长/m	右轨节长/m	理论相错量/m	实际相错量/m	轨节起点里程/km	轨节终点里程/km	线路中心长度/m
1	801.874	800	1.874	0	2.335747	3.136684	800.937
2	800.028	800	0.028	0	3.136684	3.936698	800.014
3	799.966	800	−0.034	0	3.936698	4.736681	799.983
4	800	800	0	0	4.736681	5.536681	800
5	800	800	0	0	5.536681	6.336681	800
6	800	800	0	0	6.336681	7.136681	800
合计	4801.868	4800	1.868				

表 7-12 长轨条配轨计算成果表（右股轨长度固定 500 m 计算左股钢轨长度）

序号	左轨节长/m	右轨节长/m	理论相错量/m	实际相错量/m	轨节起点里程/km	轨节终点里程/km	线路中心长度/m
1	501.238	500	1.238	0	2.335747	2.836366	500.619
2	500.636	500	0.636	0	2.836366	3.336684	500.318
3	500.002	500	0.002	0	3.336684	3.836685	500.001
4	500.02	500	0.02	0	3.836685	4.336695	500.01
5	499.972	500	−0.028	0	4.336695	4.836681	499.986
6	500	500	0	0	4.836681	5.336681	500
7	500	500	0	0	5.336681	5.836681	500
合计	3501.868	3500	1.868				

表 7-13 左股钢轨-右股钢轨长度

曲线编号	始缓长/m	终缓长/m	半径/m	曲线全长/m	左-右股缩短量/mm	曲线转向
1	150	150	516	794.699	1874.1	右
2	50	50	4995.8	225.225	52.6	右
3	50	50	5004.2	243.438	−58	左
合计					1868.7	

验算：不管右股钢轨固定 500 m 还是 800 m，在理论相错量为 0 的条件下，长轨跨越 3 个曲线，左轨节长度减去右轨节长度均为 1868 mm；3 个曲线的上下股钢轨伸缩量合计 1868.7 mm，相差 0.7 mm，原因是表 7-12 按米取整左右轨节长引起，实际上是一致的，证明计算正确。

7.2.5 曲线配轨案例

表 7-14 铁路曲线配轨计算参数

曲线编号	始缓长/m	终缓长/m	半径/m	曲线全长/m	标准缩短量/mm	进入曲线第1接头距离/m	含缝轨长/m	两股钢轨中心线间距/mm	短轨数	总缩短量/mm
1	80	80	400	188.27	80	7.06	12.51	1500	5	406

表 7-15 铁路曲线缩短轨配轨理论计算[1]

轨号	理论缩量/mm	实际缩量/mm	接头相错量/mm	下股铺轨轨型及编号	含轨缝接头处线路中心里程/m	上股接头进入始缓/m	上股进入圆曲/m	上股进入终缓/m	接头进入终切线/m	附注
1	1.2	0	1	1-标轨	7.06	7.06				
2	9	0	9	2-标轨	19.5655	19.57				ZH 点里程：0
3	24.1	0	24	3-标轨	32.06795	32.08				
4	46.6	80	−33	短轨-1	44.5667	44.59				

续表

轨号	理论缩量/mm	实际缩量/mm	接头相错量/mm	下股铺轨轨型及编号	含轨缝接头处线路中心里程/m	上股接头进入始缓/m	上股进入圆曲/m	上股进入终缓/m	接头进入终切线/m	附注
5	76.4	80	−4	4-标轨	57.0618	57.1				
6	113.6	80	34	5-标轨	69.5532	69.61				始错量
7	158	160	−2	短轨-2	82.041	80	2.12			0
8	204.9	240	−35	短轨-3	94.52755		14.63			
9	251.8	240	12	6-标轨	107.0141		27.14			
10	295.6	320	−24	短轨-4	119.5022		28.27	11.38		
11	332.2	320	12	7-标轨	131.9939			23.89		
12	361.4	400	−39	短轨-5	144.4893			36.4		
13	383.3	400	−17	8-标轨	156.98835			48.91		
14	397.9	400	−2	9-标轨	169.49105			61.42		
15	405.1	400	5	10-标轨	181.99745			73.93		
16	406	400	6	11-标轨	194.507			80	6.44	
17	406	400	6	12-标轨	207.017				18.95	
18	406	400	6	13-标轨	219.527				31.46	
19	406	400	6	14-标轨	225.8				37.53	

本章参考文献

[1] 铁路职工岗位培训教材编审委员会. 铁路线路工[M]. 北京：中国铁道出版社，2018：132.

第 8 章 道床断面积计算理论

传统的计算道床断面积方法理论不严谨，采用的是近似公式[1-2]，为此，研究出建立坐标系计算的新方法，配以计算机程序，可精确快速地计算出道床断面积。

下面以路基道床为例进行道床断面积新计算理论公式推导。

8.1 单线路基双层无缝线路道床断面积计算

8.1.1 根据道床横断面几何图划分成若干个三角形

单线路基双层道床横断面如图 8-1，根据道床参数，在建立坐标系下可计算道床轮廓线各拐点坐标，将道床断面分割成若干个三角形，根据两点间距离公式计算各三角形的边长，用库仑公式计算道床断面积，方法如下：

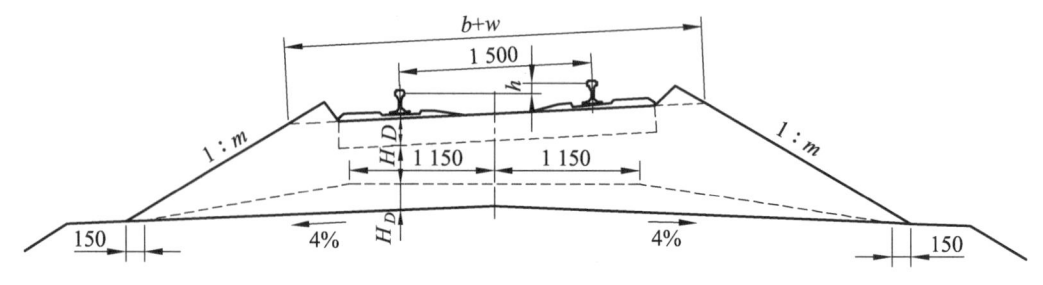

图 8-1 单线路基双层道床横断面图（无缝线路）

1. 建立道床横断面参数

b——道床顶面宽度；

D——轨枕埋入道床深度；

H——曲线内轨枕下道床厚度；

H_D——曲线内轨枕下道床底砟厚度；

m——道床边坡坡比；

w——曲线外侧道床加宽；

h——曲线外侧超高；

HT——无缝线路砟肩堆高；

N_Z——左路拱坡率，通常为 4%；

N_Y——右路拱坡率，通常为 4%；

S——两股轨中心距,标准轨距取 1500 mm;
Db——道床垫层顶面宽度,通常为 2230 mm;
LS——轨枕长度。

为计算方便,将道床横断面各拐点及其代号如图 8-2。

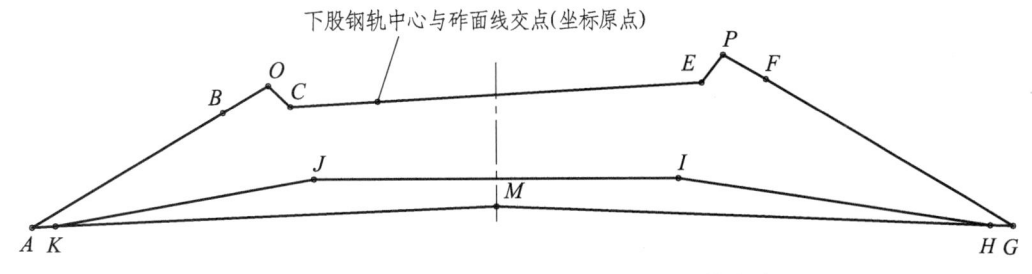

图 8-2 单线路基双层道床道砟轮廓图(无缝线路)

直线地段以左或右股钢轨中心线与砟面线交点作为坐标系原点,下股钢轨中心线为纵坐标轴建立坐标系;曲线地段以下股钢轨中心线与砟面线交点作为坐标系原点,下股钢轨中心线为纵坐标轴建立坐标系。

根据道床尺寸参数,计算每个道床断面多边形拐点坐标,将单线路基横断面分解为若干个三角形,如图 8-3。利用库仑公式逐一计算每块三角形的面积,求和得到总面积,即单位长度的道砟体积,再乘以线路长度得到道床总体积。

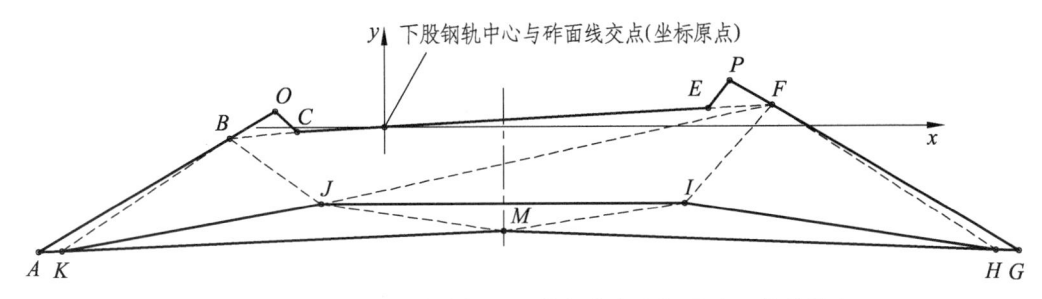

图 8-3 坐标系下单线路基双层道床道砟分解图(无缝线路)

2. 计算道床横断面各三角形顶点坐标

以下股钢轨中心线与面砟顶面线的交点为原点,以通过该点的水平线为横轴建立坐标系,计算各点的坐标值:

超高引起的倾角 $\theta = \arctan\left(\dfrac{h}{S}\right)$;

左路基面倾角 $\alpha_Z = \arctan\left(\dfrac{N_Z}{100}\right)$;

右侧路基面倾角 $\alpha_Y = \arctan\left(\dfrac{N_Y}{100}\right)$。

(1)计算道床断面三角形各点坐标。

I 的坐标:$x_I = \dfrac{Db}{2} + \dfrac{S}{2}$,$y_I = -D - H$;

J 的坐标：$x_J = x_I - Db$，$y_J = -D - H$；

B 点坐标：$x_B = -\dfrac{b-S}{2} \times \cos(\theta)$，$y_B = -\dfrac{b-S}{2} \times \sin(\theta)$；

F 点坐标：$x_F = (b+W) \times \cos(\theta) + x_B$，$y_F = (b+W) \times \sin(\theta) + y_B$；

下股钢轨中心线与路基面线交点 N 点坐标：$x_N = 0$，$y_N = -D - H - H_D$；

路基中央顶点 M 坐标：$x_M = \dfrac{S}{2}$，$y_M = \tan(\alpha_Z) \times \dfrac{S}{2} + y_N$。

（2）求直线 AB 和 AM 相交点 A 的坐标。

直线 AB 的斜截式方程截距：已知 A、B 点坐标 x_B、y_B 和斜率 m，计算截距 BB 得

$$BB = y_B - \dfrac{1}{m} \times x_B$$

直线 AM 的斜截式方程截距：已知点 M 点坐标 x_M，y_M 和斜率 $\dfrac{N_Z}{100}$，计算截距 BN 得

$$BN = y_N - \dfrac{N_Z}{100} \times x_N$$

根据公式（1-25），A 点的坐标为

$$x_A = \dfrac{BB - BN}{N_Z/100 - 1/m}$$

$$y_A = \dfrac{BB - BN}{N_Z/100 - 1/m} \times 1/m + BB$$

（3）求直线 MG 和 FG 相交点 G 的坐标。

直线 MG 的斜截式方程截距：已知点 M 坐标 x_M、y_M 和斜率 $\dfrac{N_Y}{100}$，计算截距 BM 得

$$BM = y_M + \dfrac{N_Y}{100} \times x_M$$

根据直线 FG 的斜截式方程截距：已知点 F 点坐标 x_F、y_F 和斜率 $1/m$，计算截距 BF 得

$$BF = y_F + \dfrac{1}{m} \times y_F$$

（4）求道床断面三角形其他各点的坐标。

G 点的坐标：$x_G = \dfrac{BF - BM}{-N_Y/100 + 1/m}$，$y_G = -x_G \times \dfrac{1}{m} + BF$；

H 点的坐标：$x_H = x_G - 0.15 \times \cos(\alpha_Y)$，$y_H = y_G + 0.15 \times \sin(\alpha_Y)$；

K 点的坐标：$x_K = x_A + 0.15 \times \cos(\alpha_Z)$，$y_K = y_A + 0.15 \times \sin(\alpha_Z)$；

C 点的坐标：$x_C = x_B + \dfrac{b-LS}{2} \times \cos(\theta)$，$y_C = y_B + \dfrac{b-LS}{2} \times \sin(\theta)$；

E 点的坐标：$x_E = x_C + LS \times \cos(\theta)$，$y_E = y_C + LS \times \sin(\theta)$；

O 点的坐标：$x_O = x_B + HT \times m$，$y_O = y_B + HT$；

P 点的坐标：$x_P = x_F - HT \times m$，$y_P = y_F + HT$。

8.1.2 道床断面积计算过程

首先计算道床断面各三角形面积，然后将面积合计，即求得道床断面积，计算过程如下：

1. 面砟断面计算

（1）三角形 $\triangle ABK$。

边长 $AB = \sqrt{(XA-XB)^2+(YA-YB)^2}$，边长 $AK = \sqrt{(XA-XK)^2+(YA-YK)^2}$，

边长 $BK = \sqrt{(XB-XK)^2+(YB-YK)^2}$，根据库仑公式得 $PABK = 1/2 \times (AB+AK+BK)$，

三角形面积 $S_{\triangle ABK} = \sqrt{PABK \times (PABK-AB) \times (PABK-AK) \times (PABK-BK)}$。

（2）三角形 $\triangle BKJ$。

边长 $BK = \sqrt{(XB-XK)^2+(YB-YK)^2}$，边长 $BJ = \sqrt{(XB-XJ)^2+(YB-YJ)^2}$，

边长 $JK = \sqrt{(XJ-XK)^2+(YJ-YK)^2}$，$PBKJ = 1/2 \times (BK+BJ+JK)$，

三角形面积 $S_{\triangle BKJ} = \sqrt{PBKJ \times (PBKJ-BK) \times (PBKJ-BJ) \times (PBKJ-JK)}$。

（3）三角形 $\triangle BJF$。

边长 $BJ = \sqrt{(XB-XJ)^2+(YB-YJ)^2}$，边长 $BF = \sqrt{(XB-XF)^2+(YB-YF)^2}$，

边长 $JF = \sqrt{(XJ-XF)^2+(YJ-YF)^2}$，$PBJF = 1/2 \times (BJ+BF+JF)$，

三角形面积 $S_{\triangle BJF} = \sqrt{PBJF \times (PBJF-BJ) \times (PBJF-BF) \times (PBJF-JF)}$。

（4）三角形 $\triangle JFI$。

边长 $JF = \sqrt{(XJ-XF)^2+(YJ-YF)^2}$，边长 $JI = \sqrt{(XJ-XI)^2+(YJ-YI)^2}$，

边长 $FI = \sqrt{(XF-XI)^2+(YF-YI)^2}$，$PJFI = 1/2 \times (JF+JI+FI)$，

三角形面积 $S_{\triangle JFI} = \sqrt{PJFI \times (PJFI-JF) \times (PJFI-JI) \times (PJFI-FI)}$。

（5）三角形 $\triangle IFH$。

边长 $IF = \sqrt{(XF-XI)^2+(YF-YI)^2}$，边长 $IH = \sqrt{(XI-XH)^2+(YI-YH)^2}$，

边长 $FH = \sqrt{(XF-XH)^2+(YF-YH)^2}$，$PIFH = 1/2 \times (IF+IH+FH)$，

三角形面积 $S_{\triangle IFH} = \sqrt{PIFH \times (PIFH-IF) \times (PIFH-IH) \times (PIFH-FH)}$。

（6）三角形 $\triangle FHG$。

边长 $FH = \sqrt{(XF-XH)^2+(YF-YH)^2}$，边长 $FG = \sqrt{(XF-XG)^2+(YF-YG)^2}$，

边长 $HGG = \sqrt{(XH-XG)^2+(YH-YG)^2}$，$PFHG = 1/2 \times (FH+FG+HGG)$，

三角形面积 $S_{\triangle FHG} = \sqrt{PFHG \times (PFHG-FH) \times (PFHG-FG) \times (PFHG-HGG)}$。

（7）无缝线路砟肩堆高三角形 $\triangle BCO$。

边长 $bc = \sqrt{(XB-XC)^2+(YB-YC)^2}$，边长 $BO = \sqrt{(XB-XO)^2+(YB-YO)^2}$，

边长 $CO = \sqrt{(XC-XO)^2+(YC-YO)^2}$，$PBCO = 1/2 \times (bc+BO+CO)$，

三角形面积 $S_{\triangle BCO} = \sqrt{PBCO \times (PBCO-bc) \times (PBCO-BO) \times (PBCO-CO)}$。

（8）无缝线路砟肩堆高三角形 $\triangle EFP$。

边长 $EF = \sqrt{(XE-XF)^2+(YE-YF)^2}$，边长 $FP = \sqrt{(XF-XP)^2+(YF-YP)^2}$，

边长 $EP = \sqrt{(XE-XP)^2 + (YE-YP)^2}$，$PEFP = 1/2 \times (EF + FP + EP)$，

三角形面积 $S_{\triangle FHG} = \sqrt{PEFP \times (PEFP - EF) \times (PEFP - FP) \times (PEFP - EP)}$。

（9）道床面层断面积：$A_1 = S_{\triangle ABK} + S_{\triangle BKJ} + S_{\triangle BJF} + S_{\triangle JFI} + S_{\triangle IFH} + S_{\triangle FHG} + S_{\triangle BCO} + S_{\triangle EFP}$。

2. 道床垫层断面积

（1）三角形 $\triangle KJM$。

边长 $KJ = \sqrt{(XK-XJ)^2 + (YK-YJ)^2}$，边长 $JM = \sqrt{(XJ-XM)^2 + (YJ-YM)^2}$，

边长 $KM = \sqrt{(XK-XM)^2 + (YK-YM)^2}$，$PKJM = 1/2 \times (KJ + JM + KM)$，

三角形面积 $SKJM1 = \sqrt{PKJM \times (PKJM - KJ) \times (PKJM - JM) \times (PKJM - KM)}$。

（2）三角形 $\triangle MIH$。

边长 $MI = \sqrt{(XM-XI)^2 + (YM-YI)^2}$，边长 $IH = \sqrt{(XI-XH)^2 + (YI-YH)^2}$，

边长 $MH = \sqrt{(XM-XH)^2 + (YM-YH)^2}$，$PMIH = 1/2 \times (MI + IH + MH)$，

三角形面积 $SMIH2 = \sqrt{PMIH \times (PMIH - MI) \times (PMIH - IH) \times (PMIH - MH)}$。

（3）三角形 $\triangle MIJ$。

边长 $MI = \sqrt{(XM-XI)^2 + (YM-YI)^2}$，边长 $MJ = \sqrt{(XM-XJ)^2 + (YM-YJ)^2}$，

边长 $IJ = \sqrt{(XI-XJ)^2 + (YI-YJ)^2}$，$PMIJ = 1/2 \times (MI + MJ + IJ)$，

三角形面积 $SMIJ2 = \sqrt{PMIJ \times (PMIJ - MI) \times (PMIJ - MJ) \times (PMIJ - IJ)}$。

（4）道床垫层断面积：$A_2 = SKJM1 + SMIH2 + SMIJ2$。

【例 8-1】

已知：道床参数数据如表 8-1 所示。

求：道床断面积。

【解】

根据第 8.1.2 节介绍的道床断面积计算过程公式，求得道床断面积面砟 2.747 m²，底砟面积为 0.836 m²，如表 8-1 第 6 列所示。

表 8-1 单线路基双层道床断面积计算成果表

桩号	拐点	点横坐标 /m	点纵坐标 /m	三角形别	断面积 /m²	道床主要参数名称	道床参数数据/m
1	A	−2.195	−0.763	$\triangle ABK$-1	0.050	道床顶面宽度 b	3.4
2	B	−0.949	−0.051	$\triangle BKJ$-2	0.426	轨枕埋入道床深度 D	0.175
3	O	−0.686	0.099	$\triangle BJF$-3	0.770	曲线内轨枕下道床厚度 H	0.3
4	C	−0.549	−0.029	$\triangle JFI$-4	0.696	道床边坡坡比 1:m	1.75
5	E	2.047	0.109	$\triangle IFH$-5	0.681	曲线外侧道床加宽 W	0
6	P	2.184	0.280	$\triangle FHG$-6	0.063	曲线外轨超高 h	0.08
7	F	2.447	0.130	$\triangle BCO$-7	0.027	无缝线路砟肩堆高	0.15
8	G	4.033	−0.776	$\triangle EFP$-8	0.033	两股钢轨中心距 S	1.5

续表

桩号	拐点	点横坐标/m	点纵坐标/m	三角形别	断面积/m²	道床主要参数名称	道床参数数据/m
9	H	3.884	-0.770	面砟合计	2.747	轨枕长度 L_S	2.6
10	M	0.750	-0.645	……		内轨枕下底砟厚度 H_D	0.2
11	K	-2.045	-0.757	△KJM-1	0.302	道床垫层顶面宽度	2.3
12	A	-2.195	-0.763	△JIM-2	0.338	左路拱坡度 NZ	4
13	K	-2.045	-0.757	△MIJ-3	0.195	右路拱坡度 NY	4
14	J	-0.400	-0.475	底砟合计	0.836		
15	I	1.900	-0.475				
16	H	3.884	-0.770				

8.2 双线路基道床双层道床断面积计算

双线路基道床分双层和单层路基道床，双线路基参考道床断面尺寸如表8-2所示。

表8-2 双线路基参考道床断面尺寸

编号	项目 轨道类型	轨枕类型	道床	道床尺寸/mm b	D	H	H_D	m	d	备注
1	次重型	Ⅱ型	双层	3100	175	250	200	1.75	4000	有缝线路
2			单层	3100	175	300	—	1.75	4000	
3	重型	Ⅱ型	双层	3100	175	300	200	1.75	4000	
4			单层	3100	175	350	—	1.75	4000	
5	次重型	Ⅱ型	双层	3300	175	250	200	1.75	4000	无缝线路
6			单层	3300	175	300	—	1.75	4000	
7	重型	Ⅱ型	双层	3300	175	300	200	1.75	4000	
8			单层	3300	175	350	—	1.75	4000	
9		Ⅲ型	双层	3400	185	300	200	1.75	4000	
10			单层	3400	185	350	—	1.75	4000	
11			双层	3400	185	300	200	1.75	4200	
12			单层	3400	185	350	—	1.75	4200	
13	200 km/h	Ⅲ型	单层	3500	185	300	—	1.75	4400	
14	200 km/h	Ⅲ型	单层	3500	185	350	—	1.75	4200	
15	200 km/h	Ⅲ型	单层	3500	185	350	—	1.75	4400	
16	250 km/h	Ⅲ型	单层	3600	185	350	—	1.75	4600	

注：1. 表中"Ⅱ型"为新Ⅱ型混凝土轨枕，"Ⅲ型"为2.6 m长Ⅲ型混凝土枕。
2. 根据《铁路轨道设计规范》(TB 10082—2017)第5.3.2条规定无缝线路轨道半径小于800 m，有缝线路轨道半径小于600 m的曲线地段，曲线外侧道床顶面宽度应增加0.1 m。

8.2.1 双线路基双层无缝线路道床断面划分三角形

双线路基道床横断面分双层和单层路基道床，见图8-4和图8-5。

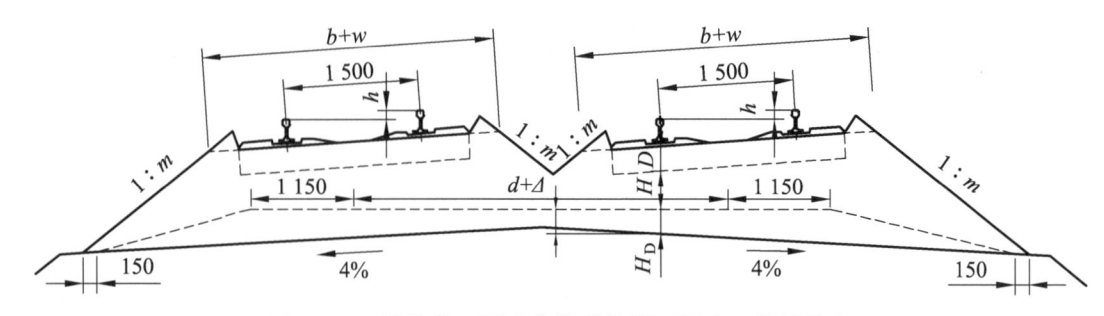

图8-4 双线路基双层道床轨道横断面图（无缝线路）

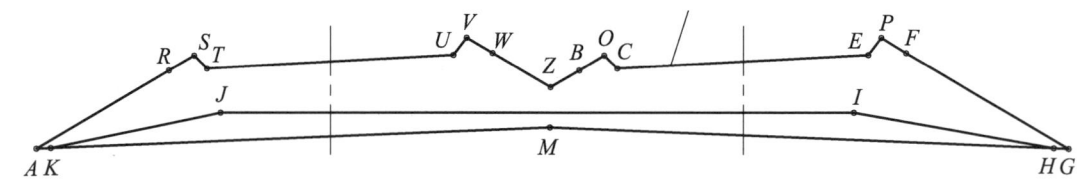

图8-5 双线路基双层道床道砟轮廓图（无缝线路）

建立道床横断面参数如下：

b——道床顶面宽度；

D——轨枕埋入道床深度；

H——曲线内轨枕下道床厚度；

H_D——曲线内轨枕下道床底砟厚度；

m——道床边坡坡比；

w——曲线外侧道床加宽；

h——基线曲线外侧超高；

$b+w$——曲线地段两线线间距；

$d+\Delta$——曲线地段两线线间距加宽；

HT——无缝线路砟肩堆高；

N_Z——左路拱坡率，通常为4%；

N_Y——右路拱坡率，通常为4%；

S——两股轨中心距；

LS——轨枕长度。

hh——第二股曲线地段外轨超高；

HZ——第二股轨顶较基准股高差；

基曲线超高引起的倾角 $\theta_1 = \arctan\left(\dfrac{h}{S}\right)$；

第二曲线超高引起的倾角 $\theta_2 = \arctan\left(\dfrac{hh}{S}\right)$；

左路基面倾斜的坡角 $\alpha_1 = \arctan\left(\dfrac{N_Z}{100}\right)$;

右路基面倾斜的坡角 $\alpha_2 = \arctan\left(\dfrac{N_Y}{100}\right)$。

8.2.2 道床断面积计算

为计算方便,现以双线路基道床双层横断面为例,将道床断面划分为16个三角形,以右线下股钢轨中心与砟面线交点为坐标原点,以经过该点的水平线为横轴建立坐标系,如图8-6所示。

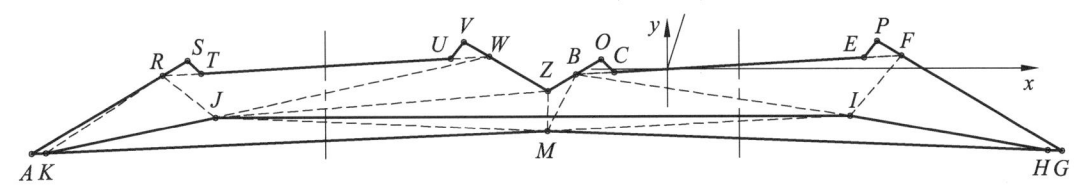

图8-6 坐标系下双线路基双层道床道砟轮廓图(无缝线路)

道床断面划分的16个三角形如下:

△ARK-1、△KRJ-2、△RJW-3、△ZJW-4、△ZJI-5、△BZI-6、△FBI-7、△FIH-8、△FHG-9、△RST-10、△UVW-11、△BCO-12、△EFP-13、△KJM-14、△JIM-15、△MIH-16。

其中道床底层断面积 $A_1 = \triangle KJM\text{-}14 + \triangle JIM\text{-}15 + \triangle MIH\text{-}16$,其他三角形为面砟断面积。

【例8-2】

已知:双线线路的道床参数如表8-3第7、8列。

求:道床断面各三角形顶点坐标和道床断面积

【解】

根据道床参数,计算各三角形顶点坐标及三角形面积,通过计算机程序计算得道床断面积如表8-3,面砟合计 5.174 m^2,底砟合计 1.988 m^2,道床断面尺寸如图8-7所示。

表8-3 双线路基双层道床断面积计算成果表

桩号	拐点	点横坐标/m	点纵坐标/m	三角形别	断面/m²	道床主要参数名称	道床参数数据/m
1	K	−6.481	−0.834	△ARK-1	0.055	道床顶面宽度	3.4
2	A	−6.630	−0.840	△KRJ-2	0.476	轨枕埋入道床深度	0.175
3	R	−5.249	−0.051	△RJW-3	0.793	内轨枕下道床面砟厚度	0.3
4	S	−4.986	0.099	△ZJW-4	0.649	道床边坡坡比 1:m	1.75
5	T	−4.849	−0.029	△ZJI-5	0.949	曲线外侧道床加宽	0.1
6	U	−2.253	0.109	△BZI-6	0.246	曲线外侧超高	0.08
7	V	−2.016	0.286	△FBI-7	1.007	无缝线路砟肩堆高	0.15

续表

桩号	拐点	点横坐标/m	点纵坐标/m	三角形别	断面/m²	道床主要参数名称	道床参数数据/m
8	W	-1.754	0.136	△FIH-8	0.794	两股钢轨中心距	1.5
9	Z	-1.188	-0.187	△FHG-9	0.068	轨枕长度	2.6
10	B	-0.949	-0.051	△RST-10	0.027	内轨枕下道床底砟厚度	0.2
11	O	-0.686	0.099	△VHG-11	0.041	道床垫层顶面宽度	2.3
12	C	-0.549	-0.029	△BCO-12	0.027	第二股曲线外轨超高	0.08
13	E	2.047	0.109	△EFP-13	0.041	第二股轨顶较基准股高差	0
14	P	2.284	0.286	面砟合计	5.174	直线地段两线线间距	4
15	F	2.546	0.136	……		曲线地段两线线间距加宽	0.3
16	G	4.264	-0.846	△KJM-14	0.753	左路拱坡率%	4
17	H	4.114	-0.840	△JIM-15	0.495	右路拱坡率%	4
18	M	-1.250	-0.625	△MIH-16	0.740		
19	K	-6.481	-0.834	底砟合计	1.988		
20	J	-4.700	-0.475				
21	I	1.900	-0.475				
22	H	4.114	-0.840				

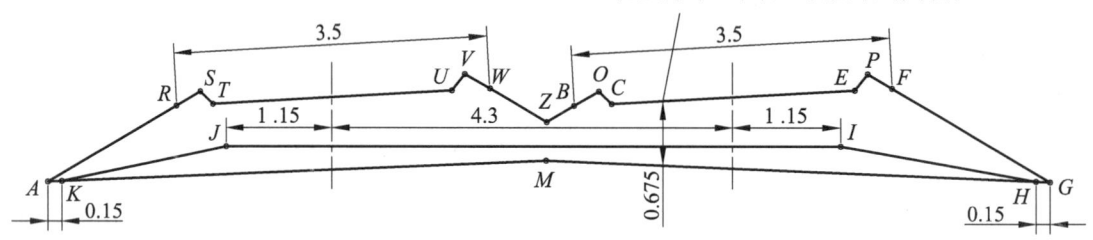

图 8-7 坐标系下双线路基双层道床道砟轮廓图（无缝线路）

本章参考文献

[1] 铁道部第三勘测设计院. 铁路站场设计常用数据手册[M]. 北京：中国铁道出版社，1995：297-429.

[2] 铁道部第一勘测院. 铁路工程设计技术手册(线路)[S]. 北京：中国铁道出版社，1994：310-317.

第 9 章　新建桥梁偏心距及工作线交点坐标计算新方法

对于桥梁偏心距计算，传统方法只计算梁中部和梁端偏心，而对于其他部位的偏心如何计算没有介绍，产生控制点拨量的建筑物所处位置不一定是梁中或端，这就必须要解决桥梁上任意一处的理论偏距如何计算的问题，现提出利用线路边桩计算理论和点至直线的距离公式成功解决这一问题。

9.1　传统桥梁偏心距公式

目前通用的桥梁偏心距方法见相关资料[1]，平分中矢法和切线法布置法，如图 9-1、图 9-2 所示，桥梁偏心距计算规定如下：

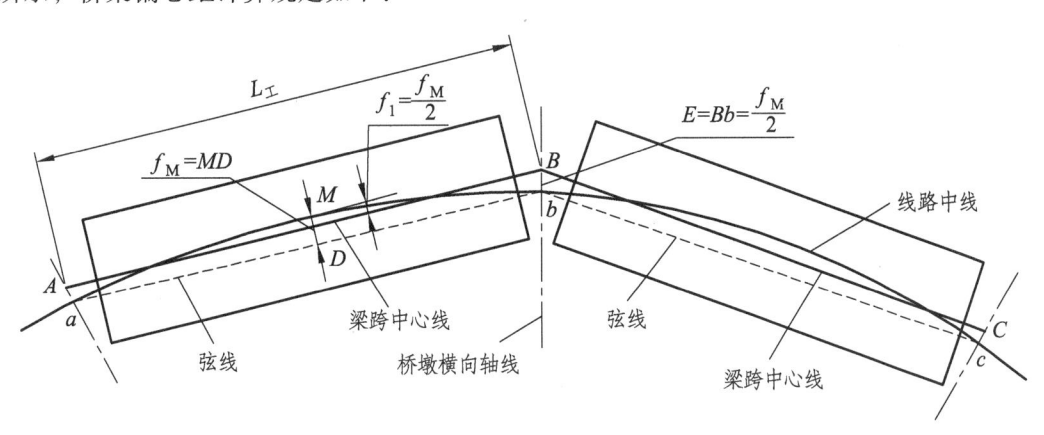

图 9-1　平分中矢布置法平面图

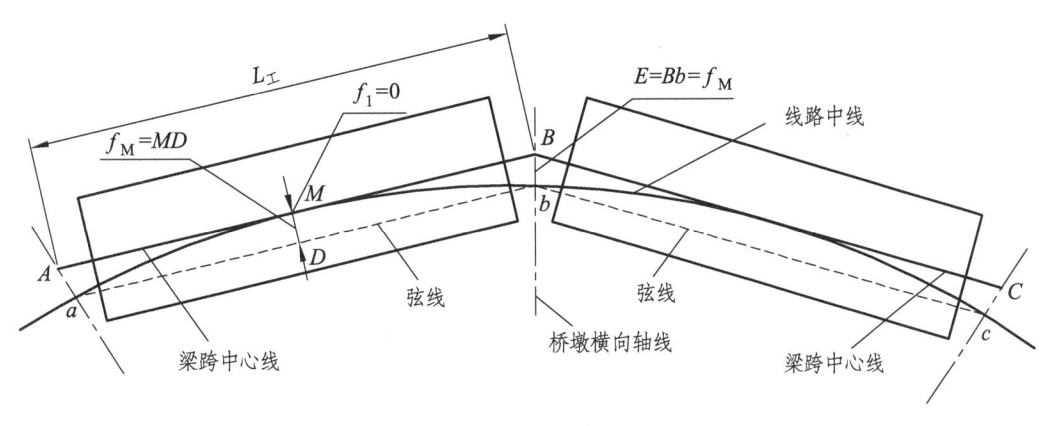

图 9-2　切线布置法平面图

1. 墩台中心的对应点位于圆曲线上偏心距 E

平分中矢法：

$$E = \frac{L_{\text{工}}^3}{16 \times R} \quad (9\text{-}1)$$

切线法：

$$E = \frac{L_{\text{工}}^3}{8 \times R} \quad (9\text{-}2)$$

式中，R，$L_{\text{工}}$ 分别为墩台中心的对应点的圆曲线半径、桥梁工作线长度。

2. 墩台中心的对应点位于缓和曲线上偏心距 E

平分中矢法：

$$E = \frac{L_{\text{工}}^3}{16 \times \rho} \quad (9\text{-}3)$$

切线法：

$$E = \frac{L_{\text{工}}^3}{8 \times \rho} \quad (9\text{-}4)$$

其中，ρ 为墩台中心的对应点在缓和曲线上的换算半径，设缓和曲线长度为 l_0，对应点至 ZH 点的距离为 l，缓和曲线上的换算半径 ρ 在 ZH 至 HY 间是线性变化的，l 与 ρ 成反比，当 $l = l_0$ 时，$\rho = R$，计算公式如下：

$$\frac{l_0}{l} = \frac{R}{\rho} \Rightarrow \rho = R \times \frac{l_0}{l}$$

3. 在同一桥墩上偏心距 E 的取值规定

在同一桥墩上两孔梁梁端偏心距 E 应相等，如果不等跨时，则采用大跨的 E 值。当跨度偏心距 $L \leqslant 16\,\text{m}$ 时，采用小跨的 E 值。

9.2 桥梁上任意一处的理论偏距计算

首先根据单曲线独立坐标系方程，计算出梁缝里程对应点的统一坐标值，然后根据偏距公式（9-1）~公式（9-4）计算出各梁端偏心距 E；以梁缝里程点曲线切线的法线为横轴建立坐标系，法线上偏心距 E 处即为梁中心线（桥梁工作线）交点，根据公式（2-12）计算线路边桩坐标，求出桥梁工作线交点在统一坐标系下的坐标值，以交点连线为弦线，线路中心线上任意一测点至弦线的距离公式（3-3），即为桥梁上任意一处的理论偏距[2]。

9.2.1 建立线路单曲线独立坐标系方程

现建立以 ZH(HZ) 点为坐标原点，始切线为 x 轴的单曲线独立坐标系 xOy，以相对里程

S 为自变量，S 在 ZH 处里程取值为 0，则 HY 点为 l_{01}，YH 点为 $L-l_{02}$，HZ 为曲线全长 L，各段参数方程计算公式为公式（2-1a）~公式（2-1e）。

1. 计算梁缝处偏心距 E

根据公式（9-1）~公式（9-4）及有关规范关于偏距 E 计算的规定，计算出各梁端的偏心距 E，如图 9-3。

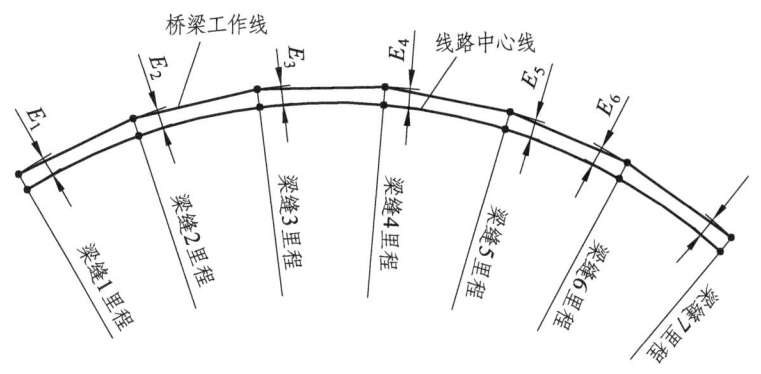

图 9-3　桥梁工作线、梁端偏心距和梁缝图

2. 桥梁工作线交点坐标计算

设桥梁工作线交点为 C 点，梁缝里程为 S（B 至 ZH 点距离），以 B 点为原点，切线为横轴建立新的坐标系 $x'O'y'$，则桥梁工作线交点 C 落在切线的法线（在纵轴）上，如图 9-4。

C 点 xOy 坐标系下的坐标，相当于纵轴上 A 点（$x_A = 0$，$y_A = -E$）通过平移旋转，移动到 C 点，设 B 点的坐标设为 x_B，y_B，切线方位角 β_B，按先旋转后平移进行坐标转换，转换后坐标计算如公式 9-5（证明从略）：

$$\left.\begin{array}{l} x_C = x_B + x_A \times \cos(\beta_B) - y_A \times \sin(\beta_B) \\ y_C = y_B + y_A \times \cos(\beta_B) + x_A \times \sin(\beta_B) \end{array}\right\} \quad (9\text{-}5)$$

依次类推，求出所有桥梁工作线交点在单曲线独立坐标系下的坐标。

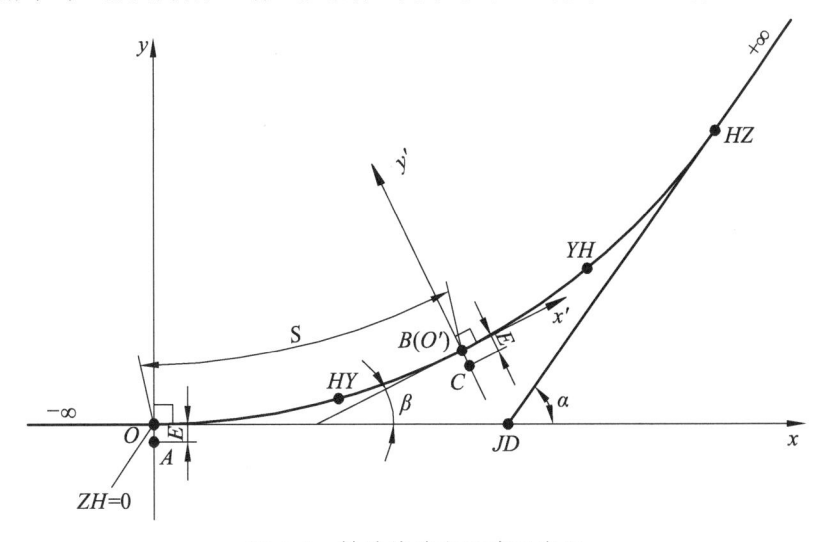

图 9-4　铁路线路方程式示意图

【例 9-1】

已知：相关数据如表 9-1 所示，平面图如图 9-5 所示。[3]

求：根据曲线要素、梁缝偏心距、梁缝里程计算桥梁工作线交点坐标。

表 9-1　线路曲线要素、曲线起终点里程、梁缝里程、偏心距 E

ZH 点里程 /km	终缓长 L/m	半径 R/m	曲全长 L/m	始端梁缝里程 /km	终端梁缝里程 /km	曲线偏角 α	偏心距 E/m
1654.59348	140	600	319.96	1654.7328	1654.7656	17°11′5.691″	0.11

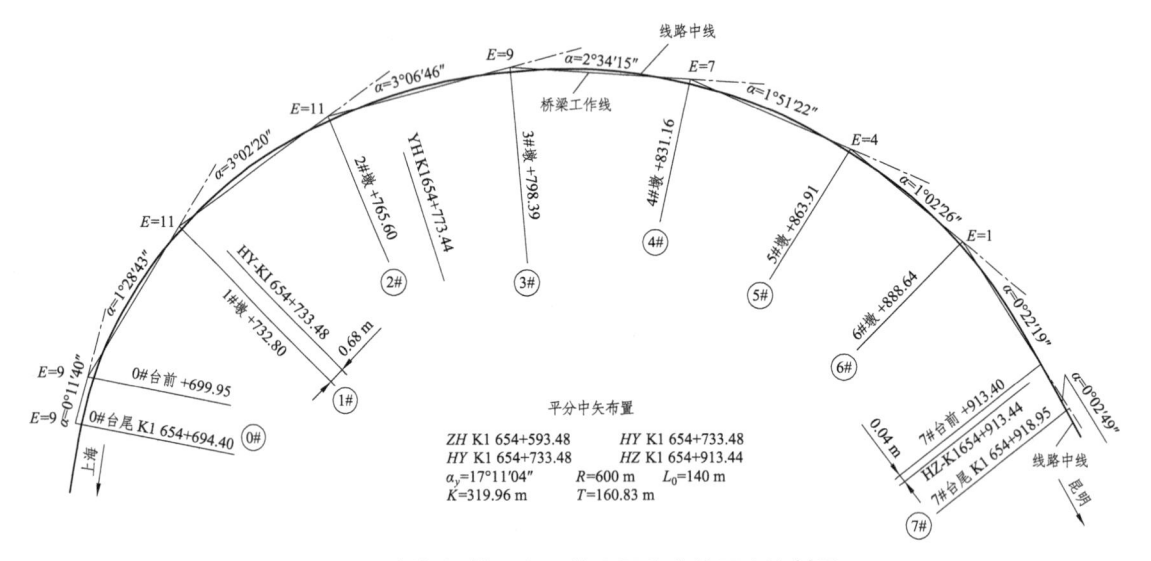

图 9-5　桥梁梁缝里程、偏心距和曲线要素资料图

【解】

（1）梁缝相对里程（$ZH=0$）和对应的线路中心线切线方位角：

始端梁缝相对里程为

$$1654.7328 - 1654.59348 = 0.13932（\text{km}） = 139.32（\text{m}）$$

终端梁缝相对里程为

$$1654.7656 - 1654.59348 = 0.017212（\text{km}） = 172.12（\text{m}）$$

根据曲线方程求得线路中心线切线方位角：

始端梁缝里程对应线路中心线切线方位角为

$$\beta_{始} = 139.32 \times 139.32/2/600/140 = 0.115536086$$

终端梁缝里程对应线路中心线切线方位角为

$$\beta_{终} = 140/2/600 + (172.12 - 140)/600 = 0.1702$$

（2）梁缝相对里程对应的线路中心线坐标。

根据图 9-4 的坐标系，A 点的坐标为：$x_A = 0$，偏心距 $y_A = -0.11$，具体见表 9-2。

第9章 新建桥梁偏心距及工作线交点坐标计算新方法

表 9-2 梁缝相对里程对应的线路中心线坐标

始梁缝里程对应线路中心线 x_B 坐标	始梁缝里程对应线路中心线 y_B 坐标	终梁缝里程对应线路中心线 x_B 坐标	终梁缝里程对应线路中心线 y_B 坐标
139.134	5.360	171.596	10.030

(3) 桥梁工作线交点坐标计算。

桥梁工作线始端坐标：

$$\left.\begin{array}{l} x_{始} = x_B + x_A \times \cos(\beta_B) - y_A \times \sin(\beta_B) = 139.1468 \\ y_{始} = y_B + y_A \times \cos(\beta_B) + x_A \times \sin(\beta_B) = 5.2511 \end{array}\right\}$$

桥梁工作线终端坐标：

$$\left.\begin{array}{l} x_{终} = x_B + x_A \times \cos(\beta_B) - y_A \times \sin(\beta_B) = 171.6146 \\ y_{终} = y_B + y_A \times \cos(\beta_B) + x_A \times \sin(\beta_B) = 9.9215 \end{array}\right\}$$

桥梁工作线交点坐标计算结果如表 9-3～表 9-5 所示。

表 9-3 桥梁工作线交点坐标

交点距 L_c/m	始交点 x 坐标/m	始交点 y 坐标/m	终交点 x 坐标/m	终交点 y 坐标/m	始端梁缝偏心距/m	终端梁缝偏心距/m
32.802	139.1468	5.2511	171.6146	9.9215	0.11	0.11

表 9-4 梁缝里程线路中心线坐标各偏心距

桩号	梁缝线路设计里程/m	设计线路中心横坐标/m	设计线路中心纵坐标/m	梁缝线路绝对里程/km	计算点切线方位角/rad	偏心距/m
1	100.92	100.883	2.039	1654.69440	0.060624086	0.09
2	106.47	106.422	2.394	1654.69995	0.067475363	0.09
3	139.32	139.134	5.360	1654.73280	0.115536086	0.11
4	172.12	171.596	10.030	1654.76560	0.1702	0.11
5	204.91	203.751	16.434	1654.79839	0.221143143	0.09
6	237.68	235.568	24.269	1654.83116	0.259632288	0.07
7	270.43	267.100	33.116	1654.86391	0.285325443	0.04
8	295.16	290.787	40.221	1654.88864	0.296265524	0.01
9	319.955	314.484	47.518	1654.91344	0.299925	0

表 9-5 桥梁工作线交点坐标、方位角、偏角、长度

序号	右边桩 x 坐标/m	右边桩 y 坐标/m	左工作线方位角/rad	右工作线偏角/rad	右工作线偏角	右工作线长度/m	绝对里程/km	相对里程/m
1	100.888	1.949					1654.69440	100.92
2	106.428	2.304	0.064019169	0.064019169	1°28′43.18″	5.551	1654.69995	106.47
3	139.147	5.251	0.08982666	0.08982666	3°2′20.29″	32.852	1654.73280	139.32

续表

序号	右边桩 x 坐标/m	右边桩 y 坐标/m	左工作线方位角/rad	右工作线偏角/rad	右工作线偏角	右工作线长度/m	绝对里程/km	相对里程/m
4	171.615	9.922	0.14286668	0.14286668	3°6′45.88″	32.802	1654.76560	172.12
5	203.771	16.346	0.197194311	0.197194311	2°34′14.86″	32.792	1654.79839	204.91
6	235.586	24.201	0.242063138	0.242063138	1°51′22.09″	32.771	1654.83116	237.68
7	267.111	33.078	0.27445882	0.27445882	1°2′25.04″	32.751	1654.86391	270.43
8	290.790	40.211	0.292615271	0.292615271	0°22′19.32″	24.730	1654.88864	295.16
9	314.484	47.518	0.29910848	0.29910848	17°8′15.55″	24.795	1654.91344	319.955

注：曲线 ZH 点相对里程为 0。

经与文献核对，桥梁工作线偏角、长度相等，证明本计算方法正确。

9.2.2 求线路中心任意一点至桥梁工作线的距离

已知桥梁工作线交点和线路中心线点的坐标，求中心线点至桥梁工作线的距离，即为桥梁偏心距 E。

设 $A(x_{i-1}, y_{i-1})$、$B(x_i, y_i)$、$C(x_{i+1}, y_{i+1})$ 三点坐标，A、C 分别为两桥梁工作线交点，B 为线路中心线任意一点，则 B 至直线 AC 的距离 BD，就是偏距 E，如图 9-6 所示。

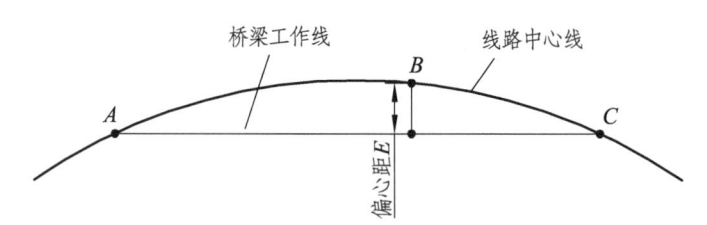

图 9-6 偏距计算平面图

偏距计算公式：

$$f_i = \frac{\dfrac{y_{i+1} - y_{i-1}}{x_{i+1} - x_{i-1}} \times x_i - y_i + y_{i-1} - x_{i-1} \times \dfrac{y_{i+1} - y_{i-1}}{x_{i+1} - x_{i-1}}}{\sqrt{(y_{i+1} - y_{i-1})^2 / (x_{i+1} - x_{i-1})^2 + 1}}$$

通过坐标平移和旋转计算出桥梁工作线交点及线路中心线上任意一点坐标，线路中心线上任意一点至桥梁工作线距离，就是偏心距 E，对传统上只计算梁中部和梁端偏心距扩大到任意一处的偏心距，本方法适应性更强。

【例 9-2】

已知：桥梁工作线交点坐标如表 9-6，设计曲线要素如表 9-7。

求：线路中心到桥梁工作线距离。

【解】

以始、终端桥梁工作线交点作为固定点，即偏距计算公式中 A、C 点，计算线路中心线流动点 B 至 AC 的距离，通过计算机程序计算线路中心到桥梁工作线距离成果如表 9-8 所示。

表 9-6 已知桥梁工作线交点坐标

序号	交点 x 坐标	交点 y 坐标
始端 A	139.147	5.251
终端 C	171.615	9.921

表 9-7 曲线要素表

桥梁序号	始缓长 l_{01}/m	终缓长 l_{02}/m	半径 R/m	曲全长 L/m	始切长 T_1/m	终切长 T_2/m
5	140	140	600	319.96	160.834	160.834

表 9-8 线路中心到桥梁工作线距离表

桩号	计算点相对里程/m	副矢（矢距）/mm	线路中心点 x 坐标/m	线路中心点 y 坐标/m	弦始终端	偏心距/mm
0	139.32	0	139.134	5.36	（弦始端）	−109.9
1	144.32	115.8	144.098	5.957		5.9
2	149.32	190	149.057	6.596		80
3	154.32	222.5	154.011	7.276		112.5
4	159.32	213.3	158.959	7.997		103.4
5	164.32	162.5	163.9	8.759		52.5
6	169.32	70	168.835	9.562		−40
7	172.12	0	171.596	10.03	（弦终端）	−110

9.3 绝对坐标系下桥梁墩台支座中心坐标计算方法

根据已知设计梁缝里程 $LS_{(j)}$ 和偏心距 E，根据绝对坐标系下线路中心线边桩坐标计算公式（2-7a）和公式（2-7b），求得桥梁工作线交点坐标 $x_{JD(i)}$、$y_{JD(i)}$，根据桥梁工作线交点坐标计算工作线长度、方位角，每一桥梁工作线长度累计构成独立的桥梁工作线（导线）里程系统。

根据桥梁工作线里程系统的梁墩台支座中心点里程和两支座间距，利用边桩坐标计算公式（1-37a）和公式（1-37b）求得梁墩台支座中心坐标，计算步骤如下：

1. 桥梁工作线方位角及里程系统计算

根据导线方位角公式 $AFJ_{(i)} = \arctan\left(\dfrac{y_{JD(i+1)} - y_{JD(i)}}{x_{JD(i+1)} - x_{JD(i)}}\right)$，求得桥梁工作线方位角；根据桥梁工作线交点坐标求得导线长度：$L_{JD(i)} = \sqrt{(x_{JD(i+1)} - x_{JD(i)})^2 + (y_{JD(i+1)} - y_{JD(i)})^2}$。

各桥梁工作线交点里程为：$LS_{JD(i)} = \sum\limits_{i=0}^{n} L_{JD(i)}$，即为工作线长度累计，这就是桥梁工作线里程系统，如图 9-7 所示。

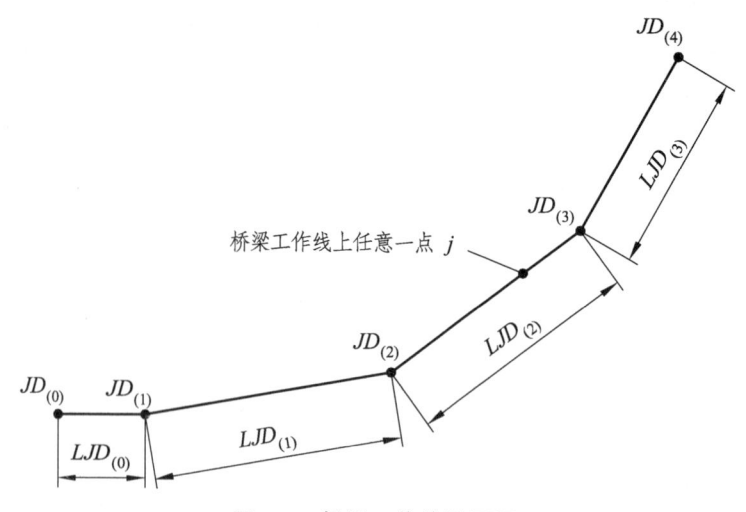

图 9-7　桥梁工作线平面图

各桥梁工作线的起终点里程范围为第 i 根桥梁工作线里程 $LS_{(j)}$ 计算范围 $LS_{JD(i)} \sim LS_{JD(i+1)}$，即本桥梁工作线的起点至下桥梁工作线的起点。

2. 桥梁工作线中心坐标及边桩坐标计算

设桥梁工作线上任意一点 j 的里程 $LS_{(j)}$，根据里程 $LS_{(j)}$ 值，判断该点 j 落在哪根桥梁工作线里程范围，根据图 9-7 判断。

桥梁工作线上点 j 的坐标为

$$\left.\begin{aligned} x_{A(j)} &= x_{JD(i)} + (LS_{(j)} - LS_{JD(i)}) \times \cos(AFJ_{(i)}) \\ y_{A(j)} &= y_{JD(i)} + (LS_{(j)} - LS_{JD(i)}) \times \sin(AFJ_{(i)}) \end{aligned}\right\} \quad (9\text{-}6)$$

设桥梁工作线边距为 d，根据直线边桩公式（1-37a）、公式（1-37b）得

若 D 点位于直线 AB 的左侧，有

$$\left.\begin{aligned} x_{ZA(j)} &= x_{A(j)} - d \times \sin(AFJ_{(i)}) \\ y_{ZA(j)} &= y_{A(j)} + d \times \cos(AFJ_{(i)}) \end{aligned}\right\} \quad (9\text{-}7a)$$

若 D 点位于直线 AB 的右侧，有

$$\left.\begin{aligned} x_{YA(j)} &= x_{A(j)} + d \times \sin(AFJ_{(i)}) \\ y_{YA(j)} &= y_{A(j)} - d \times \cos(AFJ_{(i)}) \end{aligned}\right\} \quad (9\text{-}7b)$$

3. 桥梁墩台支座中心（边桩）坐标计算

桥梁墩台支座中心位于桥梁工作线的两侧，根据定型图（图 9-8）可查出支座中心距 b、梁端至支座中心距离 LD、梁缝宽度 F。

根据梁端至支座中心距离、梁缝宽度可求出支座中心里程 $LS(j)$，根据公式（9-6）求得桥梁工作线上任意一点的坐标，根据边桩坐标计算公式（9-7a）、公式（9-7b），求得桥梁墩台支座中心坐标 $x_{ZA(j)}$、$y_{ZA(j)}$、$x_{YA(j)}$、$y_{YA(j)}$，计算过程不再详细介绍。

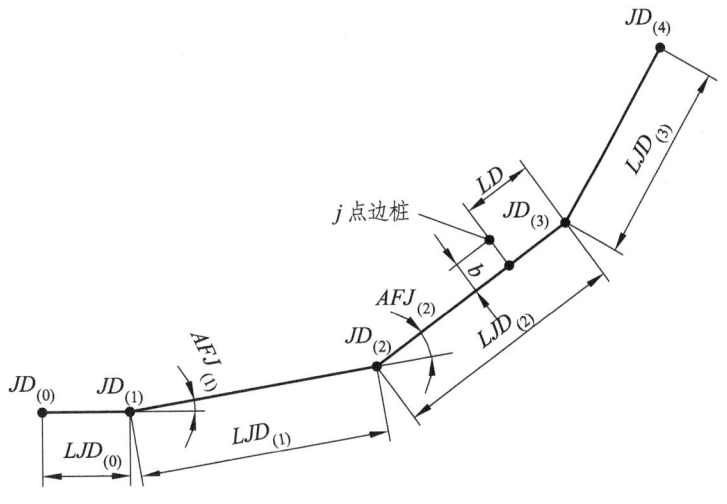

图 9-8 桥梁工作线边桩平面图

【例 9-3】

已知：线路要素、桥梁工作线交点坐标、梁缝中心线里程 $S_{(j)}$ 及偏心距，如表 9-9，桥梁工作线里程系统中桥梁墩台支座中心里程 $LS_{(j)}$ 如表 10-5，边距 2.2 m。

求：(1) 桥梁工作线交点绝对坐标 $x_{JD(i)}$、$y_{JD(i)}$；(2) 各桥梁墩台线路及支座中心绝对坐标。[1]

表 9-9 曲线要素梁缝中心里程和偏心距

曲线半径 R/m	第一缓长 l_{01}/m	第一缓长 l_{02}/m	JD 横坐标 /m	JD 纵坐标 /m	梁缝相对里程 /m	偏心距 /m
600	140	140	0	0	100.920	0.09
			160.834	0	106.470	0.09
			314.489	−47.52	139.320	0.11
					172.120	0.11
					204.910	0.09
					237.680	0.07
					270.430	0.04
					295.160	0.01
					319.920	0
					325.470	0

【解】

(1) 根据绝对坐标系下边桩计算公式（2-7a）、公式（2-7b）求得桥梁工作线交点绝对坐标 $x_{JD(i)}$、$y_{JD(i)}$，交点相对里程（桥梁工作线里程系统交点里程），桥梁工作线交点 $JD_0 \sim JD_8$ 及边桩坐标，如表 9-10。

表 9-10 桥梁工作线交点坐标和里程

序号	JD横坐标/m	JD纵坐标/m	导线长度/m	桥梁工作线交点里程/m
0	100.8884	－1.9491	5.55057048	0
1	106.4276	－2.3042	32.85164924	5.5392
2	139.1468	－5.2512	32.80199191	38.2584
3	171.6146	－9.9216	32.79152057	70.7262
4	203.7706	－16.3462	32.77104337	102.8822
5	235.5862	－24.2017	32.75052957	134.6978
6	267.1109	－33.0781	24.73017201	166.2225
7	290.7898	－40.2119	24.76011428	189.9014
8	314.4505	－47.5081		213.5621

（2）根据桥梁工作线上任意一点坐标计算公式（9-6）和绝对坐标系下边桩计算公式（9-7a）、公式（9-7b），得桥梁工作线里程系统中桥梁工作线交点坐标及支座中心（边桩）坐标，如表 9-11。桥梁工作线交点及支座中心坐标如图 9-9 所示。

表 9-11 桥梁墩台支座中心及边桩坐标

支座号	支座中心里程/m	工作线中心横坐标/m	工作线中心纵坐标/m	左边桩x坐标	左边桩y坐标	右边桩x坐标	右边桩y坐标	线元类型	边距/m
1	0.000	0	0	101.0291	0.2464	100.7477	－4.1446	工作线1	2.2
2	4.551	4.5412	－0.2911	105.5704	－0.0447	105.2889	－4.4357	工作线1	2.2
3	6.101	6.087	－0.4044	107.1727	－0.1624	106.778	－4.5447	工作线2	2.2
4	37.402	37.2624	－3.2124	138.3482	－2.9704	137.9535	－7.3526	工作线2	2.2
5	38.952	38.8028	－3.3804	140.0044	－3.1519	139.378	－7.5071	工作线3	2.2
6	70.204	69.7364	－7.8301	170.938	－7.6016	170.3115	－11.9568	工作线3	2.2
7	71.754	71.2655	－8.0803	172.585	－7.872	171.7229	－12.1867	工作线4	2.2
8	102.996	101.9016	－14.2012	203.221	－13.9929	202.359	－18.3076	工作线4	2.2
9	104.546	103.4162	－14.5289	204.8319	－14.3422	203.7772	－18.6139	工作线5	2.2
10	135.767	133.727	－22.0129	235.1427	－21.8261	234.088	－26.0979	工作线5	2.2
11	137.317	135.2272	－22.4017	236.7119	－22.2331	235.5193	－26.4684	工作线6	2.2
12	168.517	165.2599	－30.858	266.7446	－30.6894	265.5521	－34.9247	工作线6	2.2
13	170.067	166.7491	－31.2877	268.2721	－31.1303	267.0029	－35.3432	工作线7	2.2
14	193.247	188.9439	－37.9743	290.4669	－37.817	289.1977	－42.0299	工作线7	2.2
15	194.797	190.427	－38.4249	291.9637	－38.2717	290.6671	－42.4763	工作线8	2.2
16	218.008	212.6065	－45.2643	314.1432	－45.1111	312.8466	－49.3157	工作线8	2.2

注：第1条桥梁工作线始端点相对里程为0。

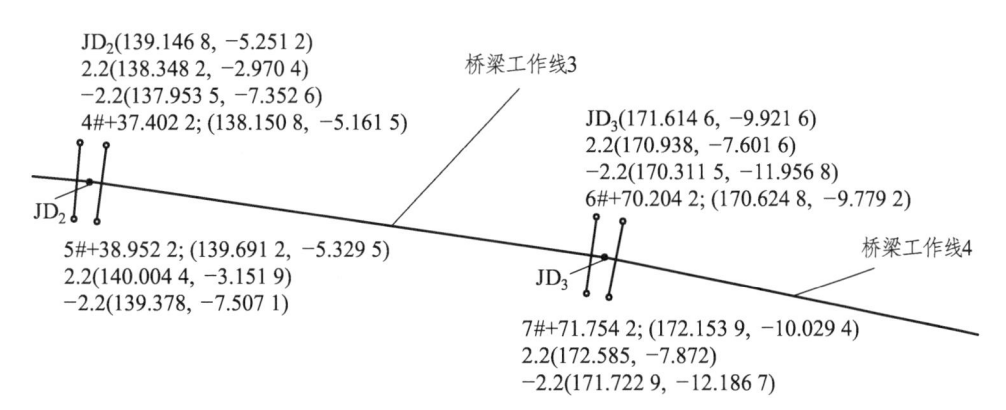

JD₂(139.146 8, −5.251 2)
2.2(138.348 2, −2.970 4)
−2.2(137.953 5, −7.352 6)
4#+37.402 2; (138.150 8, −5.161 5)

桥梁工作线3

JD₃(171.614 6, −9.921 6)
2.2(170.938, −7.601 6)
−2.2(170.311 5, −11.956 8)
6#+70.204 2; (170.624 8, −9.779 2)

桥梁工作线4

5#+38.952 2; (139.691 2, −5.329 5)
2.2(140.004 4, −3.151 9)
−2.2(139.378, −7.507 1)

7#+71.754 2; (172.153 9, −10.029 4)
2.2(172.585, −7.872)
−2.2(171.722 9, −12.186 7)

图 9-9　桥梁工作线交点及支座中心坐标图（局部）

本章参考文献

[1] 陈家驹, 李鼎波, 黄华. 铁路曲线弦绳法定位[M]. 成都：西南交通大学出版社, 2012：381-385.

[2] 程文豪, 廖显军. 利用边桩坐标原理计算桥梁偏心[J]. 铁道工务, 2023（1）：73-75.

[3] 陈家驹, 李鼎波, 黄华. 铁路曲线弦绳法定位[M]. 成都：西南交通大学出版社, 2012：388-390.

第 10 章 既有线桥梁偏心距测量及其计算方法

线桥偏心测量是桥梁检查和检测的重要项目，关乎桥梁整体稳定及列车运行安全，传统测量方法是通过测量桥梁外边缘至线路中心的水平距离，主要以卷尺等传统工具测量，其效率和精度较低。传统的测量方法已不适应铁路技术高标准、高效率的要求，随着测量技术的进步和计算手段的提高，有必要探讨出新的既有线桥梁偏心距测量方法。

现介绍利用全站仪、RTK（网络实时动态定位）和惯导等新测量技术，结合计算机程序计算，探讨出一种新的既有线桥梁偏心距测量方法，介绍如下。

10.1 既有桥梁工作线交点坐标的测量和计算方法

通过测量既有桥梁工作线或梁体特征点坐标，间接计算桥梁工作线交点坐标。

1. 桥梁工作线与线路中心线的几何关系

理论桥梁工作线（又称梁跨中心线）与线路中心线的几何关系如图 9-1、图 9-2，其中图 9-1 为平分中矢法的布梁方式，图 9-2 为切线法的布梁方式，图中 AB、BC 为桥梁的工作线，A、B、C 为桥梁工作线交点，E 为墩台中心的偏心距，$L_{工}$ 桥梁工作线长度

2. 既有桥梁工作线的测量方法

方法一：在桥梁的工作线交点 A、B、C 梁端附近，分别自桥梁两外边缘向梁中央量取桥梁中点，每一跨取桥梁的工作线上两点，AB 工作线上两点设为 1 号、2 号，BC 为 3 号、4 号，依此类推，其实测量坐标为，(x_1, y_1)，(x_2, y_2)，(x_3, y_3)，(x_4, y_4)……

方法二：每片梁端的 4 个角分别测量其绝对坐标值(x_1, y_1)，(x_2, y_2)，(x_3, y_3)，(x_4, y_4)，通过中点坐标计算公式（公式 1-2）得桥梁工作线上梁端两点的坐标，每一跨取桥梁的工作线两点。

3. 桥梁工作线交点坐标的计算方法

已知：两桥梁工作线（直线）上各两点 $1(x_1, y_1)$、$2(x_2, y_2)$、$3(x_3, y_3)$、$4(x_4, y_4)$。
求：直线 AB、BC 交点坐标。
首先，参照两直线交点坐标计算公式（1-23）计算交点坐标。

AB 的方位角 $\beta_1 = \arctan\left(\left|\dfrac{y_2 - y_1}{x_2 - x_1}\right|\right)$，

BC 的方位角 $\beta_2 = \arctan\left(\left|\dfrac{y_4 - y_3}{x_4 - x_3}\right|\right)$，

根据直线方程 $y = kx + b$ 式，经整理得

$$b = y - \tan(\beta) \times x,$$

其中
$$k = \tan(\beta)$$

直线 AB 为

$$b_1 = y_1 - \tan(\beta_1) \times x_1$$

直线 CD 为

$$b_2 = y_3 - \tan(\beta_2) \times x_3$$

直线 AB、BC 交点 B 坐标计算公式为

$$\left. \begin{array}{l} x_B = \dfrac{b_2 - b_1}{\tan(\beta_1) - \tan(\beta_2)} \\ y_B = \dfrac{\tan(\beta_1) \times (b_2 - b_1)}{\tan(\beta_1) - \tan(\beta_2) + b_1} \end{array} \right\} \qquad (10\text{-}1)$$

这就是桥梁工作线 AB、BC 交点坐标，其他处的交点计算方法同理。

10.2 实测线桥偏心距计算方法

10.2.1 任意线路中心点坐标测量

在同一坐标系下，利用全站仪、RTK 或惯导测量桥梁范围内线路中心线各测点坐标，点间距视需要而定，通常取 5.0~10.0 m，线路中心线的各测点至桥梁工作线 AB、BC 的距离，为实测偏心距。

10.2.2 线路中心线测点至桥梁工作线的距离

已知桥梁工作线交点 $A(x_A, y_A)$、$B(x_B, y_B)$ 和线路中心线点 $N(x_N, y_N)$ 的坐标，求线路中心线点 N 至桥梁工作线 AB 的距离，即为桥梁偏心距 E，如图 10-1 所示。

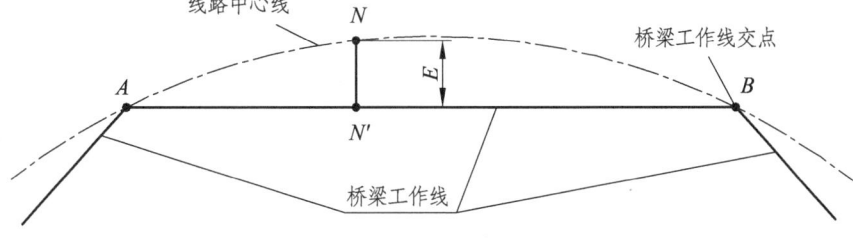

$$E = \dfrac{\dfrac{y_B - y_A}{x_B - x_A} x_N - y_N + y_A - x_A \dfrac{y_B - y_A}{x_B - x_A}}{\sqrt{\dfrac{(y_B - y_A)^2}{(x_B - x_A)^2} + 1}} \qquad (10\text{-}2)$$

图 10-1 偏距计算平面图

【例 10-1】

已知：实测桥梁的工作线 AB 和 BC 上各两控制点 1 号、2 号、3 号、4 号坐标，如表 10-1 所示，线路中心线各测点坐标如表 10-2。

求：线路中心线测点至桥梁工作线的距离。

表 10-1 实测桥梁的工作线控制点坐标

桩号	x 坐标	y 坐标
1 号	187.566	16.756
2 号	212.576	23.243
3 号	218.552	24.9175
4 号	243.569	32.889

表 10-2 实测既有线路中心线坐标和偏心距

桩号	测点 x 坐标/m	测点 y 坐标/m	实测偏心距/mm
0	216.444	24.246	−112
1	221.242	25.653	4
2	226.028	27.1	78.3
3	230.801	28.587	111
4	235.563	30.114	101.9
5	240.311	31.68	51.2
6	245.046	33.286	−41.1
7	247.724	34.213	−112

【解】

（1）计算桥梁工作线交点坐标。

根据公式（10-1），得桥梁工作线交点 B 坐标，$x_B = 216.444$，$y_B = 24.246$。

（2）实测线路中心线坐标及偏心距计算。

现场测量线路中心线各点坐标 x、y，根据公式（10-2）计算各线路中心线测点至桥梁工作线 BC 偏心距如表 10-2，计算过程从略。

表中偏心距值为负数说明线路中心线测点位于桥梁工作线的圆心一侧，正数则反之。

该方法采用间接的计算方式得出实测偏心距，桥梁工作线为固定物上特征点，工作线交点坐标一次测量重复使用，只需要用全站仪、RTK 和惯导等测量既有线路中心线坐标，借助计算机程序计算各测点实测偏心距，较传统方法工作量少，精度高。

本章参考文献

[1] 陈家驹，李鼎波，黄华. 铁路曲线弦绳法定位[M]. 成都：西南交通大学出版社，2012：388-390.

第 11 章　线路纵断面高程计算新方法

针对传统铁路线路纵断面标高在竖曲线范围进行纵距调整的方法,该方法存在精度不高、计算过程烦琐等问题,现提出利用绝对坐标系线路方程计算线路纵断面标高的新方法,较好地解决了这个问题。

11.1　铁路线路纵断面高程方程

11.1.1　传统的纵断面计算理论

传统竖曲线纵距公式 $y = \dfrac{x^2}{2 \times R}$,$x$ 为始终点至任意点的距离,如图 11-1 所示,在坡度线高程计算需要在竖曲线范围内增加纵距。

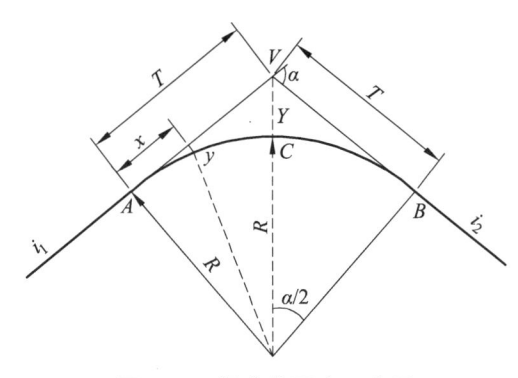

图 11-1　竖曲线要素示意图

根据线路设计规范,正线和城际铁路 160 km/h 及以上相邻坡段的坡度差大于或等于 1‰,城际铁路 160 km/h 以下动车组行走线相邻坡段坡度差大于 3‰,应采用竖曲线连接,抛物线竖曲线不再被提出。

传统铁路线路纵断面标高在竖曲线范围进行近似调整的计算方法[2],存在诸多缺点。参照绝对坐标系下线路平面方程,建立线路纵断面绝对坐标系,以轨面线里程为自变量,建立线路纵断面坐标方程,横坐标为平面曲线在水平线上的投影(坡长),纵坐标为线路轨顶标高[2]。该计算方法数学逻辑推理严谨,精度高,可编写计算机程序进行计算,运算速度快,且可以精确计算铺轨长度与里程长度差,优于传统的计算方法。

11.1.2 纵断面理论高程计算新方法

1. 计算坡长度和坡率

已知各坡度线变坡点的坐标（里程和高程）为 (x_0, y_0), (x_1, y_1), (x_2, y_2), …, (x_i, y_i), …, (x_n, y_n)，如图 11-2 所示。

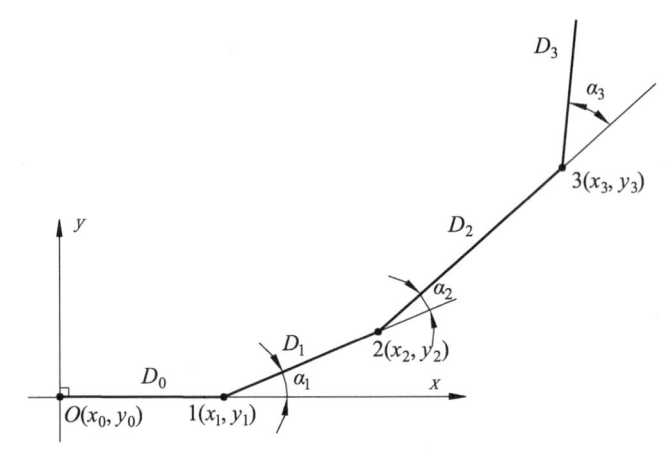

图 11-2 线路纵断面坡度线图

各导线长度为

$$D_0 = \sqrt{(x_1 - x_0)^2 + (y_1 - y_0)^2}$$

$$D_1 = \sqrt{(x_2 - x_1)^2 + (y_2 - y_1)^2}$$

…

$$D_i = \sqrt{(x_{i+1} - x_i)^2 + (y_{i+1} - y_i)^2}$$

以高程为 0 大地水平线为横轴，0 里程为原点建立线路纵断面绝对坐标系 xOy，如图 11-3 所示。

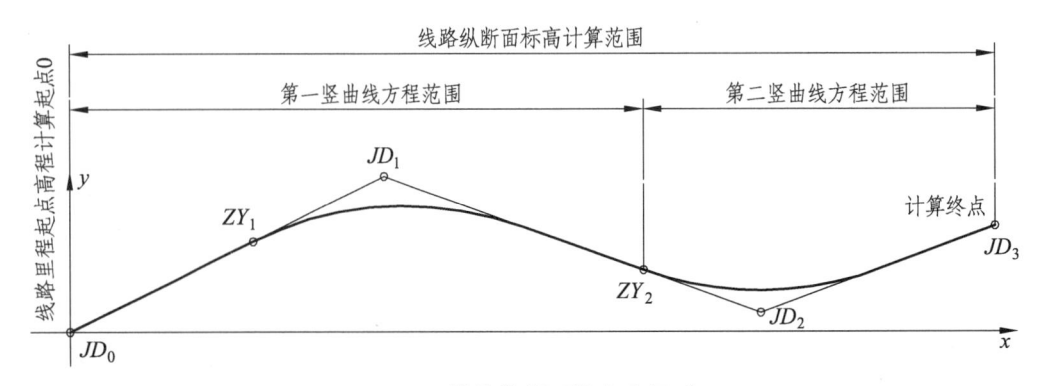

图 11-3 线路纵断面独立坐标系

已知：线路导线交点横坐标 $x_{JD(i)}$、纵坐标 $y_{JD(i)}$、曲线半径 $R_{(i)}$。

求：线路导线长度、竖曲线偏角、竖曲线长度。

横坐标 $x_{JD(i)}$ 为里程、纵坐标 $y_{JD(i)} = H_{(i)}$ 为高程。

每个坡段的切线方位角 $AFJ_{(i)} = \arctan\left(\dfrac{y_{JD(i)} - y_{JD(i-1)}}{x_{JD(i)} - x_{JD(i-1)}}\right)$，如果 $AFJ_{(i)} < 0$ 说明坡度为正，反之为负。

导线长度 $L_{JD(i)} = \sqrt{(x_{JD(i)} - x_{JD(i-1)})^2 + (y_{JD(i)} - y_{JD(i-1)})^2}$。

竖曲线偏角 $\alpha_{(i)} = AFJ_{(i+1)} - AFJ_{(i)}$，如果 $\alpha_{(i)} < 0$ 说明曲线向右，反之向左。

竖曲线长度 $LS_{(i)} = \alpha_{(i)} \times R_{(i)}$、曲线切线长度 $T_{(i)} = R_{(i)} \times \tan\left(\dfrac{\alpha_{(i)}}{2}\right)$。

在坐标系内，将纵断面划分若干个曲线单元，基曲线单元从坐标原点至第 2 曲线 $ZY_{(2)}$，依次类推，第 i 曲线单元从 $ZY_{(i)}$ 点至 $ZY_{(i+1)}$，如图 11-4 所示。

夹直线长度为

$$LJ_{(i)} = L_{JD(i)} - T_{(i-1)} - T_{(i)}$$

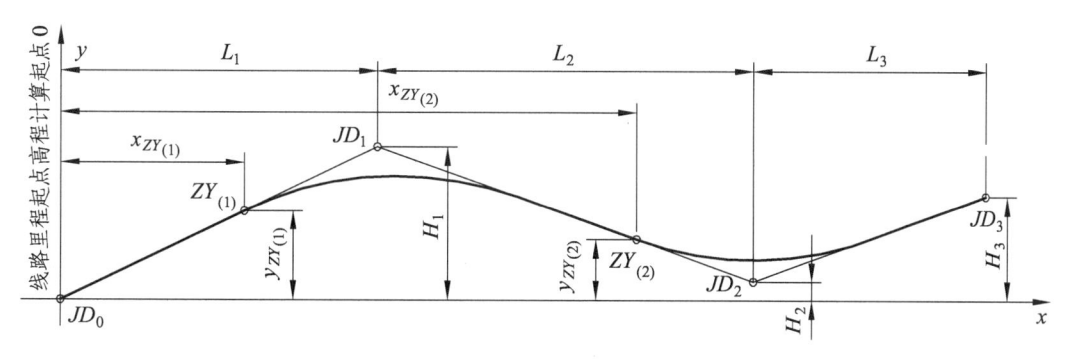

图 11-4 独立坐标系下曲线纵断面图

2. 求各曲线的 ZY 点坐标

$$\left.\begin{array}{l} x_{ZY(i)} = x_{JD(i-1)} + (L_{JD(i)} - T_{(i)}) \times \cos(AFJ_{(i)}) \\ y_{ZY(i)} = y_{JD(i-1)} + (L_{JD(i)} - T_{(i)}) \times \sin(AFJ_{(i)}) \end{array}\right\} \quad (11\text{-}1)$$

其中 $x_{JD(0)} = 0$，$x_{JD(0)} = 0$，$T_{(0)} = 0$，$L_{YZ(0)} = 0$。

ZY 点的统一里程：

$$L_{ZY(i)} = L_{YZ(i-1)} + LJ_{(i)}$$

在单曲线独立坐标系下，以轨顶面线轨迹建立线路方程，线路上某点 j，里程为 $LS_{(j)}$，计算轨面线上各测点的对应的坐标 $x_{(j)}$、$y_{(j)}$，横坐标为平面曲线的相对里程在水平线上的投影（坡长）$x_{(j)}$，纵坐标 $y_{(j)}$ 为线路轨顶标高，如图 11-5 所示。

第 1 个曲线里程 $S_{(j)}$ 计算范围：$0 \sim L_{ZY(2)}$。

第 2 个曲线里程 $S_{(j)}$ 计算范围：$L_{ZY(2)} \sim L_{ZY(3)}$。

……

第 i 个曲线里程 $S_{(j)}$ 计算范围：$L_{ZY(i)} \sim L_{ZY(i+1)}$。

其中 $L_{ZY(i+1)}$ 就是 $L_{JD(i+1)}$ 的里程，图 11-5 中，$L_{ZY(3)}$ 就是 $L_{JD(3)}$ 的里程。

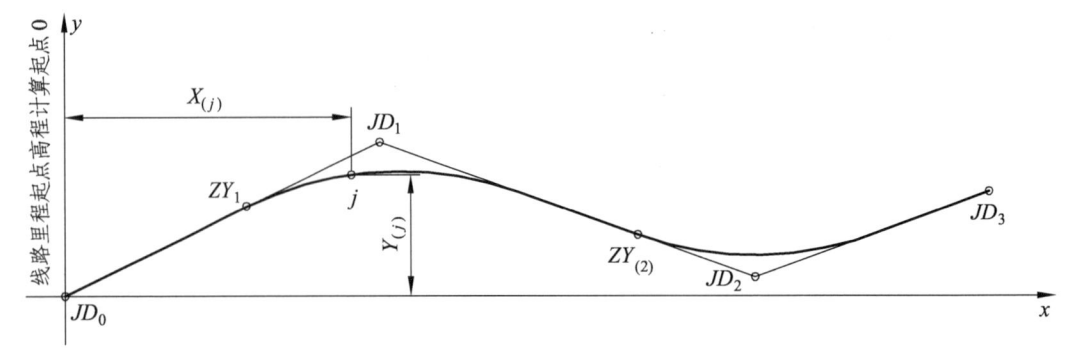

图 11-5　线路纵断面在独立坐标系下的坐标图

3. 在单曲线独立坐标系下建立曲线坐标方程式

在单曲线独立坐标系下，以轨面线轨迹建立线路方程，线路上某点 j 里程为 $LS_{(j)}$，计算单曲线坐标方程下的坐标，再通过坐标平移旋转换算成绝对坐标系下的坐标，方法如下：

（1）单曲线独立坐标系下的坐标计算。

根据线路纵断面方程里程 $LS_{(j)}$ 值，判断该点 j 落在哪个曲线范围，根据图 11-2 判断，第 i 个曲线里程 $LS_{(j)}$ 计算范围：$L_{ZY(i)} \sim L_{ZY(i+1)}$。

根据该曲线偏角 $\alpha_{(i)} = AFJ_{(i+1)} - AFJ_{(i)}$，判定左转还是右转曲线，将 $LS_{(j)}$ 换算为曲线坐标方程的相对里程 $S = LS_{(j)} - L_{ZY(i)}$。

（2）单曲线独立坐标系下曲线坐标方程坐标换算。

单曲线独立坐标系下里程任意点里程 $S = LS_{(j)} - L_{ZY(i)}$ 和坐标为 $X_{(j)}$、$Y_{(j)}$，第 i 个曲线平移 $ZY_{(i)}$ 点的横、纵坐标为：$X_{ZY(i)}$、$Y_{ZY(i)}$，旋转角度为始切的方位角 $AFJ_{(i)}$，参照绝对坐标系线路中心线计算公式（2-11）平移旋转坐标换算公式如下：

$$\left. \begin{array}{l} x_{A(j)} = x_{ZY(i)} + x_{(j)} \times \cos(AFJ_{(i)}) - y_{(j)} \times \sin(AFJ_{(i)}) \\ y_{A(j)} = y_{ZY(i)} + y_{(j)} \times \cos(AFJ_{(i)}) + x_{(j)} \times \sin(AFJ_{(i)}) \end{array} \right\} \quad (11\text{-}2)$$

里程 $LS_{(j)}$ 是线路纵断面方程轨面长度，其在横坐标轴上的投影长度才是坡段的坡长，所以需要通过迭代计算的方式，使轨面线的曲线里程在横坐标轴的投影长度等于坡长，这一步通常需要编写计算机程序去完成。

本线路纵断面方程可计算铺轨长度 $LS_{(j)}$ 和线路里程 $x_{(j)}$ 之差，从理论上较好地解决了这个问题，传统方法纵断面采用近似计算。也算是填补理论上的一个空白。

最后通过坐标平移旋转求得各计算点的绝对线路里程和轨顶标高，这样就完成了线路纵断面里程和标高的计算。

11.2　铁路线路纵断面优化计算

线路纵断面优化按先坡度线后竖曲线的方式进行，下面分别介绍。

11.2.1 坡度线优化

首先进行实测平纵断面数据测量采集，方式有两种：一种是拉链既有线路里程和水准仪测量高程；另一种是测量既有线路中心线平面坐标和高程，数据采集还包括曲线要素和影响纵断面优化的建筑物及设备里程和高程。

纵断面优化前，根据实测里程和高程按"三点定圆"法反算线路半径或曲率确定线路线元（直线或曲线）大致范围的桩号，另外也可根据用放大纵断面高程比例绘制 CAD 纵断面图判断竖曲线和坡度线大致范围的桩号，确定坡度线控制桩号，如图 11-6，控制桩 1、控制桩 2、控制桩 3、控制桩 4、…、控制桩 n，以此类推，确定所有测量地段的坡度线控制桩号。

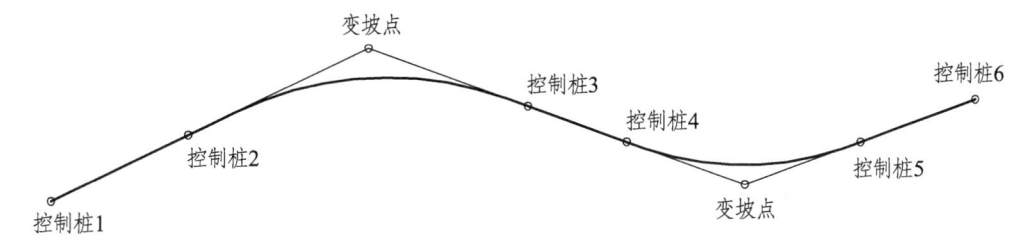

图 11-6 线路纵断面控制桩与变坡点的位置关系图

再者，根据坡度线是否存在抬道量控制抬桩，以拨量绝对值之和最小为目标函数，对坡度线进行优化。

建立坐标系 xOy，抬道量则为同一里程（横坐标）设计高程（纵坐标）减去实测高程（纵坐标）。

以控制桩 1、控制桩 2 构成的坡度线优化为例，将坡度线范围内所有桩的最小和最大抬道量作为约束条件，坡度线控制桩纵坐标按一定步长和范围进行微调，控制桩纵坐标每增减一个步长构成一组坡度线方案，在满足约束条件下，通过组合得出若干个目标函数值，以拨量绝对值之和最小的那组拨量为最佳，如图 11-7 所示，其他坡度线控制桩优化方法同理。

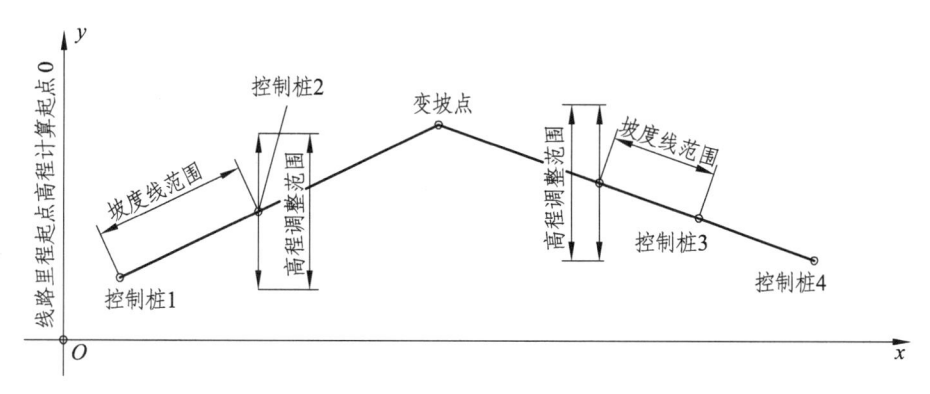

图 11-7 线路纵断面坡度线优化示意

最后，根据控制桩 1、控制桩 2、控制桩 3、控制桩 4 优化坡度线，得到此 4 个桩的抬量和高程，根据最终的设计里程和高程，求得变坡点里程和高程（横坐标和纵坐标），公式如下：

求直线控制桩 1、控制桩 2、控制桩 3、控制桩 4 和交点 JD 坐标 x_{JD}、y_{JD}。

为表达方便，以实测桩号 A、B 和 C、D 分别代替控制桩 1、控制桩 2、控制桩 3、控制桩 4 点，如图 11-8，各点的坐标 $A(x_1,y_1)$、$B(x_2,y_2)$、$C(x_3,y_3)$、$D(x_4,y_4)$，求直线 AB、CD 交点 JD 坐标。

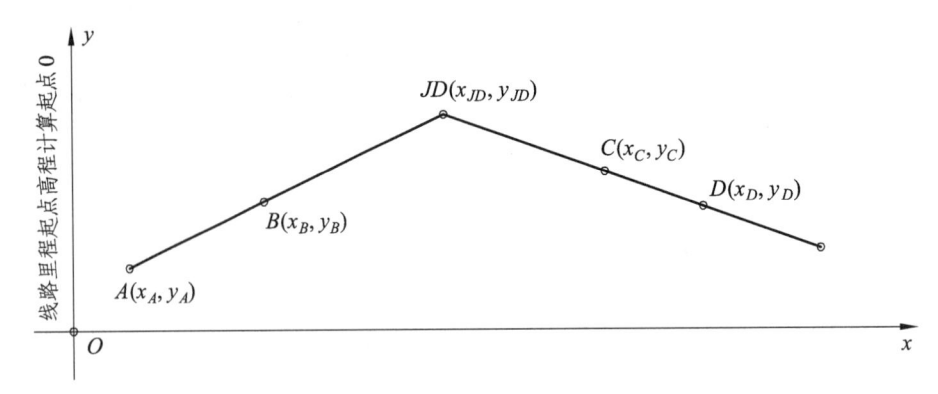

图 11-8　初始设计坡度线图

AB 的方位角：$\beta_1 = \arctan\left(\left|\dfrac{y_2-y_1}{x_2-x_1}\right|\right)$，$CD$ 的方位角：$\beta_2 = \arctan\left(\left|\dfrac{y_4-y_3}{x_4-x_3}\right|\right)$。

根据直线方程 $y=kx+b$ 式，经整理得

$$b = y - \tan(\beta) \times x,$$

其中　　　　　　　　　　$k = \tan(\beta)$

可得，直线 AB 的 $b_1 = y_1 - \tan(\beta_1) \times x_1$，直线 CD 的 $b_2 = y_3 - \tan(\beta_2) \times x_3$。

根据两直线交点坐标计算公式（1-25），得直线 AB、CD 交点 JD 坐标计算公式为

$$\left. \begin{array}{l} x_{JD} = \dfrac{b_2 - b_1}{\tan(\beta_1) - \tan(\beta_2)} \\[2mm] y_{JD} = \dfrac{\tan(\beta_1) \times (b_2 - b_1)}{\tan(\beta_1) - \tan(\beta_2)} + b_1 \end{array} \right\} \quad (11\text{-}3)$$

式中，x_{JD} 为里程；y_{JD} 为高程。

同理计算其他变坡点里程和高程。

11.2.2　竖曲线优化

在完成优化坡度线的变坡点里程和高程后，根据线路纵断面方程，以半径步长为 100 m 对初始竖曲线半径进行增减微调，根据抬道量需要得最佳竖曲线半径，如图 11-9 和图 11-10 所示。

$AFJ_{(i)}$ 为始坡度线的方位角（坡率），以里程 $LS_{(j)}$ 自变量，计算既有里程 $x_{A(j)}$ 上的设计高程 $y_{A(j)}$。

$$\left. \begin{array}{l} x_{A(j)} = x_{ZY(i)} + x_{(j)} \times \cos(AFJ_{(i)}) - y_{(j)} \times \sin(AFJ_{(i)}) \\ y_{A(j)} = y_{ZY(i)} + y_{((j))} \times \cos(AFJ_{(i)}) + x_{(j)} \times \sin(AFJ_{(i)}) \end{array} \right\} \quad (11\text{-}4)$$

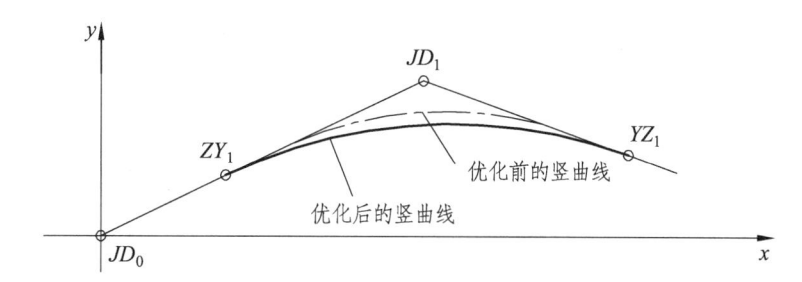

图 11-9　竖曲线优化对比纵断面

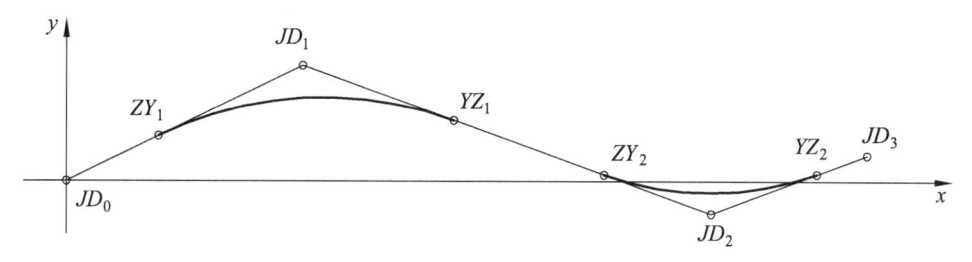

图 11-10　线路竖曲线优化后纵断面

【例 11-1】

已知：变坡点相对里程、变坡点标高和竖半径如表 11-1，既有线路里程和轨顶标高，如表 11-3 第 5、6 列。

求：线路设计标高和抬道量。

【解】

根据公式（11-1）和公式（11-2），通过计算机程序计算线路设计标高和抬道量，如表 11-2、11-3 所示。

表 11-1　线路纵断面设计要素表

序号	变坡点相对里程/m	变坡点标高/m	竖半径 R/m
1	27.498	353.531	5000
2	200.009	354.504	11000
3	483.928	351.393	
4	680.337	347.186	

表 11-2　竖曲线要素表

ZY 里程/m	YZ 里程/m	竖曲线全长 L/m
131.027	213.999	82.971
398.906	513.989	115.083
652.901	652.901	

表 11-3 线路大修纵断面优化抬道量计算表

桩号	轨顶线曲线设计里程/m	设计线路相对里程/m	设计轨顶标高/m	既有里程/km	既有轨顶标高/m	计算抬道量/mm	线型
1	−27.49834	0	353.3756	36.25111	353.371	4.6	直线
2	1.9347437	29.4326	353.5416	36.280543	353.497	44.6	直线
3	6.1710193	33.6688	353.5655	36.284779	353.501	64.5	直线
4	16.164179	43.6618	353.6218	36.294772	353.566	55.8	直线
5	26.156246	53.6537	353.6782	36.304764	353.613	65.2	直线
6	36.137666	63.635	353.7345	36.314745	353.706	28.5	直线
7	46.130892	73.6281	353.7908	36.324738	353.774	16.8	直线
8	56.119471	83.6165	353.8472	36.334726	353.833	14.2	直线
9	66.108969	93.6058	353.9035	36.344716	353.901	2.5	直线
10	76.103068	103.5998	353.9598	36.35471	353.94	19.8	直线
11	86.106367	113.6029	354.0163	36.364713	353.981	35.3	直线
12	96.103163	123.5995	354.0726	36.37471	354.03	42.6	直线
13	106.0953	133.5915	354.129	36.384702	354.113	16	直线
14	116.08947	143.5855	354.1853	36.394696	354.172	13.3	直线
15	126.08293	153.5788	354.2417	36.404689	354.218	23.7	直线
16	136.07393	163.5697	354.2955	36.41468	354.25	45.5	竖曲线1
17	146.0734	173.5691	354.3318	36.424679	354.277	54.8	竖曲线1
18	156.07101	183.5667	354.3481	36.434677	354.307	41.1	竖曲线1
19	166.0766	193.5723	354.3444	36.444682	354.325	19.4	竖曲线1
20	176.07034	203.566	354.3207	36.454676	354.297	23.7	竖曲线1
21	186.06789	213.5634	354.277	36.464673	354.262	15	竖曲线1
22	196.06115	223.5565	354.2134	36.474666	354.175	38.4	竖曲线1
23	206.06488	233.5599	354.1296	36.48467	354.097	32.6	竖曲线1
24	216.0695	243.5639	354.0263	36.494674	354.009	17.3	直线
25	226.06905	253.5629	353.9168	36.504673	353.892	24.8	直线
26	236.06865	263.5619	353.8072	36.514672	353.783	24.2	直线
27	240.01693	267.5099	353.764	36.51862	353.758	6	直线
28	245.13207	272.6248	353.708	36.523735	353.695	13	直线
29	246.0609	273.5536	353.6978	36.524664	353.684	13.8	直线
30	253.10857	280.6008	353.6206	36.531711	353.589	31.6	直线
31	303.18781	330.677	353.072	36.581787	352.986	86	直线

续表

桩号	轨顶线曲线设计里程/m	设计线路相对里程/m	设计轨顶标高/m	既有里程/km	既有轨顶标高/m	计算抬道量/mm	线型
32	352.68051	380.1668	352.5298	36.631277	352.464	65.8	直线
33	362.72104	390.2067	352.4198	36.641317	352.379	40.8	直线
34	364.99698	392.4825	352.3948	36.643592	352.354	40.8	直线
35	372.74912	400.2342	352.3099	36.651344	352.302	7.9	直线
36	382.68357	410.168	352.2011	36.661278	352.18	21.1	直线
37	392.72448	420.2083	352.0911	36.671318	352.078	13.1	直线
38	402.68981	430.1731	351.9813	36.681283	351.953	28.3	竖曲线2
39	412.75137	440.2339	351.863	36.691344	351.83	33	竖曲线2
40	422.6546	450.1364	351.7376	36.701246	351.693	44.6	竖曲线2
41	432.5872	460.068	351.6028	36.711178	351.55	52.8	竖曲线2
42	442.59121	470.071	351.4581	36.721181	351.396	62.1	竖曲线2
43	452.53695	480.0156	351.3051	36.731126	351.253	52.1	竖曲线2
44	462.54082	490.0181	351.1422	36.741128	351.101	41.2	竖曲线2
45	472.3871	499.8629	350.973	36.750973	350.964	9	竖曲线2
46	482.48775	509.9619	350.7902	36.761072	350.758	32.2	竖曲线2
47	492.40119	519.8736	350.6018	36.770984	350.564	37.8	竖曲线2
48	502.34755	529.818	350.4038	36.780928	350.342	61.8	竖曲线2
49	512.35671	539.825	350.1955	36.790935	350.123	72.5	竖曲线2
50	522.29284	549.7588	349.9829	36.800869	349.911	71.9	直线
51	532.19549	559.6592	349.7708	36.810769	349.685	85.8	直线
52	542.34188	569.8033	349.5535	36.820913	349.452	101.5	直线
53	552.13904	579.5982	349.3437	36.830708	349.246	97.7	直线
54	562.17633	589.6331	349.1287	36.840743	349.047	81.7	直线
55	572.17984	599.6344	348.9145	36.850744	348.87	44.5	直线
56	602.74913	630.1966	348.2598	36.881307	348.257	2.8	直线

注：第1坡度线起点相对里程为0。

11.2.3 梯形数组法修正抬落量

参照梯形数组法修正线路拨道量的原理，在点间距为 10 m 的条件下，确保拨后正矢差小于 1 mm，连续差小于 1 mm，则相邻桩修正拨量值差之差不大于 2 mm，具体计算参照本书第 5.3 节，这里不再介绍。

本章参考文献

[1] 中国铁路总公司运输局工务部. 铁路工务技术手册（线路养护·大修）[S]. 北京：中国铁道出版社，2018：59-60.

[2] 张群亮，廖显军. 利用曲线方程计算线路纵断面标高[J]. 铁道运营技术，2023（4）：13-16.

第 12 章 铁路建筑限界计算新方法

12.1 利用 CAD 图形法检算铁路建筑限界新方法

传统的铁路限界检算计算方法，通常采用铁道行业规范《铁路技术管理规程（普速铁路部分）》（TG/01—2014）（下简称《技规》）介绍的解析法，其一次只能检算某一个高度的限界，根据《标准轨距铁路限界　第 1 部分：机车车辆限界》（GB 146.1—2020）、《标准轨距铁路限界　第 2 部分：建筑限界》（GB 146.2—2020）规定铁路限界种类多达 42 种，轮廓线有直线、曲线等不规则线段，采用解析法检算限界非常繁琐，计算工作量大。为此提出利用 CAD 图形法检算铁路建筑限界。

12.1.1 在铁路建筑限界轮廓线上建立直角坐标系

根据铁道行业规范限界图，建立以线路中心线为纵坐标轴，以过轨顶水平线为横轴的坐标系。根据铁路直线建筑限界尺寸数据资料，得出限界轮廓线拐点坐标 x_0、y_0，CAD 绘制限界图，如图 12-1 所示。

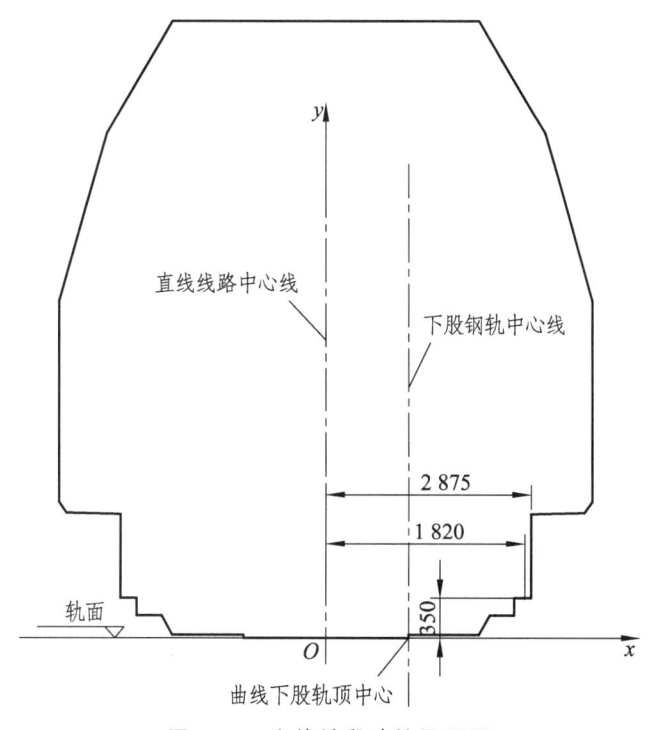

图 12-1　直线地段建筑限界图

12.1.2 曲线段铁路限界 CAD 坐标图

曲线地段以线路下股钢轨顶中心为坐标原点，以钢轨顶面水平线为横坐标轴建立坐标系，计算限界轮廓线拐点坐标。

在曲线地段因车体中心与线路中心发生偏移，曲线超高引起车体倾斜，产生内侧和外侧加宽，以曲线内侧轨顶中心为轴进行旋转，因曲线地段车体中心与线路中心偏离建立新坐标，以曲线内侧加宽为例，坐标先旋转后平移计算过程如下：

内侧加宽横坐标平移量 $x_p = \dfrac{40500}{R}$，纵坐标平移量 $y_p = 0$。

外侧加宽横坐标平移量 $x_p = \dfrac{44000}{R}$，纵坐标平移量 $y_p = 0$。

根据图 12-1，铁路直线建筑限界轮廓线拐点坐标 x_0、y_0。

内侧旋转角度：$\theta = \arctan\left(\dfrac{h}{S}\right)$，其中 h 为曲线超高，S 为左右股钢轨中心距，标准轨距取 1500 mm。

以过轨顶水平线为横轴，线路中心线为纵坐标轴建立坐标系，直线地段限界拐点坐标 x_0、y_0。根据先旋转后平移坐标计算公式（1-35），得限界轮廓线拐点旋转平移后的坐标公式为

$$\left.\begin{array}{l} x = \cos(\theta)\times x_0 + y_0 \times \sin(\theta) + x_p \\ y = \cos(\theta)\times y_0 - x_0 \times \sin(\theta) + y_p \end{array}\right\} \quad (12\text{-}1)$$

根据曲线地段铁路限界坐标绘制 CAD 图，如图 12-2 所示。

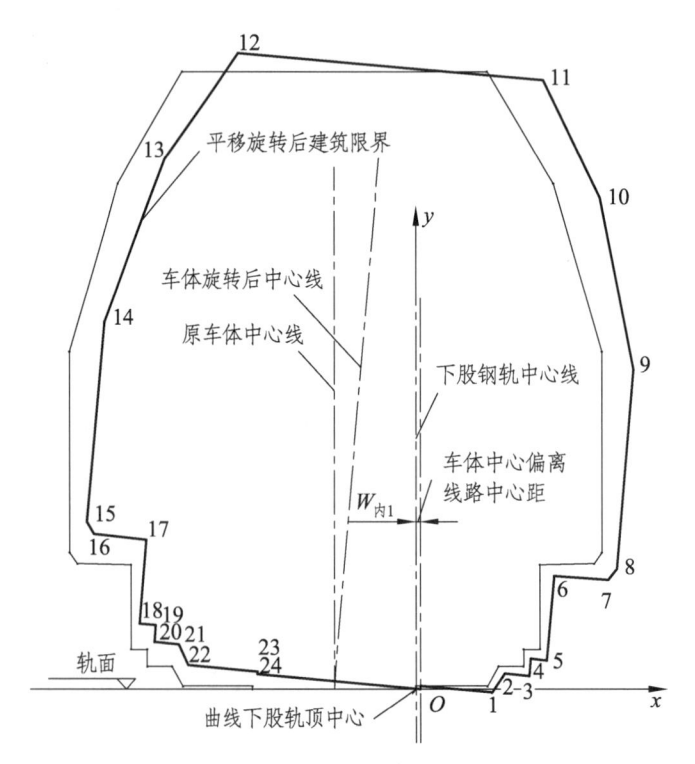

图 12-2 曲线地段建筑限界图

第12章 铁路建筑限界计算新方法

根据《技规》,传统的解析法内、外侧加宽公式为[1]:

$$\left.\begin{array}{l} W_1 = \dfrac{40500}{R} + \dfrac{H}{1500} \times h \\ W_2 = \dfrac{44000}{R} \end{array}\right\} \quad (12\text{-}2)$$

式中,H 为车体限界计算点至轨面的高度,一次只能计算某一处高度的限界加宽量,而本方法可以对断面不同车体高度一次计算完成限界尺寸(直线地段限界+加宽量)。检算方法是:将建筑物特征点坐标绘制到同一限界断面坐标系中,如果建筑物特征点位于限界轮廓范围之内,则侵限,否则不侵限。

【例 12-1】

已知:直线段 $v \leqslant 160$ km/h 各种建(构)筑物的基本限界坐标 x_0、y_0 及曲线内侧加宽 W_1 和曲线超高 H,曲线转向为左,如表 12-1 第 1 行。

求:以曲线下股钢轨顶中心为坐标原点,以钢轨顶面水平线为横坐标轴建立坐标系,计算线路左半侧限界轮廓各拐点坐标。

【解】

根据限界轮廓线拐点旋转平移后的坐标公式(12-1),$x_p = 100$,$y_p = 0$,$\theta = \arctan\left(\dfrac{h}{S}\right) = \arctan\left(\dfrac{80}{1500}\right)$,求得线路曲线上线路左半侧限界轮廓线拐点坐标如表 12-1。

表 12-1 线路左半侧限界轮廓线拐点旋转平移前后的坐标

倾斜转角/rad	−0.0532829	内移距 W_1/mm	100	超高 H/mm	80	平移旋转坐标/mm		
测点编号	原横坐标/mm	原纵坐标/mm	CAD坐标	CAD标注	点间距/mm	序号	坐标 x/mm	坐标 y/mm
1	−650	25	−650,25		201.556	1	−550.551	−4.327
2	−750	200	−750,200		225	2	−659.729	165.099
3	−975	200	−975,200		150	3	−884.410	153.116
4	−975	350	−975,350		150	4	−892.398	302.903
5	−1125	350	−1125,350		750	5	−1042.185	294.914
6	−1125	1100	−1125,1100		495	6	−1082.129	1043.850
7	−1620	1100	−1620,1100		130.384	7	−1576.426	1017.487
8	−1690	1210	−1690,1210		1790	8	−1652.185	1123.603
9	−1690	3000	−1690,3000		1563.202	9	−1747.516	2911.063
10	−1250	4500	−1250,4500		1166.19	10	−1388.027	4432.367
11	−650	5500	−650,5500		1400	11	−842.136	5462.903
12	750	5500	750,5500		5550.901	12	555.877	5537.463

12.2 《技规》有缓和曲线地段建筑限界加宽计算方法

12.2.1 传统计算方法存在的问题

根据《中国铁路总公司关于发布〈铁路旅客车站建筑细部设计和施工规定〉的通知》（铁总建设〔2015〕124号）（下称《124号文》）的规定，曲线地段建筑限界的加宽范围应包括全部圆曲线、缓和曲线和部分直线，加宽方法应采用曲线圆顺方式，站台帽、安全线、盲道等铺装应根据限界变化作圆顺处理。《技规》对于缓和曲线限界加宽方式如图12-3所示，这样阶梯法加宽显然没有符合《124号文》的要求，但《124号文》对于曲线圆顺方式限界加宽如何计算却没有进一步介绍，因此有必要进行补充。

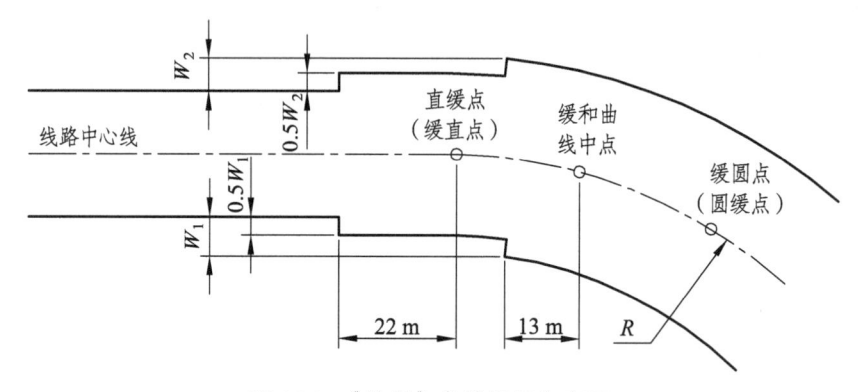

图 12-3 《技规》曲线限界加宽图

已知内侧限界加宽量 $W_1 = \dfrac{40500}{R} + \dfrac{H}{1500} \times h$，外侧加宽量 $W_2 = \dfrac{44000}{R}$，半加宽量为

$$0.5W_1 = 0.5 \times \left(\dfrac{40500}{R} + \dfrac{H}{1500} \times h \right) = \dfrac{20250}{R} + \dfrac{H}{3000} h$$

$$0.5W_2 = 0.5 \times \dfrac{44000}{R} = \dfrac{22000}{R}$$

12.2.2 三角形法计算有缓和曲线限界加宽和设置方法

在满足图12-3所示阶梯法限界加宽的条件下，又满足《124号文》要求的应采用曲线圆顺加宽要求，现提出三角形法加宽限界。如图12-4所示，在限界加宽从 0 过渡到 $\dfrac{1}{2}W_1$ 和从 $\dfrac{1}{2}W_1$ 过渡到 W_1 线路长度等长，则始端缓和曲线加宽顺坡起、终点里程公式为：

顺坡起相对里程：$\dfrac{l_0}{2} - 13 - \left(\dfrac{l_0}{2} - 13 + 22 \right) \times 2 = \dfrac{l_0}{2} - 13 - l_0 + 26 - 44 = -\dfrac{l_0}{2} - 31$（ZH里程为 0，HY里程为 l_0），加宽量为 0。

顺坡终点相对里程：$\dfrac{l_0}{2} - 13$，顺坡长度：$\dfrac{l_0}{2} - 13 - \left(-\dfrac{l_0}{2} - 31 \right) = l_0 + 18$，其中 l_0 为缓和曲线长度，加宽量为 W_1，这样可满足《124号》关于限界加宽的要求了。

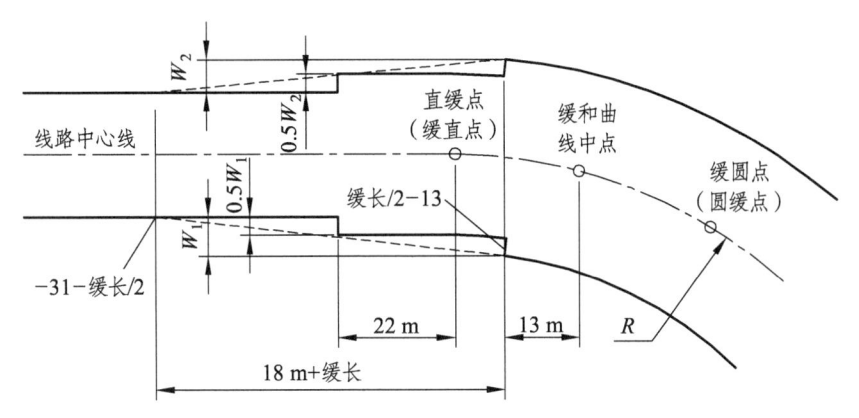

图 12-4 《技规》始端缓和曲线限界加宽示意图

经整理，三角形法计算有缓和曲线限界加宽计算公式如下：

始端缓和曲线限界加宽起终点相对里程：

$$-\frac{l_0}{2}-31 \sim \frac{l_0}{2}-13 \tag{12-3}$$

终端缓和曲线限界加宽起终点相对里程：

$$L-\frac{l_0}{2}+13 \sim L+\frac{l_0}{2}+31 \tag{12-4}$$

加宽按照 $\frac{W_1}{18+l_0}$ 或 $\frac{W_2}{18+l_0}$ 顺坡率过渡，起点加宽量为 0，终点加宽量 W_1 和 W_2。以上公式中 L 为曲线全长。

【例 12-2】

已知：线路曲线半径 400 m、缓和曲线长 60 m、曲线全长 174.67 m，限界参数如表 12-2 所示，内侧加宽量 $W_1 = 168$ mm、外侧加宽量 $W_2 = 110$ mm。

求：每 1 m 一个桩内外侧限界加宽量分布。

【解】

根据缓和曲线限界加宽起终点相对里程公式（12-3）、公式（12-4）得，限界加宽按照 $\frac{W_1}{18+l_0}$ 或 $\frac{W_2}{18+l_0}$ 顺坡率过渡，每 1 m 一个桩内外侧限界加宽量如表 12-3。

表 12-2 有缓和曲线限界参数表

始缓长 l_{01}/m	终缓长 l_{02}/m	半径 R/m	曲线全长 L/m
60	60	400	174.67
加宽里程 1/m	加宽里程 2/m	加宽里程 3/m	加宽里程 4/mm
−61	17	157.67	235.67

表 12-3　有缓和曲线三角法限界加宽计算表

序号	相对里程/m	线路内侧限界加宽/m	线路外侧限界加宽/m
1	−61	0	0
2	−60	0.002	0.001
3	−59	0.004	0.003
4	−58	0.006	0.004
5	−57	0.009	0.006
6	−56	0.011	0.007
…	…	…	…
72	10	0.153	0.1
73	11	0.155	0.102
74	12	0.157	0.103
75	13	0.159	0.104
76	14	0.161	0.106
77	15	0.164	0.107
78	16	0.166	0.109
79	17	0.168	0.11
80	18	0.168	0.11
81	19	0.168	0.11
…	…	…	…
218	156	0.168	0.11
219	157	0.168	0.11
220	157.67	0.168	0.11
221	159	0.165	0.108
222	160	0.163	0.107
223	161	0.161	0.105
224	162	0.159	0.104
225	163	0.156	0.102
…	…	…	…
293	231	0.01	0.007
294	232	0.008	0.005
295	233	0.006	0.004
296	234	0.004	0.002
297	235	0.001	0.001
298	236	0	0

本章参考文献

[1] 中国铁路总公司. 铁路技术管理规程（普速铁路部分）[s]. 北京：中国铁道出版社，2014：377-379.

附 录　本书配套计算程序界面

1. 铁路道岔连接曲线计算程序

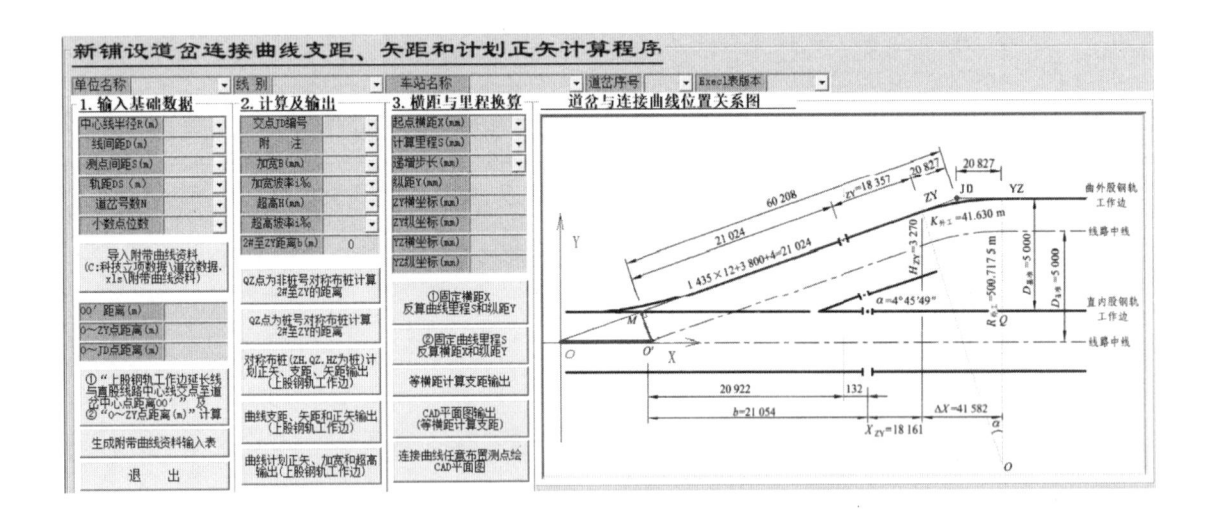

2. 简易拨道法和流水拨道法整正计算程序

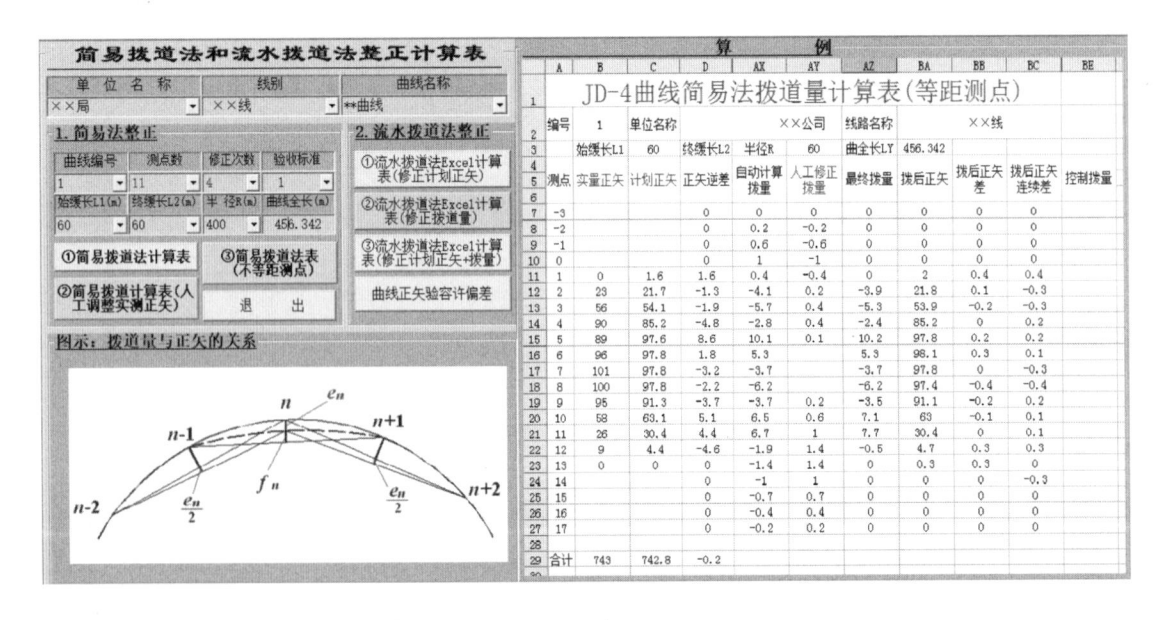

3. 铁路建筑物基本限界检算程序

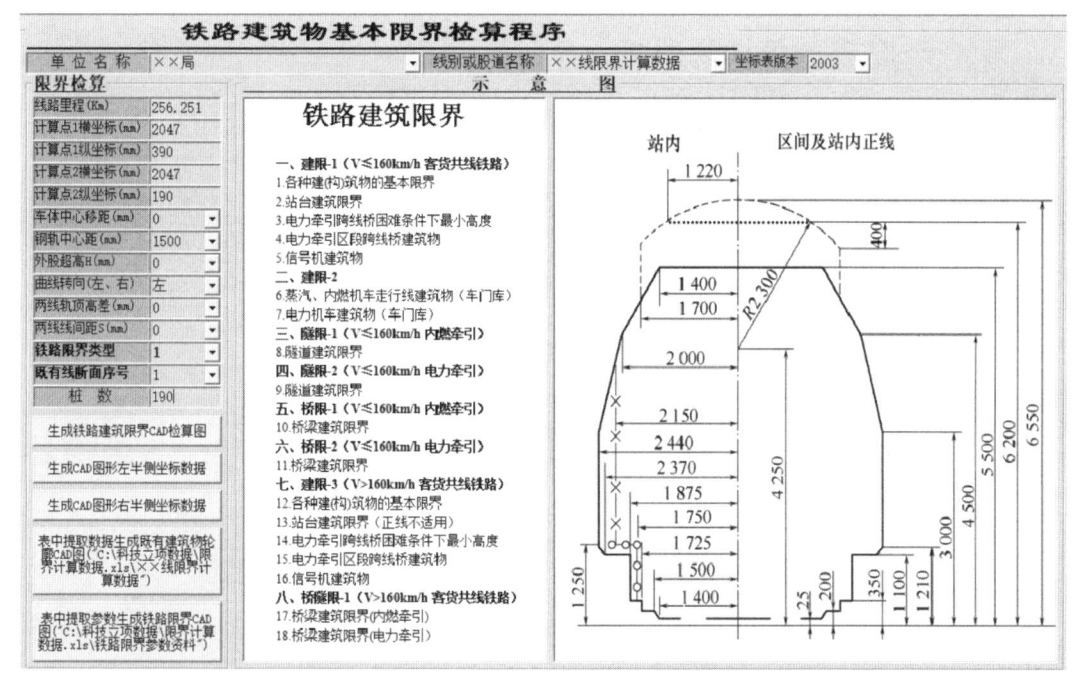

4. 铁路曲线标准轨配轨计算程序

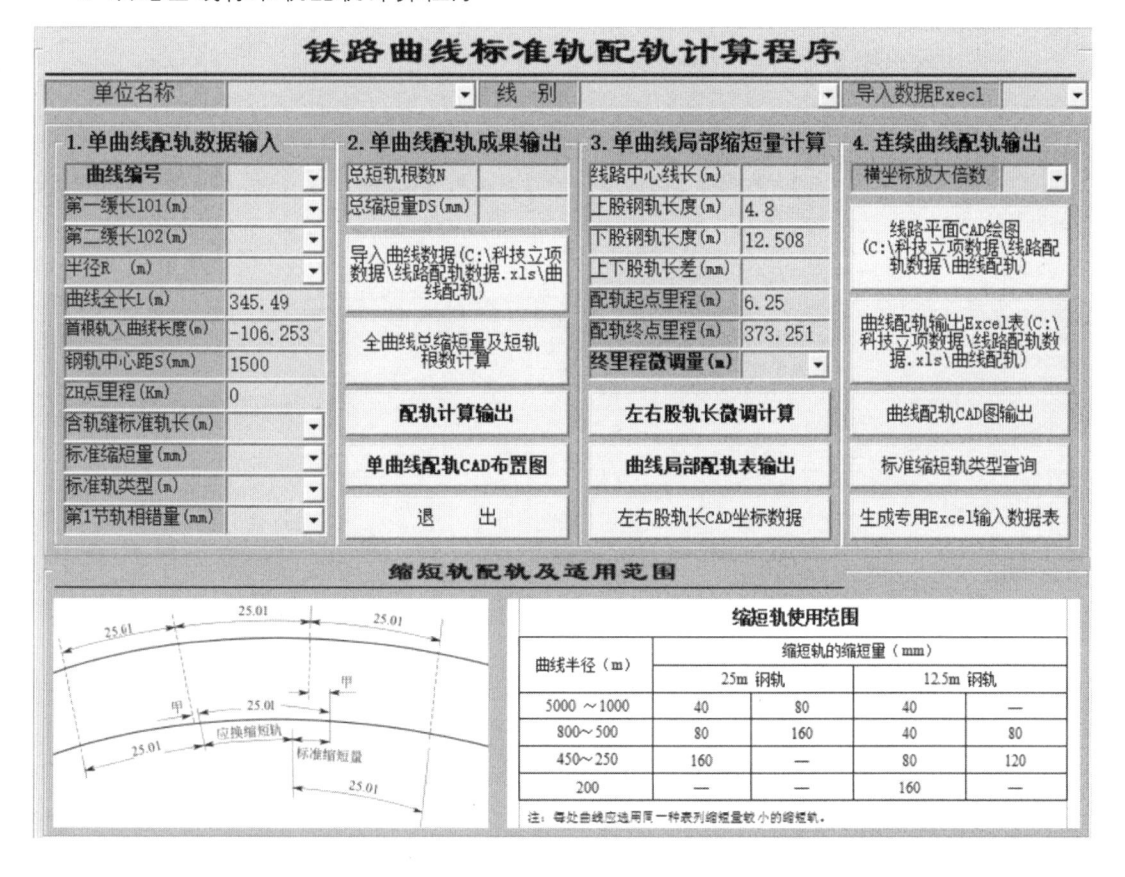

5. 线路平面偏差量计算程序

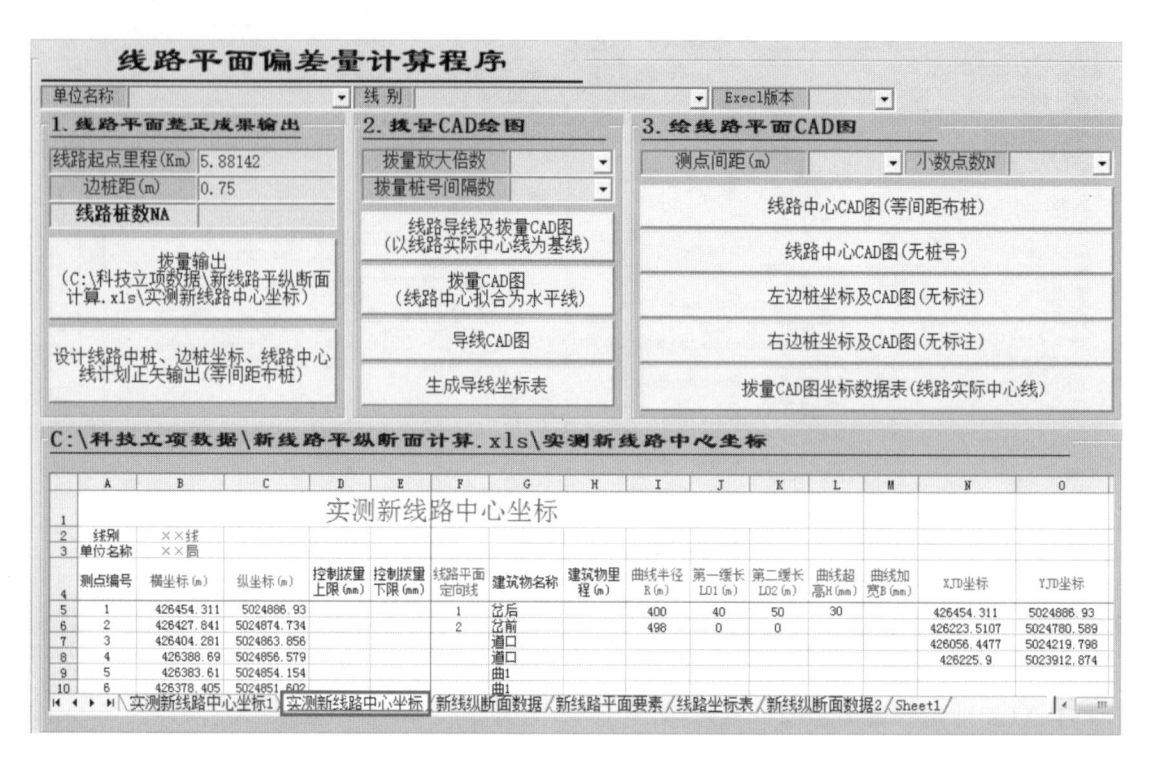

6. 线路大修纵断面抬道量微调计算程序

7. 导线法曲线整正计算程序

8. 铁路曲线计划正矢计算程序

9. 铁路单线路基道床断面积计算程序

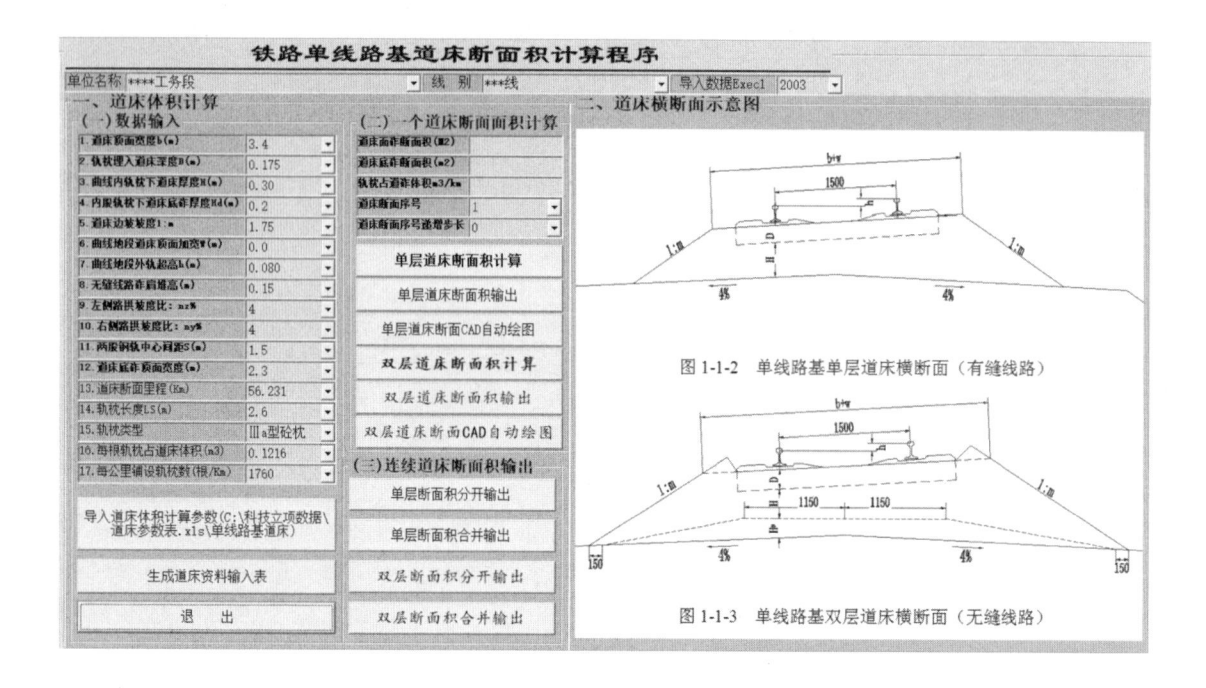

10. 轨道检查仪测量正矢整正计算程序

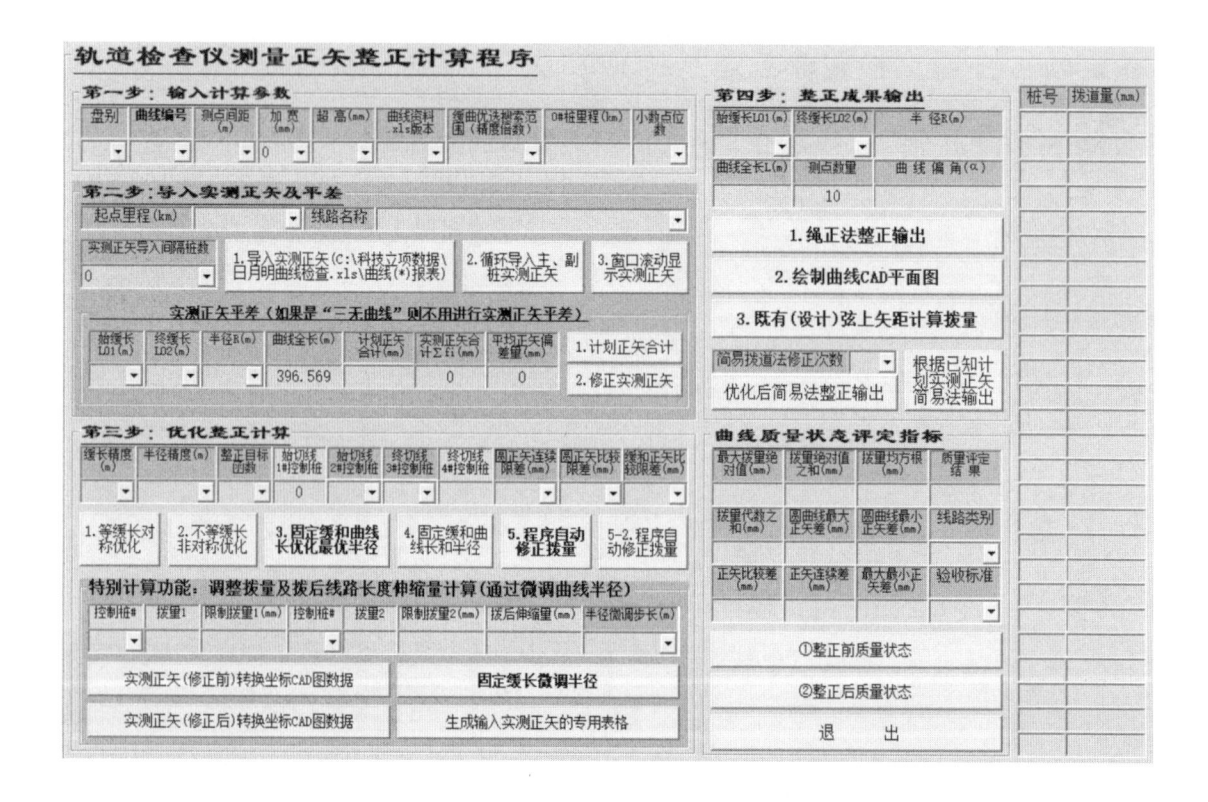

附 录 本书配套计算程序界面

11. 绝对坐标系下单孔桥梁工作线交点坐标及支座中心坐标计算程序

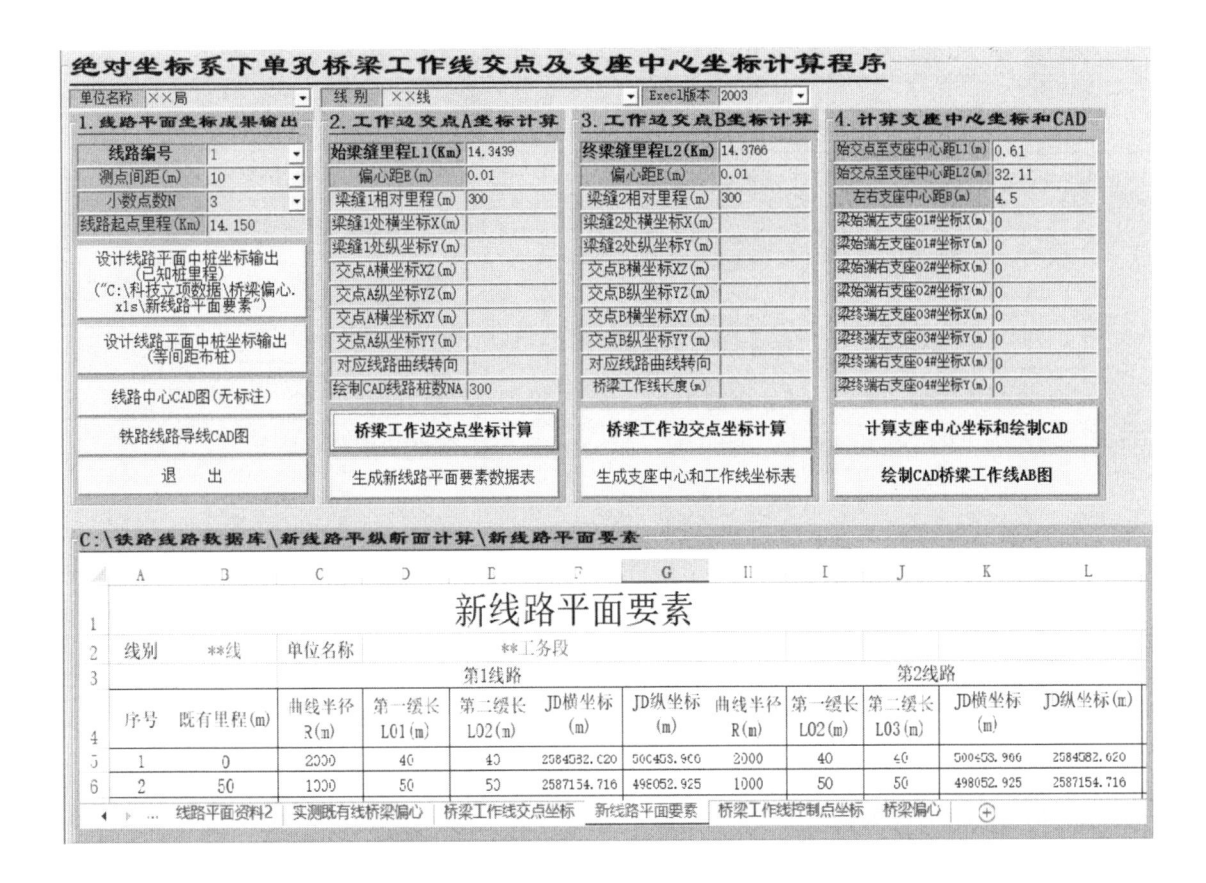

12. 有中间缓和曲线复曲线整正配轨计算程序

13. 绝对坐标系下铁路线路边桩坐标相关计算程序